Le Mahabharata de Vyasa

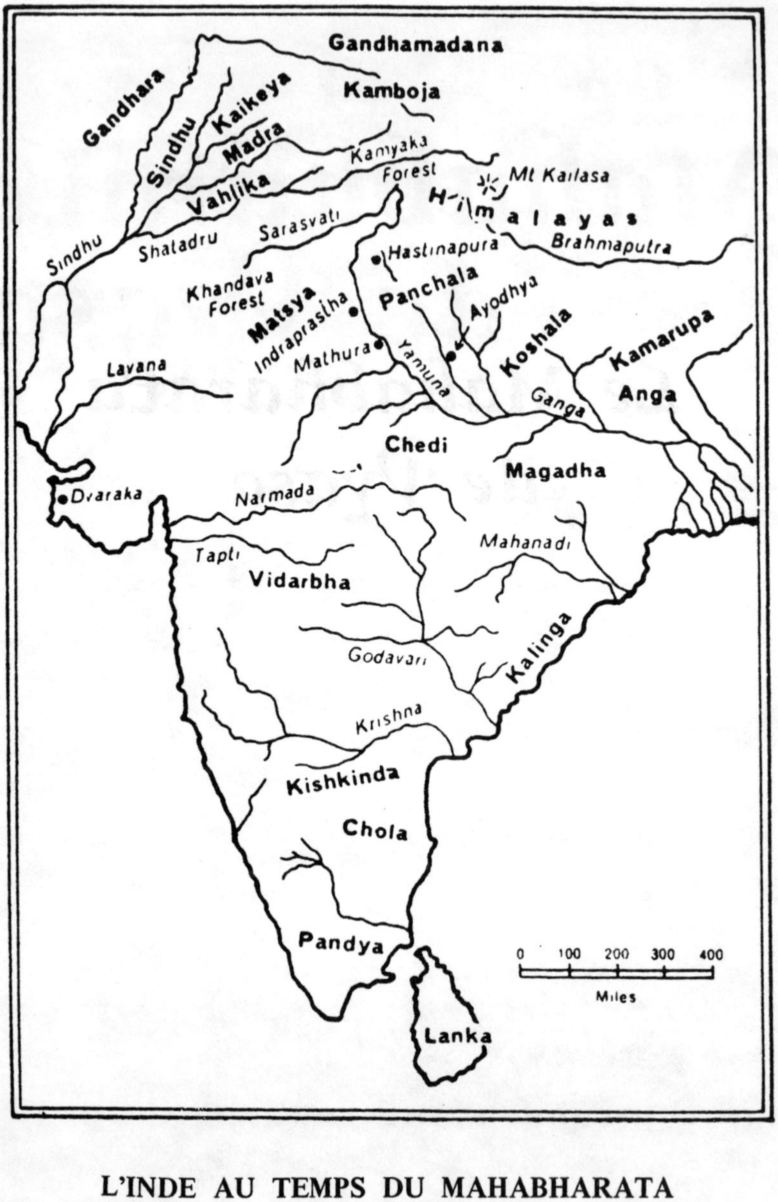

L'INDE AU TEMPS DU MAHABHARATA

Le Mahabharata de Vyasa

Adaptation française de Gilles d'Auzac de Lamartinie

condensé du sanskrit par

P. Lal

HELIOS

Titre original : The Mahabharata of Vyasa,
condensed from Sanskrit and transcreated
into English by P. Lal.
Vikas Publishing, New Dehli

Jean-Luc de Rougemont
Case postale 703
CH-1211 Genève 3
ISBN 2-88063-142-0
Couverture : Angel Scaburri

Diffusion : ADECO
B. P. 126
F-74102 Annemasse cedex
tél. 50 87 02 89

PRÉFACE

Le Mahabharata, s'il représente, au même titre que le Ramayana et l'ensemble du Véda, l'héritage culturel de l'Inde, n'en déborde pas moins les frontières par son contenu. Il est significatif que cette œuvre, n'existant jusqu'à nos jours en français qu'au nombre de 300 exemplaires datant d'une édition de 1863 (au demeurant admirable), soit actuellement en cours de traduction dans sa totalité – 100 000 shlokas ou 200 000 versets ; adaptée au théâtre par le plus éminent des metteurs en scène, P. Brook ; et que ladite édition de la fin du siècle dernier soit en projet de réimpression. La présente version condensée, traduite de l'anglais, est l'œuvre d'un spécialiste indien internationalement réputé, M. P. Lal. Voici ce qu'il dit :

« Mon but a été de re-conter l'histoire de la guerre de Kurukshetra dans les termes propres à Vyasa, sans simplification, ni interprétation, ni élaboration. Seules les shlokas propres à construire un récit suivi ont été choisies ; j'ai exclu l'ensemble des anecdotes, des contes, des digressions périphériques et autres informations accessoires, fascinantes en elles-mêmes, mais pas véritablement significatives de l'histoire du conflit Kaurava-Pandava.

« J'ai souligné les incidents et les épisodes à caractère spectaculaire permettant de cerner clairement la motivation complexe des personnages principaux du Mahabharata. J'ai préféré, chaque fois que le choix en était permis, le dialogue vyasien à une simple narration. »

INTRODUCTION

1. LE CŒUR DU RÉCIT

Il est significatif que le Mahabharata soit aujourd'hui présenté au public français sous quatre approches différentes (voir préface). L'adaptation de cette épopée plusieurs fois millénaire est l'expression d'une nécessité qui s'impose d'elle-même. Elle est une suggestion de la Nature pour une approche plus généreuse et intelligente des problèmes humains non résolus, que ce soit sur le plan individuel, social, national ou mondial.

Le Mahabharata offre un tableau tout-englobant de l'existence, et sa force première est de ne rien exclure de l'expérience terrestre. La description des actes et des motifs propres à la nature humaine y est d'une telle perfection et d'une telle objectivité qu'elle débouche sur une réalité transcendante, caractérisée par l'intégration de toutes les nuances et contradictions de surface de notre quotidien.

Le Mahabharata éveille une crainte presque cosmique ; la légende des Pandavas et des Kauravas, les deux branches de la même famille royale qui se disputent la domination de la terre, est le récit du destin. Maharishi Véda Vyasa, l'auteur, énonce une ligne de conduite complexe, où le bien et le mal se mêlent de façon déconcertante. Son épopée est un miroir dans lequel on se voit sans illusion. L'image n'est pas belle – et pourtant il nous faut la regarder, arrangeant une mèche rebelle, grimaçant pour effacer une ride, comprimant un ventre réfractaire, esquissant un sourire pour cacher un désespoir intime inconsolable. Vyasa est omniprésent et inéluctable ; il ne nous laissera pas nous dérober.

L'épopée de Vyasa n'est pas une œuvre étrangère périmée, destinée à être rangée sur les étagères vétustes d'une bibliothèque. Elle traite d'un des plus grands bains de sang qu'ait connus l'humanité. C'est des propres petits-fils de l'auteur qu'il s'agit, et de leur destruction réciproque. Il a engendré Dhritarashtra et Pandu, dont les fils légitimes et illégitimes s'entretuent. Vyasa décrit cet effondrement moral massif en des termes qui semblent spécialement appropriés à notre époque.

Il a en outre son mot à dire sur le surnaturel et l'occulte, l'objection de conscience et le pacifisme (le dialogue d'Arjuna et de Krishna dans le livre VI), la libération de la femme (le défi de Draupadi dans le livre II), la liberté sexuelle (les nombreuses relations amoureuses d'Arjuna), la guerre cataclysmique, et sur toute une série d'autres thèmes contemporains.

Mais l'épopée du jour du Jugement Dernier n'est pas nécessairement l'épopée du désespoir ; c'est aussi l'instrument d'une expérience cathartique, libératrice. Tout connaître, c'est tout transcender ; tout pardonner, peut-être. La vision de la totalité que nous offre Vyasa suffit pour nous aider à ressentir moins de malveillance envers nos ennemis, pour atténuer le mépris que nous portons aux fanatiques et aux sots, pour diminuer la colère ou l'indifférence que nous cultivons envers les gens, les choses et les idées qui ne cadrent pas avec notre mode de vie et notre comportement.

Condenser l'immensité de l'épopée de Vyasa pour en extraire, de façon assimilable, le cœur du récit, n'est pas une tâche facile ; et ce, parce que nous avons tous nos propres idées, souvent dogmatiques, de l'essentiel et de l'accessoire. Je n'ai eu qu'un seul critère : le Mahabharata essentiel est tout ce qui a un sens pour nous dans la deuxième moitié du vingtième siècle ; tout ce qui nous aide à mieux comprendre et à mieux vivre nos propres Dharma, Artha, Kama et Moksha ; tout ce que nous aimerions voir légué à nos enfants, afin qu'ils en retirent une pénétration et une perspective plus claires de cette réalité complexe qu'est l'existence. Qu'ils en soient rendus, une fois adultes, plus aptes que nous ne le fûmes peut-être à choisir ce qu'ils pensent être essentiel dans le Mahabharata pour l'époque dans laquelle vivront et mourront leurs propres enfants. Aucune épopée, aucune œuvre d'art n'est sacrée en elle-même ; si elle n'a pas pour moi, aujourd'hui, de signification, elle n'est rien, elle est morte.

2. SITUATION DU MAHABHARATA DANS LE TEMPS

Le Mahabharata est maha-kavya, la grande épopée ; mais c'est traditionnellement, aussi, le cinquième Véda ; et, bien sûr, c'est itihasa, l'histoire.

* Pour comprendre la signification historique du Mahabharata, il est bon de se familiariser avec la conception indienne de l'histoire et du temps.

L'étude de l'histoire a un but et un rôle bien précis pour la vie humaine. Elle a pour objet d'enseigner à l'esprit du temps présent les faits du passé afin de lui assurer un présent et un avenir meilleurs. Chaque génération peut ainsi profiter des réalisations du passé et progresser vers une plus grande sagesse dans la vie.

Ce n'est pas la connaissance de l'ordre chronologique des événements qui donne une maturité à l'esprit des étudiants en histoire ; c'est la signification de ces événements qui est importante. Les historiens indiens se sont essentiel-

(* Extrait du commentaire de Maharishi Mahesh Yogi sur la Bhagavad Gita, Ch. IV v. 1, édité aux Éditions de l'Age de l'Illumination).

lement attachés à cet aspect. Ils n'ont conservé, afin que toutes les générations puissent les lire, que les grands moments de la longue histoire du temps qui pouvaient contribuer à l'intégration de la vie humaine. Leur objectif a été avant tout d'inspirer les hommes aussi bien en tant qu'individus qu'en tant que membres de la société.

Véda Vyasa, qui fut un sage à la vision illuminée et que l'on considère comme le plus grand historien de la culture aryenne de l'Inde, eut à rendre compte d'une très longue période de temps. Homme consciencieux et pleinement intégré, il ne pouvait écrire chronologiquement l'histoire de cette période incommensurable, jour après jour, année après année. Il ne pouvait que sélectionner des événements particuliers et les transcrire de façon à inspirer et à guider les hommes de toutes les époques sur le chemin de l'évolution, c'est-à-dire de façon à leur apprendre à réaliser l'intégration de la vie. C'est pourquoi on ne trouve aucun ordre chronologique dans l'histoire de l'Inde. Vyasa pensait qu'il eût été absurde de fixer chronologiquement tous les événements dans le seul but de les relier sur la longue route du temps.

Il est, de plus, matériellement impossible de transcrire dans une succession chronologique l'histoire de millions d'années. Dans le cas de petits pays qui n'ont que quelques milliers d'années de civilisation, les historiens peuvent fort bien conserver un ordre chronologique tout en donnant une vue d'ensemble d'un espace et d'un temps réduits. Mais Vyasa avait une vision claire de toute l'étendue du temps depuis le jour de la création. Un tel esprit ne saurait ni ne voudrait attribuer à la chronologie une quelconque valeur.

La conception indienne du temps, telle qu'elle est exposés ci-dessous, montre clairement à quelle situation Vyasa et d'autres historiens de l'Inde se sont vus confrontés.

Le temps est un concept dont on se sert pour mesurer l'éternité. Les historiens de l'Inde fondent leur conception du temps sur l'Etre éternel. Pour eux, l'éternité est le champ fondamental du temps.

Pour parvenir à une conception de l'éternel, la meilleure unité de mesure sera la durée de vie de ce qui possède la plus grande longévité dans le domaine relatif de la création. Pour la vision illuminée de Vyasa, c'est la Mère divine, la Mère universelle, cause ultime de tout ce qui est, fut et sera dans le cosmos tout entier.

L'éternité de la vie éternelle de l'Etre absolu est ainsi conçue comme la succession des innombrables vies de la Mère Divine. Une seule de ces vies contient mille vies du Seigneur Shiva. Une vie du Seigneur Shiva couvre le temps d'un millier de vies du Seigneur Vishnu. Une vie du Seigneur Vishnu équivaut à la durée d'un millier de vies de Brahma, le Créateur. Une vie de Brahma contient cent années de Brahma ; chaque année de Brahma comprend douze mois de Brahma, et chaque mois comprend trente jours de Brahma. Un jour de Brahma est appelé Kalpa. Un Kalpa équivaut à la durée de quatorze Manus. La durée d'un Manu est appelé Manvantara. Un Manvantara équivaut à soixante et onze Chaturyugis. Un Chaturyugi comprend la durée totale de quatre Yugas, c'est-à-dire, Sat-Yuga, Treta-Yuga, Dvapara-Yuga et Kali-Yuga. La durée des Yugas se calcule à partir de celle du Sat-Yuga : ainsi la durée du Treta-Yuga est égale aux trois-quarts de celle du Sat-Yuga ; celle de Dvapara-Yuga, à la moitié de celle du Sat-Yuga, et celle du Kali-Yuga, à un quart du Sat-Yuga. La durée du Kali-Yuga équivaut à 432 000 années de la vie humaine.

Considérons à présent la durée de la création. Depuis combien de milliards de millions d'années le monde n'existe-t-il pas ! Même si le compte rendu d'une année devait occuper une page, ou même une seule ligne, comment pourrait-on lire une telle histoire et en appliquer la leçon dans sa vie ? Voilà pourquoi les historiens de l'Inde n'ont pas conservé l'ordre chronologique. Non seulement il n'a pas d'utilité pratique, mais encore il est considéré comme étant superflu, inutile, voire préjudiciable à l'objet même de l'histoire.

Tout ceci devrait demeurer présent dans l'esprit des historiens modernes qui ont tendance à rejeter comme non historique toute série d'événements dans laquelle ils sont incapables de trouver un ordre chronologique correct. Il est déplorable que de si précieux récits de la vie humaine à son niveau le plus élevé (récits que l'on trouve abondamment dans les documents historiques de l'Inde antique) aient pu être considérés comme des mythes. On devrait reconnaître au contraire qu'ils racontent l'histoire la plus utile de la plus haute civilisation qui ait jamais existé sur terre.

3. L'AXE DU RÉCIT

Un résumé des dix-huit livres sera peut-être, pour le lecteur désorienté, la meilleure introduction dans l'univers à tiroirs du Mahabharata. Le résumé très sommaire qui suit a été tiré de l'essai sur le Mahabharata dans l'Hindouisme Religieux (St. Paul's Publications, Allahabad, 1964), que nous avons encore abrégé ici.

Livre I : Le premier quart du Livre I sert d'introduction. L'histoire commence par un exposé de la généalogie des Bharatas. L'aïeul de la maison royale des Kurus est Shantanu. Shantanu a épousé la déesse Ganga, leur fils est Bhishma. Shantanu épouse en secondes noces la fille d'un pêcheur, Satyavati ; elle lui donne deux fils, Chitrangada et Vichitravirya. Ceux-ci meurent sans enfant. Bhisma refusant de rompre son vœu de chasteté, il est fait appel à Vyasa, le fils illégitime de Satyavati, afin qu'il engendre des descendants. Vyasa est très laid ; à son contact, la première veuve de Vichitravirya ferme les yeux, son fils Dhritarashtra naîtra aveugle. La deuxième veuve blêmit, son fils Pandu aura le teint blême. Vyasa a un troisième enfant, Vidura, d'une servante du palais.

Bhishma, souverain vertueux, prépare le mariage de ses trois neveux. Dhritarashtra, le prince aveugle, épouse Gandhari ; il aura cent fils, dont l'aîné est Duryodhana. Pandu a deux épouses ; l'une Kunti, déjà mère d'un fils, Karna, lui en donnera trois autres : Yudhishthira, Bhima et Arjuna ; et l'autre, Madri, engendrera Nakula et Sahadéva. (On apprendra qu'en réalité les cinq fils de

Pandu ont été procréés par cinq dieux : Yudhishthira par Dharma, dieu de la Justice ; Bhima par Vayu, dieu du Vent ; Arjuna, par Indra, le Seigneur des dieux ; et les jumeaux par les Ashwins, médecins des dieux). Pandu, devenu roi à cause de la cécité de son frère, meurt ; l'aveugle Dhritarashtra assumera le pouvoir royal. Les cinq fils de Pandu et les cent fils de Dhritarashtra sont éduqués ensemble à la cour d'Hastinapur. Rivalité et animosité ne tardent pas à naître entre les cousins. Sous les conseils de deux Brahmanes érudits, Kripa et Drona, ils progressent dans l'étude des arts de la guerre. Deux autres élèves viennent s'ajouter au groupe : Ashvatthaman, le fils de Drona, et Karna, le fils de « basse origine » de Kunti. Karna est négligé par ses demi-frères royaux, il en vient à épouser la cause des fils de Dhritarashtra, nommés les Kauravas ; les fils de Pandu, eux, sont connus comme les Pandavas.

Quand Yudhishthira atteint l'âge requis, le vieux roi Dhritarashtra le désigne comme son successeur ; les Pandavas y gagnent en prestige et en pouvoir. Un complot est organisé contre eux par Duryodhana, son jeune frère Duhshasana, Shakuni, leur oncle maternel – vieux coquin fourbe et méchant – et Karna. Ils leur font construire une maison en laque, dans laquelle les Pandavas et leur mère sont invités à résider. Avertis à temps par Vidura, ils s'en échappent, après y avoir mis le feu, par un passage souterrain, et vont se réfugier dans la forêt. Les Kauravas, croyant leurs cousins morts, procèdent aux rites funéraires. Pendant ce temps, dans la forêt, les Pandavas sont menacés par le géant Hidimba. Bhima se débarrasse du démon, dont il épouse la sœur. De cette union naîtra un fils, Ghatotkasha.

Le roi de Panchala, Drupada, dont le royaume a été partiellement conquis par Arjuna, sous l'instigation de Drona, prépare le svayamvara de sa fille Draupadi. Un svayamvara est un mariage traditionnel, au cours duquel la jeune fille est autorisée à choisir un époux parmi les nombreux candidats invités. Les Pandavas, déguisés en Brahmanes, se dirigent vers la capitale de Drupada, où sont déjà réunis les Kauravas, ainsi qu'une suite d'autres princes. Le fils du roi, Dhrishtadyumna, déclare que celui d'entre les prétendants qui arrivera à bander l'arc de son père et à toucher la cible épousera Draupadi. Un à un, les princes essaient, mais échouent. Finalement, Karna, le fils naturel de Kunti, est sur le point de réussir, quand Draupadi annonce qu'elle refusera d'épouser un conducteur de char (Karna, après son abandon, avait été recueilli par un conducteur de char, Adhirata, et son épouse Radha). Arjuna se lève alors d'entre les rangs des Brahmanes ; il bande l'arc et atteint la cible. Draupadi lui remet la guirlande indiquant son choix. Les princes sont furieux, Drupada, le roi, est menacé ; Bhima et Arjuna prennent sa défense et déroutent les agresseurs. Les cinq Pandavas, accompagnés de Draupadi, rejoignent leur mère ; ils décident qu'elle sera leur épouse commune. Krishna et Balarama les félicitent. L'identité des Pandavas est révélée. Le vieux Dhritarashtra leur donne la moitié du royaume, et ils s'établissent à Indraprastha (identifiée comme la Delhi actuelle).

Les cinq frères, afin d'éviter la jalousie et les dissensions entre eux, s'accordent pour que jamais ne soit troublée une rencontre privée avec Draupadi. Un jour, Arjuna se voit obligé, pour y chercher ses armes, de pénétrer dans la pièce où se tiennent seuls Yudhishthira et Draupadi. Il s'exilera, et aura de nombreuses aventures amoureuses et héroïques. A Dvaraka, il rend visite à Krishna et tombe amoureux de sa sœur Subhadra ; il aura d'elle un fils, Abhimanyu. L'amitié entre Arjuna et Krishna grandit chaque jour.

Livre II : Les Pandavas se lancent dans une série de conquêtes, qui confèrent à Yudhishthira le droit d'assumer le titre de « Souverain du Monde ». Un grand sacrifice, appelé Rajasuya, est sur le point d'être célébré, tous les princes y sont invités. Duryodhana et ses frères en éprouvent une haine et une jalousie violentes ; leur oncle Shakuni leur suggère un moyen d'humilier les Pandavas. Yudhishthira est invité à une partie de dés au cours de laquelle il affrontera Shakuni, tricheur expert, qui gagnera. Le vieux roi Dhritarashtra, après quelques hésitations, donnera son consentement. Yudhishthira perd ses trésors, sa richesse, ses bijoux, son char, ses esclaves, ses éléphants et ses chevaux. Il mise ensuite son territoire et son royaume. Incapable de contrôler sa passion, il mise ses propres frères, et se met lui-même en jeu. Finalement, après s'être perdu lui-même, tenté par Shakuni, il mise son épouse, et la perd. Les Kauravas exultent. Draupadi refuse d'apparaître dans la salle de jeux, et Duhshasana va la chercher ; il l'y entraîne en la tirant par les cheveux. Bhima, incapable de supporter le traitement brutal dont est victime son épouse, fait le terrible serment d'éventrer Duhshasana quand viendra la guerre, et de boire son sang. Duryodhana insulte Draupadi, et Bhima jure de la venger. Le vieux roi Dhritarashtra prend peur ; à la demande de Draupadi, il rend aux Pandavas leur liberté et leur royaume. Mais Duryodhana, dont la haine est inapaisable, obtient de son faible père, qui l'adore, que soit jouée une dernière partie de dés. Le perdant devra cette fois partir en exil pour une période de douze ans, et vivre une année de plus incognito.

Livre III : Les Pandavas, à la grande douleur du peuple, prennent le chemin de la forêt. Vidura exhorte en vain Dhritarashtra à les rappeler. Krishna leur rend visite et leur suggère de se soulever. Draupadi et Bhima acquiescent, mais Yudhishthira décide de tenir sa parole. En quête d'armes célestes, Arjuna passe cinq ans au paradis d'Indra. Ses frères et Draupadi connaissent pendant ce temps-là la dure existence des ermites dans la forêt. Brihadashva, un sage, raconte à Yudhishthira, pour le consoler, l'histoire de Nala et de Damayanti, un récit émouvant d'amour et de misère. Ils visitent les lieux saints et écoutent les récits des sages et des guerriers. Des démons les menacent, Bhima en vient à bout. Arjuna revient du paradis d'Indra, il en ramène des armes occultes. Pendant quatre ans, ils vivent heureux dans le jardin de Kubera. De retour dans la forêt, ils écoutent des récits et reçoivent des instructions que les saints prennent plaisir à leur transmettre. Duryodhana ayant pris connaissance du lieu de retraite de ses cousins décide d'aller les humilier ; il est fait prisonnier par des gandharvas et, à sa totale déconvenue, les Pandavas le libèrent. Karna entreprend de vastes conquêtes, et Duryodhana prend le titre de « Monarque Universel ». Jayadratha, le roi des Sindhus, enlève Draupadi, les Pandavas la sauvent. Déprimés par la misère de leur exil, ils sont réconfortés par l'histoire de Rama et de Sita. Ils écoutent aussi l'histoire poignante de Savitri qui, par la fidélité de son amour, a pu ramener son mari du royaume de Yama, le dieu de la mort. Yudhishthira craint Karna qui a reçu le don d'invulnérabilité. Indra, déguisé en Brahmane, obtient de Karna l'armure et les boucles d'oreille qui le rendent invulnérable ; il lui remet en échange une lance mortelle qui ne peut servir qu'une fois. Les quatre plus jeunes Pandavas meurent en buvant une eau ensorcelée ; Yudhishthira les ramène à la vie en répondant aux questions du Yaksha propriétaire du lac.

Livre IV : Douze années se sont écoulées et les Pandavas doivent garder douze mois encore l'anonymat. Ils cachent leurs armes à proximité du royaume de Virata, et entrent au service de ce dernier. Yudhishthira en devient le conseiller, Bhima est engagé comme cuisinier, Arjuna comme maître de danse, Nakula comme dresseur de chevaux, Sahadéva comme bouvier, et Draupadi comme femme de chambre. Bhima se distingue aussi en tant que lutteur. Quand le beau-frère du roi tente de s'en prendre à Draupadi, Bhima l'étrangle. Les cinq frères, toujours dans l'anonymat, aident le roi Virata à vaincre les Trigartas et les Kauravas. Puis, la treizième année d'exil écoulée, ils dévoilent leurs identités ; Virata donne en mariage à Abhimanyu, le fils d'Arjuna, sa fille Uttara.

Livre V : Tandis qu'un traité de paix est envisagé, chaque parti essaie d'enrôler des alliés. Les deux camps sollicitent Krishna : Duryodhana choisit son armée, Arjuna ses conseils et son soutien personnels. Le roi Shalya combatra aux côtés des Kauravas en tant que pilote du char de Karna ; il s'accorde cependant avec Yudhishthira pour manœuvrer le char de telle façon que Karna soit mis en position défavorable. Duryodhana, malgré les supplications de ses vieux parents, Dhritarashtra et Gandhari, refuse la paix. Krishna essaie en vain de persuader Karna de se ranger du côté des Pandavas ; Kunti tente aussi de l'influencer en lui rappelant qu'elle est sa mère. Mais Karna, malgré la révélation du secret de sa naissance véritable par le dieu Surya, décide de rester fidèle à son ami Duryodhana. Les deux armées marchent vers Kurukshetra. Le commandant des forces Pandavas est Dhrishtadyumna, fils de Drupada et frère de Draupadi ; celui des forces Kauravas est Bhishma.

Livre VI : Sanjaya, le conducteur du char du vieux roi aveugle, reçoit de Vyasa la faculté de tout connaître de ce qui se passe sur le champ de bataille ; il en relate chaque détail à Dhritarashtra. A cet endroit sont insérés les dix-huit chapitres de la Bhagavad-Gita : Krishna, conducteur du char d'Arjuna, lui enseigne la Science de l'Etre et lui enjoint de combattre, même si dans les rangs ennemis se trouvent certains de ses parents. Le long et magnifique discours est une œuvre séparée qui rompt la narration de la bataille. Pendant dix jours, les héros des deux armées s'affrontent résolument. A la nuit tombée, les Pandavas vont consulter Bhishma, le chef de leurs ennemis, et ils aprennent de lui qu'il ne cessera de lutter qu'en face de Shikhandin. Shikhandin est un enfant de Drupada né fille, et plus tard transformé en homme. Bhishma, le considérant d'après le sexe de sa naissance et ayant fait vœu de ne pas combattre une femme, refusera de l'affronter. Arjuna, sous sa protection, transperce Bhishma de ses flèches. Les deux armées se regroupent autour du héros tombé ; ils le quittent ensuite, le laissant – conscient – sur son lit de flèches.

L'ARBRE GÉNÉALO(

Le Rishi
↓
Soma (Chandra ou
↓
Budha (
↓
Ayu (f
↓
Nahusha
↓
Yayati (
épouse Devayani e

(La race Yadava)

Yayati épouse Devayani
↓
Yadu (ainsi qu'un autre fils, Anu)
↓
Vrishni (fils)
↓
Devarata (fils)
↓
Andhaka (fils)
↓
Shura (fils)
↓
Vasudeva (fils) — *Kunti (fille) épouse Pandu*

Vasudeva (fils) →
Balarama (fils)
Krishna (fils) épouse Satyabhama
↓
Shamba (fils)
Subhadra (fille) épouse Arjuna
↓
Abhimanyu (fils)

Balarama (fils), *Shamba (fils)*
↓
(Lignée éteinte)

(Le f
pré-matr
Vyasa
Vichit

Dhritarashtra
(fils par Ambika)
↓
épouse Gandhari
↓
Duryodhana
et 99 fils et une fille,
Duhshala

par union avec une femme Vaishya
↓
Yuyutsu
(fils le plus jeune)

épous
Yudhishthira (
Bhima (fi
Arjuna (fi
Arjuna épo

E DU MAHABHARATA

la Lune

nishtha

(La race Paurava & Kaurava)

Yatati épouse Sharmishtha

↓

Puru (et deux autres fils Druhyu et Turvasu)

↓

Dushyanta (fils) épouse Shakuntala)

↓

Bharata (fils)

↓

Hastin (fils)

↓

Kuru (fils)

↓

Shantanu (fils) épouse Satyavati

union pré-matrimoniale avec Ganga

↓

Bhishma

Vyasa
atyavati par son union
ale avec le rishi Parashara ;
ils par les deux veuves de
: Ambika et Ambalika)

Chitrangada *(fils,*
meurt sans enfant)

Vichitravirya *(fils)*
épouse Ambika et Ambalika
(leur sœur cadette Amba, qui
renaîtra en tant qu'homme, tuera
Bhishma au cours de la guerre)

du *(fils par Ambalika)*

Vidura *(fils par*
une femme de basse caste)

ti *et* *Madri*

↓

Nakula et Sahadeva
(fils jumeaux par les Ashwins)

Dharma)
Vayu)
ndra)
bhadra

↓

nanyu (fils) épouse Uttara

↓

Parikshit (fils)

↓

Janamejaya (fils)

Livre VII : Drona succède à Bhishma en tant que commandant des forces Kauravas. Jayadratha, beau-frère de Duryodhana, tue malhonnêtement Abhimanyu, le fils d'Arjuna. Celui-ci se venge en exécutant Jayadratha. Dans le tumulte de la bataille, Karna utilise la lance mortelle que lui a donnée Indra pour tuer Ghatotkacha, le fils de Bhima, perdant ainsi le pouvoir de tuer l'un des Pandavas. Drona tue Drupada et Virata. Krishna conçoit alors une ruse pour éliminer Drona. Le subterfuge consiste à lui faire croire que son fils Ashvatthaman est mort. Accablé de chagrin, Drona pose ses armes et entre en profonde méditation. Dhrishtadyumna décapite alors le vieux guerrier qui a déjà consciemment quitté son corps. Le quinzième jour de la bataille se termine.

Livre VIII : Karna succède à Drona. Le roi Shalya accepte à regret de devenir le conducteur de son char. L'heure de la revanche de Bhima est arrivée : il précipite Duhshasana hors de son char, l'éventre et boit son sang, vengeant ainsi l'honneur blessé de Draupadi. Yudhishthira est blessé. Après lui avoir rendu visite, Arjuna retourne au combat ; un terrible duel l'oppose à Karna... Indra soutient Arjuna et Surya aide Karna. La roue du char de Karna s'embourbe, Arjuna profite de cette défaillance pour le tuer.

Livre IX : Shalya succède à Karna. Yudhishthira l'affronte en combat singulier et le tue ; tandis que Sahadeva achève le vieux malicieux Shakuni. La plupart des héros Kauravas sont vaincus. Duryodhana, hormis trois guerriers – Ashvatthaman, Kripa et Kritavarman – reste seul. Il se réfugie au bord d'un lac et, grâce à ses pouvoirs magiques, s'y cache sous les eaux. Les Pandavas le retrouvent et lui lancent un défi. Un duel à la massue, l'opposant à Bhima, s'ensuit. Les autres assistent au combat. Krishna suggère à Bhima de frapper à la cuisse ; Duryodhana fléchit, et Bhima lui donne un coup du pied gauche. Amèrement, Duryodhana reproche à Krishna sa tricherie. Krishna part réconforter Dhritarastra et Gandhari. Duryodhana, blessé, nomme Ashvatthaman chef de ce qu'il reste de son armée. Les Pandavas se retirent sur les bords de l'Oghavati.

Livre X : Les trois Kauravas survivants attaquent de nuit les Pandavas endormis. Seuls Krishna, les cinq frères et Satyaki ne sont pas au campement. Ashvatthaman étrangle Dhrishtadyumna, l'assasin de son père ; allant ensuite de lit en lit, il extermine sans merci tous les guerriers, les cinq fils de Draupadi inclus, ainsi que Shikhandin. Des démons viennent rôder et festoient sur les cadavres. Duryodhana est encore en vie pour apprendre qu'il a été vengé. Folle de chagrin, Draupadi exige la punition d'Ashvatthaman ; celui-ci, en tant que Brahmane, ne sera pas tué, mais Krishna le condamne à errer à la surface de la terre pendant trois mille ans, évité et rejetté de tous.

Livre XI : Les cinq frères rencontrent Dhritarashtra et Gandhari ; le vieux couple affligé finit par leur pardonner. Les épouses des soldats Kauravas morts se rendent sur le champ de bataille, et la vieille reine Gandhari, mère de cent fils tués au combat, décrit un spectacle horrible. Ses fils gisent morts, ils sont la proie des chacals et des démons. Ses belles-filles, échevelées et frénétiques, pleurent et se lamentent sur les corps de leurs époux. Puis, se tournant vers Krishna, Gandhari le blâme de n'avoir pas empêché le massacre, et le maudit. Les rites funèbres sont accomplis, et les survivants se retirent sur les rives du Gange.

Livre XII : L'histoire véritable de la naissance de Karna lui ayant été révélée, Yudhishthira décide d'expier son fratricide en se retirant dans la forêt. On le dissuade d'agir ainsi, et il est finalement installé sur le trône. Krishna, accompagné des cinq frères, retourne ensuite sur le champ de bataille ; ils y retrouvent Bhishma, toujours en vie, étendu sur son lit de flèches. Suit un immense discours du héros qui ne se décide pas à mourir. Ce discours peut se résumer en trois parties :
(1) Les devoirs d'un roi, les quatre castes et leurs rôles respectifs, les quatre périodes de la vie, les devoirs des Kshatriyas, l'administration, la guerre, des préceptes généraux.
(2) La conduite à suivre en période de calamités : on doit protéger les Brahmanes à tout prix ; l'alliance avec ceux dont les intérêts sont communs ; la mise en garde contre la convoitise et l'ignorance ; l'éloge de la maîtrise de soi ; une discussion sur les quatre valeurs fondamentales de la vie – Dharma (la Justice), Artha (la Prospérité), Kama (le Plaisir), Moksha (le Salut).
(3) Le Salut : sa condition fondamentale est tyaga, le détachement, qui consiste en fait à ne plus être esclave de ses désirs en les dépassant par l'expérience de la conscience transcendantale ; l'origine de l'univers ; la vie et la mort ; le bien et le mal ; des préceptes pour la vie quotidienne ; la pratique de la méditation ; la grandeur de Vishnu ; la focalisation sur l'Atman tout-pénétrant ; la compassion ; le chef de famille et le reclus ; les doctrines philosophiques du Samkhya et du Yoga; le Narayaniya, qui prône Narayana comme l'Etre Suprême.

Livre XIII : Bhishma poursuit son discours. Plusieurs thèmes sont abordés : la loi du Karma, le respect dû aux Brahmanes, le mariage et la succession, les rites funèbres, le jeûne et les offrandes, la louange de Krishna. Après son long discours, Bhishma annonce que l'heure de sa mort est arrivée. Son âme monte au ciel en présence d'une foule considérable. La cérémonie d'incinération est accomplie.

Livre XIV : On conseilie à Yudhishthira d'accomplir le Sacrifice du Cheval (Ashvamédha). A la demande d'Arjuna, Krishna résume l'enseignement donné dans la Bhagavad-Gita. Ce résumé, appelé l'Anugita, est divisé en trois parties : l'instruction donnée par un Sidha à un Brahmane, l'instruction donnée par un Brahmane à son épouse, l'instruction donnée par un guru à son disciple.

Uttara, l'épouse d'Abhimanyu, donne naissance à un enfant mort-né à qui Krishna rend la vie ; il reçoit le nom de Parikshit. Les préparatifs du Sacrifice du Cheval débutent. Le cheval est laissé en liberté, et on désigne Arjuna pour le suivre et conquérir tous les royaume qu'il traversera. Au bout d'un an, Arjuna revient avec le cheval, et le sacrifice est accompli en présence de tous les rois assujettis par Arjuna. Les Pandavas sont purifiés de tous leurs péchés. (Les derniers chapitres de ce livre renferment une discussion sur la valeur du sacrifice : ce n'est pas l'offrande qui compte, mais l'attitude intérieure du dévôt).

Livre XV : Le vieux roi Dhritarashtra et son épouse Gandhari vivent quinze années durant avec leurs neveux. Le vieux couple, accompagné de Kunti, de Vidura et de Sanjaya, se retire dans la forêt. Les Pandavas leur y rendent visite. Vidura meurt après avoir transmis à Yudhisthira ses énergies. Dhritarashtra, Gandhari, Kunti et la plupart des survivants de la grande guerre obtiennent de Vyasa la faveur d'une vision de tous les morts de Kurukshetra. Deux ans plus tard, Yudhishthira reçoit la nouvelle du décès des trois aïeuls qui ont péri dans un incendie de forêt.

Livre XVI : La malédiction de Gandhari à Krishna se réalise : les Yadavas (le clan de Krishna) s'exterminent mutuellement. Krishna, las, part se reposer dans la forêt où un chasseur le tue.

Livre XVII : Les cinq frères remettent les rênes du royaume à Parikshit, le petit-fils d'Arjuna, seul héritier des Pandavas encore en vie. Ils prennent le bâton d'ascète et, après avoir parcouru le pays, ils se retirent au mont Meru – Draupadi les accompagne. Au cours de l'ascension de la montagne sacrée, ils meurent tous, sauf Yudhishthira, qui refuse d'entrer au Paradis si ses frères, son épouse et son chien n'y sont pas avec lui. Le chien se révèle être le dieu Dharma déguisé. Indra promet à Yudhishthira qu'il les retrouvera tous.

Livre XVIII : Le premier spectacle du paradis à Yudhishthira est la vision de Duryodhana siégeant sur un trône ; il n'aperçoit ni ses frères, ni Draupadi. Il demande à être conduit en leur présence. On le guide sur le chemin des pécheurs jusqu'en enfer ; il les y retrouve suppliciés. Bien qu'il ait le choix, il décide de rester avec eux. Indra lui apparaît, lui révélant que tout cela n'était qu'une illusion destinée à éprouver sa constance. On le ramène au paradis où il retrouve ses frères, Draupadi et tous les êtres aimés. On apprend que Draupadi était une incarnation de la déesse Shri (Lakshmi, la Prospérité), et que tous les autres héros de l'épopée étaient des incarnations de différentes divinités.

Livre I

LES DÉBUTS

Prononçons la syllabe sacrée Om ;
Prosternons-nous devant Narayana et Nara,
    les premiers et les plus nobles des mortels ;
Prosternons-nous devant Saraswati, la déesse de la science ;
Prions pour la réussite. Puisse la réussite nous servir !

Nous nous prosternons devant Brahma,
    incorruptible, connu et inconnu, éternel ;
Nous nous prosternons devant Brahma,
    qui est ce qui est, et ce qui n'est pas ;
Brahma, le façonneur de ce qui est en haut, et de ce qui est en bas,
    lui l'insondable ;
Brahma qui est Vishnu,
    qui aime, est l'amour, et qui reçoit notre amour ;
Brahma qui est Shiva,
    le seigneur de la création,
    dieu de la fixité, et guide du changement perpétuel.

Ce qui suit est le récit de Vyasa,
    le grand Vyasa, digne de respect ;
un récit conté et reconté,
    que les hommes ne cesseront jamais de raconter,
une source de sagesse,
    au ciel, sur terre, et dans le monde inférieur ;
un récit que connaît le deux-fois né ;
    un récit pour l'érudit,
au style élégant, aux mètres variés,
    destiné au dialogue entre l'humain et le divin.

Au commencement, le monde était sans lumière, et enveloppé de ténèbres.
Puis vint le premier remous, un grand œuf, la graine intarissable de la vie.

De l'œuf vint Pradjapati, le seigneur des créatures ; puis d'autres, Manu, Daksha et ses sept fils ; les jumeaux Aswins, les Adityas, et les Pitris.

Puis vinrent les eaux, la terre, l'air, le ciel, les points cardinaux, les années, les saisons, les mois, les quinzaines, le jour et la nuit.

C'est ainsi que naquit tout ce que les hommes connaissent.

Mais tout ceci, animé et inanimé, l'ensemble de ce que l'on voit dans l'univers, disparaîtra à l'achèvement du yuga. Et un autre yuga apportera une vie nouvelle, pareil au fruit nouveau après une morte-saison. Ainsi tourne le monde, sans commencement ni fin, une roue de création et de destruction.

Quand Vyasa eut conçu son poème, il se mit à réfléchir aux moyens de l'enseigner à ses successeurs. Brahma, conscient de son souci, lui apparut. Cela surprit Vyasa ; les mains jointes, il se leva. Sur l'ordre de Brahma, il se rassit.

« O Brahma, mon poème est fin prêt dans mon esprit. Il parle du passé, du présent et du futur ; du déclin et de la mort, de la crainte et du tourment, de ce qui est et de ce qui n'est pas. Il décrit les quatre castes, et prescrit des règles pour l'ascète. Il donne la dimension des étoiles et des planètes, il résume les Védas, et explique les philosophies. Les montagnes, les rivières, les océans, les lieux saints et les cités célestes, les différentes races et langues, l'art de la guerre et l'anatomie du divin – tout y est. Cependant, je ne vois personne pour le transcrire exactement tel que j'ai à le dicter. »

« Tu dis que ton travail est un poème, et ainsi en sera-t-il, un poème si grand qu'aucun autre poème n'en sera le rival. Et Ganesha le transcrira. »

Ayant dit cela, il disparut.

Vyasa fit mentalement appel à Ganesha, le dieu à tête d'éléphant, qui supprime les obstacles et exécute les désirs.

« Écoute moi attentivement, dit-il, car tu transcriras le poème de Bharata que j'ai conçu. »

« C'est d'accord, répondit Ganesha, mais à une condition : tu ne dois pas faire de pause quand tu dictes. »

« D'accord, mais à une autre condition : tu dois saisir le sens de tout ce que j'énonce avant de le transcrire. »

Ganesha entonna Om et commença à écrire. Mais le spirituel Vyasa donna une telle intensité de sens à son discours, que l'ouvrage avança lentement. L'omniscient Ganesha lui-même devait souvent s'arrêter pour en saisir la signification. Pendant les pauses, Vyasa continuait à composer.

De même qu'un collyre ouvre les yeux, ce poème ouvre les portes de la connaissance aux curieux. De même que le bouton du nénuphar s'ouvre à la tendresse du clair de lune, l'esprit s'ouvre à la lecture du Mahabharata. Ce poème est le flambeau qui dissipe les ténèbres de l'histoire, il submerge de sa lumière la demeure de la nature.

Il raconte l'histoire de la grandeur de la dynastie des Kurus, la bonté de Gandhari, la sagesse de Vidura, la constance de Kunti ; il décrit la divinité de Krishna, l'honnêteté des cinq Pandavas, et les méfaits des fils de Dhritarashtra.

Le temps crée et le temps détruit,
Le temps est le feu et le temps l'extincteur,
Le temps, dieu du bien et du mal.
Le temps nous abat et le temps crée à nouveau.
Le temps ne dort pas quand dort toute autre chose,
Le temps seul reste debout quand tout s'est écroulé.
Du temps, le passé, le présent et le futur sont les rejetons.
O raison, sois le témoin ! Sois stable !

L'étude du Mahabharata est un acte de foi. Celui qui en lit une page avec foi se voit lavé de ses erreurs. D'entre les histoires, le poème de Vyasa est comme le beurre parmi les caillés, comme le Brahmane parmi les hommes, comme le nectar parmi les drogues, comme la mer parmi les étendues d'eau, et comme la vache parmi les animaux. Quiconque sait ceci peut être sauvé. Car la pénitence, l'étude, la recherche de la vérité et de la richesse, sont toutes vertueuses ; c'est d'en abuser qui les rend nuisibles.

Travaille ! Que les hommes de bonne volonté se débarrassent de la paresse. Fixe ton cœur sur la vertu. La vertu est le seul ami de l'homme. Qui est suffisamment intelligent pour garder à jamais femmes et richesses avec lui ? Peut-on les emporter dans la vie future ? Seul le poème de Vyasa apporte la vertu, car il est la vertu et la sainteté elles-mêmes, il est le registre du Dharma, d'Artha, et de Moksha, énoncé par Vyasa à la sagesse illimitée, dont je vais maintenant vous rapporter l'histoire de la naissance.

Un jour Parashara, un sage errant, vit l'enivrante Satyavati manœuvrer un bateau sur la Yamuna, et le désir s'empara de lui. Emu par ses cuisses effilées et sa beauté hardie, il lui dit :

« Belle dame, je vous en prie, acceptez mon amour ».

Satyavati répondit : « Comment pourrais-je vous satisfaire, alors que sur chacune des deux rives de saints hommes nous regardent ? »

Immédiatement le sage provoqua un brouillard qui isola l'île. Impressionnée, mais craintive, parce que sans défense, elle rougit.

« Je suis encore vierge, soumise aux ordres de mon père. Si vous me faites l'amour, que m'arrivera-t-il ? Comment pourrai-je retourner chez moi ? Comment passerai-je mes jours ? Que dira mon père ? O aidez-moi. Je suis si troublée. »

Parashara sourit. « N'aie crainte. Tu demeureras vierge même si tu accèdes à mon désir. »

Le jour même où Parashara l'enlaça sur l'île de la Yamuna, il lui naquit un enfant, un fils qui, dès l'instant de sa naissance, opta pour l'ascétisme. Quittant Satyavati, l'enfant lui dit : « S'il t'arrive d'être dans le besoin, souviens-toi de moi, et je t'apparaîtrai. »

C'était Dvaipayana, ou « Celui qui est né sur l'île » ; qui, sachant qu'à chaque yuga la vertu se relâche, ordonna les écritures pour le plus grand bénéfice de l'humanité. C'est lui qui vint à être connu sous le nom de Vyasa, ou « le compilateur. »

Pendant de nombreuses années, le roi Pratipa – de la famille des Kurus – fit pénitence sur les bords du Gange. Un jour, le Gange lui-même, prenant l'apparence d'une jeune fille rayonnante, s'éleva des eaux et se tint devant lui. Il était plongé en méditation. Elle s'assit sur sa belle et puissante cuisse droite. Il remua et la regarda.

« Que veux-tu ? »

« Je te veux pour mari. On ne peut refuser une femme qui vient de sa propre volonté. Les sages n'approuveraient point qu'il en soit autrement. »

« Un vœu sacré me lie. Je n'éprouve aucune convoitise pour les femmes hors de ma caste. »

« Suis-je laide ? Suis-je impure ? Aime-moi. Je peux te donner du plaisir. Un sang divin coule dans mes veines. Je te veux pour mari. O non, ne me refuse pas. »

« Mais j'ai fait un vœu, répéta Pratipa. Si je le romps, j'en serai détruit. Tu es ravissante, je sais, et tu t'es assise sur ma cuisse droite. La droite est pour les filles et les belles-filles, la gauche pour l'épouse. Tu ne t'es pas assise sur ma cuisse gauche, et je ne romprai pas mon vœu. Si tu le désires, sois ma belle-fille. Je t'accepte comme épouse pour mon fils quand il naîtra. »

« Très bien. Parce que je te vénère, toi et la race des Bharatas, je serai l'épouse de ton fils. Les gloires de ta race sont sans nombre. Mais avant que je ne devienne ta belle-fille, fais savoir à ton fils qu'il ne doit m'interroger sur aucun de mes actes. Je serai bonne envers lui, je le rendrai heureux, et père de nombreux enfants, mais il doit savoir que je suis libre de faire ce que bon me semble. »

Elle disparut.

Déjà âgés, et après de nombreuses et strictes austérités, Pratipa et son épouse eurent un fils, à Hastinapur. Il l'appelèrent Shantanu, c'était un bon fils, voué au Dharma, et convaincu que seuls les actes bons mènent l'homme au ciel.

Shantanu grandit, intelligent et resplendissant comme Indra. Il passait une bonne partie de son temps à chasser – un sport qu'il aimait – tuant buffles et cerfs. Un jour, alors qu'il longeait les rives du Gange, il vit une fille d'une incroyable beauté ; ses dents brillaient comme des perles, et son corps, vêtu d'un tissu évoquant la douceur du lotus, resplendissait de parures. Tremblant, il s'abreuva de sa beauté. Elle le regardait, ne le quittant plus des yeux.

Il lui parla doucement : « Es-tu une déesse, une apsara, une yaksha, une naga ? es-tu humaine ? Qui que tu sois, sois mon épouse. »

A ces mots affectueux, elle sourit : « Je serai ton épouse, et vivrai avec toi. Mais à une condition. Ne me dis jamais un mot malveillant. Quoi que je fasse, ne t'y oppose pas. Aussi longtemps que tu seras aimable, je serai ton épouse. Le jour où tu prononceras un seul mot dur, je te quitterai. »

Shantanu consentit ; ensemble ils vécurent heureux. Sa beauté, ses manières subtiles d'aimer, son chant et sa danse lui étaient agréables. Les mois, les saisons et les années passèrent ; le roi n'en était pas même conscient.

Ils eurent huit enfants, tous beaux comme des dieux. A leur venue, elle les jeta un par un dans le Gange, disant : « Je fais cela pour ton bien. » Shantanu, bien qu'horrifié, se taisait. Mais à la naissance du huitième, alors qu'il allait joyeusement être précipité dans la rivière, il s'exclama :

« Je ne le permettrai pas ! Qui es-tu ? Pourquoi tues-tu tes propres enfants ? Ne vois-tu pas que c'est un acte horrible ? »

Son épouse répliqua : « Puisque tu me l'ordonnes, j'épargnerai cet enfant. Mais tu n'as pas tenu parole – désormais, je ne peux plus demeurer avec toi. Je suis Ganga, fille de Jahnu. Ces huit fils sont les huit Vasus, et sauf moi, personne sur terre ne pouvait être leur mère. C'est un sort jeté sur eux qui les a forcés à prendre forme humaine. Mais toi, mon époux, tu seras béni, car tu es leur père. Je te quitte maintenant, ce dernier enfant est à toi, mais d'abord laisse-moi l'éduquer. Tu l'appelleras Gangadatta, « don du Gange. »

Elle disparut, emmenant l'enfant avec elle ; Shantanu, plein de tristesse, s'en retourna à sa capitale. Il continua d'être un bon souverain ; durant son règne, discours et vérité ne faisaient qu'un, les citoyens étaient inspirés par le Dharma et la charité. Après trente-six années d'un règne plein de dignité, Shantanu se retira dans la forêt.

Un jour, alors qu'il pourchassait un cerf blessé par une de ses flèches, il remarqua qu'à un certain endroit, les eaux du Gange formaient un haut-fond. Perplexe, il s'assit, s'interrogeant sur la raison du comportement de la rivière sainte. C'est alors qu'il vit un beau jeune homme en repousser les eaux à coups d'armes divines. C'était son fils, mais Shantanu ne put le reconnaître, à peine l'avait-il vu quelques minutes à sa naissance. Le garçon, lui, reconnut son père et, lui brouillant rapidement la vue par ses pouvoirs divins, il disparut.

Shantanu s'adressa à Ganga, disant : « Montre-moi mon fils. » Et Ganga lui amena l'enfant, richement vêtu, le conduisant par la main droite.

« Le voici, dit-elle, ton huitième fils. J'ai veillé sur lui avec les meilleurs soins. Il connaît les Védas, et l'emploi de toutes les armes. C'est un archer puissant, pareil à Indra lui-même dans la bataille. Il connaît aussi tous les devoirs de la royauté. » Shantanu l'emmena à la capitale et en fit son héritier présomptif.

Quatre années passèrent ; un jour, au cours d'une promenade dans les bois, près de la Yamuna, Shantanu fut intrigué par un parfum délicat. Regardant alentour, il découvrit une jeune fille aux cheveux noirs, la fille d'un pêcheur.

« Qui es-tu ? Que fais-tu ici ? »

« Je suis la fille du patron des pêcheurs. Je fais traverser la rivière à des passagers pour le bénéfice religieux de mon père. »

Son agréable et souriante beauté suscita l'amour de Shantanu. Il alla voir son père pour lui demander sa main.

Le père dit : « Sire, elle est si belle, à n'en pas douter elle se mariera. Mais il y a une grâce que je lui ai toujours souhaitée. Promettez-moi, sire, que vous ne me la refuserez pas, et c'est avec joie que je vous la donne. Je sais bien que je ne lui trouverai pas meilleur époux que vous. »

« Je ne promets que ce que je peux tenir. Quelle faveur recherches-tu ? Je ne promets rien à l'avance. »

« Rien d'autre que ceci, sire, que son fils, et personne d'autre, soit votre héritier. »

Le cœur lourd, Shantanu rentra à Hastinapur, il y passa ses jours dans une solitude pensive et amoureuse. Un jour, Gangadatta le trouvant dans cet état lui dit : « Père, tous les chefs te rendent hommage, la prospérité est à ton service, qu'est-ce qui t'afflige ? »

« Une noire tristesse me chagrine, mon enfant. Je vais te dire ce qu'il en est. Tu es mon unique héritier ; pour moi, tu représentes plus que cent fils. Mais la vie est pleine d'aléas. . . Ne te méprends pas, ce n'est pas que je souhaite me remarier. Je sais que tu vivras longtemps et que tu renforceras l'éclat de notre dynastie. Mais le dicton prétend qu'avoir un seul fils équivaut à n'en pas avoir. Je sais aussi que parce que j'ai la chance de t'avoir pour fils, j'atteindrai le paradis. Mais tu es un grand guerrier, tu as vite fait de t'emporter, tu n'attends que la bataille. Si je te perdais. . . si tu venais à mourir, qu'en serait-il de notre descendance ? »

L'intelligent Gangadatta compris ce que sous-entendait son père et grâce au vieux ministre du roi, il découvrit vite la condition posée par le patron des pêcheurs. Suivi de chefs et de courtisans, il s'en alla le voir :

« O pêcheur, écoute bien mon vœu – jamais pareille promesse ne fut ni ne sera à nouveau prononcée :le fils de ta fille sera notre roi ! »

Mais le pêcheur précisa sa demande : « Je vous sais vertueux, vous tiendrez votre vœu. Je ne peux en aucun cas douter de votre parole. Mais comment puis-je être sûr que vos enfants aussi la respecteront ? Pardonnez-moi ce doute, mon seigneur ; je parle comme un père dont le sort de sa fille est ce qui lui tient le plus à cœur. »

« Alors, ô patron des pêcheurs, écoute-moi encore ! J'ai tout à l'heure abandonné mon droit au trône. Maintenant, devant tous ces rois et courtisans, je te donne ma parole de ne jamais me marier. Même sans enfants j'atteindrai le paradis. »

Le pêcheur exulta.

« Je donne ma fille au roi. »

A l'instant même, les apsaras, les dieux et les sages déversèrent une pluie de fleurs sur la tête de Gangadatta.

Ils proclamèrent : « Il sera connu comme Bhishma, celui qui accomplit des vœux terribles. »

S'approchant de la fille du pêcheur, Bhishma lui dit : « Mère, montez dans mon char et allons au palais. »

Shantanu fut très heureux d'apprendre le vœu de Bhishma. Il lui annonça : « Je t'accorde une faveur, mon fils. Tant que tu désireras vivre, la mort n'aura aucun pouvoir sur toi. Tu ne mourras que quand tu le voudras. »

Satyavati et Shantanu eurent deux fils – Chitrangada, un garçon courageux et intelligent, et Vichitravirya, un archer puissant. A la mort de Shantanu, Bhishma installa Chitrangada sur le trône. L'envieux roi des Gandharvas, appelé aussi Chitrangada, défia le fils de Shantanu. Ils combattirent trois années durant, sur les rives de la Saraswati, mais, trichant, le Gandharva tua finalement Chitrangada. Bhishma accomplit tous les rites funéraires et, sur le conseil de Satyavati, il prit la régence du royaume.

Quand Vichitravirya fut en âge de se marier, Bhishma apprit que les trois très belles filles du roi de Varanasi étaient sur le point de choisir des époux à une cérémonie dite Svayamvara. Il s'y précipita et trouva la ville comble de noblesse et de royauté. Quand au moment du choix on appela par leurs noms les différents rois, Bhishma s'empara des trois filles et d'une voix tonitruante cria :

« La tradition a déclaré qu'une fille peut être offerte, finement vêtue et avec une belle dot, au noble invité que l'on a reçu dans ce but. D'autres donnent une fille en échange de vaches. Certains donnent de l'argent, il y a des filles que l'on enlève. Certains consultent la fille, d'autres la forcent à consentir, et d'autres encore s'assurent l'approbation parentale. Il y en a qui reçoivent des filles comme cadeaux, pour aider dans les rituels et les sacrifices. De toutes ces manières le docte approuve la dernière ; un roi préfère être choisi par la fille elle-même ; mais le sage applaudit à une fille enlevée de force d'une assemblée de rois. J'emmène ces trois filles par force ! Arrêtez-moi, si vous osez ! Je vous jette un défi ouvert. » Il s'élança avec son char autour de l'assemblée. Les rois se levèrent, se croisant les bras, les mains sous les aisselles, semblables à des lutteurs, se mordant la lèvre inférieure. On jeta les parures pour enfiler les armures, leur éclat faisait penser à de brillants météores dans le ciel. Les sourcils froncés et le regard flamboyant de colère, ils s'alignèrent, lançant sur Bhishma dix mille flèches. Mais Bhishma, en envoyant une pluie des siennes, aussi peu épaisses que les poils de son corps, percuta le nuage de flèches qui allait lui écraser la poitrine. Il se dépêcha ensuite de rentrer à Hastinapur.

Shalva, un puissant guerrier, ne tarda pas à le rattraper. Coinçant Bhishma, à la façon dont un éléphant s'apprêterait à déchirer le flanc de son rival en période de rut, il s'écria : « Arrête ! »

Les autres rois s'immobilisèrent, témoins silencieux. Les adversaires se toisèrent, semblables à deux taureaux s'affrontant pour une vache.

« Conduis-moi à lui, cria Bhishma à son conducteur, que je le tue comme Garuda tue un serpent. » A ces mots, il abattit les quatre chevaux du char et en exécuta le cocher ; mais il laissa partir Shalva sans mal et humilié. Les autres invités au svayamvara se dispersèrent lentement.

A son arrivée triomphante à Hastinapur, Bhishma remit les trois jeunes filles à Vichitravirya, ses propres épouses n'eussent pas été traitées avec plus d'égard. On fit les préparatifs pour les noces. Mais quand Bhishma et Satyavati eurent réglé chaque détail, Amba, l'ainée des trois filles, vint vers Bhishma :

« J'ai dans mon cœur choisi le roi Saubha et lui de même. Mon père était d'accord, et c'est lui que, parmi les membres de l'assemblée, j'aurais décoré de la guirlande de fleurs. »

Respectant son choix, Bhishma la laissa partir. Il maria les deux autres sœurs, Ambika et Ambalika, à Vichitravirya. Le mariage ne lui apporta que luxure, les deux sœurs étaient de haute taille, la peau cuivrée et la poitrine lourde et ronde, les hanches galbées. Il passa sept ans à s'adonner aux délices de l'érotisme puis, au faîte de la jeunesse, il fut atteint de phtisie. Des amis et des proches l'entourèrent, le conseillant. Mais il mourut, tel un soleil couchant précoce, laissant Bhishma anxieux en proie à un grand chagrin.

Satyavati affligée, pensant au futur, se tourna vers Bhishma. « Tout est maintenant entre tes mains. Mon fils – ton frère – est mort sans enfant. Ses femmes sont encore jeunes et belles, et capables d'en porter. Épouses-en une, Bhishma, pour la cause de notre maison. »

« Mère, tu ne sais pas ce que tu dis. J'ai fait le vœu de ne pas me marier, et j'entends le tenir. J'abandonnerai tout, le ciel, les trois mondes, plutôt que de le rompre. Le soleil perdra sa gloire, le feu sa chaleur et le dharma sa beauté avant que je ne m'égare du chemin de la vérité. »

Satyavati insista : « Je sais combien t'est chère la vérité. Mais le cas est particulier. Tu le dois à tes ancêtres. Notre lignée ne doit pas être brisée. »

« Transgresser la vérité, c'est provoquer la ruine. Mais il y a un moyen. . . Tu as entendu parler du sage Utathya et de son épouse Mamata. Quand Brihaspati, le jeune frère d'Utathya, la convoita, elle le refusa ; elle était déjà enceinte de son aîné. « L'enfant qui est dans mon sein est éduqué, il connaît les Védas. Ta semence ne portera rien. Laisse-moi ». Mais il persista, et au moment où il allait la pénétrer, l'enfant, de l'intérieur, s'adressa à lui : « Cesse, mon oncle ! Il n'y a pas de place pour deux. Ta semence ne portera rien ». Mais Brihaspati ne voulut pas entendre et il étreignit Mamata aux yeux si beaux. Juste au moment où sa semence allait jaillir, le sage enfant tendit la jambe, et bloqua l'entrée, ce qui eut pour résultat de faire se répandre le sperme sur le sol. Terriblement en colère, Brihaspati maudit l'enfant de cécité perpétuelle. Mais comme tu le sais, le garçon grandit, plein de sagesse, et il se maria avec Pradveshi, la fille d'un Brahmane, et eut de nombreux enfants. Cependant, c'était des garçons turbulents, ils l'injurièrent, tout comme Pradveshi vint aussi à le faire. « Quel mari es-tu ? Tu es aveugle et j'ai eu seule le fardeau de veiller sur les enfants. J'en ai assez. Tu n'es plus désormais mon seigneur ». Le sage s'irrita, il la maudit : « A partir de ce jour, la femme apprendra à n'être heureuse qu'avec un seul homme toute sa vie durant. Que le Dharma lui interdise l'amour avec tout autre homme que son mari. Si elle vient à en aimer un autre, que la honte la traque ; et si elle a de l'argent, que la misère la poursuive ». « Jetez-le dans le Gange ! » cria-t-elle. Le sage aveugle dériva pendant plusieurs jours sur un radeau auquel ses fils l'avaient attaché, jusqu'à ce qu'un roi appelé Vali le sauve. En apprenant l'identité du sage, Vali lui dit : « O saint, donne-moi des enfants nobles et sages de ma femme Sudeshna ». Mais la reine, méprisant l'aveugle, envoya à sa place sa nourrice de basse caste, qui porta les onze enfants du sage. Vali lui renvoya Sudeshna, et par simple attouchement, le sage lui donna cinq fils. C'est ainsi que la lignée de Vali continua. Ce n'était pas la première fois que la semence d'un Brahmane venait en aide aux rois Kshatriyas. Tu comprends ce que je veux dire, mère : je te laisse t'occuper du reste ».

Satyavati sourit. « Tu es vertueux et riche de vérité. Tu me rends espoir. Quand Vyasa, mon fils, m'a quittée, il m'a promis de venir chaque fois que j'aurais besoin de lui. Dis-moi, Bhishma, si le moment de l'évoquer est venu ».

« On déclare sage l'action au service de la vertu. Appelle-le, je te le recommande ».

Au moment où Satyavati pensa à lui, Vyasa était occupé, très loin, à enseigner les Védas. Instantanément, il se tint devant elle, visible pour elle seule. Lui ayant rafraîchi les yeux, rougis des larmes de joie versées en le voyant, il la pria : « Me voici, mère. Dis-moi ce que tu attends de moi ».

« On dit d'une mère qu'elle a autant de droits sur son fils que le père. Je ne sais si tu apprécieras mon propos, mais écoute cependant. Vichitravirya est mort sans enfants, et Bhishma a renoncé au sexe. Afin que notre lignée ne périsse pas, donne des fils à mes deux belles-filles ».

« Je ferai comme tu me le demandes, car tu es sage et vertueuse. Mon frère aura des enfants aussi parfaits que Yama et Varuna. Je donnerai aux deux épouses un vœu à observer pendant un an. Quand elles en auront été purifiées, envoie-les-moi ».

« Non, ce serait trop tard. Il faut qu'elles aient des enfants rapidement. Un royaume sans roi périclite, on néglige les rites sacrés, les nuages se dessèchent, et les dieux disparaissent ».

« Si elles veulent des enfants maintenant, apprends-leur à supporter ma laideur, car je leur apparaîtrai sous la forme hideuse d'un ascète mortifié. C'est, je pense, une pénitence suffisante. Si Ambika veut un fils, elle doit m'accepter tel que je suis – moi et ma chair malodorante, mon visage effrayant, mes haillons. Dis-lui de m'attendre dans son lit, proprement vêtue et parée de beaux atours ».

A force de persuasion, Satyavati convainquit Ambika de l'obédience parfaite au dharma du plan de Bhishma. Quand l'heure d'Ambika arriva, Satyavati la baigna, l'emmena dans ses appartements, et la coucha sur un lit luxueux.

« Ton mari avait un frère aîné dont la semence pénétrera ton sein cette nuit. Attends-le ; ne t'endors pas ».

La lampe brûlait encore quand Vyasa entra dans la pièce. Horrifiée par son affreux visage, ses cheveux cuivrés tirés en chignon, ses yeux livides et sa barbe noire, elle ferma les yeux. Elle ne les ouvrit pas une seule fois, pas même au moment de l'amour.

Vyasa sortant de la chambre, Satyavati lui demanda : « Aura-t-elle un fils ? »

« Oui, répondit-il, intelligent, courageux et actif. Et lui-même en aura cent. Mais parce que sa mère ne m'a pas regardé pendant que nous faisions l'amour, il naîtra aveugle ».

« Comment un roi aveugle gouvernera-t-il ? Comment apportera-t-il la gloire à sa race ? Donne-nous un autre roi, mon fils ».

Vyasa accepta. Dans l'intervalle, Ambika donna naissance à un fils aveugle, Dhritarashtra. Ambalika, la deuxième épouse du frère de Vyasa, pâlit de crainte à l'approche de celui-ci. « Parce que tu pâlis à ma vue, dit-il, le fils qui te naîtra aura la peau blême, et il sera connu sous le nom de Pandu, ou le Pâle ».

Mais Satyavati insista pour qu'il y ait une troisième naissance ; un petit-fils blême ne faisait pas non plus son bonheur. Au moment opportun, elle réitéra sa demande à Ambika. Se souvenant de l'horrible visage et de l'odeur répugnante de Vyasa, celle-ci envoya à sa place une jolie servante vêtue de sa propre parure. Quand Vyasa entra, la servante de basse caste se leva respectueusement et, selon les instructions, s'assit à ses côtés. Vyasa dit : « Douce dame, vous êtes libérée de l'esclavage. Et votre fils comptera parmi les hommes les plus sages et les plus nobles de la terre ». Ainsi naquit Vidura, le frère de Dhritarashtra et de Pandu ; de grande sérénité et savant dans l'art de gouverner, il ressemblait au dieu Dharma lui-même.

Ayant informé Satyavati de la duperie d'Ambika et de ses conséquences, Vyasa disparut.

Et à la suite de la naissance des enfants, le royaume prospéra.

Les récoltes furent bonnes, le blé était parfumé,
Les pluies vinrent en leur temps, fleurs et fruits abondaient,
Le bétail prospérait, les oiseaux et les animaux aussi ;
Les villes s'emplissaient de marchands, d'artisans et de commerçants,
Des citoyens éduqués, honnêtes, actifs,
Nul voleur et point de crimes –
Un âge d'or, le fruit de la roue du Dharma.

Bhishma éleva Dhritarashtra, Pandu et Vidura, comme s'ils eussent été ses propres fils. Pandu excellait au tir à l'arc, Dhritarashtra à la lutte, et nul – dans les trois mondes – n'aurait su rivaliser avec Vidura en sagesse vertueuse. Et à cause de la cécité de Dhritarashtra, et de la basse naissance de Vidura, Pandu devint roi.

« Je vous ai élevés, dit Bhishma aux trois jeunes hommes, dans l'espoir que prospère notre lignée. J'apprends aujourd'hui que trois belles filles de sang pur ont été déclarées convenables pour un mariage dans notre famille. L'une d'elles est la fille du roi Yadava, la deuxième de Subala, et la troisième est la princesse de Madra. Qu'en pensez-vous ? »

Vidura parla le premier : « Tu as été un père pour nous, et une mère aussi. Tu es notre guru ; tes désirs sont des ordres. Quoi que tu décides, nous sommes fiers d'obéir ».

Quand Bhishma apprit que Gandhari, la fille de Subala, avait reçu de Shiva la faveur d'avoir cent fils, il envoya rapidement des émissaires à son père afin de lui proposer Dhritarashtra pour gendre.

En s'entendant dire que Dhritarashtra était aveugle, Gandhari, par amour et par respect pour son futur époux, se banda les yeux d'un long tissu plusieurs fois plié. Aussi longtemps qu'elle vécut, elle ne quitta pas ce bandage. Son frère, Shakuni, l'accompagna au mariage, et les somptueuses cérémonies furent conduites sous la supervision de Bhishma.

La fille adoptive du roi Yadava, Kunti, était aussi belle que la Terre elle-même. La sincérité de ses jeunes dévotions ayant plu au sage irascible Durvasas, il lui octroya une faveur ; elle s'en servit pour faire appel au dieu soleil, Surya. « Je suis à ton service, ô jeune fille aux yeux noirs, dit le dieu flamboyant. Exprime-moi ton désir ».

Toute tremblante, elle répondit : « Je n'attends rien, mon seigneur. Je testais seulement le mantra afin d'en connaître les effets. Je vous en prie, pardonnez-moi ».

« Mais moi, je souhaite une grâce venant de toi, Kunti. Laisse-moi te faire l'amour. N'aies pas peur. Tu dois le savoir, m'invoquer sans raison est une erreur ».

La voyant timide et apeurée, il l'apaisa avec les mots appropriés. Au début, par pudeur et par crainte de sa famille, elle le refusa ; mais il insista, disant : « Je suis le dieu soleil, ne crains rien », jusqu'à ce que finalement elle cédât à ses avances.

De cette union naquit un fils, vêtu d'une armure naturelle et portant aux oreilles deux grands anneaux. Après avoir rendu à Kunti sa virginité, le dieu soleil Surya s'en alla. Effrayée et honteuse, elle jeta l'enfant dans une rivière. Il fut sauvé par une bergère, Radha, et son mari, le conducteur de char Adhirata ; ils l'appelèrent Vasusena, ou Celui-qui-est-né-riche, à cause de son armure et de ses anneaux naturels.

Le garçon passait ses journées à rendre service aux Brahmanes, restant assis du matin au soir, le dos au soleil pour en absorber l'énergie. Quand, déguisé en Brahmane, Indra – le chef des dieux – désireux d'aider son propre fils Arjuna, vint demander une armure, le garçon, sans un mot, tailla la sienne et la lui offrit. Touché, Indra lui tendit une flèche divine, lui disant : « Prends cette flèche, elle a le pouvoir de tuer n'importe lequel – mais un seul – des dieux, des démons, des humains, des gandharvas ou des nagas, dont tu désireras la mort ». Voici la raison pour laquelle Vasusena vint à être connu sous le nom de Karna, qui signifie l'Amputé.

Voyant que sa fille ne recevait pas d'offre de mariage, malgré sa grande beauté et sa maîtrise des qualités féminines, Kunti-bhoja, le père de Kunti, organisa un svayamvara auquel furent invités les rois et les princes de nombreux pays. Ayant remarqué, parmi l'assemblée, la personnalité virile de Pandu – il avait le même torse puissant, les mêmes yeux de taureau, le même courage léonin qu'Indra – Kunti s'avança vers lui humblement, troublée par l'émotion, et lui passa autour du cou la guirlande indiquant son choix. Accompagnés d'une vaste cour et bénis des voix des pandits qui chantaient des louanges, les jeunes mariés s'en retournèrent au palais. Ensemble ils vécurent heureux. Bhishma cependant lui avait prévu une deuxième épouse ; il partit donc peu après, suivi d'une grande armée, pour la capitale de Salya, le roi de Madra, où il fut reçu avec la plus grande hospitalité. Un grand tapis blanc avait été installé en guise de siège pour l'accueillir ; on lui lava les pieds.

« Je viens ici au nom du roi Pandu demander la main de ta sœur Madri. La réputation de sa beauté et de sa vertu nous est parvenue. C'est à mon avis une bonne alliance et je te demande d'y consentir.

« Ta proposition me plaît, mais tu connais la coutume de notre famille. C'est une vieille tradition et, bonne ou mauvaise, je me dois de la suivre. Les sentiments de ma sœur sont les siens propres, et je ne peux t'assurer de rien les concernant ».

« Je suis au courant de la coutume ; et je sais aussi que celui qui honore la tradition reçoit l'approbation des sages et des gens de vertu ». Ce disant, il étala devant Salya de splendides trésors d'or pur et de pièces d'or, des milliers de pierres précieuses de toutes les couleurs, des éléphants et des chevaux et des chars, des robes et des parures, des perles, du corail et autres merveilles. Heureux de la dot, Salya donna sa sœur à Bhishma qui, jubilant, rentra à Hastinapur.

En compagnie de ses deux épouses, Pandu goûta un mois durant aux plaisirs de la sensualité. Ensuite, avec les bénédictions de Bhishma et des citoyens, il partit en campagne à la conquête du monde. Il prit avec lui une force considérable d'éléphants, de chevaux et de chars. Les premiers à connaître la défaite furent des bandes de voleurs à Dasharna. Ensuite, Pandu tua le roi de Magadha, le fier Dirgha, dont il pilla le butin. Puis, traversant le royaume de Mithila, il soumit les Videhas. Finalement, ce fut au tour des villes de Varanasi, de Sambha et de Pundra de tomber. Rien ne résistait au feu rageur de son armée, et tous les rois de la terre, réduits à l'état de vassaux, lui payèrent un tribut d'or et d'argent, de vaches, d'éléphants, d'ânes, de chameaux, de buffles, de chèvres, de moutons, et aussi de couvertures précieuses et de cuirs, et de doux tapis en peau de cerf. Et Pandu, victorieux, tombant aux pieds de Bhishma, lui rendit ses hommages.

Plus tard, Bhishma apprit que le roi Dévaka avait une jeune et jolie fille née d'une épouse de basse caste, il en arrangea le mariage avec Vidura ; de nombreux et excellents enfants naquirent de cette heureuse union.

Dhritarashtra eut de Gandhari cent fils ; et il en eut un autre d'une épouse Vaishya. Les deux épouses de Pandu, Kunti et Madri, lui donnèrent cinq enfants, tous nés d'interventions divines.

Gandhari, pour avoir donné un jour asile à Vyasa, alors qu'il était venu vers elle chancelant de faim et de fatigue, avait reçu de Shiva la faveur de porter cent fils. Deux années durant elle porta la semence en son sein, déroutée par le délai de l'accouchement. En apprenant que Kunti, alors en exil avec son mari Pandu, avait donné naissance à un fils resplendissant (tel que cela est relaté plus loin), sa douleur éclata et, sans rien dire à son mari, elle se frappa le ventre d'un coup terrifiant. De son sein tomba une masse de chair dure, vieille de deux ans, qui ressemblait à une balle de fer. Elle était sur le point de la ramasser pour la jeter quand Vyasa apparut et dit :

« Qu'as-tu fait ? »

« Quand j'ai entendu la nouvelle de la naissance du fils de Kunti, glorieux comme le soleil lui-même, je n'ai pas pu me contrôler et me suis frappé le ventre. Tu m'avais dit que j'aurais cent fils. Y a-t-il cent fils dans cette boule de chair ? »

« Même quand je plaisante, ce que je dis est dit. Ai-je manqué à quiconque ? Dépêche-toi de préparer cent pots de ghee, et cache-les. Et trempe cette boule de chair dans de l'eau fraîche ».

Une fois mouillée, la boule de chair se fragmenta en cent et un morceaux de taille égale. On les déposa dans les pots cachés. On y veilla de près. Ayant avisé Gandhari d'en ouvrir le couvercle deux ans plus tard, Vyasa repartit continuer son yoga dans les Himalayas.

De l'un des pots naquit Duryodhana. Yudhishthira naquit le premier, et Duryodhana fut conçu le premier. Et à l'instant de sa naissance, on entendit Duryodhana braire comme un âne, et partout dans le royaume on entendit braire les ânes, et hurler les chacals, crier les vautours et croasser les corbeaux. Et des vents tumultueux se mirent à souffler et partout des incendies se déclarèrent.

Le sage Vidura, remarquant les présages effrayants, avisa Dhritarashtra : « Sire, votre fils aîné nous apportera la destruction. Débarrassez-vous-en ! Pour le bien du monde, et pour notre propre salut, débarrassez-vous-en ! Il est dit que pour le salut d'une famille, une personne peut être sacrifiée ; pour le salut d'un village, c'est une famille qui peut être sacrifiée ; pour le salut d'un pays, un village ; et pour le salut de l'âme, un pays ».

Mais Dhritarashtra, parce qu'il aimait son fils, ne suivit pas le conseil de Vidura.

En un mois les cent garçons naquirent et une fille aussi, Dushala. La même année, la servante Vaishya qui servait Dhritarashtra, alors que Gandhari était dans un état avancé de grossesse, donna naissance à un fils appelé Yuyutsu. Au moment opportun,

Dushala fut cérémonieusement mariée à Jayadratha, le roi des Sindhus.

Pandu, parcourant un jour les bois des Himalayas, vit un grand cerf s'accouplant avec sa femelle ; il le blessa de cinq de ses flèches d'or les plus pointues et les plus rapides. La bête, en tombant, fatalement touchée, poussa des cris surnaturels.

« Les hommes lascifs eux-mêmes laissent en paix s'accoupler les bêtes, gémit-il. Même en temps de guerre, le soldat épargne l'ennemi pris au dépourvu. L'amour est un acte doux et fructueux. Quel démon t'a-t-il possédé de me tuer en un tel moment ? C'est cruel, c'est injuste, il n'y a rien de plus haineux et de plus condamnable ! Quel mal t'ai-je fait, ô roi ? J'étais là, vivant en paix. . . et soudain, tu me tues. Mais avant de mourir, je te maudis !

« Je m'appelle Kimindama. Je suis le fils d'un Brahmane et, déguisé en cerf, je jouissais dans la forêt des plaisirs interdits à la ville. Parce que tu ignorais que je fusse un Brahmane, tu n'encourras pas la pénitence de ceux qui tuent les deux-fois-nés. Mais que mon sort soit le tien ! Quand tu t'accoupleras avec ton épouse, comme je m'accouplais avec ma biche, alors que ton âme quitte ton corps. Et ton épouse te suivra au séjour des morts. J'étais heureux, et tu as fait mon malheur. Le malheur te saisira dans ton plaisir. »

Après la mort du cerf-Brahmane, une grande affliction s'empara de Pandu, et il pensa en lui-même : « Le mari de ma mère est mort pour excès de luxure, il était pourtant le fils du vertueux Shantanu et, bien que Vyasa, qui connaît la vérité, soit mon père, la luxure me consume aussi. Ma malveillance me conduit à chasser le cerf dans les bois. Oh, il me faut redevenir bon, et chercher moksha (la libération). Les désirs mondains égarent de la voie de moksha – je dois m'en défaire ! Je pratiquerai la chasteté. Je maîtriserai mes passions par un yoga assidu.

« Le crâne rasé, errant par les sentiers de la terre,
Me nourrissant des fruits des arbres,
Le corps couvert de poussière, et
Avec pour seul refuge les ruines et les arbres ;
Indifférent à la joie comme à la tristesse,
Jamais plus ne serai-je un hypocrite,
A jamais maître de mes humeurs, ne raillant personne,
Passant le restant de mes jours
Serein et sans crainte, ferme dans la bonté,
Résolu dans la liberté de l'amour.
Je traiterai les vers eux-mêmes comme mes propres enfants ».

En apprenant la décision de leur époux de se retrancher du monde, Kunti et Madri dirent : « Si tu nous quittes, c'est la vie qui nous quitte. Accepte que nous te suivions et que, à ton instar, nous nous adonnions à la pratique de l'austérité ».

« Si vous pensez que cela est bon, partons maintenant. Fini le luxe de la vie citadine, seule l'exposition au froid et à la chaleur, l'accomplissement du homa, et des repas de fruits crus et de fruits mûrs. Et à jamais, jusqu'à ce que frappe la mort, la recherche de pénitences plus strictes à pratiquer ».

Il fit ensuite venir des Brahmanes et leur céda le trésor prodigieux de sa couronne, son collier, ses bracelets, ses anneaux, ses vêtements, et toutes les parures de ses épouses. Il dit à ses serviteurs : « Allez à Hastinapur et apprenez aux citoyens que le roi Pandu et ses épouses renoncent à la richesse, au désir, à la joie et à la passion physique ». Se lamentant de leur perte, ils allèrent à la capitale, emmenant avec eux le reste du trésor royal afin de le distribuer charitablement. Quand Dhritarashtra connut la nouvelle, il pleura son frère ; et son plaisir des lits douillets, des fauteuils confortables et de la bonne chair diminua.

Un jour, dans la forêt, évoquant sa stérilité, conséquence de la malédiction, Pandu dit à Kunti : « Essaie d'avoir des fils, Kunti. Ni les sacrifices, ni les offrandes, ni l'observation des vœux n'apportent de mérite à un homme sans fils, comme moi. Les écritures déclarent que six sortes de fils peuvent prétendre à l'héritage : le fils né d'une épouse légale, le fils né d'un homme agissant par bonté, le fils né d'un homme payé dans ce but, le fils né après le décès de l'époux, le fils né à une vierge, et le fils d'une épouse non chaste. Six sortes de fils peuvent être apparentés par le sang, mais sans droit d'héritage : le fils donné, le fils acheté et adopté, le fils autodonné, le fils qui arrive avec la future mariée enceinte, le fils d'un frère, et le fils d'une épouse de basse caste. Il est arrivé qu'en temps de détresse des cadets soient venus en aide à leurs aînés qui n'avaient pas de fils. Et Manu lui-même, dit que des maris sans descendance devraient pouvoir obtenir les services d'autrui pour leurs épouses, et ce, parce que les fils apportent le plus haut mérite. Je te l'ordonne, Kunti, donne-moi des fils, de quelqu'un qui me soit égal ou supérieur. Tu sais qu'un tel acte a été accompli par la fille de Saradandayana sur ordre de son mari. Fais-en de même pour moi ». « Je suis ton épouse légale, mon seigneur. Mais, ô mon mari aux yeux de lotus, n'attends pas cela de moi. Je te suis fidèle. Je sais qu'il est en ton pouvoir de me donner des enfants. Enlace-moi, mon seigneur, et donne-moi ton amour. Car pas même en pensée ne m'embrassera un autre homme. Tel est mon vœu. Qui donc est plus noble que toi ? »

« Ce que tu dis est vertueux, mon épouse, mais tu n'es pas sans savoir que les sages les plus moraux eux-mêmes parlent d'une époque où les femmes étaient libres, ni confinées chez elles, ni dépendantes de leurs maris. La fidélité non plus n'avait de valeur en ces jours révolus ; et pourtant, jamais n'ont-elles été qualifiées d'immorales ! Aujourd'hui encore, les Kurus du nord suivent de telles pratiques. Le mariage est une coutume récente. Laisse-moi te raconter comment et pourquoi on en est arrivé là.

« Tu as entendu parler du sage Uddalaka. C'est son fils Shvetaketu qui est à l'origine de l'institution du mariage. Un jour, en présence de son père, un Brahmane saisit la main de sa mère, lui disant : « Viens avec moi ». Shvetaketu en fut furieux, et bien qu'Uddalaka tentât de l'apaiser, il décida d'introduire la coutume du mariage telle que nous la connaissons aujourd'hui, défiant ainsi la tradition. Et tu sais que Madayanti, malgré la haute estime qu'elle portait à son mari, conçu son fils Ashmaka en s'accordant avec le sage Vashishta.

« Tu connais aussi l'histoire de notre propre famille, comment Vyasa nous a engendrés. Écoute-moi : ce que je dis ne viole en rien le Dharma. Les moralistes ne déclarent-ils pas qu'une épouse, quand vient sa saison, doit dormir avec son mari, mais qu'elle est libre de faire comme il lui plaît à d'autres moments ? Est-ce que les connaisseurs des Védas ne proclament pas qu'une bonne épouse se doit d'obéir à son mari quoi qu'il lui demande de faire ? Écoute-moi, ma douce épouse – regarde, je joins les mains et je les mets en coupe comme des feuilles de lotus, et je les élève au-dessus de ma tête, et je t'implore ! Choisis un noble Brahmane afin qu'il te donne des enfants ».

Prévenante et dévouée, Kunti dit : « Quand j'étais jeune fille, mon seigneur, mes dévotions plurent au sage Durvasas, et il m'octroya un mantra qui, dit-il, me permettrait d'invoquer n'importe lequel des dieux, selon mon désir, s'il m'arrivait de vouloir des enfants. Si à ton sens cela est correct, mon seigneur, dis-moi quel dieu appeler ».

« Heureux sommes-nous ! Invoque Dharma, le dieu de la justice, le meilleur d'entre les célestes ».

La grossesse de Gandhari durait depuis un an déjà quand eurent lieu ces événements. Dharma, monté sur son char éclatant, apparut devant Kunti : « Quel est ton souhait, Kunti ? »

« Donne-moi un enfant ».

Au mois d'octobre, un fils excellent naquit de l'union de Kunti et du dieu de la justice. Au moment de sa naissance, une voix venue du ciel proclama : « Cet enfant dont le nom est Yudhishthira sera parmi les hommes l'un des plus honnêtes et des plus fidèles, sa gloire retentira dans les trois mondes ».

Pandu, après la naissance de Yudhishthira, sollicita à nouveau Kunti : « Ce qu'il nous faut maintenant, c'est un enfant Kshatriya. Demande maintenant un fils dont la force sera invincible ». Kunti fit appel à Vayu, et le dieu du vent, chevauchant un cerf, lui apparut. Le jour même de la naissance de Duryodhana naquit Bhima, puissant et féroce, à propos de qui la voix céleste proclama : « Nul au monde ne le dominera par la force ». Un jour, effrayée par un tigre, Kunti se levant laissa choir l'enfant endormi ; il tomba sur une pierre qui, sous l'impact, fut réduite en poussière. Pandu voulut ensuite un fils engendré par Indra lui-même. Il se mit à des pratiques plus austères, telles que rester debout sur une jambe du matin jusqu'au soir. Il recommanda à Kunti l'observance d'un vœu particulier une année durant. Indra finit par apparaître, il annonça : « L'enfant que je te donnerai sera la perte du méchant et le bonheur du vertueux ».

Arjuna naquit, la voix céleste déclara qu'il serait en prouesses l'égal de Shiva, le bien-aimé de Vishnu, l'invincible manipulateur d'armes célestes. Kunti entendit ces paroles dans la chambre de l'accouchement. Les sages entendirent les mêmes paroles sur la montagne aux cent pics, et les dieux glorieusement assis dans leurs chars les entendirent aussi. Et tous, ils se réjouirent.

Kunti refusa à Pandu un autre enfant. « Les sages n'approuvent pas un quatrième fils. Une femme qui a des relations avec quatre hommes est souillée, avec cinq, c'est une prostituée. Pourquoi, mon seigneur, oublies-tu les écritures à ce sujet ? »

Kunti avait eu trois fils, Gandhari en avait eu cent. Alors, Madri approcha Pandu :

« Que tu penses du mal de moi m'est égal, mon seigneur. Que Kunti te soit plus chère, même si elle m'est inférieure en naissance, peu m'importe. Que Gandhari ait cent fils, ce n'est pas mon affaire. Mais que tu aies des enfants de Kunti seule, cela me fait mal. Elle est ma rivale, et je n'irai pas lui demander de faveur. Cependant, si c'est toi qui lui parles, sans doute consentira-t-elle à m'aider ».

Pandu alla voir Kunti : « Accorde-moi d'autres enfants, Kunti. Aide Madri à devenir mère ».

Kunti demanda à Madri de penser à un dieu et, sans hésitation, Madri eut à l'esprit les jumeaux Ashwins. Les deux superbes fils qui lui naquirent reçurent les noms de Nakula et de Sahadeva. Mais, quand au nom de Madri Pandu réitéra sa demande, Kunti dit :

« Elle a déjà eu deux fils. Elle m'a dupée. A ce train, elle en aura plus que moi. C'est une attitude retorse. Comment aurais-je pu imaginer qu'elle invoquerait des dieux jumeaux ? C'est assez, mon seigneur. Ce mantra est à moi seule ».

Les cinq enfants grandirent rapidement, comme s'épanouissent les lotus sur l'étang ; et Pandu retrouva sa vitalité. Un jour de printemps, Madri et lui, alors qu'ils se promenaient dans les bois, tombèrent en admiration devant les fleurs fraîchement écloses.

Partout alentour s'étalaient les champaks, les manguiers et les ashokas,
Des nuées d'abeilles ivres y voletaient,
Le chant des kokilas jaillissait d'entre les feuillages,
En accord avec le bourdonnement des insectes ;
Les arbres ployaient sous l'abondance des fruits et des fleurs,
Les mares étaient ravissantes, couvertes de lotus parfumés.

Voyant Madri, charmante, le corps à peine voilé d'un tissu transparent, Pandu fut parcouru d'un tendre désir qui embrasa bientôt sa passion. Il l'attira à lui ; tremblante, elle résista autant qu'elle le put. Mais, poussé par le destin, oublieux de son sort, il se laissa emporter par la volupté, et vint à bout de la volonté de sa compagne ; il mourut dans l'acte de l'amour.

Elle étreignit son corps sans vie et pleura. En entendant les lamentations, Kunti se précipita avec les enfants ; mais Madri cria : « Laisse les enfants à l'écart, Kunti ! Viens seule ». Et voyant Pandu et Madri effondrés là, sur le sol, elle éclata en sanglots.

« O Madri, pourquoi l'as-tu tenté ? J'ai eu tant de soins pour lui ! Sa tristesse était si grande quand nous étions ensemble, obsédé qu'il était par la malédiction ! Tu as de la chance, je t'envie. Il a connu la joie avec toi ».

« O ma sœur, je me suis débattue autant que j'ai pu, mais il était incapable d'écouter ».

Alors Kunti dit : « Je suis l'aînée des épouses. Ne m'empêche pas d'accomplir ce qui doit maintenant l'être. Lève-toi, Madri, et donne-moi son corps. Je dois le suivre au séjour des morts. Toi, tu resteras, et tu élèveras les enfants ».

« Non, je l'enlace encore. Mon désir n'a pas été satisfait. Laisse-moi partir avec lui. Laisse-moi compléter cet amour inachevé au séjour des morts. Je ne me sens pas capable de bien surveiller tes enfants. Accepte plutôt de prendre soin des miens. Mon corps doit brûler avec le sien. C'est mon seul souhait ».

Elle monta sur le bûcher funéraire avec son seigneur. Vidura et Bhishma, s'étant consultés, choisirent l'endroit sacré pour les derniers rites. Les prêtres de la famille arrosèrent de ghee parfumé le feu sanctifié. Des amis, des parents et des disciples enveloppèrent d'un vêtement blanc le corps de Pandu au-dessus duquel, à l'ombre d'une blanche ombrelle, flottaient des queues de yaks ; ils le transportèrent vers le bûcher. Comme ils arrivaient à un bois vert, sur les rives du Gange, ils allongèrent le corps à même le sol ; ils le lavèrent soigneusement, avec une eau apportée dans des récipients d'or, puis l'enduisirent d'une pâte embaumée. Il semblait dormir dans un lit de parures. Puis on incendia le bûcher.

Quand tout fut consumé, les Pandavas, accompagnés des Brahmanes et des citoyens, décidèrent de dormir par terre en pénitence. Un deuil de douze jours fut observé dans le royaume.

Plusieurs années après la cérémonie du sraddha, Vyasa conseilla à Satyavati, sa mère : « Les jours de gloire sont passés, nous sommes maintenant au début d'une ère de calamités. Je vois le crime, l'imposture et l'oppression partout dans le royaume. Le vice se répand, le monde pourrit. Tu ferais mieux de te retirer dans la forêt, et de te dédier au yoga. Il n'est pas bon pour les anciens d'assister à l'effondrement d'une race ».

Bhishma ayant donné son autorisation, elle partit, suivie de ses deux belles-filles ; après une période de méditation fructueuse, elle mourut.

A la même époque, les fils de Pandu grandissaient au palais ; ils surpassaient en tout les fils de Dhritarashtra. Bhima excellait à la course, au tir à l'arc, et. . . à jeter de la poussière dans les yeux de ses adversaires. Il s'amusait à les tirer par les jambes et à les projeter l'un contre l'autre. D'autres fois, il les traînait par les cheveux sur le sol, puis, leur plongeant la tête dans l'eau, il ne s'arrêtait que quand ils étaient au bord de l'asphyxie. S'il leur arrivait de grimper aux arbres pour cueillir des fruits, il en secouait les branches pour en faire tomber et les fruits, et les garçons. C'était son jeu, et jamais il n'y avait la moindre méchanceté dans ses polissonneries.

Mais Duryodhana en vint à le haïr ; il mit au point une cruelle revanche. « Aucun d'entre nous n'est aussi fort que lui, pensa-t-il. Il faudra ruser. J'attendrai le moment où il s'endormira dans le jardin, et là, je le jetterai dans le Gange. Ensuite, je ferai arrêter Yudhishthira et Arjuna, et je deviendrai roi ».

Duryodhana, avec cette mauvaise intention en tête, se fit construire un palais sur les bords du Gange, dans un bel endroit appelé Pharmanakoti.

Une fois la construction achevée, il y invita les Pandavas. Ceux-ci s'y présentèrent sans leur cortège habituel. Ils furent charmés par la splendeur des lieux : l'élégance des fenêtres, les sculptures murales, les peintures de plafond, les fontaines. Des bassins où flottaient des grappes de lotus parsemaient les cours, l'air embaumait des parfums de fleurs diverses.

Tandis que les autres s'adonnaient aux joies du plein air, Duryodhana mélangea un fort poison à la nourriture destinée à Bhima. La voix mielleuse, mais le cœur de pierre, il le servit personnellement, savourant déjà le succès de ses machinations.

Le repas terminé, ils allèrent ensemble à la piscine. A sa sortie du bain, Bhima se plaignit de fatigue. Il s'allongea pour se reposer. Une fraîche brise aidant, le poison se propagea dans tout son corps. Bhima perdit conscience. Duryodhana l'attacha alors avec des lianes, puis il le jeta dans la rivière ; il coula. Il fut ensuite déporté jusqu'au royaume sous-marin des serpents nagas. Des milliers de crocs vénéneux lui percèrent la chair, mais le poison animal neutralisa le poison végétal. Seul son torse avait été épargné, les crocs des nagas n'ayant pu en entamer le cuir.

Reprenant vie, Bhima à son tour attaqua les serpents ; quelques-uns allèrent voir leur roi, Vasuki : « Nous sommes attaqués par un homme, aide-nous ». L'un d'eux, Aryaka, qui était le grand-père du père de Kunti, reconnut Bhima. Il rapporta l'histoire au roi-serpent qui dit : « Comment allons-nous faire pour l'apaiser ? Nous devrions lui offrir de l'argent et des bijoux ».

Aryaka répondit : « Sire, ce n'est pas de richesses dont il a besoin. Offre-lui à boire nos coupes de nectar afin que sa force le rende invincible. Chaque coupe renferme la force de mille éléphants. Qu'il boive tout ce qu'il peut ».

Après avoir fait surface, Bhima, pour se purifier, s'assit vers l'est ; il but d'un seul trait une pleine coupe de nectar de serpent ; il en but ensuite sept autres. Les serpents alors lui préparèrent un lit, et il dormit.

De retour au palais, il narra à ses frères la traîtrise de Duryodhana et ses aventures au royaume des serpents. Yudhishthira lui conseilla de garder tout cela pour lui : « Que personne n'en sache rien. Et à partir de maintenant, tenons-nous sur nos gardes ».

Une autre fois, ce fut Yuyutsu, toujours prévenant envers les Pandavas, qui avertit Bhima d'une nouvelle tentative d'empoisonnement manigancée par Duryodhana. Le plan ayant échoué, Duryodhana, Karna et Shakuni complotèrent à plusieurs reprises, mais toujours en vain. Cependant les Pandavas ne disaient rien, ainsi les avait conseillés Vidura.

Dhritarashtra, devant la paresse et la malveillance croissantes de ses fils, finit par leur engager pour guru un sage profondément versé dans les Védas, Kripa. Bhishma de son côté, tout aussi attentif, leur trouva un maître expert en science militaire, Drona, père d'Ashvatthaman qui, à cause de querelles avec l'arrogant roi Drupada, s'était réfugié à Hastinapur, où il logeait chez Kripa.

Drona observait un jour les princes Pandavas tenter de récupérer un ballon qu'ils avaient, en jouant, fait tomber au fond d'un puits. Dans l'embarras, ils s'adressèrent à lui. C'était un Brahmane. Il leur sourit avec condescendance : « Kshatriyas que vous êtes ! Et impuissants face à un ballon ! Je vous propose un pari : je vais me servir de ces brins d'herbe, et si je peux attraper non seulement le ballon, mais cette bague aussi – il retira sa bague et la jeta dans le puits – vous m'offrez, ce soir, un dîner ».

« Un dîner n'est rien, ô Brahmane, répondit Yudhishthira. Demande quelque chose qui dure une vie entière ».

Drona continua : « Voyez ces tiges magiques de roseaux. L'une percera le ballon, l'autre la première tige, la troisième pénétrera la deuxième, et ainsi de suite jusqu'à ce qu'il n'y ait plus qu'à tirer l'ensemble ».

Étonnés, il regardèrent Drona mener à bien son entreprise. « Et la bague ? » s'enquirent-ils.

Il la repêcha aussi, la leur montrant avec désinvolture.

Bhishma, grandement impressionné, décida de faire de Drona leur tuteur.

« C'est d'un rishi, auprès de qui j'ai passé plusieurs années comme Brahmachari, que je tiens mon adresse dans le maniement des armes, expliqua-t-il. Drupada en était aussi le disciple, et très longtemps nous restâmes amis. Il me promit même son royaume à cette époque. Je me suis souvent souvenu de ses paroles après son départ.

« Et puis je me suis marié, et j'ai été béni d'un fils – Ashvatthaman. Un jour, Ashvatthaman, voyant des enfants de riches boire du lait, en voulut aussi. J'ai cherché auprès de différentes personnes celle qui serait susceptible d'offrir une vache, mais en vain. A mon retour, je découvris que des amis lui avaient donné à boire de l'eau mélangée à du riz écrasé, et il dansait de joie à l'idée d'avoir goûté du lait. Je fus touché, sire, et blessé que des gens puissent penser que je n'aie pas les moyens d'acheter du lait à mon fils. Je pris la résolution de n'être jamais le serviteur de quiconque et, accompagné de mon épouse et de mon fils, j'allai chez mon vieil ami Drupada, maintenant couronné roi. Mais il n'a su que se moquer de moi – il m'a ridiculisé, sire, raillant ma «naissance impure», comme il disait. Il m'a déclaré que l'amitié était toujours centrée sur une intention, que pauvres et riches ne pouvaient être amis, pas plus que fous et pandits, ni lâches et héros. « Je ne me souviens pas de t'avoir promis quoi que ce soit, dit-il. Tu peux t'abriter ici pour la nuit si tu veux, je te ferai servir un repas ». J'ai préféré partir, et venir ici. Je serai votre guru. En échange, je vous demanderai une simple faveur : promettez-moi à l'avance de me l'accorder ».

Tous demeurèrent silencieux, sauf Arjuna, qui donna une promesse inconditionnelle. Drona l'embrassa, et il commença à lui enseigner l'usage de toutes les armes humaines et divines, faisant de lui le plus rapide et le plus intelligent d'entre eux.

Durant l'instruction, Drona envoyait parfois les Pandavas et son propre fils, Ashvatthaman, chercher de l'eau. Chacun des Pandavas recevait une cruche au col étroit, celle d'Ashvatthaman était beaucoup plus large. Il pouvait ainsi la remplir bien plus vite et revenir à son père nettement en avance sur les autres. Drona mettait à profit ces délais pour enseigner à son fils des techniques plus poussées. Cependant, ne tardant pas à découvrir la manœuvre, Arjuna adopta un moyen plus rapide de remplir sa cruche. Il retourna bientôt en même temps qu'Ashvatthaman et son entraînement ne demeura en rien inférieur.

Un jour, Drona manda le cuisinier ; il lui dit : « Veille à ce qu'Arjuna ne prenne jamais ses repas dans l'obscurité ». Mais il arriva, au cours d'un dîner, qu'un fort vent souffla la chandelle ; Arjuna se trouva à manger mécaniquement dans le noir. Ceci lui donna l'idée de pratiquer le tir à l'arc dans l'obscurité. Il devint si compétent que, l'étreignant, Drona lui déclara : « Je te donne ma parole qu'aucun archer au monde ne sera ton égal ». Sa satisfaction était telle qu'il révéla à Arjuna les techniques de combat à cheval, à pied, à dos d'éléphant, et sur char, que ce soit à la massue, à la lance, à l'épée ou au javelot.

Les princes, avec la permission de Drona, partirent un jour chasser. Ils emmenèrent avec eux un serviteur et un chien. Celui-ci s'étant égaré dans la forêt, il vint à croiser un homme à la peau foncée, le corps recouvert de poussière et tout vêtu de noir. Le chien se mit à aboyer férocement. L'étranger Ekalavya, prince des Nishadas, prompt comme l'éclair, lui planta sept flèches dans la gueule. Le chien, en piteux état, finit par rejoindre les Pandavas.

Frappés d'étonnement et ayant retrouvé Ekalavya, ils lui demandèrent son identité. « Je suis Ekalavya, prince des Nishadas et élève de Drona ».

A son retour à la ville, Arjuna se plaignit à Drona : « Tu m'as dit que je serais l'archer le plus adroit du monde. Mais qu'en est-il d'Ekalavya ? »

Alors Drona conduisit Arjuna dans la forêt, là où Ekalavya s'exerçait au tir à l'arc. Les voyant arriver, Ekavalya vint à leur rencontre et, touchant les pieds de Drona, il se prosterna jusqu'au sol.

Drona lui dit : « Tu ne m'as pas payé mon dû ».

« Ordonne-moi, mon seigneur. Il n'y a rien au monde que je ne puisse faire pour mon maître vénéré ».

« Donne-moi le pouce de ta main droite ».

Sans la moindre hésitation, avec entrain même, il se tailla le pouce, et le tendit à Drona. Mais ce fut aux dépens de sa dextérité. La jalousie d'Arjuna en fut apaisée.

La période d'instruction terminée, Drona mit les garçons à l'épreuve. Accrochant un vautour en bois au sommet d'un arbre, il leur dit : « Vous avez droit à une flèche chacun. Visez bien, tenez l'arc bandé. A mon signal, vous tirerez sur la tête de l'oiseau ».

Puis, se tournant vers Yudhishthira : « Toi d'abord ». L'arc levé, Yudhishthira visa.

« Vois-tu l'oiseau ? »

« Oui ».

« Regarde encore. Vois-tu l'oiseau ? »

« Je vois l'arbre, l'oiseau, je vous vois et mes frères aussi ».

Drona renouvela sa question, et il reçut la même réponse.

« Pousse-toi, ordonna Drona irrité. Au suivant ».

La même question fut posée à chacun des participants, les fils de Dhritarashtra inclus ; et tous donnèrent la même réponse. Congédiés par Drona, ils se tinrent à l'écart.

Quand vint le tour d'Arjuna, Drona sourit. « Ne me déçois pas. Fixe l'oiseau. A mon signal, tire ».

Arjuna banda son arc et attendit.

« Que vois-tu, l'oiseau, l'arbre, ou moi ? »

« Je vois l'oiseau. Je ne vois aucun arbre. Je ne te vois pas ».

Drona fut satisfait. « Décris l'oiseau ».

« Je ne vois pas l'oiseau, je ne vois que la tête d'un vautour ».

« Tire ».

La tête du vautour fut tranchée net et tomba par terre.

Drona étreignit Arjuna ; en son cœur il vit là le présage de sa revanche sur Drupada.

Il alla ensuite voir Dhritharashtra : « Sire, l'éducation de vos enfants est achevée. Permettez-leur d'exhiber leurs nouveaux talents ».

Dhritharashtra acquiesça : « Décidez du lieu et du moment, noble Brahmane ; et Vidura se chargera d'organiser la démonstration. Heureux ceux qui auront la chance de contempler un tel spectacle : ma cécité m'en empêche ».

On choisit un vaste terrain dénudé ; une artistique plate-forme y fut construite, sur laquelle on installa un chevalet supportant toutes sortes d'armes. A proximité fut dressée une tribune couverte, pour les dames, alors que de riches citoyens aménageaient leurs propres plates-formes et plantaient de grandes tentes.

Le jour de l'épreuve, le roi Dhritarashtra et ses ministres, conduits par Bhishma et Kripa, s'avancèrent en cortège jusqu'à l'estrade, faite d'or pur, dans laquelle avaient été incrustés des motifs de perles et de lapis-lazuli. La foule, enthousiaste, s'amassait sur les lieux. Les trompettes et les tambours résonnaient, des voix retentissaient ; on eût cru entendre gronder l'océan.

Drona se présenta en dernier, accompagné de son fils Ashvatthaman. Il venait, tout de blanc vêtu – le cordon sacré blanc, la barbe blanche, des guirlandes blanches, et une pâte de santal blanche sur le corps – on eût dit la lune suivie de la planète Mars, toutes deux régnant dans un ciel dégagé. Des Brahmanes chantaient des mantras et, quand la fanfare se tut, les héros entrèrent en piste. Les spectateurs s'émerveillèrent de leur musculature, de leur force et de leur allure.

Drona, en s'avançant, déclara d'une voix tonitruante :

« Maintenant, voici Arjuna, mon deuxième fils ».

Arjuna apparut, bardé d'une armure dorée, équipé de son arc, de ses flèches et de son gant de tir. Il ressemblait à un nuage du soir, tantôt réfléchissant les nuances irisées d'un soleil couchant, tantôt étincelant d'un éclat vif et perçant.

Les conques sonnèrent, l'assistance était ravie : « Le gracieux fils de Kunti ! » « Le troisième des Pandavas ! » « Le sauveur des Kurus ! » « Le gardien de la vertu et le dépositaire de la connaissance ! » Kunti débordait littéralement de joie, elle en avait la poitrine humide, un mélange de larmes et de lait qui perlait de ses seins.

Puis Arjuna commença à déployer son adresse. Ses armes avaient le pouvoir de produire du feu et de l'eau. Il semblait, avec son arsenal, créer des nuages, de la terre, de l'air et des montagnes ; puis, usant d'une arme appelée antardhana, au pouvoir magique, il faisait tout disparaître. D'un instant à l'autre, il changeait d'apparence, parfois grand, parfois petit ; il était maintenant debout sur un char et la seconde d'après se tenait tapi derrière l'essieu ; en un clin d'œil, on le retrouvait allongé par terre. Ne tirant qu'une seule fois, il transperçait de cinq flèches les mâchoires d'un sanglier mécanique et en envoyait vingt dans le creux d'une corne de vache accrochée à une corde. Il fit à plusieurs reprises le tour de la piste, étalant ses prouesses à l'épée, à l'arc et à la massue.

Ensuite se présenta Karna, aux grands yeux, de la taille d'un palmier, le héros à l'armure naturelle en guise de peau, aux anneaux brillants ; lorsqu'il avançait, on eût dit une falaise en mouvement. Désinvolte, il salua Drona et Kripa. Il accomplit les mêmes performances qu'Arjuna, et avec tout autant d'éclat ; celui-ci en fut dépité ; la colère l'envahit. Duryodhana embrassa chaleureusement Karna : « Tu es le bienvenu dans notre camp, noble guerrier ! Si tu le désires, commande-nous et dirige notre royaume ».

Karna répliqua : « Ta proposition est un ordre, et pour ce qui est de diriger, tu peux compter sur moi. Je suis venu ici pour défier Arjuna ».

Alors, le malheureux Arjuna, s'adressant à l'imposant Karna, professa : « Tes paroles se retourneront contre toi, et tu connaîtras le sort des hôtes malvenus. Je te tuerai aujourd'hui ».

« Tu tu vantes trop, Arjuna. Cette arène ne t'appartient pas – oublies-tu que d'autres rois Kshatriyas sont présents ici, certains qui valent mieux que toi ? Ce n'est pas de paroles, mais d'armes que se sert un Kshatriya. Laissons parler les flèches ».

Après avoir embrassé ses frères, Arjuna s'avança pour le combat. Le ciel s'obscurcit instantanément, l'arc-en-ciel d'Indra scinda l'arène en deux ; les nuages s'élevaient en hautes colonnes blanches, laissant apparaître des rangées de dents.

Kunti, qui était la mère de Karna et d'Arjuna, s'évanouit. Vidura, aidé de servantes, la ranima, lui passant de la pâte de santal et l'aspergeant d'eau. Quand elle rouvrit les yeux, voyant ses fils en tenue de combat, une crainte insurmontable la saisit. Kripa, dont l'érudition pour les choses de la guerre faisait loi, s'adressa à

Karna : « Tu affrontes le plus jeune des fils de Kunti, Arjuna, de la maison des Kurus. Quelle est ta lignée royale ? Qui sont ton père et ta mère ? Arjuna doit le savoir avant de s'engager contre toi ; les fils de roi n'ont d'autres opposants que ceux d'un statut égal ».

Karna pâlit, on eût dit un lotus flétri par les trombes de la mousson.

Duryodhana alors proclama : « N'est-il pas vrai, vénérable Kripa, que les écritures soutiennent qu'il y a trois sortes de gens qui peuvent prétendre à la royauté – ceux dont le sang est royal, les héros, et les commandants d'une armée ? S'il est décidé qu'Arjuna ne combattra que contre un roi, c'est très bien – à partir de cet instant, je déclare Karna roi d'Anga ».

On apporta sur-le-champ du paddy frit, des fleurs, et des pots d'eau ; Karna fut installé sur un fauteuil d'or, et des Brahmanes récitèrent des mantras pour son couronnement. Karna se tourna vers Duryodhana : « Que puis-je t'offrir en échange du royaume ? »

« Ton amitié », répondit Duryodhana.

Adhirata, le vieux cocher, ému et troublé, pénétra dans l'arène. Karna laissa tomber son arc et se précipita vers lui, il avait le front encore humide de l'eau cérémoniale ; il l'étreignit. Puis, s'adressant à l'assemblée, Adhirata présenta Karna comme son fils.

« Un fils de cocher, railla Bhima. Nous te souhaitons une noble mort. Roi des Angas ! Tu mérites autant un royaume qu'un chien le ghee d'un yajna ! ». Les lèvres de Karna tremblèrent ; il respira profondément et regarda le soleil.

Mais Duryodhana bondit, furieux : « Ces paroles souillent ta bouche, Bhima. Un Kshatriya mérite plus de respect. Y a-t-il une seule famille Kshatriya dont la lignée soit pure ? Drona est né dans une marmite et Kripa dans un buisson. En quoi la noblesse de la lignée a-t-elle à voir avec un juste combat ? Je connais l'histoire de ta propre naissance. Crois-tu qu'un tigre comme Karna puisse être engendré par un cerf ? Si quiconque ici a à redire au patronnage que j'apporte à Karna, qu'il monte sur son char, et de ses pieds bande son arc ».

Des cris confus partirent de la foule, approuvant le discours de Duryodhana. Pendant ce temps, le soleil s'était couché et Duryodhana conduisit Karna hors de l'arène. Les Pandavas se retirèrent aussi ; l'assemblée se dispersa, certains louaient Arjuna, d'autres Karna, et il y en eut même pour soutenir Duryodhana.

Kunti était heureuse. Et de même Duryodhana, qui avait trouvé en Karna un allié à la hauteur d'Arjuna.

C'est à peu près à cette époque que Drona réclama sa redevance. « Capturez le roi Drupada et amenez-le-moi, dit-il aux princes. C'est tout ce que je veux ».

Ils donnèrent leur promesse. Immédiatement, ils partirent pour la capitale de Drupada avec l'intention de l'assiéger. Les premiers à entrer dans la ville furent Duryodhana, Karna et Yuyutsu montés sur leurs chars, suivis d'autres princes à cheval. Le char de Drupada fendit leurs rangs, sous une pluie de flèches, couvert par les citoyens qui attaquaient avec toutes sortes de projectiles mortels. Les Kauravas s'enfuirent et, terrorisés, se réfugièrent dans le camp des Pandavas. Arjuna, ordonnant à Nakula et à Sahadeva de protéger respectivement les roues droite et gauche de son char, accompagné de Bhima armé d'une massue, se précipita dans la bataille. Les éléphants ennemis frappés par la massue s'effondrèrent comme des falaises s'affaissant, la tête broyée. Arjuna, poussant un cri, bondit dans le char de Drupada. Il affronta courageusement le roi. Voyant les soldats ennemis prendre la fuite, Arjuna commanda à ses hommes de les laisser partir : « Drupada est parent des Kurus, dit-il. Que ses soldats s'échappent ».

Quand on lui amena Drupada humilié, Drona déclara : « Ton royaume n'est plus qu'une ruine. Ta vie dépend désormais de moi. Mais ne crains rien. Nous, les Brahmanes, aimons à pardonner ». Doucement il sourit. « Il fut un temps où nous étions amis, Drupada. Ne pouvons-nous l'être à nouveau ? Tu peux garder la moitié sud de ton royaume. Mais je prendrai la moitié nord, cela me rendra riche. Te souviens-tu qu'un jour tu m'as expliqué que riches et pauvres ne font pas bonne compagnie ? Qu'en dis-tu, roi Drupada ? »

« Ta force et ta noblesse sont réputées. Je ne suis pas surpris. Renouons notre amitié ».

On relâcha Drupada, qui rejoignit tristement sa nouvelle capitale, Kampilya, sur les bords du Gange. Désormais conscient de son impuissance à vaincre Drona par son propre pouvoir, il résolut d'avoir un fils qui accomplirait cette tâche à sa place.

L'année suivante, sous la pression de ses sujets, Dhritarashtra proclama Yudhishthira héritier de la couronne. Le peuple admirait son assurance, sa patience, sa gentillesse, sa bonté et son sens de la vérité. Très vite, Yudhishthira surpassa son père même, dans les affaires de l'État.

Ennuyé par les échos de la gloire croissante des fils de Pandu, Dhritarashtra convoqua son premier ministre, Kanika : « Je n'aime pas l'éclat dont ils brillent. Conseille-moi, ô toi le meilleur des Brahmanes, que dois-je faire ? »

« Que mes paroles ne vous mettent point en colère, Sire. Il y a pour un roi bien des façons de gouverner. Ce qui compte le plus, c'est qu'il cache ses faiblesses, de même que la tortue rentre la tête. Un rien de prétendue surdité ou cécité sont utiles, il n'est pas d'usage qu'un roi ordonne ce qui ne peut être exécuté. Et si vous le pouvez, tuez vos ennemis – même sans défense, si nécessaire ; un fils, un ami, un frère, un père, un guru si vous le devez. Souriez dans la colère. Parlez doucement. Et puis frappez – et frappez à mort. Versez alors des larmes de regret sur votre victime, et affligez-vous poliment comme il se doit.

« Amassez toute la richesse que vous pouvez, tous les moyens sont bons. Un bâton tordu vaut autant qu'un bien droit quand il s'agit de faire tomber des fruits d'un arbre.

« N'ayez jamais confiance en un ennemi. Placez partout des espions ; dans les temples, les magasins de spiritueux, les jardins publics, au harem, dans tous les lieux de réunion.

« Soyez comme un pêcheur : prospérez en attrapant puis en dépouillant vos ennemis.

« Parlez doucement – mais que votre cœur soit un rasoir. Cachez vos sentiments sous une couche de cuir ; soyez aussi impitoyable qu'un rasoir.

« Quoi que vous fassiez au présent, n'oubliez jamais le futur. Mon discours est clair, Sire : agissez de telle sorte que vous n'ayez plus à craindre les Pandavas ».

Kanika s'en retourna chez lui, laissant Dhritarashtra pensif et abattu.

Shakuni, Duhshasana, Duryodhana et Karna envisagèrent ensemble un plan pour brûler Kunti et ses cinq fils ; ils demandèrent à Dhritarashtra son autorisation. Mais le sage Vidura eut vent du complot, et il prévint Kunti et ses fils de quitter la capitale.

« Dhritarashtra détruira la famille toute entière, dit Vidura à Kunti. Partez de cette ville avant que cela ne se produise. Un bateau vous attend, qui vous conduira en lieu sûr ». Profondément affligés, Kunti et ses fils traversèrent le Gange. Ils trouvèrent refuge dans des forêts profondes sur l'autre rive ; ils parvinrent finalement à la charmante ville de Varanavata. Duryodhana convoqua son conseiller Purochana ; lui prenant la main droite dans la sienne, il lui dit : « Tu sais que j'ai plus confiance en toi qu'en quiconque. Partageons-nous la richesse du monde ! Les Pandavas sont actuellement à Varanavata, ils s'y croient en sécurité. Dépêche-toi d'y aller dès aujourd'hui. Fais-leur construire un palais de laque ; emploie de la résine de chanvre en quantité. Trempe le bois dans un mélange d'huile, de graisse, de beurre et de laque, surtout de la laque. Que personne ne soupçonne que c'est un piège. Va ensuite voir Kunti et ses fils et invite-les à y résider. Veille à ce que la maison ait tous les agréments. Quand ils dormiront, enflamme l'entrée. Fais courir le bruit que les Pandavas ont péri dans un incendie accidentel ».

Mais le sage Vidura, s'adressant à Yudhishthira dans le dialecte peu connu des Mlecchas, lui murmura : « Le danger arrive sous différentes formes. Certains emploient le couteau, d'autres le feu. Tu es prévenu, les chacals creusent des trous et s'échappent. Sois résolu. Les étoiles sont un bon guide. Les voyages sont source de connaissances ».

« Merci, dit Yudhishthira, j'ai compris ».

Purochana fit construire la maison et les Pandavas y emménagèrent. Il leur apporta à boire et à manger, des lits et des tapis ; dix jours durant, les Pandavas vécurent luxueusement dans «la maison bénie» ; ainsi avait été surnommé le palais piégé. Mais Yudhishthira remarqua que les murs avaient une légère odeur de laque.

« Retournons à notre première demeure », conseilla Arjuna.

« Non. Agissons comme si nous ne soupçonnions rien. Si Purochana réalise que nous avons découvert le complot, il n'en agira que plus vite. Duryodhana est plein de ressources. Laissons-lui croire que nous avons effectivement péri dans l'incendie. Cela nous laissera le temps de préparer notre revanche future. Cette nuit, nous creuserons un souterrain ».

Ce jour-là, un ami de Vidura, terrassier de son métier, rendit visite aux Pandavas ; il leur annonça : « C'est Vidura qui m'envoie, celui qui vous a parlé dans le dialecte des Mlecchas. Je suis venu pour vous aider. Purochana frappera la nuit du quatorzième jour ». On creusa secrètement un tunnel spacieux, l'entrée en était cachée par un massif d'arbustes, et gardée nuit et jour par un vigile. Chaque jour, «innocemment», les Pandavas allaient à la chasse dans la forêt.

Le treizième jour, Yudhishthira ayant appelé Arjuna, Bhima et les jumeaux, leur dit : « Purochana ne suspecte rien. Le moment de nous échapper est venu. Nous mettrons la maison à feu avant de nous enfuir et nous la laisserons brûler ».

Cette nuit-là, un groupe nombreux de Brahmanes itinérants et de femmes vint au palais de laque ; après avoir bu et mangé leur content, ils poursuivirent leur chemin. Cependant, une femme de la tribu Nishada et ses cinq fils restèrent pour la nuit ; jouets du destin, ils s'assoupirent sous l'effet des liqueurs. Un vent violent soufflait ; Bhima mit le feu à différents endroits de la maison, à commencer par la porte, puis en courant, avec sa mère et ses frères, il se glissa dans le tunnel.

Les villageois, réveillés par le crépitement des flammes, se précipitèrent vers le palais. Impuissants, ils restèrent là toute la nuit, et conclurent que Purochana avait réussi à brûler vifs les Pandavas.

Cependant, ceux-ci s'étaient frayé un passage, dans l'obscurité, jusqu'au Gange. Ils le traversèrent en bateau et, guidés par les étoiles, ils se dirigèrent vers le sud. Bhima, infatigable, dut charger ses quatre frères et sa mère, épuisés et assoiffés, sur son dos. Il continua sa route jusqu'à ce que, lui-même exténué, il s'arrêtât dans une clairière. Les ayant déposés à terre, il s'assit pour monter la garde.

Non loin de la clairière, posté sur un saule*, vivait un rakshasa

* Schore robusta

du nom de Hidimba ; il était ventru, la barbe et les cheveux roux, l'air féroce – et cannibale de surcroît. Flairant la chair humaine, il s'adressa à sa sœur : « L'eau me vient à la bouche ; mes huit dents sont avides de goûter la tendre chair humaine, et de boire du sang chaud. Va voir qui se cache dans ma forêt. Dépêche-toi ! Ce soir nous ferons un festin de chair humaine, nous danserons autour de corps humains ! »

Mais la sœur du cannibale, découvrant Bhima assis et éveillé, aussi droit qu'un saule, en tomba amoureuse. Elle se dit en elle-même : « Cet homme aux épaules de lion, bardé d'or, aux yeux de lotus, au cou puissant, sera mon époux. Tant pis pour les ordres de mon frère ». Prenant instantanément les apparences d'une ravissante beauté, elle s'approcha de Bhima en souriant modestement.

« Qui êtes-vous ? et vos amis endormis, qui sont-ils ? Ne savez-vous pas que cette forêt est le territoire d'un cruel rakshasa, mon frère Hidimba ? Il vous tuera. Mais permettez que je vous sauve, c'est par amour que je parle, je vous veux pour époux ».

« C'est de la folie de croire que je vais abandonner mes frères pour le plaisir de mes sens », lui répondit Bhima, se refusant à écouter ses avances répétées.

Ne voyant pas revenir sa sœur, Hidimba courut à la clairière ; il l'y découvrit déguisée en jeune fille, le cou enguirlandé, le visage brillant comme la lune, les ongles peints, vêtue d'une robe vaporeuse. La traitant de «sale femme lubrique», il se jeta sur elle férocement.

Mais Bhima s'interposa : « Arrête-toi ! Pourquoi la blâmer ? S'il y a quelqu'un à blâmer, c'est le dieu de l'amour, ou alors moi ; après tout c'est moi qui ai suscité l'amour en elle. Personne ne lève la main sur une femme en ma présence. Bats-toi ! »

Hidimba se précipita sur lui, Bhima l'attrapa par les bras et le traîna par terre sur une bonne dizaine de mètres, comme un lion traînant sa proie. Hidimba hurla de douleur, et Bhima l'entraîna plus loin encore, craignant que ne se réveillent ses parents endormis.

Mais Kunti se réveilla ; elle découvrit l'«adorable» sœur de Hidimba assise auprès d'elle.

« Je suis la sœur d'un rakshasa ; je suis amoureuse de votre fils ».

Les quatre frères sortirent ensemble de leur torpeur ; ils virent Bhima et Hidimba qui s'agrippaient comme deux lions.

« Dépêche-toi de le tuer, cria Arjuna. Le jour se lève, et les rakshasas prennent une force terrible aux deux crépuscules. Ne joue pas avec lui – sers-toi de tes bras ! »

Bhima souleva le rakshasa, et cent fois le fit tourner au-dessus de sa tête.

« Es-tu fatigué, Bhima ? hurla Arjuna. Si oui, laisse-moi l'achever ».

Furieux, Bhima projeta le corps bleu sur le sol. Une plainte terrifiante emplit la forêt. Bhima prit le corps à deux mains et, le tordant, il le brisa.

Ils partirent ensuite, suivis de la sœur du rakshasa. « Va-t-en, lui dit Bhima, ou sinon je te tue, comme j'ai tué ton frère ».

« Laisse-la en paix, enjoignit Yudhishthira. C'est peut-être une rakshasa, mais elle n'est qu'une femme. Que peut-elle contre nous ? ».

La sœur s'inclina devant Kunti. « Je l'aime, madame. Permettez que votre fils soit mon époux. Je vous en prie, acceptez que je l'emmène là où je sais. Je vous promets de le ramener ».

Répondant à la place de Kunti, Yudhishthira dit : « Que tu l'aimes, c'est là une chose évidente. Mais n'oublie pas ta promesse. Bhima t'accompagnera où tu voudras jusqu'au coucher du soleil ; tu dois nous le ramener avant que la nuit ne soit tombée ».

Bhima ajouta : « Je resterai avec toi jusqu'à ce que tu donnes naissance à un fils ».

Elle prit Bhima, et s'envola vers les montagnes ;
Là, dans les régions sacrées des dieux,
Où paît le bétail, où retentissent les douces musiques tribales,
Elle le rendit heureux.
Dans les forêts et sur les collines fleuries,
Sur les berges d'étangs parfumés de lotus et de lys,
Au bord de ruisseaux et de torrents,
Sur les grèves marines et dans les bois où séjournent les ascètes,
Sur les rives de la Manasarovara,
Elle le rendit encore heureux.

Un fils puissant leur naquit, les oreilles en forme de fers de flèche, les lèvres cuivrées. Un enfant qui, dès sa naissance, se transforma en jeune homme. Ils l'appelèrent Ghatotkacha et, après qu'elle eut rendu hommage aux Pandavas, il partit avec sa mère en direction du nord, promettant d'intervenir chaque fois qu'ils auraient besoin d'aide. D'aucuns disent que c'est Indra lui-même qui engendra Ghatotkacha – afin d'en faire le rival de Karna, qui avait reçu du même Indra le don spécial de la flèche divine.

Les Pandavas poursuivirent leurs errances ; allant de forêt en forêt, traversant plusieurs royaumes – ceux des Matsyas, des Panchalas, des Kichakas. Les cheveux leur poussèrent, longs comme ceux des ascètes, ils ne se vêtaient plus que de peaux de cerf et d'écorces tendres. Au cours de leurs voyages, ils arrivèrent à l'endroit où vivait Vyasa, leur grand-père.

Celui-ci leur dit : « Je savais que Duryodhana vous traiterait sans égards, et je vais vous donner un bon conseil. Oubliez le passé – et votre bonté en sera rehaussée. Je me suis toujours tenu à une attitude impartiale envers eux comme envers vous, mais maintenant vos souffrances suscitent ma sympathie. Il y a près d'ici une ville agréable où nul ne saura vous trouver. Déguisez-vous et attendez-m'y ».

Ils trouvèrent dans la ville d'Ekachakra un abri chez un Brahmane ; les villageois étaient aimables avec eux. Chaque soir, ils déposaient devant Kunti les aumônes qu'ils avaient recueillies au cours de la journée, toujours satisfaits de la part qu'elle leur redistribuait.

Pendant ce même temps, Drupada, le roi des Panchalas, nourissait sa rancune ; il avait commencé à se concilier les dieux en priant pour que lui soit octroyé un fils qui tuerait Drona. Au cours d'une cérémonie, alors qu'un saint Brahmane, Yaj, arrosait de ghee le feu sacrificiel, il jaillit d'entre les flammes un enfant qui avait toute l'apparence d'un dieu. Il portait sur la tête une couronne, et à la main une épée ; dans l'autre main, il tenait un arc et des flèches, une armure l'enveloppait. Une voix céleste déclara : « Cet enfant est né pour la destruction de Drona. La réputation des Panchalas s'étendra. Le chagrin de leur roi finira ».

Une jeune fille s'éleva aussi du centre de l'autel sacrificiel. Elle avait les yeux noirs, et grands comme des lotus, des cheveux tombant en vagues bleues, la peau brune ; ses ongles ronds brillaient de l'éclat du cuivre, elle avait de longs cils, la poitrine rebondie ; son corps exhalait le parfum du lotus bleu. Les Brahmanes appelèrent le garçon Dhrishtadyumna, parce qu'il était courageux et qu'il était né avec une armure ; et la fille, Draupadi, était aussi connue sous le nom de Krishna, Celle dont la peau est foncée.

Durant leur séjour anonyme à Ekashakra, les Pandavas reçurent la visite de Vyasa. A son entrée, ils se levèrent, l'accueillant en silence, les mains jointes. S'étant enquis de leur santé, il leur dit :

« Il était une fois une jeune fille très belle, fille d'un grand sage, dont le karma l'empêchait de trouver un mari. Après s'être concilié Shiva, elle obtint de lui la faveur de se voir accorder n'importe quel désir. « Je veux un mari qui ait toutes les vertus », dit-elle. Shiva lui promit : « Tu auras cinq époux ». Quand à cela elle répondit « Mais je n'en veux qu'un », Shiva lui rétorqua : « Ne m'as-tu pas dit cinq fois : donne-moi un mari ? Dans une incarnation future, tu auras cinq maris ». Cette fille est née, ô Princes – c'est Draupadi, la fille du roi Drupada. Allez à cette capitale, et faites-en votre épouse ».

Vyasa continua son chemin, et les frères préparèrent leur départ pour le royaume des Panchalas. Sur leur trajet, ils rencontrèrent plusieurs Brahmanes brahmachari qui les accompagnèrent au svayamvara de Draupadi. Les frères restèrent avec un potier dans les faubourgs de la capitale, et se glissèrent incognito dans la ville.

Le roi Drupada avait commandé un arc énorme, si rigide que personne ne pourrait le courber ; une cible avait été placée en hauteur, à la verticale de l'arc. « Celui qui bandera cet arc et touchera la cible épousera ma fille », déclara Drupada, et il proclama l'ouverture du svayamvara.

Le palais accueillait de saints hommes,
Duryodhana et Karna étaient là, de nombreux Brahmanes aussi,
Et puis les rois de plusieurs pays, tous respectueusement reçus.
Un grand tumulte s'élevait de l'assemblée des citoyens.
Des tentures multicolores décoraient le hall,
Les trompettes résonnaient, l'aloès et le bois de santal répandaient leur fragance,
Les fenêtres étaient incrustées d'or, les murs de diamants,
Les escaliers étaient spacieux, riches les tapis,
Et des guirlandes parfumaient le palais tout entier. . .

Les visiteurs étaient logés dans des palais à sept étages. Le seizième jour, Draupadi se para et pénétra dans le hall, portant un plateau d'or et une guirlande de fleurs. Dhrishtadyumna lui prit le bras et, de sa voix aussi sonore qu'une timbale, faisant taire l'assemblée, annonça :

« Voici l'arc, là-haut est la cible, et là les cinq flèches. L'homme qui percera le centre de la cible avec les cinq flèches épousera ma sœur Draupadi ». Il se tourna vers sa sœur et lui cita les noms de tous les seigneurs de la terre assemblés.

Un par un, ils se levèrent, affrontant le grand arc. Mais, pour autant qu'ils s'y essayaient, ils ne le décollaient même pas du sol. Certains s'évanouirent à l'effort ; d'autres, haletants, se retirèrent, tous leurs espoirs brisés.

Puis ce fut au tour de Karna, fils du dieu soleil. Avec aisance, il ramassa l'arc et, tout aussi aisément, il tendit la corde. Les Pandavas le virent prendre ses marques, ils craignirent que tout ne soit terminé. Mais Draupadi s'écria : « Je n'épouserai pas un homme de basse caste ! »

Karna sourit amèrement, il lança un regard vers le soleil, et jeta l'arc par terre.

Le noble Sishupala vint ensuite, mais il se trouva projeté à genoux. Le roi Jarasandha se présenta, mais il tomba également, de même pour Shalya, le roi de Madra, et pour Duryodhana.

Quand Arjuna s'avança, certains se réjouirent, d'autres ressentirent de l'envie. Les Brahmanes agitèrent leurs peaux de cerf, et débattirent sur son adresse.

Contournant l'arc, Arjuna invoqua le Donateur des Faveurs et inclina la tête ; il pensa ensuite à Krishna et, avec légèreté, il ramassa l'arc. Rapidement il le banda, et envoya les cinq flèches dans la cible dont le centre criblé tomba par terre. Un grondement d'applaudissements emplit le hall. Les dieux déversèrent une pluie de fleurs sur la tête d'Arjuna.

Débordante de joie, Draupadi, toute de blanc vêtue, lui passa une guirlande autour du cou. Arjuna quitta le hall accompagné de sa jeune épouse.

Pendant ce temps, l'anxiété s'était emparée de Kunti ; elle craignait que Duryodhana n'ait reconnu ses fils et ne les ait tués ; ou bien que quelque rakshasa ne les ait capturés. Tard ce soir-là, Arjuna et ses frères rentrèrent chez le potier (chez qui ils se cachaient alors) et crièrent : « Mère, nous avons un cadeau pour toi ».

« Partagez-le équitablement », lança Kunti du fond de la maison. Mais venant à leur rencontre les accueillir, et voyant Draupadi, elle regretta ses paroles. Prenant Draupadi par la main, elle se dirigea vers Yudhishthira : « Comment pouvais-je savoir ? Je pensais que c'étaient des aumônes qui vous rapportiez ».

Yudhishthira réfléchit profondément, puis il dit à Arjuna : « C'est toi qui l'as gagnée, Arjuna. Elle est ta femme. Prends sa main et allume le feu sacré ».

« Non, ce serait une erreur. Tu es le plus âgé – c'est de toi qu'elle est l'épouse le premier, de Bhima ensuite, et puis de moi, et après de Nakula et de Sahadéva. Dis-nous ce qu'il convient de faire dans ce cas, et ainsi agirons-nous ».

Ils regardèrent tous Draupadi. Elle les regarda. Puis ils s'entre-regardèrent ; ils s'assirent. Yudhishthira sut alors que le dieu de l'amour avait pénétré leurs cœurs à tous. Craignant un désaccord et se souvenant des paroles de Vyasa, il annonça : « Elle sera notre épouse commune ».

Drishtadyumna, en cachette, les avait suivis jusque chez le potier. Dissimulé dans un coin de la maison, il vit les frères revenir de mendier et remettre les aumônes à Yudhishthira. Il entendit Kunti dire à Draupadi : « Prends une part de ceci, et offre-la aux dieux, aux Brahmanes, et à nos invités. Divise ce qui reste en deux portions égales. Donnes-en une à Bhima – c'est un grand mangeur. Partage l'autre moitié en six parts, quatre pour les frères, une pour moi, et une pour toi ».

Après le repas, les frères s'allongèrent, tournés vers le sud, sur une natte d'herbe de kusha. Kunti se coucha à leur tête, et Draupadi à leurs pieds.

Le lendemain matin, Drishtadyumna rapporta au roi Drupada tout ce qu'il avait vu. Drupada, ne connaissant toujours pas l'identité réelle des Pandavas, se précipita chez le potier.

« Qui êtes-vous – des Brahmanes, des Kshatriyas, ou bien des dieux ? Dites-moi la vérité, car j'organiserai les préparatifs de la cérémonie du mariage en conséquence ».

« Nous sommes des Kshatriyas, les fils de Pandu, répondit Yudhishthira. Ta fille est comme un lotus transporté d'un lac à un autre. Aie l'esprit en paix, ô Roi ».

On les emmena au palais, où les plus grands égards leur furent réservés. Un jour, le roi Drupada vint voir Yudhishthira : « Les rites de mariage attendent d'être accomplis. Dis à Arjuna de venir avec ma fille ».

« Mais je dois me marier aussi ».

« Tu es le bienvenu si tu veux l'épouser toi-même. Elle peut même épouser n'importe lequel d'entre tes frères, si c'est ton souhait ».

« Mais elle est notre épouse commune. C'est notre mère qui l'a ordonné. Nous avons toujours équitablement tout partagé. Votre fille prendra la main de chacun d'entre nous, devant le feu sacré ».

« J'ai entendu parler de la pratique de la polygamie, mais c'est la première fois que me vient aux oreilles l'histoire d'une femme ayant plusieurs maris. Tu sais que c'est incorrect, Yudhishthira, et les Védas l'interdisent. As-tu perdu l'esprit ? »

« Ce qui est moral est parfois très subtil. Jamais n'ai-je dit que la vérité, et j'ai toujours tâché d'éviter de mal agir. Mais je suis certain de ceci – notre mère l'a ordonné, et ma conscience l'approuve. C'est, pour moi, suffisant ».

« Ceci doit être réglé entre toi, ta mère, et mon fils Drishtadyumna. Vous me direz demain ce que vous en avez décidé ».

Ils étaient en plein débat quand Vyasa, guidé par ses errances, pénétra dans la ville. Lui ayant offert en guise de siège un tapis tissé d'or, ils lui rendirent hommage.

« O saint homme, demanda Drupada, comment est-il possible qu'une femme ait plusieurs époux sans profaner le dharma ? »

« En vérité, la coutume est périmée. Les Védas ne l'approuvent pas. Mais dites-moi ce que vous en pensez », interrogea Vyasa.

Drupada parla le premier : « La pratique est contre le dharma, ni les Védas, ni la tradition ne l'approuvent. Et mon expérience est que je n'ai jamais vu plusieurs hommes avec une seule épouse ».

« La moralité est une affaire délicate, reprit Dhrishtadyumna. Pourquoi est-il dans le dharma qu'un frère aîné, s'il est bien intentionné, fasse des avances à la femme de son cadet ? Qui sait ce qui est absolument moral ? Mais ce que je sais, c'est que je ne peux pas en bonne conscience permettre à ma sœur de devenir l'épouse de cinq hommes ».

Yudhishthira dit : « Il y a dans les Puranas l'histoire de Jatila, une fille vertueuse qui épousa sept sages. Et j'ai aussi entendu raconter que la fille d'un autre ascète avait épousé dix frères.

L'obéissance à nos supérieurs n'est-elle pas recommandée ? Et une mère n'est-elle pas le sommet d'entre les supérieurs ? Nous ne faisons que ce que Kunti nous a conseillé. Je pense que cela ne peut être incorrect en aucune manière ».

Kunti renchérit : « Yudhishthira dit la vérité. Il ne fait que ce que je lui ai ordonné ».

Quand ils eurent donné leurs opinions, Vyasa parla : « L'heure n'est pas aux sermons. Mais je peux cependant dire ceci : en parlant comme il le fait, Yudhishthira est dans le dharma. C'est une vieille et honorable pratique, que je vais t'expliquer en privé ».

Prenant Drupada par la main, il le conduisit dans une pièce voisine, et tandis que les autres attendaient, il se lança dans un long discours sur la pratique autorisée de la polyandrie :

« Ta fille, conclut-il, a obtenu de Shiva une faveur, en conséquence de laquelle elle va maintenant épouser cinq hommes ».

« Si c'est le désir de Shiva, qui suis-je pour parler de bien et de mal ? Qu'ils l'épousent, et nous, réjouissons-nous ».

Un prêtre érudit, Dhaumya, dirigea la cérémonie nuptiale.

Yudhishthira le premier prit la main de Draupadi, et ses frères successivement, les quatre jours suivants. C'est Dhaumya qui déclara que la jeune épouse retrouverait sa virginité après chaque cérémonie. Une dot considérable fut accordée aux mariés ; Drupada leur remettant à chacun cent chars ornés de banières dorées, tous conduits par quatre chevaux aux rênes dorés, cent éléphants de la plus belle taille, et cent jeunes et séduisantes servantes.

Kunti bénit sa belle-fille : « Sois heureuse, ma fille. Que tes enfants soient nombreux et qu'ils vivent longtemps. Sois dévouée à tes maris, sois bonne pour les invités et les étrangers. Tu es aujourd'hui ravissante dans ta robe de soie rouge – puisses-tu, devenue mère, être toujours aussi belle ».

Des cadeaux arrivèrent aussi de la part de Krishna, le chef des Yadavas et des Pandavas – de la bijouterie émaillée de perles et de lapis-lazuli, de riches robes, des couvertures et des peaux moelleuses, de la vaisselle incrustée d'or et de pierres précieuses, et des milliers de domestiques remarquables de beauté, de jeunesse et de talents ; quantité de chars tirés par des chevaux aux dents blanches, et un trésor de monnaies d'or.

Duryodhana fut profondément froissé en apprenant par des espions la nouvelle du mariage de Draupadi avec les Pandavas. Honteux, Duhshasana proposa une explication : « Il eût été impossible à Arjuna de l'épouser s'il ne s'était pas déguisé en Brahmane. Nous avons été roulés ! Les faits sont contre nous – les Pandavas vivent encore et ils prospèrent ».

Quand Dhritarashtra apprit de Vidura la nouvelle, il lui dit : « Les Pandavas me sont aussi chers que mes propres fils. Plus chers, plus chers encore. Qui donc ne se réjouirait d'avoir Drupada comme allié ? »

Mais Vidura étant sorti, Duryodhana et Karna s'approchèrent : « Nous n'avons pas osé parler en la présence de Vidura ; mais maintenant que tu es seul. . . Pourquoi loues-tu les Pandavas ? Unissons-nous contre notre ennemi commun avant qu'il ne nous avale tous ».

« Je partage vos opinions, mais il m'a semblé judicieux de n'en rien laisser paraître devant Vidura. C'était une ruse de ma part. Racontez-moi votre plan ».

« Nous allons semer la discorde entre les fils de Kunti et ceux de Madri en nous servant de Brahmanes qui nous sont acquis. Rendons-les jaloux ; excitons Draupadi contre ses maris. Ou d'une autre manière, soulevons les Pandavas contre elle. Mais le plus important est de nous débarrasser de Bhima, c'est une terreur ».

« Des mots, et encore des mots, intervint Karna. Crois-tu que de tels procédés marcheront ? Qu'as-tu fait au cours de toutes ces années où ils vivaient près de toi ? Ils ont mûri maintenant et – considère bien ma parole – ils sont plus sages. Crois-tu vraiment que tu pourrais retourner Draupadi contre eux ? Elle les a choisis les prenant pour de pauvres Brahmanes, penses-tu qu'elle les quittera maintenant qu'ils sont de riches Kshtriyas ? Il n'y a qu'une chose qui vaille : la force. Un Kshatriya connaît la force. Écrase-les, et dirige la terre. C'est la seule issue ».

« Tu es un grand guerrier, dit Dhritarashtra, et ainsi parles-tu. Mais consultez-vous – discutez avec Bhishma, Drona et Vidura, et ensuite, agissez de telle manière que nous en soyons tous bénéficiaires ».

Dhritarashtra ayant demandé à Bhishma son opinion, celui-ci lui répondit :

« Je n'ai pas une grande expérience des querelles familiales, mais je te respecte autant que j'ai respecté Pandu. J'estime autant les fils de Gandhari que ceux de Kunti. Pactisez avec les Pandavas et donnez-leur la moitié du royaume. Si le royaume ne leur revient pas de droit, alors en quoi vous revient-il à vous ? Donnez-leur la moitié du royaume et terminons-en avec cette affaire. Cela nous profitera à tous. Toute autre attitude nous déshonorera. Quelle satisfaction tirer d'un nom terni ? Tant que dure l'honneur, l'homme vit ; l'honneur disparu, il est oublié, mort ».

« Bhishma m'a enlevé les mots de la bouche, déclara Drona. Donnez aux Pandavas une part du royaume. Envoyons des cadeaux à Drupada et des parures d'or à Draupadi ».

« Étrange conseil, remarqua Duryodhana, et tout droit venu des favoris de la cour, de nos amis les plus sûrs. Ce qui est écrit doit arriver – en quoi les conseils peuvent-ils servir ? Si le destin veut que ce royaume soit le vôtre, il le restera ; sinon il ira à ses dirigeants destinés. Mais que l'on se souvienne plus tard de ceux qui donnèrent le bon conseil, et de ceux qui prévirent mal ».

« Les malintentionnés pensent que ce sont les autres qui prévoient mal, répliqua Drona. Pourquoi ne pas dire ouvertement que tu détestes les Pandavas ? Si l'ensemble de ce que j'ai pu dire est faux, aie la bonté de nous dire ce que tu penses être bon ».

Promptement, Vidura dit : « Sire, vos amis désirent votre bien, et vous savez qui ils sont. Duryodhana, Karna et Shakuni sont jeunes, insensés et pleins de haine. Ignorez-les, Sire. Je vous ai déjà avisé, une fois, que Duryodhana amènerait la destruction de notre maison ».

« J'aime ce que vous dites, Bhishma, Drona et toi, dit Dhritarashtra à Vidura. Les Pandavas ont tout autant droit au royaume que mes fils. C'est une grande chance, pour nous, qu'ils soient vivants, et qu'ils aient épousé Draupadi. Va, amène-les ici, et Kunti avec ».

Vidura partit sur-le-champ et, parvenant chez les Pandavas, il s'enquit poliment de leur santé de la part de Dhritarashtra. Ensuite, avec l'autorisation de Drona, ils rentrèrent à Hastinapur. A leur arrivée, les citoyens affluèrent vers eux, la ville toute entière rayonnait de joie. En atteignant le palais, ils touchèrent les pieds de Dhritarashtra et ceux de Bhishma, puis ceux de tous les anciens dignes de leur respect.

Dhritarashtra leur dit : « Je vous conseille d'aller vivre à Indraprastha, où vous dirigerez la moitié du royaume. Ainsi n'y aura-t-il pas de raison de conflit avec vos cousins ».

Les Pandavas acceptèrent. Krishna à leur tête, ils partirent immédiatement. A Indraprastha, ils creusèrent des douves, aussi vastes que la mer, tout autour de la ville ; ils édifièrent de hauts remparts blancs, des soldats armés – on eût dit des serpents à la langue fourchue – y montaient la garde. Des crochets pointus sortaient des murailles, et à l'intérieur furent installées des machines à tuer.

Des Brahmanes et des marchands vinrent à la ville ;
Les jardins résonnaient du cri des kokilas et des paons ;
On construisit des maisons d'agrément, brillantes comme des miroirs ;
Des cygnes, des canards et des colverts s'ébattaient sur les eaux des étangs fleuris.

Un jour Narada, le précepteur des dieux, rendit visite aux Pandavas ; Yudhishthira l'accueillit avec les plus grands égards. Draupadi, voilée, vint le saluer et lui toucha les pieds. Quand elle eut quitté la pièce, Narada s'adressa à Yudhishthira :

« Tu dois t'assurer qu'aucune friction ne naisse entre vous à cause de votre femme commune. Tu connais l'histoire des frères

Sunda et Upasunda qui dirigeaient le même royaume : ils s'asseyaient sur le même trône, mangeaient la même nourriture, et partageaient même leur lit ; et pourtant ils s'entretuèrent à cause de Tilottama ».

Yudhishthira et ses frères décidèrent alors que n'importe lequel d'entre eux qui troublerait l'intimité d'un autre avec Draupadi devrait se retirer dans la forêt pour un exil de douze ans, et y vivre en brahmachari.

Le plaisir de Draupadi avec ses cinq maris, et celui qu'ils connaissaient avec elle, était le même que celui qu'éprouve la rivière Sarasvati du jeu des éléphants dans ses eaux et qu'eux prennent à son contact. Mais il arriva qu'un jour, un Brahmane courut chez les Pandavas se plaindre du vol de ses vaches. « C'est dans votre royaume que cela arrive ! Le saint beurre d'un Brahmane volé par une bande de muffles ! » Arjuna, promettant au Brahmane de lui rendre son bien, partit chercher son arc. Yudhishthira se tenait alors dans la pièce où étaient gardées les armes ; Draupadi était avec lui. Les voyant seuls ensemble, Arjuna hésita ; puis il entra en courant, salua furtivement Yudhishthira, et ressortit avec son arc. Il poursuivit les voleurs, les mit en déroute et restitua au Brahmane son bétail.

A son retour, tout le monde voulut le féliciter ; mais il alla voir directement Yudhishthira :

« J'ai manqué à ma promesse. J'ai pénétré dans la pièce où vous étiez seuls, Draupadi et toi. Il me faut partir en exil pour douze ans ».

« Mais pourquoi ? s'étonna Yudhishthira, consterné à l'extrême. Je connais la raison pour laquelle tu es entré dans la pièce. Je n'en ressens aucune injure. Le cadet est autorisé à pénétrer dans la pièce où se tiennent son aîné avec son épouse ; l'aîné, lui, ne l'est pas. Je ne te laisserai pas partir. Tu ne m'as pas contrarié ».

« Tu nous as enseigné à faire face au devoir. La vérité est la vérité. J'ai manqué à ma promesse ».

Et Arjuna partit donc vivre dans la forêt pendant douze ans. Après avoir traversé bien des lacs et des rivières, être passé par des forêts et avoir franchi plusieurs provinces, il arriva enfin à la source du Gange ; il décida d'y demeurer. Tandis qu'un jour il se baignait dans le fleuve, honorant ses ancêtres, Arjuna se sentit tiré par la jambe. C'était Ulupi, la fille du roi Naga, qui l'entraînait de plus en plus profond (elle était tombée amoureuse de lui), jusqu'à atteindre le palais de Kaurava, le roi des Nagas. Ulupi s'étant dévoilée, Arjuna l'interrogea : « Qui es-tu ? Où suis-je ? »

« Je m'appelle Ulupi. Je suis la fille du roi Naga. Je suis encore vierge et amoureuse de toi. Arjuna, abandonne-toi à moi ».

« J'ai fait vœu de Brahmachari pendant douze ans. Je veux t'aider, mais dis-moi comment le faire sans rompre mon vœu ».

« Ton vœu de célibat n'est qu'envers Draupadi. Ce n'est pas le rompre que de m'aimer. Aime-moi, ou bien je cesse d'exister ».

Gardant en pensée le dharma, Arjuna la contenta.

Au matin il se leva et partit – emportant avec lui une grâce d'Ulupi : aucune créature aquatique ne pourrait le détruire. Arrivant aux contreforts des Himalayas, il se rendit au royaume de Manipura. Là, il fit connaissance avec le roi Chitravahana et sa superbe fille Chitrangada. Le désir de la posséder l'envahit.

« Donnez-moi votre fille, Sire. Je suis fils de Kshatriya, le troisième enfant de la maison de Pandu et de Kunti ».

« Je n'ai que cette fille, et pas de fils. Son fils poursuivra ma dynastie. Si son fils me revient, elle est à toi ».

Arjuna accepta. Il resta trois ans à Manipura, en tant qu'époux de Chitrangada. A la naissance de son fils et après l'avoir tendrement embrassé, il reprit ses errances.

Il parvint aux rivages de l'océan du sud, aux cinq régions évitées par les saints hommes. Quand il voulut savoir pourquoi ces régions étaient inhabitées, on lui répondit :

« Quiconque se baigne dans ces eaux est dévoré par cinq crocodiles géants ».

Mais Arjuna plongea. Un énorme crocodile lui attrapa la jambe. Un dur combat s'ensuivit ; finalement Arjuna réussit à tirer l'animal sur le rivage, et instantanément celui-ci se changea en une belle jeune fille rayonnante, parée de joyaux célestes. « Je suis Yaga, une apsara aimée de Kubera, le dieu de la richesse. Pour avoir tenté de séduire un Brahmane, quatre de mes amies et moi-même avons reçu de lui ce sort : nous serions crocodiles dans ces eaux pendant cent ans. Mais l'ayant supplié et supplié, il a finalement convenu de notre délivrance, si une noble personne réussissait à nous entraîner jusque sur la grève ».

Ayant libéré les quatre amies de l'apsara, Arjuna retourna à Manipura voir pour la dernière fois Chitrangada et son fils Vabruvahana. Il se rendit ensuite à Gokarna. Il y retrouva son cousin Krishna ; l'ayant embrassé, celui-ci s'enquit de la raison de ses incessantes errances. Il vécut plusieurs jours dans la chaleur amicale des membres du clan Yadava, hébergé au palais prodigieux de beauté de Krishna.

Un jour où, durant le grand festival des Yadavas, il se promenait avec Krishna, Arjuna remarqua une jeune fille entourée de ses servantes ; il en tomba amoureux. Krishna, le remarquant, sourit. « Je te croyais Brahmachari. C'est ma sœur Subhadra. Si tu l'aimes vraiment, je pourrais intervenir pour toi auprès de mon père ».

« La fille de Vasudéva ! Ta sœur ! s'exclama Arjuna. Quoi d'étonnant qu'elle m'ait lié le cœur ? Si je l'épouse, tout me sourira. Dis-moi comment la conquérir. Pour lui plaire, je ferai tout ce qu'un homme est capable de faire ».

« Les demoiselles Kshatriyas choisissent elles-mêmes leurs propres maris. Mais si je comprends bien ma sœur, je doute qu'elle sache vraiment ce qui lui est profitable. Va-t-en avec elle ! Ne la laisse pas réfléchir. Enlève-la ! »

Ils envoyèrent un messager à Indraprastha pour présenter le projet à Yudhishthira et obtenir son approbation.

La belle Subhadra s'en revenait au palais, de retour d'une colline où elle était allée adorer les dieux, quand surgit Arjuna, monté sur son char doré. Il s'empara d'elle et fondit sur Indraprastha. Ses gardes, au galop, regagnèrent la capitale pour apporter la nouvelle. Les chefs Yadavas, rouges de colère, réagirent en criant : « Amenez les chars ! » « Apportez-nous nos armes ! » Krishna alors intervint :

« Avez-vous perdu la raison ? Qu'a donc fait Arjuna qui vous bouleverse tant ? Vous savez bien que le choix propre d'une fille pour un mari n'est pas toujours le bon. Vous savez aussi qu'il n'est pas de notre goût de vendre des filles en mariage – des filles qui seraient achetées par le plus offrant ! Arjuna est le meilleur parti que nous puissions avoir. Shiva seul lui est supérieur. Allez et rappelez-le ».

Durant un an, Arjuna demeura à Dvaraka, la capitale des Yadavas, jouissant des plaisirs de la vie conjugale. Il passa les dernières années de son exil à Pushkara. Puis il rentra à Indraprastha, présentant ses hommages à Yudhishthira d'abord, aux Brahmanes ensuite, et finalement à Draupadi.

« Te voici déjà de retour, Arjuna ? Je croyais que tu préférais la compagnie de Subhadra. On entend souvent dire qu'un clou chasse l'autre ».

Arjuna la rassura et implora son pardon. Il habilla Subhadra en vachère, et l'envoya dans les quartiers intérieurs réservés aux femmes. Toujours belle, malgré la simplicité de ses vêtements, Subhadra aux-yeux-de-lotus toucha les pieds de Kunti. Kunti la bénit chaleureusement. Ensuite, Subhadra toucha les pieds de Draupadi, lui disant : « Je suis votre servante ». Instantanément, Draupadi se leva : « Sois bénie. Puisse ton mari ne pas avoir d'ennemis ». Réjouie, Subhadra la remercia. A partir de ce moment-là, elles vécurent heureuses ensemble, pour le plus grand bonheur de Kunti. Krishna resta avec eux ; Arjuna et lui aimaient à chasser le cerf et le sanglier, dans les forêts environnant la ravissante ville d'Indraprastha.

A la naissance d'Abhimanyu, le fils de Subhadra, un bel enfant aux bras forts, à la poitrine large et aux grands yeux, Yudhishthira distribua aux Brahmanes dix mille têtes de bétail et une belle somme en pièces d'or. Puis Draupadi procréa à son tour, un enfant lui naquit de chacun de ses époux, à une année d'intervalle : Partivindhya de Yudhishthira, Shrutasoma de Bhima, Shrutakarman d'Arjuna, Shatanika de Nakula et Shrutasena de Sahadeva. Ils furent tous investis par Dhaumya du cordon sacré, et vécurent heureux ensemble. Ils excellaient aussi bien dans les Védas que dans l'usage des armes.

Plusieurs royaumes furent assujettis par les Pandavas au cours de leur règne à Indraprastha. Yudhishthira gouvernait avec sagesse, respectant Artha, Dharma et Kama comme si chacun était un autre lui-même.

« Allons sur les rives de la Yamuna, dit un jour Arjuna à Krishna, nous exercer dans l'eau ; nous rentrerons ce soir ».

Le groupe s'en alla
Au jardin du plaisir, à l'ombre des arbres,
Parfumé et fleuri, paré de bijoux –
Chacun s'amusant selon son plaisir ;
Les dames aux lèvres charnues, à la poitrine lourde,
Aux grands yeux, quelque peu chancelantes de trop de vin,
Se promenant parmi les fleurs, ou bien s'éclaboussant,
Badinant et plaisantant, sur l'exemple de Krishna,
Draupadi et Subhadra enivrées, jetant bas leurs parures,
Certaines chantant, d'autres dansant,
Certaines se chamaillant, d'autres en confidence,
La scène toute entière résonnait des notes séduisantes
De la flûte et de la vina, et des timbales.

Arjuna et Krishna, s'étant assis à l'écart sur de luxueux coussins, se mirent à discuter à bâtons rompus. Un Brahmane vint vers eux, c'était un homme aussi grand qu'un saule, il avait la peau couleur vieil or, la barbe rouge vif et tachetée de vert, des yeux semblables à des feuilles de lotus. Il resplendissait comme le soleil du matin. Empressés, ils se levèrent ; il leur dit : « Je suis Agni. Donnez-moi de la nourriture ! »

« Quelle nourriture vous donner ? »

« Une nourriture qui me convienne, une nourriture qui soit du feu. Je voudrais manger cette forêt, elle est gardée par Indra. Chaque fois que j'essaie, il déverse l'eau des nuages. Mais vos excellentes armes peuvent m'aider. Utilisez-les quand je commencerai à dévorer les arbres, et tenez les eaux en échec ».

Les deux guerriers prirent leur position de chaque côté de la forêt, et commencèrent à massacrer les créatures qui y résidaient. La vitesse de leur char était telle qu'ils s'estompaient parfois dans un seul mouvement, et les deux guerriers semblaient se fondre en une même personne. Tandis que brûlait la forêt, animaux et humains s'enfuyaient à la débandade dans des cris de panique. Certains mouraient dans le calme, sans chercher à fuir, incapables qu'ils étaient d'abandonner leurs enfants. D'autres s'effondraient en hurlant, alors que les eaux des rivières traversant la forêt commençaient à bouillir et que la végétation en feu brûlait poissons et tortues. Des oiseaux tentant d'échapper à l'hécatombe étaient abattus par Arjuna ; ils tombaient en hurlant. Le vacarme était le même que lors du divin barattement de l'océan. Les flammes s'élevaient jusqu'au ciel, les dieux en étaient angoissés. Ils approchèrent Indra : « Est-ce la fin du monde ? Pourquoi Agni brûle-t-il tout là-dessous ? »

La fuite continuait – des rakshasas et des nagas, des loups, des ours, des éléphants meurtris, des lions, des cerfs et des buffles, et des centaines d'oiseaux. Ils restaient paralysés de peur à la vue de Krishna et d'Arjuna armés. Alors, sans merci, Krishna leur lançait son disque divin, les décapitant par centaines. Protégé par Krishna et Arjuna, Agni brûla la forêt une quinzaine durant, n'épargnant que six habitants ; Ashvasena, le rakshasa Maya, et les quatre oiseaux connus sous le nom de Sharngakas. Puis il s'assit et festoya joyeusement sur des fleuves de sang et de moelle.

« Vous avez fait pour moi ce que même un dieu n'aurait pu faire. Demandez-moi une grâce ».

Arjuna réclama toutes les armes divines d'Indra, et elles lui furent promises.

Puis Agni s'éteignit. « Vous avez été des tigres parmi les hommes. Où que vous alliez, vous serez comme des tigres ».

Ensuite, Krishna et Arjuna, emmenant Maya avec eux, vagabondèrent un temps, avant de s'arrêter au bord d'une ravissante rivière.

Livre II

L'ASSEMBLÉE

Tandis que Krishna, Arjuna et Maya se délassaient ensemble, ce dernier, s'inclinant devant Arjuna, lui dit : « Comment pourrais-je te remercier de m'avoir sauvé la vie ? »

« Ta seule proposition me suffit. Va où bon te semble. Sois bon envers les gens ».

« Demande-moi autre chose. Je suis un grand artisan. Exige de moi n'importe quoi ».

« Ta reconnaissance m'est une récompense suffisante.. Je ne veux rien. Mais si tu y tiens, demande à Krishna ! »

Réfléchissant rapidement, Krishna commanda à Maya : « Construis un vaste palais, si grandiose qu'aucun mortel ne puisse le copier, même après l'inspection la plus minutieuse ; un palais qui combine ce que les architectures divine, anti-divine et humaine ont de plus raffiné ».

Maya se mit immédiatement au travail ; en quatorze mois, il construisit un palais tel qu'il rivalisait avec la demeure des dieux eux-mêmes. Il couvrait une surface d'un hectare, était propice à toutes les saisons, et fascinant de splendeur. Huit mille rakshasas géants aux yeux cuivrés, connus sous le nom des Kinkaras, y montaient la garde.

En son centre s'étalait une pièce d'eau
Parsemée de lotus dorés,
Toutes sortes d'oiseaux s'y baignaient ;
Dans l'eau limpide nageaient des poissons,
On y descendait par des marches de cristal,
La bordure de marbre était incrustée de perles –
Des arbres vivaces au feuillage abondant entouraient le palais,
Les forêts exhalaient une délicate fragance ;
Les gens y vivaient heureux,
Apaisés par les parfums des lotus terrestres et aquatiques.

Yudhishthira convia dix mille Brahmanes à l'inauguration du nouveau palais ; il leur offrit un repas fait de lait et de riz mélangés à du beurre et du miel, de fruits et de légumes, de porc et de venaison. Chaque Brahmane reçut de nouveaux habits, des guirlandes et mille têtes de bétail. « Saint ! Saint ! », chantaient-ils en des chœurs qui montaient jusques aux cieux. Yudhishthira fit aussi venir des rois et des ascètes de différents pays. Parmi eux était Narada, le sage des dieux, un homme d'une érudition formidable ; Il était capable de réciter toutes les épopées et les Puranas ; expert en Nyaya et en sciences morales ; connaisseur des six disciplines que sont la prononciation, la grammaire, la métrique, la sémantique, la description des rituels et l'astronomie ; maître en diplomatie, et dans l'art de la guerre : en infanterie, en défense, en tactiques de guérilla et de résistance.

A l'apparition de Narada, Yudhishthira et ses frères se levèrent respectueusement ; s'étant prosternés, ils lui offrirent un siège. « Comment vas-tu, Yudhishthira ? » s'enquit Narada. « Mets-tu en bonne pratique les six qualités royales : l'intelligence, la bonne volonté, l'ingéniosité dans les négociations avec l'ennemi, la mémoire, la connaissance de la politique, et le dévouement à la morale ?

« Tes sept officiers principaux : le gouverneur du fort, le commandant en chef, le ministre de la justice, le ministre de l'intérieur, le médecin royal, le conseiller politique et l'astrologue principal te sont-ils loyaux ?

« As-tu pour politique de respecter la neutralité dont font preuve les étrangers et les rois à ton égard ?

« As-tu de bons professeurs pour instruire au dharma et aux différentes sciences les princes et les officiers militaires ?

« Es-tu vigilant envers tes ennemis à leur insu ?

« Le prêtre que tu honores est-il humble, pur, respecté, charitable et tolérant ?

« Tes postes supérieurs sont-ils occupés par des fonctionnaires incorruptibles, dévoués au service du peuple ?

« T'arrive-t-il d'être bafoué par tes ministres, ainsi des prêtres bafoueraient le pauvre incapable d'accomplir un sacrifice, ou bien des épouses leur mari licencieux ?

« Récompenses-tu l'étude et l'humilité par des prix convenables en argent et en honneur ?

« Tes soldats ont-ils leur solde en temps voulu ? Offres-tu or et bijoux à d'influents officiers ennemis afin de les acheter ?

« As-tu recours aux quatre arts de la conciliation avant de déclarer la guerre : l'offre d'argent, la propagande subversive, la négociation et la démonstration de force ?

« Ton budget est-il équilibré ?

« Les quatre professions : l'agriculture, le commerce, l'élevage et la banque sont-elles l'affaire de gens honnêtes ?

« Ton royaume protège-t-il les femmes ? Et j'espère que tu ne leur confies pas les secrets d'État !

« Les maladies physiques sont-elles soignées par la médecine et le jeûne, et les maladies mentales par les conseils de gurus et d'anciens ?

« Les sages et les Brahmanes sont-ils respectés ? Tu sais qu'un tel respect est porteur de récompenses.

« T'abstiens-tu des quatorze vices des rois : l'hédonisme, l'athéisme, la colère, l'imprudence, la procrastination, la non-consultation des savants, la fainéantise, la nervosité, le favoritisme, le parti-pris, l'indécision, la trahison, la prodigalité et l'impatience ?

« Les meilleurs rois eux-mêmes peuvent se ruiner ».

Yudhishthira interrogea : « Explique-nous, ô saint Narada, en quoi les Védas sont-ils fructueux, et en quoi sont également fructueuses la richesse, une épouse, et la connaissance des Shastras ».

« Les Védas deviennent productifs quand celui qui les a étudiés accomplit l'Agnihotra et autres sacrifices. La richesse porte ses fruits quand celui qui en a joui la distribue charitablement, une épouse quand elle devient mère, et l'étude des écritures quand elle conduit à l'humilité et à un bon tempérament ».

« Tu m'as convaincu, et j'agirai en conséquence ».

Et ainsi fit Yudhishthira, ralliant avec le temps l'ensemble du pays à son royaume. Au départ de Narada, raccompagné par tous les saints hommes qui s'étaient réunis pour la célébration, Yudhishthira résolut d'accomplir le plus grand de tous les sacrifices, le Rajasuya.

Inlassablement, et sans colère ni orgueil ni discrimination, il s'employa au bien-être de son peuple. Son seul conseil était : « Donnez à chacun selon son besoin et son mérite ». Ses sujets le louaient – Béni soit Yudhishthira ! Béni soit Yudhishthira ! – et le royaume prospérait. Il prospérait grâce aux honnêtes commerçants et travailleurs, et aussi parce que les bénéfices financiers servaient à des dépenses généreuses.

A cette époque-là, Krishna vint rendre visite à sa tante Kunti. Quand il se fut reposé dans une coquette chambre d'invités, Yudhishthira vint lui confier son intention.

« J'ai décidé d'accomplir le Rajasuya. Mais tu sais que décider est une chose et réaliser en est une autre. Mes amis et mes conseillers m'inspirent à aller de l'avant. Mais les amis ne conçoivent pas toujours les problèmes subséquents, et les conseillers sont toujours flatteurs. Parce que tu te tiens au-delà de ces choses, ô Krishna, j'en appelle à ton opinion ».

« Tu es digne du Rajasuya. Mais le roi Jarasandha continue à te provoquer. Je me souviens quand j'ai dû m'enfuir de Mathura pour m'aller réfugier à Dvavarati afin d'échapper à ses soldats. Détruis-le et libère les rois qu'il détient prisonniers ; exécute ensuite le grand sacrifice. Voici mon conseil ; pour le reste, à toi d'en juger ».

« Tu as raison, mais qui suis-je pour le défier, alors que tu as dû toi-même t'enfuir devant sa puissance ? Je doute qu'Arjuna, ou Bhima, ou même toi soyez capables de le tuer ».

Bhima intervint : « Un roi ingénieux connaît plus d'un moyen pour vaincre un ennemi. Krishna possède l'astuce, moi la force, et Arjuna le courage. Ensemble, nous sommes plus que l'égal du roi de Magadha ».

Krishna expliqua : « Seul le fou planifie sans la certitude de la réussite. Jarasandha lui aussi désire le Rajasuya, il détient quatre-vingt-six rois dans le temple de Shiva. Quand il en aura cent, la persécution commencera. Unissons nos forces avant que cela ne se produise ».

« Je n'ai pas encore l'esprit en paix, continua Yudhishthira. Yama lui-même est impuissant à soumettre le cruel Jarasandha. Bhima et Arjuna sont mes yeux, et toi, Krishna, tu es ma conscience. Comment saurais-je vivre s'il vous arrivait quelque chose ? Il me semble préférable d'abandonner cette idée ».

Arjuna montra à Yudhishthira son arc divin et son inépuisable carquois : « Rien n'est comparable à la force. Battons-nous ! »

Krishna ajouta : « Qui donc connaît l'heure de sa mort ? Arjuna a raison. Le refus de combattre n'a jamais été porteur d'immortalité pour un Kshatriya. Planifions juste et frappons sans délai. Hansa et Dimvaka se sont rendus, Kansa a été tué et son armée déroutée. Ne perdons pas de temps ».

Déguisés en Brahmanes snataka, Krishna, Arjuna et Bhima partirent pour Magadha, une cité fabuleuse de richesses, de bétail, d'arbres et de bassins. Mais Jarasandha avait été averti par ses prêtres de mauvais présages, et il avait pris ses précautions en accomplissant des vœux et des jeûnes protecteurs. A leur entrée dans la ville, les frères s'émerveillèrent de la variété de nourritures et de fleurs que l'on trouvait dans des boutiques pleines de toutes sortes de produits rares et chers. Ils dérobèrent les guirlandes qui leur plaisaient, et hardiment ils se dirigèrent vers le palais. Jarasandha se leva pour les accueillir, il leur offrit du bétail en présent. « Soyez les bienvenus, saints hommes », dit-il.

Arjuna et Bhima restèrent silencieux, et Krishna exposa : « Mes compagnons sont en silence jusqu'à minuit : ils te parleront après ! »

Se souvenant de la prédiction, qui disait que si des Brahmanes snataka se présentaient au palais il devait leur accorder une audience immédiate, Jarasandha les considéra respectueusement. A minuit, il entra dans leur chambre.

« Tu atteindras bientôt Moksha », lui dit Krishna, regardant significativement Arjuna et Bhima.

« Je vous remercie. Mais je vous en prie, asseyez-vous ».

Ils s'assirent, flamboyants de gloire comme trois foyers à un sacrifice.

« Qui êtes-vous ? Je n'ai jamais entendu parler de Brahmanes observant le vœu de snataka et parés de pâte de santal et de guirlandes. Vous vous dites Brahmanes et vous vous comportez comme des Kshatriyas. Que me cachez-vous ? Pourquoi refusez-vous ma vénération ? »

Calmement et sérieusement, l'intelligent Krishna répliqua : « Nous sommes des Brahmanes snataka. Kshatriyas et Vaishyas sont aussi autorisés à en respecter le vœu, et ses règles sont très complexes. Les guirlandes sont symboles de méfiance : aussi en portons-nous. Nous ne pouvons accepter ta vénération, parce que nous te considérons comme notre ennemi ».

« Mais qu'ai-je fait ? Vous ai-je blessés d'une quelconque manière ? Pourquoi un innocent deviendrait-il soudain votre ennemi ? C'est un grand tort que vous me faites de me traiter ainsi ! »

« C'est sur ordre d'un roi que nous sommes ici, répondit Krishna. Tu te dis innocent. Mais qu'en est-il des rois que tu détiens prisonniers ? Nous sommes venus en protecteurs des affligés, et pour tuer le persécuteur de nos proches. Je suis Krishna, et voici Arjuna et Bhima. Nous te lançons un défi. Ou bien tu libères tous les rois, ou bien tu meurs ».

« Mes prisonniers sont des rois que j'ai vaincus. Est-il illégal de les détenir ? N'est-ce pas ce que font tous les Kshatriyas ? J'ai promis de les offrir en sacrifice à Shiva – crois-tu que des menaces me feront changer d'avis ? Battons-nous comme tu le désires, en combat singulier ou tous ensemble, armée contre armée. Je suis prêt ».

« Alors choisis. Nous nous battrons en combat singulier. Qui affronteras-tu en premier ? » Jarasandha choisit Bhima.

Un prêtre vint, portant des guirlandes et des lotions, tandis que Jarasandha s'habillait pour le combat. Enlevant sa couronne et s'attachant les cheveux, il se leva, tel un océan tumultueux se soulève. « C'est toi que je choisis, Bhima, parce que si tu me vaincs, je mourrai heureux, sachant qu'un homme meilleur que moi a causé ma mort ».

Jarasandha se précipita sur Bhima. Tous deux grondaient comme un ciel d'orage. S'étant frappé les aisselles, ils s'attrapèrent par les bras. Ils s'agrippèrent les jambes, tels deux éléphants qui de leurs trompes enveloppent des troncs d'arbre. Toutes les feintes du corps à corps y passèrent, ils se tordaient jambes et bras comme des fibres végétales.

Une cohue se forma pour assister au combat. Sautant de côté, ils s'assénaient de leurs longs bras, semblables à des massues de fer, de grands coups sur les rotules.

Ils s'affrontèrent ainsi pendant treize jours du mois d'octobre, sans manger ni dormir, et le quatorzième jour, la faiblesse s'empara de Jarasandha.

« Il est fatigué, lança Krishna à Bhima. Ne te sers que de tes bras. Économise tes forces ! »

« Pourquoi ? Laisse-moi l'achever ! »

« Vas-y, répliqua Krishna. Montre-nous ta force ».

Bhima souleva le puissant Jarasandha, il le fit voltiger cent fois au-dessus de sa tête puis, lui appuyant le genou sur la colonne vertébrale, il le brisa en deux. Jarasandha hurla, et Bhima hurla ; et les cris emplirent Magadha de terreur. Plusieurs enfants naquirent prématurément, et les citoyens craignirent que les Himalayas ne s'effondrent. Monté sur le char de Jarasandha, Krishna alla délivrer les rois emprisonnés.

Arjuna dit à Yudhishthira : « Nous avons tout maintenant, les armes, les alliés, la réputation, les soldats, les projets. Tout ce dont nous avons besoin, c'est de remplir le trésor ».

Ils se mirent donc en route, Bhima assujettit les régions de l'est, Sahadeva le sud, Nakula l'ouest, tandis qu'Arjuna conquit le nord.

Au retour victorieux des frères, Krishna déclara : « Le temps du sacrifice est venu ».

On construisit, sur ordre de Yudhishthira, des milliers de maisons pour les Brahmanes invités. Des acteurs et des danseurs s'exhibèrent pour le plaisir des hôtes ; partout c'étaient des «donnez» et des «mangez» ; Yudhishthira distribua des milliers de bêtes, de lits, de pièces d'or, et de filles. Alors que l'assemblée des proches et des dirigeants s'asseyait autour du feu sacrificiel, Bhishma proposa : « Que le noble Krishna soit adoré au rituel d'ouverture. Notre maison est honorée par sa présence comme l'est l'obscurité par le soleil, un vide par une bouffée d'air ».

Krishna accepta, mais on entendit soudain résonner la voix de Sishupala :

« Pourquoi Krishna ? En quoi ces autres rois en sont-ils moins dignes ? Pauvres Pandavas, vous connaissez bien peu les subtilités du dharma. . . Krishna est-il le plus vieux d'entre nous ? Est-il plus âgé que son père Vasudeva ici présent ? Krishna est-il le meilleur allié ? Quel est le tort du roi Drupada ? Krishna est-il un guru ? Avez-vous oublié Drona ? Est-il le grand ancêtre ? Qu'en est-il de Vyasa ? Pourquoi Bhishma n'aurait-il pas cet honneur – sa mort lui appartient. Krishna peut-il en dire autant ? Et Ashvatthaman, et Duryodhana, et Kripa ? Krishna n'est ni prêtre, ni guru, ni roi. Qu'est-ce qui t'a pris, Bhishma, de le choisir ?

« Et toi, Krishna, tu devrais avoir honte d'accepter un honneur que tu sais ne pas te revenir. Regarde-toi, tu têtes la flatterie comme un chien lape dans un coin un reste de beurre volé. Les Kurus t'insultent. Est-ce un honneur pour un homme impuissant de se voir offrir une épouse ? Ou pour un aveugle d'assister à un spectacle ? L'honneur qui t'est fait est pour les rois ! Tu ne nous duperas pas, ô Krishna. Pas plus que Yudhishthira et Bhishma. La vérité se révèle. Tu es dévoilé ».

Sishupala se leva de son siège et sortit de l'assemblée, suivi de quelques autres rois.

Yudhishthira lui courut après, lui parlant calmement : « Tu as parlé très cruellement, Sishupala. C'est une insulte pour Bhishma que de lui dire qu'il ne connaît pas le dharma. Les autres rois ne semblent pas choqués. Bhishma connaît mieux Krishna que toi ».

« Pourquoi gaspiller les mots avec quelqu'un incapable de comprendre la raison de notre vénération pour Krishna ? intervint Bhishma. Krishna soutient l'univers, c'est pour cela que nous l'adorons et pas un autre. Il est le Créateur, l'Éternel ; il est courageux, modeste, intelligent, humble, beau, résolu, heureux et prospère. Que ne possède-t-il pas ? Krishna est aux hommes ce que la Gayatri est aux mantras. Sishupala a un cerveau d'enfant. S'il n'est pas d'accord quant à notre adoration, qu'il l'exprime de la façon appropriée ! »

Sahadeva parla : « S'il y a ici un roi trop fier pour adorer Krishna, qu'il se manifeste ! Voici, je place mon pied sur sa tête ».

Il avança son pied, un grand silence tomba sur l'assemblée. On poursuivit le rituel ; mais quand Krishna eut été concilié, Sishupala, les yeux rougis par la colère, s'écria : « Que faisons-nous ici ? Combattons-les ! » Les rois murmurèrent entre eux, certains disant : « Agissons de manière à laisser voir que nous n'approuvons pas cette partie du rite ». Krishna devina qu'ils préparaient un mauvais tour ; et Yudhishthira, gêné par le vacarme, se tourna vers Bhishma : « Ils sont excités. Que faire ? Le sacrifice doit être achevé ».

« Des chiens braillent après des lions. Laisse-les aboyer ».

« Vieux misérable Bhishma, cria Sishupala, des menaces ? Les Kurus te suivent comme des aveugles un autre aveugle. Ne crois pas nous tromper. Ainsi Krishna est grand ! C'est ce que tu soutiens. Grand est Krishna qui assassine hommes et bétail ! Nous prends-tu pour des imbéciles ? Krishna le seigneur de l'univers ? Le plus sage d'entre les hommes ? – Que lui te croie, c'est une chose ; nous non !

« Crois-tu vraiment nous abuser ? Toujours vertueux, toujours sage ! Le vertueux Bhishma, le sage Bhishma ; il a enlevé Amba qui avait donné son cœur à un autre. Ton frère Vichitravirya ne l'a pas épousée bien que tu la lui aies amenée. Était-ce vertueux, ô Bhishma, de permettre à un autre de courtiser la veuve de ton frère en ta propre présence ? Tu te dis célibataire ? – Souhaitons que ce ne soit pas de l'impuissance ! Où iras-tu chercher le mérite religieux, Bhishma, toi qui n'as pas de fils ? N'as tu jamais entendu raconter l'histoire du petit oiseau qui profère de belles paroles et avale ses propres œufs ?

« Jarasandha a refusé de se battre avec Krishna, t'en souviens-tu ? Pourtant, déguisés en Brahmanes, ils l'ont tué. Vertueux Krishna ! Il a nié être Brahmane quand Jarasandha a offert de lui laver les pieds. S'il est le seigneur de l'univers, ne peut-il pas être au moins Brahmane ? Et les Pandavas continuent de te faire confiance ! Comme c'est beau, ô Bhishma ! Bande de femmes ! »

En entendant ces mots, le sang de Bhima ne fit qu'un tour. Trois rides lui barrèrent le front, tels les trois affluents du Gange ; il grinça des dents. Il était sur le point de bondir sur Sishupala quand Bhishma le retint. Sans sourciller et en riant, Sishupala dit : « Lâche-le, Bhishma ! Qu'il se brûle, tel un insecte, au feu de ma puissance. Et toi aussi, Krishna, je te défie ! »

Krishna s'adressa alors calmement à l'assemblée des rois : « Cet homme est le fils de la sœur de mon père. Il a détruit la cité de Dvaraka. Je l'ai supporté. Il a violé la douce épouse d'Akrura ; déguisé en roi Karusha, il a violé Bhadra, la princesse d'Ujjain, la fiancée de Karusha. J'ai tout supporté – il est le fils de la sœur de mon père. Mais voyez maintenant la rancune qu'il me porte ! Il la démontre devant vous, c'est pour cette raison que je vais le tuer. Ce fou voulait même mon épouse Rukmini – et il a échoué, tel un Shudra aux Védas ».

Sishupala rit : « Pourquoi ne leur racontes-tu pas tout, Krishna ? En as-tu honte ? Je vais t'aider. Sa Rukmuni devait être mon épouse, et il l'a enlevée. Quel homme es-tu donc, Krishna, pour ne pas reconnaître en face de toutes ces respectables personnes que ton épouse était destinée à un autre ? Que tu l'apprécies ou non, Krishna, c'est la vérité. Qui es-tu pour me commander ? »

Sishupala l'incriminait encore quand Krishna eut recours à son disque divin. Le chakra à la main, il déclara : « Parce que sa mère m'avait demandé de le faire, cent fois je l'ai pardonné. Mais c'en est assez, l'heure de sa mort est venue ! » Ce disant, il lança le disque qui trancha la tête de Sishupala ; telle une falaise frappée par la foudre, celui-ci s'effondra. Jaillissant du cadavre, une violente énergie vint rendre hommage à Krishna aux-yeux-de-lotus avant de pénétrer son corps. L'assemblée fut émerveillée ; le silence pesait.

On reprit le Rajasuya et on l'acheva ; Krishna prit congé de Yudhishthira. Vyasa vint alors féliciter le nouveau roi : « Tu as bien fait. Je suis content de ta réussite ». S'adressant à ses frères, Yudhishthira leur dit :

« Voici le serment que je fais aujourd'hui.
Plus jamais ne parlerai-je durement,

Ni ne distinguerai-je entre mes enfants et ceux des autres ;
Plus de pensée de guerre ;
Seuls la recherche du dharma et l'accroissement de la vertu ».

Les rites terminés, Duryodhana resta à Indraprastha, au palais des Pandavas, et avec Shakuni ils inspectèrent minutieusement l'édifice. Il découvrit certaines subtilités qu'il n'avait jamais vues dans son propre palais à Hastinapur.

Un jour, prenant les reflets d'un dallage en cristal pour de l'eau, il se déshabilla, prêt à plonger ; il en eut honte toute la journée. Un autre jour, c'est un bassin d'eau claire qu'il prit pour de la terre ferme ; il y tomba tout habillé – au grand amusement de Bhima et des domestiques. Arjuna et les jumeaux rirent aussi. Quand on l'eut aidé à en sortir, vexé, il alla se changer sans regarder personne. Il y eut un nouvel éclat de rire quand, confondant une allée en terre avec de l'eau, il retira ses vêtements propres pour la traverser. Plus tard, croyant ouverte une porte en cristal fermée, il s'y heurta et recula en titubant. Croyant fermée une porte ouverte, il s'étala de tout son long en voulant la pousser. La fois d'après, il fit demi-tour face à une porte ouverte. Ecœuré, il rentra à Hastinapur.

Le voyant déprimé, Shakuni lui demanda : « Pourquoi te lamentes-tu ? » Duryodhana avoua à son oncle : « Personne n'a pris la défense de Sishupala quand Krishna l'a tué. Effrayés par les Pandavas, ils ont pardonné Krishna ; mais s'agit-il vraiment d'un crime aussi facilement pardonnable ? Je suis jaloux, ô Shakuni ; je sais que je ne devrais pas, mais mon cœur brûle de jalousie envers Yudhishthira. Je ne peux pas vivre ainsi. Je vais me jeter dans le feu, ou avaler du poison, ou bien me noyer. Que suis-je, un homme, une femme, un eunuque ? La gloire de Dhritharashtra est sur le déclin, la renommée de Yudhishthira grandit. Ils ont ri de moi, Shakuni, ils m'ont ridiculisé dans leur palais. Oh, quelle honte. . . »

« Ces cinq frères sont de grands guerriers. Ce n'est pas la peine d'essayer de les combattre. Mais j'ai une astuce pour piéger Yudhishthira ».

« Explique-moi, explique-moi ça tout de suite ».

« Yudhishthira, bien qu'il soit mauvais perdant, adore jouer aux dés. Si je le lui demande, il ne refusera pas. Je suis bon joueur aux dés, très bon joueur ; personne ne joue mieux que moi dans les trois mondes. Je peux lui prendre tout son royaume. . . Mais demandons d'abord à Dhritharashtra son autorisation ».

« Ce sera ton affaire, dit Duryodhana. Je n'en suis pas capable ».

Shakuni, accompagné de Duryodhana, alla voir l'aveugle Dhritarashtra qui siégeait sur son trône. « Duryodhana dépérit, Sire. Des tracas personnels l'assaillent. Interrogez-le, Sire, pour son bien ».

« Pourquoi te désoler, mon fils ? Ne trouves-tu pas ton bonheur dans ce confortable palais peuplé de tant de jolies filles ? »

« La prospérité de Yudhishthira me rend malade. Il a offert trente filles esclaves à quatre-vingt-huit mille Brahmanes snataka. Ils sont des milliers qui mangent chaque jour au palais dans des assiettes en or. Les cadeaux abondent, les conques résonnent en chœur, les rois s'y rendent par centaines... Shakuni est bon aux dés. Autorise-le à jouer contre Yudhishthira ».

« J'ai pour habitude, dans ce genre d'affaire, de suivre les conseils de mon ministre Vidura. Je vais le consulter et je vous dirai ce qu'il en est ».

« Vidura ne sera jamais d'accord. Je le connais. Si tu ne donnes pas ton autorisation, je me suicide. Quand je serai parti, tu pourras allègrement diriger le royaume avec Vidura ».

« Très bien. Fais venir les architectes, et qu'ils contruisent un superbe palais, avec cent portes et un millier de colonnes. Quand il sera prêt, fais-le-moi savoir ». Ayant dit cela, Dhritharashtra envoya chercher Vidura, dont il estimait les conseils au plus haut point. Vidura se présenta sur-le-champ.

« Je crains, Sire, que ce ne soit pas une bonne décision du tout. Seule l'amertume en résultera ».

« Laissons faire, répliqua Dhritarashtra. Si les dieux sont bons, tout se passera bien. Entouré comme je le suis d'excellentes gens : toi, Bhishma, Drona, aucun mal ne peut m'atteindre. Prends un bon char et dépêche-toi d'aller à Indraprastha chercher Yudhishthira, et ramène-le ici. Non, n'insiste pas, j'ai pris ma décision. Nous sommes tous guidés par le destin ! »

Cependant, il convoqua secrètement Duryodhana : « Oublie cette idée, mon fils. Vidura est contre. Et je sais que son avis est toujours bon. Oublie ce pari. Les dés sèment la discorde ; la discorde ruine un royaume. Ta mère et moi nous t'avons donné ce qu'il revient aux parents de donner à leurs enfants – une place dans la société et la richesse. Tu as reçu une éducation raffinée. Pourquoi es-tu malheureux ? »

« Je suis un homme avide. Je n'ai jamais ce qu'il me faut. On dit d'un homme qu'il n'a pas de sentiments s'il n'est pas jaloux du succès de son ennemi... Bhima s'est moqué de moi quand j'ai pris le bassin pour de la terre ferme – je l'aurais tué ! Et quand je suis tombé dans la piscine, Arjuna aussi a ri, et puis les douces voix de Draupadi et de ses servantes ont retenti. Ils m'ont insulté ! Quand je me suis cogné la tête contre la porte, Sahadéva s'est avancé, en me disant très sérieusement : « Il y a une porte par ici – essaye-la donc ! » Et Bhima a ri à gorge déployée. Je ne connais même pas les noms des pierres précieuses qu'ils ont employées pour décorer leur palais ! »

« Tu es mon fils aîné, né de ma première épouse ; débarrasse-toi de cette jalousie ! Yudhishthira n'est pas jaloux de toi. Pourquoi une telle convoitise pour les possessions de ton frère ? Les fils de Pandu sont mes propres bras – pourquoi es-tu si avide de me les couper ? Apprends l'art de la charité par la pratique des rites, apprends à satisfaire tes désirs, jouis de la compagnie des dames du palais. Sois heureux, mon fils ! »

« Tes paroles sont sages, mais rien ne saurait me convaincre. La cuillère ne goûte pas la nourriture qu'elle porte à la bouche, et tes mots me sonnent creux. Ne sommes-nous pas embarqués dans le même bateau ? Mes intérêts ne te concernent-ils pas ? La réussite est ce qui touche un Kshatriya. Pourquoi es-tu si tâtillon à l'égard du devoir ? Quand il s'agit du succès, l'homme intelligent, tel un cavalier éperonnant son coursier, exploite toutes les chances qui lui sont offertes. Mon ennemi n'est pas celui qui en a l'air, mais celui qui me blesse. Le temps ne résoudra pas ma situation. Soit je m'empare de la prospérité des Pandavas, soit je meurs à la tâche ».

Shakuni dit : « Le jeu est mon arc, les dés mes flèches, leurs points ma corde, le tapis mon char ».

« Donne ta permission à Shakuni ! » insista Duryodhana.

« Il me faut d'abord parler à Vidura », dit Dhritarashtra.

« Oublie Vidura. Il s'est vendu aux Pandavas. Tu sais ce qu'il pense de nous. A trop discuter, on finit par avoir mal au crâne : rien ne se fait. Un roi qu'envahit le doute est comme un insecte aux ailes mouillées. Les dés sont un vieux jeu ; en quoi peuvent-ils faire du tort ? Que le plus chanceux gagne ! »

« Je n'aime pas ton langage. Mais fais ce que bon te semble. N'oublie jamais que le mal a son prix ».

S'inclinant devant la fatalité et troublé par l'assurance de son fils, Dhritarashtra ordonna la construction d'un palais aux arcades de cristal et s'étalant sur une surface de cinq cents hectares. Vidura protesta, et à nouveau Dhritarashtra invoqua le destin qui régit l'univers.

Monté sur un char rapide, Vidura prit alors la direction de la capitale des Pandavas. A sa mine inquiète, Yudhishthira devinant quelque difficulté l'interrogea : « Le roi est-il heureux, ses fils sont-ils obéissants ? »

« Il est heureux en effet, et il se porte bien ; et ses fils aussi sont heureux et de même se portent-ils bien. Il m'a prié de vous inviter à Hastinapur, au nouveau palais, pour y disputer une partie de dés amicale avec ses fils ».

« Le jeu conduit au conflit. Quel est ton avis ? Nous suivrons ton conseil ».

« Je ne sais que trop que le jeu est cause de discorde, mais j'ai été envoyé ici pour vous inviter sur l'ordre du roi Dhritarashtra ».

« Et qui jouera contre nous aux côtés des fils du roi ? »

« Il y aura Shakuni, le roi de Gandhara, qui joue toujours de grosses mises, Vivinshati, Satyavrata, Chitrasena, Purumitra et Jaya ».

« Des gens malhonnêtes et acharnés – mais le destin nous dirige à chaque pas. Comment puis-je répondre par la négative à un ordre du roi ? Dis-moi que faire. Mon cœur n'y est pas, mais si ce cupide Shakuni me jette un défi, je ne saurais le refuser ».

Accompagnés de Draupadi, les Pandavas partirent pour Hasti napur. Au moment du départ, Yudhishthira déclara :

« De même qu'une particule brillante aveugle le regard,
Le destin nous éblouit sans considération pour la raison ;
L'homme, telle une marionnette suspendue à ses fils,
Suit irrémédiablement sa destinée ».

Lorsqu'à leur arrivée ils se présentèrent à Dhritarashtra, le roi, selon la tradition, les salua en leur sentant la tête, et il se réjouit. De charmantes jeunes filles vinrent endormir en chantant les invités retirés dans leurs chambres. Au matin, ils furent réveillés par les voix de poètes déclamant dans le hall, où d'autres rois étaient déjà réunis. Les Pandavas, ayant présenté leurs hommages, prirent place dans des sièges somptueux.

« Nous voici tous réunis, annonça Shakuni. A toi de commencer, Yudhishthira, et de fixer les règles ».

« Les jeux d'argent sont néfastes, ce n'est pas une affaire de Kshatriyas. Pourquoi es-tu si avide de nous vaincre par des moyens tortueux, Shakuni ? »

« Commençons », dit Shakuni.

« Même en temps de guerre, la bienséance est de mise. Les ennemis eux-mêmes méritent mieux que la fourberie ».

« Yudhishthira, quand deux personnes s'opposent, c'est le meilleur qui gagne ! Le désir de vaincre son opposant est toujours détourné. Quand une personne savante débat avec une autre, ses arguments sont aussi détournés. Mais sont-ils pour autant malhonnêtes ? Mon objectif est de te vaincre dans une partie de dés – voyons qui gagnera ! La victoire est le but. Si tu estimes que c'est sournois de ma part, ne va pas plus loin ».

« Je n'ai jamais fait demi-tour face au défi, répliqua Yudhishthira. Nous sommes des pions entre les mains du destin. Commençons. Qui joue contre moi ? »

« Je prendrai les paris, dit Duryodhana. Shakuni, mon oncle, jouera ».

« La procuration n'est pas de règle en matière de jeux d'argent, fit remarquer Yudhishthira. Vous le savez. Mais peu importe. Si tu insistes, que Shakuni joue pour toi ».

Bhishma, Drona, Kripa et le véridique Vidura prirent place tristement derrière les deux joueurs.

« Ma première mise sera cette perle et ce collier d'or extraits lors du barattement de l'océan légendaire. Quelle est la tienne ? »

« De nombreux bijoux et une grande fortune, répondit Duryodhana. Ils sont à toi. Tente ta chance ».

Lançant les dés, l'habile Shakuni s'exclama : « J'ai gagné ».

« Par un coup malhonnête, protesta Yudhishthira, mais passons. Jouons encore. Je te parie mon trésor contre le tien. Joue ! »

Shakuni gagna encore.

« Je mise mon char royal, recouvert d'une peau de tigre, orné de drapeaux et de cloches, et tiré par huit chevaux blancs comme la lune ».

Jouant déloyalement, Shakuni s'écria : « J'ai gagné ».

« Je mise mes esclaves, un millier de jeunes filles richement vêtues, portant des bracelets et des colliers d'or, expertes dans les soixante-quatre arts, le chant et la danse particulièrement ».

Jouant encore malhonnêtement, Shakuni gagna.

« Je mise un millier d'éléphants couleur de nuage caparaçonnés d'or, avec des défenses comme des socs de charrue, capables d'abattre des murs, chacun avec six femelles ».

« Je mise autant de chars que d'éléphants, avec leurs chevaux, et leurs cavaliers qui reçoivent mille pièces d'or par mois, qu'ils combattent ou non ».

« J'ai encore gagné ! »

« Je mise dix mille chars tirés par d'autres animaux et six mille soldats au torse puissant ».

Shakuni : « J'ai encore gagné ! »

La partie battait son plein quand Vidura se tourna vers Dhritarashtra :

« Écoutez-moi, Sire, même si mes paroles sont douloureuses comme les médicaments pour un mourant. A sa naissance, Duryodhana a hurlé comme un chacal. Il nous détruira tous. Un chacal règne sur notre palais. Ordonnez à Arjuna de le tuer. Sacrifiez un corbeau pour des paons, Sire. Vendez un chacal pour acheter des tigres. Renvoyez Shakuni. Vous savez bien qu'il est connu comme un tricheur ».

« Nous savons de quel côté tu te tiens, Vidura, intervint Duryodhana. Tu ne nous as jamais aimés. Nous ne savions pas que nous avions une vipère dans nos rangs. Je te préviens, nous en avons assez de tes aboiements et de tes morsures ! Tu as tout de l'épouse infidèle – va-t-en, laisse-nous ! »

Mais Vidura continua d'en appeler à Dhritarashtra : « Les bouches malveillantes prononcent des discours mielleux. Buvez le remède amer de la vérité, ô Roi. Buvez-le et recouvrez vos sens. Je pars ; mais surveillez le cobra qui parmi vous distille la haine ».

Shakuni demanda : « Que te reste-t-il maintenant, Yudhishthira, qui ne soit pas encore devenu nôtre ? »

« Croyez-vous donc que ma richesse ait des limites ? Je mise tous les billions et trillions que je possède ».

Déloyalement, Shakuni gagna encore.

« Je mise tous les chevaux, les moutons, toutes les vaches et les chèvres que j'ai sur le territoire qui s'étend entre les rivières Parvasha et Sindhu ».

Shakuni : « J'ai gagné ! »

« Je mise ma capitale, mon royaume, la richesse de mon peuple, sauf celle des Brahmanes ».

Shakuni, jouant toujours déloyalement : « J'ai gagné ! »

« Je mise Nakula ».

« J'ai gagné ! »

« Sahadéva ».

« Gagné ! »

« Bhima et Arjuna ».

« Gagné ! s'exclama Shakuni. Je croyais que ton amour pour eux n'avait pas de limites ! »

« Tu es un misérable de séparer ainsi des frères ».

« Il est commun de se laisser aller au blâme quand on perd la tête. Tu as tout perdu, Yudhishthira. Que te reste-t-il maintenant ? »

« Moi. Je me mise ».

« Gagné ! Mais il reste encore Draupadi. Mise-la pour te récupérer ».

« Draupadi à la taille fine, à la chevelure ondulée, parfumée comme le lotus d'automne – une femme d'une telle grâce et d'une telle vertu que tous les hommes rêvent d'une semblable épouse. . . Je la mise, Shakuni ».

« Honte ! Honte ! » protestèrent les rois assemblés, manifestant une grande agitation. Vidura était assis comme un idiot, la tête entre les mains, le regard fixé au sol et sifflant comme un serpent. Karna et Duhshasana, eux, riaient. D'autres pleuraient. Shakuni, excité, ramassa les dés en marmonnant : « Il reste encore Draupadi », puis il s'écria : « J'ai gagné ! »

« Allons, Vidura, ordonna Duryodhana, amène ici l'épouse bien-aimée des Pandavas. Elle balaiera nos chambres et logera avec nos servantes ».

Vidura se retourna. « Insensé que tu es, ne vois-tu pas que tu t'abuses toi-même ? Ne vois-tu pas que tu es au bord de ta propre perte ? »

S'adressant au portier, Duryodhana, plein de morgue, commanda : « Amène Draupadi. Laissons divaguer Vidura ».

Le garde partit en courant et, tel un chien se jetant dans la retraite d'un lion, il entra dans la chambre de Draupadi :

« Ma princesse, vous avez été gagnée par Duryodhana. Venez avec moi ! »

« Moi... gagnée ! Mais qui donc miserait son épouse ? N'y avait-il rien d'autre à miser ? »

« Après avoir misé ses frères, s'être misé lui-même, Yudhishthira vous a misée ».

« Retourne là-bas. Retournes-y et demande-lui qui il a misé d'abord, lui ou moi. Et rapporte-moi la réponse ».

Le messager, en toute hâte, regagna la salle de jeux. « Sire, dit-il, la princesse demande qui d'entre vous a été perdu en premier, vous ou elle ? »

Semblable à un homme qui aurait perdu la raison, Yudhishthira, immobile, ne répondit pas.

« Amène-la ici, ordonna Duryodhana, et qu'elle l'interroge elle-même, nous profiterons de la conversation ! »

Le garde retourna chez Draupadi : « On vous ordonne d'y aller, ma princesse. Voici des jours funestes ».

« C'est le souhait du Créateur, dit Draupadi. Mais le dharma triomphera. Retourne là-bas et transmets-leur mes paroles. Dis aux anciens que je me soumettrai à toute action que dans leur grande sagesse ils estimeront compatible avec le dharma ».

Quand le portier leur rapporta ces mots, ils baissèrent la tête et restèrent silencieux. Secrètement, par l'intermédiaire d'un messager fidèle, Yudhishthira fit demander à Draupadi de se présenter devant son beau-père en pleurs, vêtue d'un simple tissu et le nombril découvert (car elle était indisposée).

« Vas-y, cria Duryodhana au portier, amène-la ici ».

Obéissant, mais désolé pour Draupadi, le portier demanda : « Que dois-je lui dire ? »

« Cet imbécile a peur de Bhima, gronda Duryodhana et, se tournant vers Duhshasana : « Vas-y, et traîne-la ici. Tout ce qui est ici est notre propriété. Que peuvent-ils faire ? »

Duhshasana aux yeux rouges se dirigea vers la chambre de Draupadi. « Nous t'avons gagnée, ô Draupadi. Viens, oublie ta pudeur ; accepte Duryodhana. Accepte-nous pour seigneurs – tu as été gagnée loyalement, tu es maintenant à nous ».

Elle blêmit et se cacha le visage dans les mains ; puis elle se précipita désespérément vers les appartements des dames. Duhshasana, menaçant, la rattrapa et la saisit par ses longs cheveux aux ondoiements bleutés. Ainsi traînée jusque dans la salle d'assemblée, elle tremblait comme un roseau sous la tempête.

« Laissez-moi, gémit-elle. Je suis indisposée. Je ne porte que mon sari ».

Mais il continua de l'entraîner, la tirant par ses cheveux noirs, tandis qu'elle implorait l'aide de Krishna.

« Indisposée ou non, peu vêtue ou complètement nue, nous t'avons gagnée et tu es notre esclave ».

Échevelée et à moitié dévêtue, elle dit à voix basse, mais avec colère : « Laissez-moi ! Que vont-ils dire ? Il y a des anciens et des sages dans le hall. Considérez mon état ! Me traîner indisposée devant un groupe d'hommes. . . C'est honteux. Où est le dharma des Kurus ? Et vous, pourquoi restez-vous tous silencieux ? Elle jeta un regard méprisant en direction des Pandavas. Le remarquant, Duhshasana la tira encore plus fort, criant : « Esclave ! » Il riait. Karna rit aussi ; et Shakuni et Duryodhana.

Bhima dit : « Les prostituées elles-mêmes ne sont pas misées par les joueurs. . . Quand tu nous as perdus, je n'ai pas dit un mot – tu es notre aîné. Mais cela est injuste, miser Draupadi est injuste ! Comment a-t-elle pu le mériter ? Je te brûlerai les mains, ces mains qui l'ont perdue. Apporte-moi du feu, Sahadéva ! ».

« As-tu perdu la tête, Bhima ? intervint Arjuna. C'est ton frère aîné. Ils ont joué correctement, n'est-ce pas ? Et n'a-t-il pas joué de sa propre volonté ? »

« Si tu n'avais pas dit cela, Arjuna, je l'aurais traîné par les mains jusqu'au feu et je les lui aurais brûlées ».

Vikarna, un des fils de Dhritarashtra, s'adressa à l'assemblée : « La princesse Draupadi a parlé devant vous. Bhishma et Kripa, nos gurus, restent silencieux. Vidura lui-même n'ouvre pas la bouche. Dites-moi, ô rois, ce que vous avez dans la tête. De quel côté êtes-vous ? »

Il se frotta pensivement les mains et soupira comme un serpent. Personne ne répondit.

« Alors écoutez-moi, car je parlerai comme me le dicte ma conscience. La chasse, la boisson, le jeu et la débauche sont les quatre vices des rois. Sous leur influence, les rois commettent des actes irresponsables. Yudhishthira a misé Draupadi au cours d'un pari. Elle n'est pas seulement son épouse, mais aussi celle de quatre autres. Il s'est perdu lui-même avant de la perdre elle. Ma conclusion est qu'elle n'est gagnée ni moralement, ni légalement ». Mais Karna, agitant farouchement ses bras puissants, rétorqua : « Pas si vite, Vikarna ! Il semble que les autres rois n'aient rien à objecter. Draupadi est-elle la possession de Yudhishthira, ou non ? Penses-tu que ce soit contraire au dharma de l'amener ici, recouverte d'un simple tissu ? Écoute bien, alors. Les dieux autorisent une épouse par homme. Mais Draupadi a cinq maris. De quelle sorte de dharma s'agit-il là ? Déshabiller une femme comme elle ne devrait choquer personne. N'avons-nous pas gagné tout ce que possèdent les Pandavas ? Et gagné loyalement ? Eh bien, enlevez-lui ses vêtements, et qu'elle soit nue ! »

Devant tout le monde, Duhshasana attrapa un pan de la robe de Draupadi, et il commença à la dérouler. De toute sa force, elle cria : « O Krishna ! Ame de l'univers ! Créateur de tout vie ! Aide-moi ! » Elle couvrit son adorable visage de ses mains. Et alors même qu'elle implorait l'aide de Krishna, le dieu Dharma la revêtit d'une multitude de tissus colorés. Au fur et à mesure qu'un pan de robe lui était enlevé, un autre apparaissait, jusqu'à ce que le sol fût recouvert de centaines de linges de toutes les couleurs. Tous les rois applaudirent.

Bhima bondit, serrant les poings, et, tremblant de rage, il fit une terrible promesse :

« Écoutez mon serment, ô rois Kshatriyas du monde entier ! Si j'y manque, que je perde alors le paradis de mes ancêtres ! Au cours d'une bataille je déchirerai de mes propres mains la poitrine de Duhshasana, et je boirai son sang ! »

Fatigué et honteux, Duhshasana s'assit, entouré d'un monceau de tissus.

Le sage Vidura dit alors : « Le problème de Draupadi reste sans réponse. Réfléchissons profondément, ô rois ; et donnons-lui une réponse compatible avec les exigences du dharma ».

Mais personne ne parla ; et Karna, se tournant vers Duhshasana, ordonna : « Emmène cette esclave dans les appartements intérieurs ».

« Attendez ! interrompit Draupadi, alors que déjà Duhshasana l'entraînait. J'ai manqué à un noble devoir : sages et vénérés anciens, je vous présente mes hommages. Pardonnez-moi de ne l'avoir pas fait lors de mon arrivée ».

Duhshasana la tira, elle tomba et dit : « En effet, les temps ne sont plus les mêmes, ô nobles rois. Voici que moi, l'épouse de Yudhishthira, je me trouve maintenant domestique. Dites-moi si cela vous semble juste. Vos paroles sont pleines de sagesse ».

Bhishma répliqua : « N'ai-je pas dit que les voies du dharma sont subtiles ? Il arrive même aux plus sages d'être bafoués parfois. Je ne sais pas. Demande à Yudhishthira. Il saura bien si tu as été gagnée ou non ».

« Eh bien, dit Duryodhana, réponds – est-elle à nous ou non ? » Il découvrit sa cuisse gauche – qu'il avait faite comme un grand plantain, comme une trompe d'éléphant, et embellie de signes de bon augure –, et la présenta à Draupadi.

Les yeux rougis de Bhima se dilatèrent, et il s'écria : « J'écraserai cette cuisse de mes propres mains, la grande guerre venue ! » Sa colère crépitait comme les étincelles d'un arbre en feu. Vidura s'adressa à l'assemblée : « Quand Bhima fait un vœu, ô rois, le danger n'est pas loin. Si Yudhishthira l'avait misée avant sa propre perte, le jeu serait valable. Mais comment une personne qui s'est elle-même déjà misée peut-elle miser et perdre quelqu'un d'autre ? »

Duryodhana dit : « Si Bhima, Arjuna et les jumeaux déclarent ne plus reconnaître Yudhishthira comme leur maître, je libérerai Draupadi ».

Arjuna riposta : « S'il était notre maître avant et durant la partie, je ne sais pas de qui il peut l'être après s'être perdu lui-même ».

Dans la salle de puja du palais un chacal hurla, on entendit braire des ânes dans le lointain, et crier des oiseaux. Connaissant ces mauvais augures, Vidura parla au roi, et Dhritarashtra dit :

« Quand tu as insulté l'épouse d'un parent, Duryodhana, la ruine s'est abattue sur toi ».

Puis, se tournant vers Draupadi : « Chaste et vertueuse Draupadi, toi la première d'entre mes belles-filles, demande-moi une grâce, n'importe laquelle ».

« Que Yudhishthira soit libéré, dit-elle. Que personne ne dise que mon fils Prativindhya est le fils d'un esclave ».

« Ce sera fait. Exiges-en une autre », insista Dhritarashtra.

« Libérez Bhima, Arjuna et les jumeaux, et rendez-leur leurs chars et leurs armes ».

« Demandes-en une troisième », proposa Dhritarashtra.

« Ce serait trop, dit Draupadi. Je ne mérite pas une troisième grâce. Il est dit qu'un Vaishya peut demander une grâce, une dame Kshatriya deux, un guerrier Kshatriya trois, et un Brahmane cent. Les voici maintenant libres – ils n'ont pas besoin de mon aide pour retrouver la prospérité ».

« Jamais nous n'avons entendu parler d'une telle générosité, dit Karna. Sans elle, les Pandavas étaient bons pour la noyade ».

Furieux, Bhima regarda autour de lui ; mais Arjuna l'apaisa. « L'homme généreux se souvient du bien, et il pardonne le mal. La vengeance et le respect de soi ne font pas bon ménage ».

Yudhishthira s'avança et lui retint les bras en disant : « Ça suffit, Bhima ! » Mains jointes, il alla ensuite vers Dhritarashtra. « Sire, nous sommes à vos ordres ».

« Allez en paix. La hache choisit le bois et non la pierre. Si je m'adresse à vous, c'est que vous êtes ouverts aux conseils. Duryodhana ne l'est pas. Seuls les pires d'entre les hommes sont mus par l'esprit de querelle. Le bon fait le bien aux autres, sans souci de récompense. Regarde-moi, Yudhishthira, je suis vieux et aveugle. Si j'ai autorisé cette partie de dés, c'était pour mieux connaître les qualités et les défauts de mes enfants. Arjuna est patient, Bhima courageux, et les jumeaux loyaux. Retournez à Indraprastha, et vivez en paix avec vos cousins. Cultivez la vertu ».

Le cœur joyeux, les frères s'apprêtèrent à retourner à leur capitale. Cependant Duryodhana, Shakuni et Karna, ayant conspiré, s'avancèrent vers Dhritarashtra, pleins de paroles mielleuses :

« Souvenez-vous des paroles de Brihaspati : Tues tes ennemis par tous les moyens dont tu disposes ! Si les Pandavas repartent libres, ils nous détruiront. Regardez Arjuna lever son arc divin, et nous jeter des regards hostiles. Pensez-vous qu'ils oublieront un jour l'insulte faite à Draupadi ? Accordez-nous une ultime partie de dés, l'enjeu cette fois sera un exil de douze ans dans la forêt, suivi d'une treizième année à passer anonymement dans n'importe quel royaume. Jouons encore une fois ! Même si les Pandavas survivent à leur exil, nous aurons à leur retour une grande armée prête à les vaincre ».

Dhritarashtra ordonna : « Rappelez-les ».

Drona, Vidura et d'autres encore protestèrent, mais le roi débonnaire repoussa leurs conseils.

« Surprenant changement de décision du roi, pensa Yudhishthira. Tel est le destin. Je sais que je perdrai, mais il m'est impossible de dire non au roi ». Sur ce, il retourna au palais et s'assit à la table de jeu.

Shakuni expliqua l'enjeu, il ajouta que si au cours de la treizième année les proscrits étaient reconnus, ils devraient, en gage, repartir pour un exil de douze ans ; si au contraire ils réussissaient à maintenir l'incognito, alors leur royaume leur serait rendu. « Jouons ».

Yudhishthira accepta les conditions. Shakuni lança les dés, et annonça : « J'ai gagné ».

Les Pandavas commencèrent sur-le-champ à se préparer pour leur long exil. Les peaux de cerf remplacèrent les parures royales. Duhshasana s'écria : « Maintenant commence la suprématie incontestée de Duryodhana. Les Pandavas sont finis ! Draupadi est mariée à une bande d'eunuques ! »

Bhima fonça sur lui, tel un lion des Himalayas sur un chacal.

« Porc infâme ! Je te le promets, je te percerai le cœur dans la bataille ! Et ceux qui te suivent aujourd'hui, je les enverrai chez les morts ».

Voyant Bhima dans l'impuissance, Duhshasana lui cria : « Vache ! Tu n'es qu'une vache ! »

Comme les Pandavas quittaient le hall, Duhshasana mima la démarche majestueuse de Bhima ; celui-ci, se retournant, prédit :

« Je tuerai Duryodhana de ma massue, et de mes pieds je lui écraserai la tête. Arjuna tuera Karna, et Sahadéva, Shakuni. Et tel un lion, je boirai le sang de Duhshasana ! »

Yudhishthira dit alors : « Je vous salue tous – Bhishma, Drona, Vidura, Kripa, Dhritarashtra et ses fils, Yuyutsu, Sanjaya et les courtisans. Je vous salue. . . mais ce n'est qu'un au revoir ».

Draupadi alla voir Kunti afin de recevoir sa bénédiction. « Va en paix, ma fille », dit Kunti. Échevelée, vêtue d'un tissu taché de sang, Draupadi en pleurs quitta sa belle-mère.

L'angoisse s'empara aussitôt de Dhritarashtra ; il fit appeler Vidura. « Parle-moi d'eux. Comment étaient-ils au moment de leur départ ? »

« Yudhishthira est parti en se couvrant le visage, Bhima les bras levés, Sahadéva la figure enduite afin de n'être pas reconnu. Nakula s'était recouvert de poussière. Et Draupadi est partie en pleurs, dans sa robe tachée de sang. Les citoyens les suivaient en se lamentant à haute voix ».

Livre III

LA FORET

Les Pandavas empruntèrent la route du nord ; les citoyens affligés les suivaient. « Pourquoi nous quittez-vous, nous qui vous aimions ? Qu'en sera-t-il de nous, sans vous pour nous guider ? « L'amour du peuple est un grand bonheur, répondit Yudhishthira. Mais nous vous prions de rentrer, soyez loyaux envers notre grand-père Bhishma, envers le roi, et Vidura et ma mère ; eux aussi sont frappés par la douleur. Ne gaspillez pas votre pitié avec nous. Vous êtes venus suffisamment loin ».

« Hélas, gémirent les citoyens. Trois fois hélas, ô roi ! » Ils rebroussèrent chemin ; les Pandavas, eux, conduisirent leurs chars jusqu'au banyan géant dénommé Pramana, sur les rives du Gange. Ils s'y purifièrent, et y passèrent la nuit.

Le lendemain matin, un profond remords tourmentait Yudhishthira. « Comment puis-je vous regarder dans les yeux, vous qui par amour souffrez de mes erreurs ? » Les larmes lui vinrent. Saunaka, un sage Brahmane, expert en Samkhya yoga, le consola :

« Chaque jour frappent la douleur et la crainte,
Elles ne frappent que l'ignorant, jamais le sage,
Jamais un être comme toi, doté des huit qualités.
La maladie, l'effort, la cupidité, et le contact avec les objets producteurs de peine,
Telles sont les causes de la souffrance.
Les drogues soignent la maladie, et le yoga refrène la cupidité,
Les mots doux et les doux objets font le reste.
Comme se dissipe la chaleur d'une tige d'acier en fusion plongée dans l'eau,
L'esprit agité s'identifie au corps.
Tout comme l'eau éteint le feu, la connaissance apaise l'esprit.
L'esprit en paix, le corps se détend aussi.
L'ignorance est la racine !
Car l'ignorance engendre l'amour des choses mondaines.

De l'ignorance naît la peur.
De même qu'un petit feu à l'intérieur d'un tronc d'arbre,
En se déplaçant, va consumer les racines,
L'envie, aussi minime soit-elle, se développe, et ronge le dharma.
Celui qui fuit n'est pas celui qui renonce,
Celui qui renonce demeure dans le monde, gardant une vision claire. N'attends rien des amis, ni de la richesse,
N'attends rien même de toi.
La connaissance est le grand extincteur.
La connaissance est une feuille de lotus, vierge de vase.
La convoitise est terriblement assoiffée,
C'est un ver dans le cœur.
De même qu'une bûche en feu se consume,
La convoitise consume l'âme.
De même que la vie redoute la mort,
La richesse redoute le roi, le voleur, l'eau, le feu, et les parents ;
De même que la nourriture partout est dévorée :
Dans l'air par les oiseaux,
Par les animaux sur la terre, et par les poissons dans l'eau,
La richesse est dévorée par le destin.
Tout comme la phalène, attiré par la lumière, tombe dans la flamme,
L'homme, mû par la convoitise, tombe dans la tentation.
Et il tourne telle une roue tournant éternellement,
Vagabondant d'une vie à l'autre,
S'ignorant lui-même,
Se cherchant aujourd'hui en Brahmane
Demain dans un brin d'herbe,
Tantôt dans l'eau, tantôt sur le sol, tantôt dans l'air ».

Après le départ des Pandavas, Dhritarashtra, plein de tristesse, convoqua Vidura. « Qu'allons-nous faire désormais ? »

« Artha, Kama et Moksha sont les trois piliers d'un royaume. N'ai-je pas dit, à la naissance de Duryodhana : Débarrassez-vous-en. Il nous apportera la ruine ? Mais vous n'avez pas voulu écouter. Exigeons de Duryodhana, de Shakuni et de Karna qu'ils implorent les Pandavas de revenir. Et sommez Duhshasana de demander pardon à Bhima et à Draupadi en public. Telle est mon opinion ; mais agissez selon votre sagesse ».

« Tu ne parles qu'en faveur des Pandavas, et en cela je ne suis pas d'accord avec toi. Attends-tu vraiment de moi que je délaisse mes fils pour ceux de Pandu ? Ils sont aussi mes fils, mais Duryodhana est ma propre chair, mon propre sang. Je t'aime, Vidura, mais ton point de vue sur cette affaire n'est pas juste. Tu peux rester si tu le désires – ou bien me quitter, telle une épouse infidèle abandonnant son mari ».

« Cette maison est vouée à la ruine », murmura Vidura, et sans plus tarder il partit rejoindre les Pandavas.

Ceux-ci, ayant longé le Gange, étaient parvenus à la plaine du Kurukshetra. Là, ils se baignèrent dans la Yamuna et la Sarasvati. Ils voyagèrent ensuite à travers les forêts occidentales. Ils y vécurent, parmi les oiseaux et les cerfs, entourés d'ascètes. C'est là que Vidura les retrouva, en compagnie de quelques Brahmanes, dans un endroit retiré de la forêt.

« Mon conseil a déplu au roi, comme un remède à un malade. Je n'ai pas réussi à le convaincre. Je lui fais le même effet qu'un vieil époux à une jeune fiancée. La race est ruinée, la faillite certaine ».

Cependant, le repentir de Dhritarashtra fut tel qu'il en perdit conscience. Revenant à lui, il chargea Sanjaya de ramener Vidura. « Va chercher mon frère. Il est pareil au dieu Dharma lui-même ». Il pleurait amèrement.

Quand Vidura revint, le roi l'embrassa, il lui sentit le front.

« Pardonne-moi, Vidura, ce que je t'ai dit était cruel ».

« Vous êtes mon aîné. Vous êtes toujours pardonné. Moi aussi j'aime votre fils, Sire, mais mon cœur est allé vers les Pandavas dans leur désarroi ».

A l'annonce du retour de Vidura, Duryodhana s'irrita. Il déclara à Shakuni, à Karna et à Duhshasana : « Vidura a pris parti pour les Pandavas. Si jamais ils reviennent, je me mets à jeûner, ou bien je m'empoisonne. Je préfère me suicider plutôt que de les voir retrouver leur autorité ».

« Pourquoi te tracasser ? dit Shakuni. Ils ont donné leur parole de rester en exil. Le tout est que nous gardions un œil sur eux ».

« Et s'il arrivait qu'ils reviennent, ajouta Karna, il y a toujours une autre partie de dés ».

Duryodhana tourna la tête. « Peut-être vaudrait-il mieux les rattraper, et les tuer tout de suite, de façon à en finir avec ce problème », proposa Karna.

« C'est très bien », approuvèrent les autres. Ils se précipitèrent vers leurs chars. Vyasa cependant, grâce à sa vision divine, prit conscience de leurs intentions. Il leur apparut et leur ordonna de s'arrêter. Il alla ensuite voir Dhritarashtra : « Je viens en compagnie du sage Maitreya qui était très récemment auprès des Pandavas. Enjoins à ton fils d'écouter son conseil, ou alors prépare-toi à un sort tragique ».

Se tournant vers Dhuryodhana, Maitreya dit très calmement : « C'est pour ton bien que je parle. Les Pandavas sont des guerriers très puissants – ils sont déjà venus à bout de rakshasas guidés par Hidimba et Kumira. Bhima a massacré Jarasandha. C'est une folie que d'être leur ennemi. Fais la paix avec eux ».

Duryodhana claqua sa superbe cuisse ; il sourit, tout en traçant du pieds des motifs sur le sol. Il restait silencieux.

Les yeux rougis par la colère, Maitreya, prenant de l'eau, maudit Duryodhana : « Que les fruits amers de l'insolence te retombent sur la tête ! Quand la grande guerre sera venue, la massue de Bhima te réduira cette cuisse en charpie ! »

Dhritarashtra essaya d'apaiser le sage ; mais Maitreya répondit : « Tant que la paix avec les Pandavas ne sera pas faite, le sort est maintenu ».

« Maitreya, dit Dhritarashtra, raconte-nous comment Bhima est venu à bout du rakshasa Kumira ».

« Demande à Vidura. Tant que la paix ne sera pas faite, je ne vous adresserai plus la parole ».

En apprenant l'exil des Pandavas, plusieurs tribus – les Vrishnis, les Bhojas et les Andhakas – ainsi que les frères Kaikeya et des parents de Draupadi, leur rendirent visite dans la forêt. Krishna en tête, ils prirent place autour de Yudhishthira. Krishna suggéra : « Unissons-nous, et rendons à Yudhishthira son trône ». Il parla ensuite longuement des crimes des fils de Dhritarashtra.

Draupadi aux-yeux-de-lotus se présenta et s'adressa à Krishna : « Les sages disent de toi que tu es l'unique Prajapati, le créateur de l'univers. Tu es Vishnu et Shiva. Les trois mondes sont tes entrailles, et toi, tu es le seigneur de tout ce qui est.

« O Krishna, ils m'ont traînée, moi la sœur de Dhrishtadyumna, l'épouse des Pandavas, alors que j'avais mes règles, vêtue d'un simple linge taché de sang – ils m'ont traînée en présence de tous les rois – et les fils de Dhritarashtra m'ont bafouée ! Ils ont de force voulu faire de moi leur esclave ! Et mes maris n'ont pas bronché ! Honte à Bhima, honte à Arjuna ! Le dharma ne veut-il pas qu'un mari protège l'honneur de sa femme ? Ils protègent les autres – pour moi, ils y ont été impuissants ! Ne leur ai-je pas donné cinq fils ? Et ne serait-ce que pour cette raison, ne méritais-je pas leur protection ? Honte à l'arc magique d'Arjuna qui lui a glissé des mains, tandis qu'indisposée j'étais traînée dans le hall. Honte à la force de Bhima ! Il a pu boire du poison, exterminer des serpents, sauver Kunti du palais de laque en feu, mais moi, il n'a pas pu me protéger ! J'étais tirée par les cheveux, Krishna, sous leurs propres yeux – ces braves Indras, mes propres époux ! »

Des larmes coulaient sur sa gracieuse poitrine ronde. Tout en s'essuyant les yeux, elle gémissait, puis elle reprit avec amertume : « Je n'ai ni maris, ni fils, ni amis, ni père. Ni même toi, ô Krishna ; toi aussi tu restes silencieux. N'y a-t-il pas au monde quatre raisons pour lesquelles tu devrais me protéger ? – Ne sommes-nous pas apparentés ? Ne m'estimes-tu pas ? Ne sommes-nous pas amis ? N'es-tu pas mon seigneur ? »

Krishna répondit : « Tes pleurs d'aujourd'hui seront demain

ceux, charmante femme, des épouses de ceux qui t'ont offensée – quand elles verront les cadavres de leurs maris transpercés de flèches. Je ferai tout ce qui est en mon pouvoir pour les Pandavas – je te donne ma parole ».

Draupadi jeta un regard furtif à Arjuna.

« En effet, il en sera ainsi, dit-il. Les choses ne peuvent aller autrement, ma chère épouse aux yeux si jolis ».

Dhristadyumna renchérit : « Je tuerai Drona, Shikhandin tuera Bhishma. Je te le promets, ma sœur. Avec l'aide de Krishna, nous sommes invincibles ».

« Rien de tout ceci ne serait arrivé si j'avais été à Dvaraka, dit Krishna à Yudhishthira. Je t'aurais révélé tout le mal qu'il y a dans les jeux d'argent. Je t'aurais fait voir comment les dés deviennent une obsession. . . Mais au lieu de cela, j'attaquais la cité du roi Shalva, où j'ai tué Damaghosha, le fils de Sishupala, qui m'avait insulté lors du Rajasuya. Profitant de mon absence, Shalva a envahi ma capitale Dvaraka, sous prétexte de la mort de Damaghosha. Plusieurs jeunes héros ont été assassinés. Où est ce porc de Krishna, criait-il, l'assassin de mon frère Sishupala ? Où est-il, ce courageux Krishna qui a décapité mon jeune frère sans défense, et loin d'un champ de bataille ? M'ayant insulté de la sorte, il a fini par s'en aller. Je l'ai poursuivi jusqu'à l'acculer sur une île. C'est alors que j'ai pris connaissance de la partie de dés. Immédiatement, je me suis précipité à Hastinapur ».

Honoré par Yudhishthira et par Bhima, embrassé par Arjuna, salué par les jumeaux, et adoré par Draupadi en larmes, Krishna monta sur son char doré, et s'éloigna en compagnie de Subhadra et d'Abhimanyu.

S'adressant à ses frères, Yudhishthira dit alors : « Douze ans à passer dans ces forêts. Douze années de solitude. Autant choisir un endroit agréable, avec des oiseaux, des cerfs, où poussent des fleurs et des fruits, un endroit où se rendent les saints. Allons au lac sacré Dvaitavana ».

Ils habitèrent les bois sacrés de Dvaita,
Couverts de palmiers, de manguiers et de karnikaras fleuris,
Où les paons, les chakoras et les kokilas
Déversent leur doux chant du haut des arbres les plus grands,
Sur le passage d'éléphants gigantesques
Ruisselants de rut ;
Où des ascètes en chignon,
Vêtus d'écorce, contemplaient en silence.
Les Pandavas étaient dans cette forêt
Comme Indra est aux cieux.

Chaque jour affluaient des Brahmanes, chantant les Védas – le Yajur, le Rig et le Sama.

Un soir, le sage Vaka, en présence d'autres Brahmanes, dit à Yudhishthira : « Qu'est-ce qu'un Kshatriya sans un Brahmane, sinon un éléphant sans son conducteur ? La terre elle-même s'incline devant un Brahmane et un Kshatriya. Aie toujours un Brahmane pour te conseiller, ô Yudhishthira, ta réputation s'en répandra dans les trois mondes. Ton profond respect pour les Brahmanes est chose bien connue ».

Un autre soir, c'est Draupadi qui tint à Yudhishthira ce langage : « Te souviens-tu, mon époux, que seuls Duryodhana, Karna, Shakuni et Duhshasana n'ont pas montré de chagrin au moment de notre départ ? Tous les autres sans exception étaient en larmes. La colère ne te saisit-elle pas en voyant le jeune Nakula exilé ? Comment peux-tu pardonner ceux qui ont insulté Sahadéva ? Et moi ? Es-tu donc dénué de toute espèce de sentiment ? Es-tu un Kshatriya ou non ? Attend-on toujours d'un Kshatriya qu'il pardonne ses ennemis ? Tue-les. Fais-le tout de suite ! L'heure n'est pas au pardon. La mollesse est écartée ; seul le fort s'impose. Trop longtemps tu as été tendre ; apprends la cruauté maintenant ».

Yudhishthira répondit :

« En vérité, la passion détruit certains, elle en aide d'autres.
Mais la maîtrise de la colère est la réussite la plus haute,
S'abandonner à la colère engendre la ruine.
Draupadi, ma merveilleuse épouse,
La colère est pur gaspillage, la colère revient à perdre le paradis.
Comment tournera le monde,
Si la violence riposte à la violence,
Si l'injure répond à l'injure, la haine à la haine,
Si les pères suspectent les fils, que les fils suspectent les pères,
Si la confiance disparaît entre l'époux et l'épouse ?
Le pardon est la seule vertu,
Le pardon est sacrifice, le pardon est les Védas,
Le pardon est notre tradition ;
Le pardon est Brahma, le pardon est vérité,
Le pardon est pénitence, le pardon est sainteté,
Le pardon soutient le monde.
Ne cherche pas à m'éloigner du pardon, mon épouse,
Le pardon et la bonté sont les vertus du sage ».

« Ce que tu dis à propos du dharma est certainement vrai, remarqua Draupadi. Je sais que préserver le dharma protège, que pour la cause du dharma Arjuna, Bhima et nous tous pourrions être sacrifiés. Mais il ne me semble pas que le dharma soit très bon envers toi, mon époux, bien que tu aies accompli l'Ashvamédha et le Rajasuya, le Sacrifice de la Vache et le Sacrifice de l'Éléphant. Est-ce le dharma qui t'a fait nous perdre tous aux dés ? Est-ce le dharma qui a conduit une personne simple, aimable, modeste et véridique comme toi à cette partie de dés ? Mais je ne sais pas de quoi je parle. . . Tout cela est peut-être l'œuvre du destin. Comme une perle sur un fil, comme un taureau guidé par la corde attachée à son mufle, comme un tronc entraîné par une eau courante, l'homme suit la volonté du Créateur. Et le Créateur s'amuse avec nous, tel un enfant avec un jouet d'argile, tantôt méchant, tantôt aimant. Pourquoi souffre le bon, et pourquoi prospère le mauvais ? Pourquoi ce vicieux de Duryodhana prospère-t-il ? Si c'est la volonté de Dieu qu'il en soit ainsi, alors Dieu aussi a sa part de culpabilité. Si l'homme est libre d'agir comme il veut, pourquoi est-il libre de faire tant de mal et si peu de bien ? »

« Comme tes phrases sont plaisantes, Draupadi, comme elles sont bien construites et combien convaincantes. Et pourtant, comme elles sont cyniques ! Je n'agis pas en vue de récompenses, mon épouse – je donne parce que c'est mon devoir de donner, j'accomplis des sacrifices parce que j'ai le sentiment que c'est mon devoir de le faire. J'admire les hommes bons, aussi j'essaie d'être bon moi-même. Celui qui vise les fruits de l'action, confond les affaires avec le dharma. Comment peut-il être qualifié de vertueux ? Le cynisme non plus n'aide pas, il souille l'action dès le départ et en fait avorter les bénéfices vertueux. La vertu est au paradis ce qu'est un bateau pour des marchands désirant traverser l'océan. Si les rituels, le célibat, la charité, l'honnêteté et l'étude des écritures sont inutiles, pourquoi continue-t-on de les chérir et de les pratiquer génération après génération ? Même les dieux, les rakshasas, les sages et les gandharvas chérissent le dharma. La raison pour laquelle les actes vertueux restent parfois sans fruits est un mystère : il est des choses que l'homme ne peut pas expliquer ».

« Je n'avais pas l'intention de dénigrer le dharma. Pourquoi déprécierais-je le Créateur ? C'est ce grand chagrin que me rend incohérente – mais je t'en prie, écoute-moi encore une fois. Qu'est-ce que la vie sans l'action ? Que l'action soit ta vertu. Le fainéant, à la manière d'un pot d'argile non cuit trempé dans l'eau, se dissout dans la vie ; il n'est rien. L'huile vient des graines de sésame, le caillé du lait, et la vertu de l'action juste. Manu, qui a donné les lois, ne prêche-t-il pas l'action ? Où est la réussite sans l'action ? L'homme perspicace connaît son ennemi, il se débrouille pour le maîtriser. Je te répète tout cela, mon époux, tel que je l'ai entendu de la bouche d'un Brahmane qui était le conseiller de mon père ; j'avais l'habitude, assise sur les genoux de mon père, d'écouter ces douces vérités qui coulaient de ses lèvres ».

Bhima soupira : « Que gagnons-nous à vivre en exil ? Duryodhana nous a pris notre royaume par la tricherie, pareil à un chacal mangeur de crottes qui irait voler la nourriture d'un lion. Qu'est-ce qu'une promesse, tenue ou non ? Le dharma pour le dharma a toujours engendré la souffrance ; celui qui ne connaît pas le but du dharma est un imbécile. Les gens intelligents savent corrompre, tels des chasseurs appâtant les oiseaux avec des morceaux de viande. D'autres emploient d'autres moyens. Pourquoi ne nous servons-nous pas de la force pour récupérer notre royaume ? »

Yudhishthira écoutait patiemment ; calmement, il dit ensuite : « Ce que tu dis est vrai. Et bien que tes paroles soient de véritables flèches, je ne me plaindrai pas. C'est ma seule folie qui est responsable de votre exil. Pourquoi blâmerais-je ton langage, Bhima ? Je blâme les rouages du destin. Mais je répète ceci : le dharma est plus grand que la vie elle-même. Un royaume, des fils, la gloire et la richesse ne valent pas la seizième partie du dharma ».

« La vie est courte, mon frère. Nous sommes, face au temps, semblables à l'écume sur l'océan, un fruit qui tombe ; nous vivons avec le temps, dont le courant nous emporte tous, la mort elle-même est emportée. A chaque grain que recueille le crayon, la quantité de collyre diminue. Si nous gaspillons treize années dans la forêt, nous nous rapprochons de la mort de treize ans. Comment peux-tu prôner la patience ? Agis maintenant ! Soyons des Kshatriyas. Tuons-les ».

Mais Yudhishthira renchérit sur la patience ; et au bout d'un certain temps, se souvenant des paroles de Vyasa, il appela Arjuna en privé. Lui prenant les mains dans les siennes, il sourit, et bonnement lui dit : « Tu sais, Arjuna, que Bhishma, Drona, Kripa et Karna connaissent à eux quatre tout ce qui concerne l'emploi des armes, que ce soit en matière d'attaque ou de défense. Parce que j'ai de grands espoirs en toi, je vais te révéler le mantra que m'a transmis Vyasa afin que tu puisses obtenir la faveur des dieux. Pratique une ascèse déterminée, Arjuna. Prends ton arc et ton épée et, vêtu d'une armure, dirige-toi vers le nord. Que rien ne t'arrête. Les dieux ont confié à Indra toutes les armes divines. Va à lui : il te les remettra ».

Alors qu'il était sur le point de partir, Draupadi lui dit : « Puisse se réaliser le souhait de Kunti ! Puissions-nous ne jamais renaître Kshatriyas ! Que les esprits de la terre, de l'air et du paradis te protègent pendant ton voyage ».

Après avoir traversé de nombreux territoires dangereux, Arjuna gagna le monde d'Indra dans les Himalayas sacrés. Une clameur tomba des cieux. Promptement, il regarda alentour ; il vit en face de lui, assis sous un arbre, un saint homme en chignon, à la peau cuivrée, et dont le corps rayonnait d'une lumière éclatante.

« Pourquoi un tel arsenal, mon enfant ? Tu n'auras pas besoin de tes armes ici. Jette-les ».

Mais Arjuna resta ferme.

« Très bien. Je suis Indra. Exprime ton souhait ».

Arjuna se prosterna les mains jointes devant le dieu aux mille yeux.

« Enseigne-moi l'usage de toutes les armes ».

« Tu n'as pas choisi le bon endroit. Tu n'as pas besoin d'armes de guerre ici. Demande plutôt le paradis ».

« Devenir un dieu ne m'intéresse pas, le paradis non plus. Mes frères m'attendent – comment pourrais-je sans honte les abandonner ? »

« Très bien. Tu obtiendras les armes divines lorsque tu auras vu Shiva aux trois yeux, le porteur du trident. D'ici là, fais ce qui te plaît ». Ce disant, Indra disparut, et Arjuna demeura où il était, pratiquant l'ascèse la plus acharnée afin d'avoir une vision de Shiva.

Lorsqu'il eut reçu sa vision et obtenu les armes, Arjuna s'en alla à la cité d'Indra. Une cité perpétuellement fleurie et peuplée d'arbres sacrés, avec son jardin appelé le Nandana, où s'ébattent les apsaras, un jardin réservé aux vertueux. Quiconque a dénigré les rites, ou a commis le mal, a bu immodérément, ou a mangé de la viande impure, ou bien encore a couché avec la femme de son gourou, ne peut y entrer.

Arjuna baissa humblement la tête devant Indra, qui d'abord le fit asseoir sur le bord de son trône resplendissant, et ensuite le prit sur ses genoux. Arjuna rayonnait de gloire, pareil à un second Indra. Affectueusement, le dieu lui caressait le visage de ses mains parfumées, il souriait à la vue de son fils. Plus il le regardait, plus son plaisir était grand. Père et fils brillaient tels le soleil et la lune au quatorzième jour de la quinzaine obscure. Les Gandharvas chantaient. Les apsaras-aux-yeux-de-lotus, séductrices des sages – dont Menaka, Gopali et Urvashi – dansaient. Sveltes et larges de hanches, elles remuaient leurs belles poitrines en bougeant, jetant des coups d'œil amoureux à l'assistance.

Arjuna rassembla toutes les armes sacrées, dont la foudre d'Indra elle-même ; puis, sur l'ordre de son père, il passa cinq ans au paradis, jouissant de toutes sortes de plaisirs luxueux.

Indra remarqua, durant cette période, qu'Arjuna portait intérêt à Urvashi ; il confia en privé à Chitrasena, le roi des Gandharvas : « Va voir Urvashi, la meilleure d'entre les apsaras, et dis-lui que maintenant qu'Arjuna s'est perfectionné dans tous les arts de la guerre, je souhaite qu'elle l'instruise aux subtilités de l'amour ».

Chitrasena sourit à Urvashi qui était allongée. « Tu connais Arjuna, il est gracieux, beau et discipliné ; vif d'esprit, courageux et vertueux ; respectueux, modeste, et précis ; véridique, éloquent, fidèle, et admiré. O Urvashi, Indra ordonne qu'on le fasse goûter aux joies du paradis. Arjuna t'aime – accorde-lui tes faveurs ».

Urvashi sourit. « Comment pourrais-je m'empêcher d'aimer un homme doté d'un tel éventail de vertus ! »

Elle se leva, se baigna, et se para d'ornements et de guirlandes divinement parfumées. Elle s'imaginait couchée aux côtés d'Arjuna dans un lit de draps célestes.

Le crépuscule était tombé et déjà la lune se levait quand elle se dirigea vers la résidence d'Arjuna.

Des grappes de fleurs ornaient ses cheveux tressés ;
Ses yeux exprimaient la délicatesse même, et son visage rivalisait avec la lune.
Sa poitrine parfumée au santal,
Magnifiquement rebondie, décorée d'un collier d'or,
Tremblait au rythme de ses pas.
Le poids de ses seins courbait les trois plis de sa taille,
Elle se penchait à chaque pas ;
Elle avait de superbes reins, la demeure de Kamadeva,
Les lèvres charnues, les fesses rondes,
Ornées de chaînes d'or –
Séduction voluptueuse pour un saint ;
Ses pieds étaient plats,
Les ongles cuivrés et courbés comme des carapaces de tortues,
Tintants de clochettes ;
L'haleine légèrement capiteuse du vin et du désir,
Elle allait, vêtue d'un linge fin et transparent,
Au travers duquel resplendissait son corps, telle la lune voilée par les nuages.

En arrivant au palais d'Arjuna, elle se fit annoncer par un messager et entra. Arjuna, embarrassé, sortit l'accueillir ; en la voyant, il ferma modestement les yeux, lui montrant une déférence généralement réservée aux supérieurs. « Considérez-moi comme votre serviteur, ô Urvashi ».

Flattée, elle lui répéta tout ce que Chitrasena lui avait dit. « Quand je dansais, tu n'avais d'yeux que pour moi. Tes vertus ont captivé mon cœur, et je suis amoureuse de toi. Je suis venue ici pour servir ton plaisir ».

Arjuna se couvrit les oreilles de ses mains. « Mais vous êtes une apsara du paradis. Vous m'êtes supérieure, ravissante dame. Vous êtes pour moi pareille à Kunti, pareille à Shashi la reine d'Indra. C'est vrai que je n'avais d'yeux que pour vous tandis que vous dansiez. Mais à juste titre, car je me disais : cette ravissante fille est la mère de la race Puru. Vous êtes apparentée à ma race : il n'est pas juste que vous ayez pour moi d'autres sentiments que maternels ».

« Je suis une apsara, Arjuna. Je jouis d'une liberté totale. Nombreux sont les fils et petits-fils de la race Puru qui ont effectivement joui de moi, mais sans blâme. Ne me renvoie pas. Je t'aime. Prends-moi ».

« Écoutez-moi, Urvashi. Vous êtes pour moi pareille à Kunti et à Shashi, j'honore la femme que vous êtes. Vous êtes pareille à ma mère ; considérez-moi comme votre fils. Je me prosterne à vos pieds ».

La colère l'envahit ; elle secoua la tête, fronça les sourcils, elle le maudit : « Pour avoir rejeté une fille qui est venue à toi sur ordre de ton père et par amour pour toi aussi, une femme accablée d'amour – à cause de cette insulte, Arjuna, tu passeras tes jours rejeté par les femmes, et impuissant, considéré comme eunuque ».

Les lèvres encore frémissantes, tout le corps tremblant, elle rentra chez elle. Arjuna s'en alla trouver Chitrasena et lui narra l'incident, insistant sur la malédiction. Chitrasena le rapporta à Indra lui-même. Indra convoqua Arjuna.

« Bénie est la mère d'un fils aussi discipliné. Les sages eux-mêmes sont humiliés par ton exploit. Ne t'inquiète pas, le sort te sera d'une aide précieuse durant la treizième année de ton exil. Tu passeras alors un an en tant que danseur eunuque, avant de retrouver ton état normal ».

Tandis qu'Arjuna était avec Indra, les Pandavas passaient leur temps dans la forêt de Kamyaka. Ils étaient souvent troublés par la durée de son absence. Aussi, quand ils eurent la visite du sage Brihadashva, Yudhishthira se plaignit à lui :

« Y a-t-il un roi plus malchanceux que moi ? Quelqu'un a-t-il entendu parler d'une mésaventure égale à la mienne ? Je suis la personne la plus malheureuse qui soit ! »

Brihadashva lui raconta l'histoire de Nala et de Damayanti, ajoutant quand il eut terminé :

« A quoi sert de s'affliger ? Le récit des malheurs de Nala efface les malheurs des autres. Quant à l'autre crainte qui te poursuit – ton manque d'habileté aux dés – je vais te dévoiler tout ce qu'il faut connaître en matière de jeux ».

Après avoir fait part à Yudhishthira de la science des jeux d'argent, il les quitta. Yudhishthira apprit d'autres Brahmanes et voyageurs qu'Arjuna persévérait dans la pratique de l'ascèse stricte, et qu'il lui arrivait de se nourrir seulement d'air. « Sans lui, pensa-t-il, rien n'a de saveur. Sans Arjuna-à-la-peau-bleue, même les charmes de cette forêt disparaissent ».

« Quittons cette forêt, dit Sahadéva, et partons vers une autre ».

Accompagnés de Brahmanes, ils allèrent visiter les lieux saints de pèlerinage ; ils parcoururent des montagnes, des rivières, des villes et des forêts, plongeant les mains dans différentes eaux sacrées ; ils parvinrent finalement à la source du Gange, la rivière sainte Alakananda, dont le cours partit du chignon de Shiva. Là, ils firent leurs dévotions, puis ils continuèrent leur voyage.

Exténuée, Draupadi s'effondra dès le deuxième kilomètre ; elle n'avait pas l'habitude de voyager à pied. L'ayant vu vaciller telle une feuille, Nakula courut l'aider. Les autres se précipitèrent à ses côtés. « Elle était habituée aux lits moelleux et aux chambres luxueuses de notre palais. A cause de ma folie, la voilà maintenant effondrée sur le sol, ses pieds fragiles et son visage de lotus bleuis par l'effort ».

On l'éventa avec des branches de palmier et sous les effets d'une brise chargée d'humidité, elle revint à elle. L'ayant allongée sur une peau de cerf, les jumeaux lui massèrent les pieds, avec du henné, de leurs mains cornées par la corde des arcs.

« Il reste encore plusieurs montagnes devant nous, dit Yudhishthira à Bhima. Comment pourra-t-elle y arriver ? »

« Je vous porterai sur mon dos, toi, les jumeaux et Draupadi, si tu le veux bien. Ou mieux encore, je ferai appel au puissant Ghatotkacha et à ses rakshasas afin qu'ils nous portent tous ».

A peine Bhima avait-il pensé à son fils que déjà Ghatotkacha lui apparaissait. Il ramassa Draupadi, et les autres rakshasas se chargèrent des Pandavas. Ils traversèrent ainsi plusieurs territoires, s'attardant devant la sainte montagne Kailasa, à côté de laquelle se tenait l'ashram de Brahma ; des fleurs et des fruits célestes s'y épanouissaient.

Là, ils admirèrent le jujubier au tronc rond,
Frais, à l'ombre épaisse et salubre,
Au ramage gigantesque, étalé et lustré,
Porteur de fruits délicieux ruisselants de miel.

Enchantés, ils y restèrent six nuits, heureux du bonheur de Draupadi, dans l'attente du retour d'Arjuna.

Le sixième jour, un vent de nord-est souffla,
Apportant un lotus à mille pétales, brillant comme un soleil.
Draupadi le vit sur le sol,
Exquisement parfumé.
« Regarde, Bhima, regarde
Ce lotus magique, source de toute fragance.
Je vais l'offrir à Yudhishthira.
Trouve-m'en d'autres ».
Impatient de lui plaire,
Bhima partit en hâte vers le nord, marchant contre le vent,
Tel un lion, ou un éléphant en rut,
Il emportait son arc ouvragé d'or, et ses flèches, féroces

comme des serpents,
Intrépide, infatigable et décidé.
Escaladant la montagne, il parvint aux hauts versants
Riches d'une végétation luxuriante.
Il continua ;
Ses oreilles résonnaient du chant des kokilas mâles
Et du bourdonnement des abeilles, le parfum des lotus l'éventait
Aussi tendrement qu'une caresse paternelle.
Il effleura l'arbre aux sept feuilles.
La montagne, bordée de nuages, dansait,
Ses ruisseaux bruissants étaient des colliers de perles,
Les chutes d'eau ressemblaient à des étoffes transparentes,
Les paons se pavanaient au son mélodieux des bracelets des apsaras ;
Bhima vagabonda gaiement dans cette abondante flore,
Observé par des cerfs sans peur en train de ruminer,
Observé aussi par des yakshas et des gandharvas,
Assises avec leurs époux, invisibles sur la montagne,
Séduites par son corps doré, sa démarche léonine,
Ses yeux sauvages.
Et il pensa en lui-même :
« Je dois me dépêcher de trouver ces fleurs, avant que les jumeaux ne partent à ma recherche ».
Alors il pressa le pas, et la terre trembla,
Les éléphants prirent peur, écrasant des lions, des cerfs et des tigres ;
Il y eut des arbres déracinés, écrasés, les plantes furent saccagées,
Sous les pas de Bhima qui, tel un nuage d'orage, gravissait la montagne.
Il déracina des grands plantains pour s'ouvrir le chemin,
Des bêtes hurlèrent et des oiseaux aux ailes mouillées s'envolèrent. Et puis il vit le lac :
Un lac de lotus et de nénuphars,
Entouré de plantains d'eau qui se balançaient ;
Il y plongea, et joua dans l'eau ;
Ensuite, il se remit en route.
Il souffla dans sa conque, et se claqua les bras ;
Il cria ;
Et les cavernes grondèrent,
Les lions rugirent, et les éléphants barrirent.

En entendant le vacarme, Hanuman, qui savait que Bhima était son frère, s'allongea sur le chemin étroit, bloquant le passage, pour la sécurité de Bhima. Il bailla et effleura sa longue queue, qui faisait penser au bâton sacrificiel d'Indra, semblable à la lanière d'un fouet. Le bruit se répercuta dans les montagnes et la queue poilue se dressa telle une bannière. Bhima remarqua les petites lèvres d'Hanuman, ses oreilles rouges, sa face et sa langue cuivrées, ses yeux vifs et ses dents pointues. Il se tenait étendu en travers du chemin, pareil à une flamme endormie. Bhima cria. Les oiseaux et les bêtes s'immobilisèrent, terrifiés.

Doucement, Hanuman se retourna, il ouvrit à demi un de ses yeux roses et dit :

« Je suis malade et me repose. Pourquoi me déranges-tu ? Je suis un singe, c'est vrai, mais je n'en mérite pas moins un minimum de respect ».

« Je suis un Kshatriya. Je m'appelle Bhima. Qui es-tu ? »

« Je suis un singe à qui il plaît d'être couché sur ton chemin. Il est plus sain pour toi de faire demi-tour ».

« Tu es orgueilleux, singe. Et moi je donne de bonnes leçons ».

« Je suis malade. Va-t-en. Ou si tu le peux, saute par-dessus moi ».

« Sauter par-dessus toi ? Es-tu fou ? Insulter une âme endormie ? Sauter pour toi comme Hanuman le fit au-dessus de l'océan ? Jamais ».

« Qui est Hanuman ? »

« Mon frère, fils du dieu du vent, le singe du Ramayana. Ma force est égale à la sienne. Alors lève-toi. Bats-toi ! »

« Je suis aussi le fils du dieu du vent, et je m'appelle Hanuman ».

« Mon frère ! s'exclama Bhima en embrassant chaleureusement Hanuman. Quelle chance pour moi d'avoir une telle faveur ! Montre-moi ton corps admirable afin que je n'aie pas de doute ».

Bhima s'émerveilla à la vue du corps imposant de son frère ; et Hanuman parti, il se remit en quête du lotus aux mille pétales.

Le lac charmant s'étalait à proximité de la montagne Kailasa,
Bordé d'arbres, et gardé par des rakshasas,
Couvert de lotus dorés et de verts nénuphars.

« Qui es-tu ? s'enquirent les rakshasas. Tu es vêtu comme un ascète et pourtant bardé d'armes ».

« Je m'appelle Bhima. Je suis le fils de Pandu. Je suis venu prendre le lotus aux mille pétales qui a ravi mon épouse Draupadi ».

« Mais ceci est le monde de Kubera, le dieu de la richesse. Les mortels ne peuvent pas venir ici vivants. Il te faut sa permission avant d'emporter le lotus ».

« Je ne vois pas Kubera ici. Et je suis un Kshatriya. Je ne cours pas après les gens pour une autorisation. Ce lac naît d'une cascade. C'est un don gratuit de la nature. Pourquoi devrais-je d'abord lui demander à lui ? »

A ces mots, il plongea dans le lac. « Ne fais pas ça ! Ne fais pas ça ! » crièrent les rakshasas ; mais il nagea plus avant. Ils se précipitèrent sur lui, hurlant : « Capturez-le ! » « Tuez-le ! » « Mangez-le ! ». Mais il se défendit et en tua une centaine, rejetant leurs corps sur les berges du lac. Les autres s'enfuirent.

Il but les eaux pures.
Il cueillit les lotus aux mille pétales.
Kubera souriait, Bhima s'amusait.

C'est alors qu'un vent déchaîné se leva ; et des météores traversèrent le ciel. La poussière voila le soleil blafard ; les points cardinaux rougirent ; les oiseaux et les bêtes gémirent dans l'obscurité régnante.

« Où est Bhima ? demanda Yudhisthira à Draupadi. En train de se battre quelque part ? Vois ces terribles présages ».

« Il est parti me chercher un lotus à mille pétales ».

« Allons le chercher ».

Ils le trouvèrent en pleins ébats, frappant coléreusement de sa massue des yakshas et des rakshasas dont les bras, les cuisses et les têtes éclataient – dans le ravissant lac aux lotus. Il ressemblait au dieu de la mort au moment de la dissolution du monde.

« Qu'as-tu fait, Bhima ? N'offense jamais plus les dieux ». Yudhishthira apaisa les gardiens du lac ; et les Pandavas vécurent heureux sur les bords du lac quelques jours durant, sur le versant de la montagne parfumée.

Un jour, sans prévenir, Jatasura – un rakshasa déguisé en Brahmane – enleva Yudhishthira. Il avait aussi projeté de violer Draupadi et de dérober les armes.

« Pauvre fou, lui dit Yudhishthira, ne réalises-tu pas que tu perds tout mérite à agir ainsi ? Pourquoi perturbes-tu ainsi l'équilibre du dharma ? Le dharma gouverne les rakshasas plus que quiconque ».

Après une longue course, Sahadéva rattrapa Jatasura :

« Rakshasa, arrête ! Tu mourras avant le coucher du soleil, ou je ne suis pas un Kshatriya ! Je suis le fils de Pandu, Sahadéva ».

Il était encore en train de parler quand Bhima arriva, armé d'une massue.

« Je t'avais repéré, tu regardais nos armes avec trop d'insistance. Mais tu étais un Brahmane, et je t'ai épargné. Prépare-toi à mourir maintenant ! »

Ils s'empoignèrent. Semblables à deux masses de nuages, ils se tournaient autour en grondant ; heurtant des troncs d'arbres de leurs cuisses, ils les déracinaient. Bhima serra le poing en forme de serpent à cinq têtes et frappa puissamment la nuque de Jatasura. Le rakshasa s'écroula, assommé ; le prenant dans ses bras, Bhima le souleva et l'écrasa à terre, lui brisant tous les os du corps. Il lui fracassa le crâne d'un coup de coude et arracha sa tête ensanglantée, aux yeux béants, aussi aisément que l'on cueille un fruit d'une branche.

C'est ainsi que s'écoula leur cinquième année d'exil : se nourrissant de fruits, de miel, et de cerfs tués avec des flèches empoisonnées, et attentifs aux histoires du sage Lomasha.

Un jour, alors que les frères se reposaient à flanc de montagne, Draupadi dit à Bhima :

« Les fleurs à cinq couleurs tombent dans la rivière.
Le vent les pousse là.
Emmène-moi au sommet, Bhima, d'où je pourrai les voir ».

Les jours se déroulaient ainsi, dans l'attente d'Arjuna ; finalement, un matin, une lumière brillante descendit en piqué du ciel ; on eût dit une langue de flamme. C'était le char d'Indra, conduit par Matali, dans lequel se tenait Arjuna, couronné et portant des guirlandes. Il remit à Draupadi ses armes et ses parures et raconta de quelle manière il les avait obtenues.

« C'est notre chance qu'Indra te les ait données, dit Yudhishthira. Fais-les-nous voir ».

Arjuna montra l'arc Gandiva et la conque offerte par le dieu. Quand il commença à en faire la démonstration, la terre trembla de crainte, les fleuves s'agitèrent, les rochers se fendirent, et un grand silence emplit l'air. Le soleil s'obscurcit, le feu ne prenait plus. Toutes les créatures implorèrent une aide. Narada apparut alors : « Ces armes divines ne sont pas faites pour être exhibées. Ne t'en sers que dans la bataille, et seulement en cas d'urgence. T'en servir inconsidérément provoquerait l'anéantissement des trois mondes ».

Les Pandavas quittèrent les forêts de montagne pour aller vers les rives de la Sarasvati. Dans un bois voisin, Bhima tomba sur un serpent géant ; son corps lové sur le sol occupait toute une caverne. Il était de couleur safran ; les yeux brillants, il léchait sa gueule à quatre crochets ; il siffla ; c'était le dieu de la mort lui-même. Le serpent avaleur de chèvres enserra furieusement Bhima dans ses anneaux. Bhima trembla ; la force même de dix mille éléphants ne lui suffisait pas. Il luttait désespérément, mais les anneaux se resserraient.

Au même moment, Yudhishthira vit des créatures à un seul œil, une seule patte, une seule aile vomir du sang face au soleil, et entendit des corbeaux hurler : « Vas-y ! Vas-y ! » ; il demanda à Draupadi : « Où est Bhima ? »

Quand elle lui répondit qu'il était déjà parti depuis un bon moment, il dit à Arjuna : « Occupe-toi d'elle », et il partit en courant à la recherche de son frère.

Suivant les traces de celui-ci, il parvint à une grotte jonchée de rocaille et recouverte de buissons ; là, il découvrit Bhima prisonnier du serpent.

« Que se passe-t-il, Bhima ? »

« Ce serpent, c'est le sage Nahusha. Il veut me dévorer ».

« Libère-le, dit Yudhisthira au serpent. Je vais te trouver d'autre nourriture ».

« Non, répondit le serpent. Je ferai aujourd'hui pitance du fils d'un roi. Va-t-en, ou toi aussi tu seras mangé demain. J'étais un de vos ancêtres, le fils d'Ayu, le cinquième dans la succession de la Lune. J'étais un roi, je m'appelais Nahusha. Ivre de pouvoir, j'ai insulté des Brahmanes, et ainsi m'ont-ils maudit. Je n'aurai pas d'autre nourriture que ton frère. Mais si, à ma satisfaction, tu es capable de répondre à certaines questions, je le libérerai ».

« Interroge ».

« Qu'est-ce qu'un Brahmane ? et à quoi le reconnaît-on ? »

« L'homme en qui l'on voit la vérité, la charité, le pardon et la bonté est un Brahmane. C'est ce que disent les sages. Mais dis-moi, qu'est-ce que l'état de Brahman, l'état qui ne connaît ni la joie, ni la tristesse, l'état au-delà de la souffrance ? Qu'en penses-tu ? »

Le serpent à son tour répondit : « Même les Shudras sont aptes à la vérité, à la charité, au pardon et à la bonté. Quant à l'état de Brahman, il me semble que rien ne peut être dénué de joie ou de tristesse ».

« Un Shudra n'est pas Shudra par sa seule naissance, pas plus qu'un Brahmane. Et nombreux sont ceux qui, comme toi, n'envisagent pas un état sans joie ni tristesse. Pourtant, le chaud n'est pas dans le froid, et le froid n'est pas dans le chaud. Alors, pourquoi n'existerait-il pas un état qui ne connaisse ni le chaud, ni le froid ? »

« Mais que devient le système des castes si tu dis que c'est le tempérament, et non la naissance, qui fait les Brahmanes et les Shudras ? »

« Si tu me le demandes, je te dirai que la caste est une histoire si confuse que personne ne peut être sûr de la pureté de sa propre caste. Des hommes de chacune des quatre castes ont eu des enfants avec des femmes de castes différentes ; comment est-il alors possible de distinguer les castes ? Quoi qu'il en soit, la parole, le sexe, les relations, la naissance et la mort ne sont pas assujettis aux règles des castes. Le tempérament est la seule chose dont on soit certain. Manu lui-même ne dit-il pas quelque part que la personne de caste mixte vaut mieux que celle qui est «pure», si la «pure» n'a pas de tempérament ? »

« Comme tu parles bien, Yudhishthira ! Il me devient difficile de manger Bhima ! »

« Tu as la réputation d'être savant. Dis-moi, que faut-il faire pour atteindre moksha ? »

« Faire l'aumône à celui qui le mérite, parler vrai, et avec douceur, être non-violent ».

« Qu'est-ce qui vaut mieux, la vérité ou la non-violence ? »

« Pour en juger, il est bon de considérer la somme de bien produite par l'une ou l'autre. La vérité est parfois meilleure que l'aumône, et l'aumône parfois meilleure que la vérité. Et il en va de même pour la bonté et la non-violence. Mais voici qu'il me faut retourner au monde céleste ».

Et ce disant, il abandonna sa forme de serpent, relâchant Bhima, et il disparut.

Puis vint la mousson, chassant la chaleur ;
De noirs nuages pleuvaient sans cesse,
Il y en avait des milliers, noires coupoles dans le ciel ;
Le soleil disparut, des éclairs métalliques éclatèrent.
L'herbe, les phalènes et les reptiles savouraient la pluie.
Les rivières se déversaient dans les bois, avec une joie de serpent qui siffle,
Les kokilas chantaient, et les paons aussi ;
Les grenouilles coassaient.
L'automne suivit,
Porteur de grues, et de gaieté,
Plein de nuits fraîchement ennuagées,
Et de cieux brillants,
Enchantés par la lune et les étoiles ;
Nénuphars et lotus s'épanouissaient sur les eaux fraîches,
La bleue Sarasvati s'étirait, aussi bleue que le ciel.
C'est là qu'ils passèrent les nuits de la pleine lune d'octobre.

Au cours d'un séjour en terre Yadava, Satyabhama, l'épouse favorite de Krishna, prenant Draupadi à part, lui demanda : « Comment t'y prends-tu pour satisfaire ainsi tes cinq maris ? Pourquoi ne sont-ils jamais en colère contre toi ? Pourquoi sont-ils si empressés à combler le moindre de tes souhaits ? Est-ce dû à des drogues, des mantras, des préparations ? »

« Satyabhama, les femmes avisées sont pleines de ressources. Mais pourquoi te soucies-tu des ruses de femmes qui se servent de drogues et de mantras ? Tu es l'épouse favorite de Krishna, et je te préviens que si jamais tu te mettais à employer des drogues, il t'éviterait comme s'il avait un serpent dans son lit. J'ai entendu parler de femmes qui commettent des crimes à distance, en envoyant par exemple des cadeaux empoisonnés à leurs rivales, et des femmes aussi responsables de jaunisse, de lèpre, d'impuissance, de démence, et même de cécité chez des hommes qu'elles haïssaient.

« Laisse-moi t'expliquer mes propres méthodes : je laisse mon égo de côté, j'essaie de ne pas être jalouse, je m'efforce d'être modeste et gracieuse. Je ne me baigne pas, ni ne mange, ni ne dors, tant qu'eux ne l'ont pas fait ; en vérité, je passe après même mes serviteurs. J'ai toujours de l'eau et un siège prêts pour celui qui rentre de la ville ou de la forêt. Je m'occupe des tâches ménagères, la cuisine et la poussière sont toujours faites en temps voulu. Je ne flâne pas devant le portail, et je ne ris pas pour un rien. Je ne m'attarde jamais trop dans mon bain, ni aux plaisirs du jardin. Il est hors de question qu'il m'arrive de glousser. Je me tourmente en leur absence et je fais des offrandes de pâte de santal et de fleurs. Je me préoccupe de ne pas m'intéresser à ce qui ne les intéresse pas. Un mari n'est-il pas un dieu pour sa femme ? Une autre chose : je ne parle jamais mal de ma belle-mère.

« Ne me demande pas ce que font les femmes maquillées pour retenir leurs époux – je n'en sais rien – mais je peux te parler de méthodes simples. Un mari nous donne des enfants, il nous donne des lits et des sièges, des robes, des parfums et des guirlandes, et aussi un renom dans la société, et le bonheur au paradis. Pourquoi ne pas agir de façon qu'il ressente : « Elle m'aime vraiment » ? Quand il ordonne à une servante d'aller lui chercher quelque chose, lève-toi et vas-y toi-même. Quand il est au portail, sois prête à lui donner son siège et offre-lui de lui laver les pieds. Évite ses ennemis. Sois vigilante face à d'autres hommes, et garde-toi de la frivolité. Tais ce que tu penses, et ne reste pas trop seule, même avec tes propres fils. Écarte-toi des femmes qui boivent, crient, volent, se gavent, et bavardent. Et apprends à te rendre attrayante par des parures, des parfums et des crèmes ».

Il arriva aussi qu'un Brahmane de haute réputation, expert dans l'art de la parole, se rendit à la cour de Dhritarashtra après avoir séjourné avec les Pandavas. Il raconta au roi des anecdotes de la grande misère qui était tombée sur la famille. Il mentionna aussi le désarroi de Draupadi.

Dhritarashtra en fut profondément ému, conscient de sa part de culpabilité ; mais il se maîtrisa par un élan suprême de volonté. « Tu as dit que Yudhishthira dormait à même le sol ? Et Duryodhana, Shakuni et Duhshasana prospèrent ! Tu as dit qu'Arjuna était de retour et qu'il avait recommencé à s'entraîner avec l'arc Gandiva ? Bien – personne ne saura lui résister ».

Shakuni rapporta les sentiments du roi à Duryodhana : « Ils demeurent actuellement à proximité du lac Dvaitavana. Rendons-leur visite. Y a-t-il plus grand plaisir que de contempler du haut de sa prospérité le malheur d'autrui, que de contempler du haut d'une colline l'humanité rampante ? Habille ta femme des vêtements et des parures les plus somptueux, et allons voir Draupadi, vêtue d'écorce et de peaux de cerf, brûler de jalousie ».

L'idée plut grandement à Duryodhana. Mais l'enthousiasme fit place à une profonde dépression.

« Ton plan est bon, Shakuni, mais je n'irai pas mendier l'autorisation du roi. Il les favorise. Envisageons un autre stratagème ».

Le matin suivant, Karna, tout sourire, vint trouver Duryodhana : « Écoute ça, notre troupeau paît en bordure du lac Dvaitavana. Allons-y en prétextant de l'y mener. Le roi nous donnera facilement sa permission ».

« Il pourrait même nous ordonner d'y aller ! » rit Shakuni.

Ils envoyèrent un bouvier du nom de Samanga expliquer au roi l'urgence de rassembler le troupeau.

« Le bétail a besoin d'être souvent rassemblé et examiné, approuva Dhritarashtra. On ne peut pas toujours compter sur les bouviers. Mais l'on m'a dit que les Pandavas campaient par là-bas. Je ne crois pas que ce soit un bon moment pour l'inspection du bétail ».

« Mais, Sire, insista Shakuni, les Pandavas ne sont pas notre but. Nous n'irons pas à leur campement. Nous veillerons à ce qu'ils ne soient pas dérangés ».

Le roi consentit, et Duryodhana se mit en route avec une suite nombreuse. Duhshasana, Shakuni, leurs épouses et des milliers de dames les accompagnaient ; suivaient également huit mille chars, trente mille éléphants, neuf mille chevaux, et un nombre incalculable de fantassins, de poètes, de musiciens, de tentes, de boutiques et d'équipages.

Ils établirent leur campement dans les environs du pâturage, choisissant un site paisible et bien approvisionné en eau. On examina des centaines et des milliers de bêtes ; on compta et marqua tous les veaux de trois ans ; et les vaches sans petits furent placées dans un enclos à part. « Construisons des maisons de jeux ici », ordonna Duryodhana.

Cependant, une rangée de gandharvas se tenait à l'orée de la forêt, en interdisant l'accès aux soldats.

« Écartez-vous, crièrent les soldats. Nous venons sur l'ordre du roi Duryodhana, fils de Dhritharashtra ».

« A-t-il perdu la raison ? raillèrent les gandharvas. Depuis quand les mortels donnent-ils des ordres aux habitants du paradis ? »

« Punissez-les ! » ordonna Duryodhana.

Les soldats avancèrent et les gandharvas rapportèrent l'intrusion à leur roi Chitrasena. Puis ils attaquèrent, brandissant leurs armes, et les soldats Kurus s'enfuirent éparpillés, au nez et à la barbe de Duryodhana. Seul Karna resta ferme sur son char ; alors qu'il était attaqué à l'épée, à la hache et au javelot, le joug de son char fut sectionné, ainsi que son mât et son brancard ; son parasol royal fut déchiré, éventrés ses pare-chocs en bois, brisé l'essieu. Il fit face jusqu'au moment où, pour sauver sa vie, il sauta de son char détruit dans celui de Vikarna. Duryodhana aussi tint bon, mais son cocher et ses chevaux furent taillés en pièces. Chitrasena alors lui bondit dessus et l'agrippa dans une étreinte presque mortelle. On le fit prisonnier, avec toutes les dames de son entourage.

Pleurant à chaudes larmes, sa suite alla voir Yudhishthira pour implorer son aide. « Tout ceci est le résultat du plan de Duryodhana qui voulait nous ridiculiser », leur dit Bhima. « Cela fait plaisir de savoir qu'il y a au moins une personne sur terre qui cherche à nous aider. Ce cruel Duryodhana n'a que ce qu'il mérite ».

Yudhishthira l'interrompit : « Ce n'est pas le moment d'être rancunier. Ils ont besoin de notre aide, et ils sont venus à nous. Il y a toujours des querelles de famille – est-ce que cela signifie qu'en période de crise un membre doive laisser tomber les autres ? Le roi gandharva ne sait-il pas que nous demeurons dans cette forêt depuis un certain temps ? Pourtant il nous insulte, nous et nos femmes ! Va le convaincre de libérer Duryodhana. S'il n'entend pas les arguments, bouscule-le un peu. S'il s'entête, écrase-le et ramène nos Kurus ».

Arjuna promit immédiatement de faire ce qui lui était demandé. Comme l'avait prédit Yudhishthira, il y eut d'abord une explication ; celle-ci n'aboutissant pas, Arjuna se fâcha : « Libérez Duryodhana ! » Les gandharvas se moquèrent : « Nous ne recevons d'ordres que de Chitrasena. Nous sommes les habitants du paradis ! »

« Les habitants du paradis s'amusent-ils à insulter les femmes des mortels ? »

Au cours de la bataille qui s'ensuivit, les gandharvas décorés de guirlandes dorées tombèrent par centaines. Les chars des quatre frères furent écrasés, et ils combattirent debout, lançant des pluies de flèches sur les Gandharvas volants. Quelques-uns d'entre eux s'élevèrent promptement vers le ciel, emportant Duryodhana avec eux. Mais le filet de flèches d'Arjuna les captura et ils se retrouvèrent coincés comme dans une cage. Il pleuvait des têtes, des bras et des jambes.

« En as-tu eu assez, Chitrasena ? Libère Duryodhana ! »

« C'est un vaurien. Il ne mérite pas d'être libéré. Il a escroqué Yudhishthira et insulté Draupadi. Yudhishthira connaît-il la véritable raison de sa venue ici ? Dis-la-lui ».

Yudhishthira réussit finalement à convaincre les gandharvas de libérer Duryodhana et sa suite, puis ils partirent, heureux. Chitrasena aspergea les gandharvas morts d'un nectar divin, et ils ressuscitèrent.

« Ne te laisse jamais à nouveau tenter par un tour pareil, Duryodhana, l'admonesta Yudhishthira. Sois heureux, et rentre à ta capitale ».

Accablé de honte, Duryodhana s'en retourna. Les Pandavas continuèrent de couler des jours paisibles dans la forêt de Dvaitavana.

Le lendemain matin, quand Karna vint rendre visite à Duryodhana, il le trouva assis sur le lit ; il faisait penser à une éclipse de lune.

« Il est bon de te voir de retour et de savoir les gandharvas vaincus, dit Karna. Je me suis retiré quand mes soldats, rompant les rangs, se sont enfuis. Mais toi, les soldats et les dames, vous êtes rentrés saufs, à ce que je vois ».

« Tu n'es pas au courant de tout. Ce sont les Pandavas qui se sont battus, pas moi. J'aurais préféré mourir dans la bataille plutôt que de subir une telle humiliation. Laisse-moi seul. Je n'ai plus rien à faire de la vertu, de la richesse, de l'amitié et de la royauté. Je vais entamer un jeûne jusqu'à la mort ».

Les protestations ne le firent pas changer d'avis. Ayant étalé de l'herbe kusha sur le sol, et après s'être purifié à l'eau, il s'assit en méditation, coupant tout contact avec le monde phénoménal, inspiré seulement par l'espoir du salut.

Simultanément, les cruels Daityas et Danavas – qui, vaincus par les dieux, résident dans les régions intermédiaires –, sachant que si Duryodhana venait à mourir ils se trouveraient sans défense, entamèrent un sacrifice. Se servant de mantras, ils envoyèrent une déesse le convoquer ; à son arrivée, ils lui dirent : « Tu es notre seul espoir, de même que les Pandavas sont le seul espoir des dieux. Va – et que la victoire te revienne ». La déesse qui l'avait amené le reconduisit ; elle lui rendit hommage, puis disparut, de telle sorte que, lorsqu'il ouvrit les yeux, il crut que tout cela n'avait été qu'un rêve.

Et il fit le serment d'exterminer les Pandavas au combat.

Le jour suivant, Karna, souriant, vint le voir. « Tu le vois bien, les morts ne remportent pas de bataille. L'existence est ce qui importe. Faisons nos plans courageusement et avec soin ».

Ils commencèrent par proclamer l'ouverture du plus grand de tous les sacrifices, le Rajasuya. Des artisans fabriquèrent une charrue en or, et Duryodhana transmit l'invitation aux Pandavas de venir assister au rituel.

« Pas maintenant, répondit Yudhishthira. Pas tant que nous n'aurons pas accompli nos treize années d'exil. Mais l'annonce de la célébration est une bonne nouvelle ».

Bhima, lui, dit aux messagers : « Dites-lui que nous serons de retour la treizième année écoulée et que, si le feu du sacrifice brûle encore, nous l'y jetterons dedans ».

Les autres restèrent silencieux.

Quand le Rajasuya fut achevé – que les Brahmanes eurent été nourris, les princes et les rois reçus, la richesse distribuée sans compter –, Duryodhana pénétra dans Hastinapur. « Béni soyez-vous », lui dirent certains citoyens à son arrivée, répandant sur sa tête du paddy frit et de la pâte de santal. Cependant, d'autres murmuraient : « Ce sacrifice n'était rien, comparé à celui de Yudhishthira. Il n'en avait pas le seizième de la gloire ». Au contraire, ses amis l'encourageaient : « Ton sacrifice surpassait tous les autres ». Satisfait de lui, Duryodhana se retira dans ses appartements.

Cela ne l'empêchait pas de se consumer de méchanceté au fur et à mesure que parvenaient les nouvelles du bonheur des Pandavas dans la forêt. Le sage Durvasas, en compagnie de dix mille fidèles, arriva à Hastinapur alors que Duryodhana, Duhshasana et Karna étaient en plein conciliabule pour nuire aux cinq frères. Duryodhana le reçut avec une grande courtoisie et beaucoup de soumission, s'occupant de lui comme l'aurait fait un domestique, bien que le sage ne fût venu que pour quelques jours.

« J'ai faim, réclamait abruptement Durvasas. Apporte-moi à manger ».

D'autres fois, rentrant en pleine nuit d'un bain, il décidait : « Je n'ai pas faim », et il disparaissait. Puis à nouveau : « Apportenous de la nourriture à tous. Et vite ! »

Il pouvait exiger de manger à minuit, et se plaindre de la mauvaise cuisson des plats, qu'il trouvait immangeables.

Voyant que ses caprices n'atteignaient pas Duryodhana, il fut satisfait.

« J'aime accorder des faveurs. Demande-moi n'importe quoi qui ne soit pas opposé au dharma ».

« Yudhishthira est mon frère aîné », répondit Duryodhana qui avait déjà consulté Karna et Duhshasana quant à la nature de la faveur à demander ; « il se trouve en ce moment dans la forêt avec ses frères. Soyez son hôte, ô saint homme, tout comme vous avez été le mien, en compagnie de tous vos disciples. Accordez-moi cette faveur d'aller le voir quand Draupadi, ayant nourri les Brahmanes et ses époux, souhaitera se reposer ».

Durvasas se présenta accompagné de dix mille disciples, exactement comme le désirait Duryodhana. L'ayant accueilli respectueusement, Yudhishthira lui dit :

« Revenez nous voir après vos ablutions, ô saint homme ».

Alors que les ascètes étaient à la rivière, Draupadi s'inquiéta de la nourriture. Dans son désarroi, elle pria Krishna :

« O Krishna, fils de Dévaki,
Seigneur de l'univers, aux pouvoirs inépuisables,
Krishna à la peau de lotus bleu,
Krishna aux yeux de lys blanc,
Krishna à la robe safran,
Aide-moi ! »

Délaissant le lit de son épouse Rukmini, Krishna accourut vers Draupadi ; elle se prosterna et lui exposa la situation concernant Durvasas et les ascètes.

« Je meurs de faim, répondit Krishna, dépêche-toi de me donner quelque chose à manger ».

Elle eut un air confus : « Mais ma coupe est vide ».

« Ce n'est pas le moment de plaisanter. J'ai faim. Apporte la coupe ici ».

Il y trouva dans le fond un unique grain de riz, et un tout petit reste de légume. Il les avala. « Ma faim est satisfaite. Appelle les saints pour le repas ».

Bhima alla à la rivière, où il trouva les ascètes repus, se frottant le ventre. Ils sortirent de l'eau en baillant.

« Nous avons fait préparer un repas, mais nous sommes rassasiés, dirent-ils à Durvasas. Qu'allons-nous faire ? »

« C'est un grand tort de gâcher tant de nourriture. Yudhishthira est un homme vertueux. Je sais qu'il a le pouvoir de nous punir ». Ils s'enfuirent dans tous les sens.

Ainsi s'écoulaient les jours, chaque saison porteuse de fleurs nouvelles. Un jour, les Pandavas, laissant Draupadi seule à l'ashram, partirent chasser afin de rapporter de quoi nourrir leur suite de Brahmanes. Le roi de Sindhu, Jayadratha, richement vêtu, vint à passer par là ; il partait se marier au royaume de Shalva ; de nombreux princes l'accompagnaient. Lors d'une halte dans la forêt de Kamyaka, il remarqua Draupadi qui se tenait devant l'ermitage. Sa silhouette parfaite illuminait les bois sombres autour d'elle – comme un éclair les nuages. Tous ceux qui la virent se demandèrent si c'était une apsara, une fille des dieux, ou bien un spectre divin. Ils la contemplaient, comme ensorcelés.

La convoitise s'empara de Jayadratha, il se tourna vers Kotika : « Qui est-elle ? Est-elle humaine ? Si je peux l'avoir, je ne désire plus me marier. Va la trouver, demande-lui comment il se fait qu'elle soit là, et qui est son mari. Demande-lui, Kotika, si elle est prête à m'accepter pour seigneur ».

Sautant de son char, Kotika s'approcha d'elle.

« Belle dame,
Aussi exquise qu'un feu nocturne attisé par le vent,
Etes-vous une déesse, une apsara, une yakshi,
La fille du roi Naga, ou l'épouse d'un Daitya ?
Dites-le-nous.
Je suis moi-même le fils du roi Suratha, je m'appelle Kotika,
Le roi Jayadratha est également présent, avec une suite de six mille chars ».

Elle regarda derrière lui, lâcha la branche de kadamba qu'elle tenait à la main, et ajusta sa robe de soie. « Pour la bonne raison qu'il n'y a personne d'autre ici, je vous répondrai personnellement – bien que je sache que ce n'est pas correct. Je suis Draupadi, la fille du roi Drupada, et l'épouse des cinq frères Pandava. Ils sont partis chasser, me laissant seule, Yudhishthira à l'est, Bhima au sud, Arjuna à l'ouest, et les jumeaux au nord. C'est notre plaisir de vous offrir l'hospitalité. Yudhishthira sera heureux de vous voir à son retour ».

Ayant parlé, Draupadi, belle comme la lune, rentra dans l'ashram.

Au rapport de l'entretien, Jayadratha dit à Kotika : « Même ses mots me subjuguent. Pourquoi es-tu revenu les mains vides ? Écoute-moi, Kotika. Elle m'a envoûté. Les autres femmes ne sont que des guenons ! Je dois la revoir ».

Tels des loups se glissant furtivement dans une grotte, lui et six de ses compagnons pénétrèrent dans l'ashram.

« Belle dame, vos maris se portent-ils bien ? Ainsi que tous ceux qui vous sont chers ? »

« Ils vont bien, Monsieur. Et comment vont les affaires de votre royaume, votre gouvernement et votre armée ? Voici de l'eau pour vous laver les pieds. Et voici un siège. Je vous offre cinquante bêtes pour le repas de votre cortège ».

« Vous m'honorez d'un tel don. La seule offre me suffit. Suivez-moi à mon char et laissez-moi vous rendre heureuse. O dame-aux-belles-hanches, soyez mon épouse, et partagez avec moi le royaume de Sindhu et de Sauvira ».

Elle se leva effrayée ; elle fronça les sourcils.

« Honte à vous ! lui dit-elle dédaigneusement. Ne me parlez jamais plus ainsi ». Sachant que ses époux ne tarderaient pas à rentrer, elle se mit à lui parler, cherchant à gagner du temps.

Elle était rouge de colère. « Le bambou et le plantain périssent après avoir porté des fruits. Vous êtes semblable à un crabe qui provoque sa propre destruction. Mes maris vont vous tuer ».

« J'ai entendu parler des Pandavas, et je sais ce que je fais. Ne croyez pas que je ne sois pas un grand roi. Pour moi, les Pandavas ne sont rien. Les mots n'y feront rien, Draupadi – venez avec moi. Ne m'obligez pas à vous forcer ».

Le voyant sur le point de mettre les mains sur elle, elle s'écria : « Gardez vos mains avides loin de moi ! » Il la saisit par la taille, elle le bouscula. Il tomba à la renverse tel un arbre qui s'abat, mais, se relevant promptement, il s'empara à nouveau d'elle. Elle haletait. Il l'entraîna vers son char. Dhaumya, le prêtre des Pandavas, sortit de l'ermitage. Elle lui toucha les pieds.

« Jayadratha, tu connais la coutume Kshatriya, dit Dhaumya.

Tu n'as pas vaincu ses maris dans un combat équitable. Tu n'as pas le droit de l'emmener. Ta mauvaise action te retombera dessus ».

Il se mit à suivre le char de Jayadratha à pied.

Aù retour des Pandavas, un chacal hurla à proximité de l'ashram. Ils trouvèrent la dame de compagnie de Draupadi, Dhatreyika, en pleurs. Essuyant ses jolis yeux, elle leur dit : « Jayadratha l'a emportée. Rattrapez-le, leurs traces sont encore fraîches. Une fleur a été jetée dans un cimetière ! Un chien a bu de l'eau consacrée ! Un chacal a lacéré un lys ! Un scélérat importune votre épouse ravissante comme la lune ! »

« Tais-toi ! ordonna Yudhishthira. Hors de notre vue ! »

Ils se mirent en route, poussant de profonds soupirs de serpents, et faisant vibrer la corde de leurs arcs. Ils virent un nuage de poussière dans le lointain ; puis ils aperçurent Dhaumya, et ils foncèrent tels des faucons sur les forces de Jayadratha. Aveugles de rage, ils attaquèrent l'infanterie frappée de panique ; le ciel était noir de leurs flèches ; les cochers, touchés, finirent tous par rompre les rangs et s'enfuirent.

Jayadratha aussi s'enfuit, abandonnant Draupadi ; mais dans sa terrible confusion, il prit le chemin qui ramenait à l'ashram.

« Indra lui-même ne pourrait plus le sauver, dit Bhima. Il va mourir de mes mains ».

« Pour aussi mauvais qu'il soit, pense à Duhshala notre sœur, et souviens-toi de Gandhari, avant d'envisager sa mort », avisa Yudhisthira.

Mais Draupadi, furieuse, dit : « Si tu veux me faire plaisir, tue-le. Celui qui vole une épouse ou un royaume ne mérite pas d'être gracié. Il doit mourir ».

Bhima et Arjuna continuèrent la poursuite. Bien que Jayadratha eût deux kilomètres d'avance, Arjuna, usant de ses armes divines, abattit ses chevaux. Ils se ruèrent alors sur lui, tandis qu'il s'élançait dans une course éperdue.

« Fais face, Jayadratha, cria Arjuna. Fais face, roi courageux, ravisseur d'une femme ! »

Il ne tourna pas la tête ; Bhima, sautant de son char, lui courut après et l'agrippa par les cheveux. Violemment bousculé, il s'étala par terre. Bhima le releva par les cheveux et lui asséna un coup de poing. Il perdit connaissance ; il grogna et chercha à frapper des pieds. Bhima lui envoya un coup de pied à la tête et s'assit sur sa poitrine, le frappant des genoux et des poings ; à nouveau il perdit connaissance.

Aux paroles d'Arjuna qui tentait de l'apaiser, lui rappelant les propos de Yudhishthira, Bhima répondit :

« Cette canaille mérite la mort ! Yudhishthira a une idée un peu molle du dharma ».

Il rasa le crâne de sa victime, lui laissant cinq touffes irrégulières. « Si tu souhaites vivre, va te montrer dans les villes et aux champs et annonce : Je suis l'esclave des Pandàvas ».

Tremblant, à moitié inconscient, Jayadratha accepta. L'ayant enchaîné, ils le poussèrent dans leur char, rentrèrent à l'ashram et le présentèrent à Yudhishthira.

Bhima lui dit : « Préviens Draupadi qu'il est ici ».

« Si tu as le moindre amour pour moi, libère-le ensuite », insista Yudhishthira.

Draupadi ajouta : « Oui, laisse-le partir. Il est maintenant notre esclave, défiguré avec ses cinq touffes de cheveux ».

« Honte à toi – et décampe, dit Arjuna. Ravisseur de femme ! »

Jayadratha, tête baissée, partit silencieusement vers le Gange ; il y pratiqua une pénitence sévère devant le dieu Shiva aux trois yeux. Shiva en fut satisfait et lui demanda quelle faveur il recherchait.

« Donne-moi le pouvoir de vaincre les cinq Pandavas au combat ».

« Impossible. Aucun homme ne peut le faire. Mais je t'accorde cette faveur : il t'arrivera une fois de vaincre les Pandavas, tous, sauf Arjuna ».

Shiva disparut, Jayadratha retourna dans son royaume, et les Pandavas continuèrent à vivre heureux dans la forêt de Kamyatra.

Il arriva qu'un jour un cerf, se servant de ses bois, déroba un bâton sacrificiel et deux bûches à l'ashram, puis se sauva. Le Brahmane ayant fait part de la perte à Yudhishthira, celui-ci prit immédiatement ses armes ; accompagné de ses frères, il pourchassa l'animal. Les flèches et les lances le manquèrent, et soudain, sans prévenir, le cerf disparut. Fatigués, déçus, affamés et assoifés, ils s'assirent à l'ombre fraîche d'un banyan.

« Étrange, dit Nakula, comment a-t-il pu nous échapper ? Avons-nous fait quelque chose de mal ? »

« Personne, hormis Dharma, ne sait ce qui lui revient et quand », répondit Yudhisthira.

« Je suis sûr que cela ne se serait pas produit si j'avais éliminé Duhshasana quand il a entraîné Draupadi par les cheveux », dit Bhima.

« Peut-être est-ce parce que je n'ai rien dit quand il a salement abusé d'elle », ajouta Arjuna.

« J'aurais dû le tuer », regretta Sahadéva.

« Nakula, dit Yudhishthira, monte à cet arbre et observe les dix points de l'horizon. Y a-t-il de l'eau en vue ? »

« Je vois beaucoup d'arbres et il me semble entendre des cris de grues ».

« Prends ces carquois, et rapporte-les pleins d'eau ».

Nakula était sur le point de boire l'eau claire du lac quand il entendit une voix du ciel :

« Arrête ! Ce lac est à moi. Celui qui veut boire doit auparavant répondre à mes questions ».

Mais la soif de Nakula était telle qu'il but sans écouter. Il tomba mort sur-le-champ.

Nakula ne revenant pas, Yudhishthira envoya Sahadéva le chercher, et rapporter de l'eau. Voyant son frère gisant mort sur le sol, il eut avant tout envie d'étancher sa soif.

La voix parla à nouveau, répétant l'avertissement ; Sahadéva n'en tint pas compte et s'effondra, mort.

Ce fut au tour d'Arjuna d'aller à leur rencontre. Avisant les cadavres de ses frères, il banda son arc et partit en reconnaissance dans la forêt.

« Crois-tu que la force y fera quelque chose ? dit la voix. Seul boit celui qui a d'abord répondu à mes questions ».

« Qui es-tu ? Montre-toi ! Voyons si tu parles le même langage face à mes flèches ! »

Il envoya en vain des milliers de flèches dans la direction de la voix. « Ne vous fatiguez pas, monsieur, seul boit celui qui répond à mes questions ».

Arjuna s'agenouilla pour boire et s'écroula, mort.

Puis Bhima arriva. A la vue des corps, il pensa : « Quelque rakshasa a dû faire cela ; je vais d'abord me rafraîchir ». La voix se manifesta à nouveau, mais Bhima n'écouta pas ; il but et succomba.

« Que leur arrive-t-il ? Je dois aller voir ce qu'ils font », songea Yudhishthira. Il parvint au lac bordé d'arbres luxuriants bourdonnants d'abeilles, et y découvrit ses frères couchés morts sur un même rang. A la vue d'Arjuna, il soupira profondément, et pleura. Au-dessus du corps de Bhima, il dit :

« Toi, Bhima, qui avais promis d'écraser de ta massue la cuisse de Duryodhana ». Ils étaient là, étendus, mais sans cette pâleur mortelle, comme s'ils dormaient ; et Yudhishthira, les regardant, pensa : « Ainsi va la vie ». Il ne savait que faire.

Il fit un pas vers le lac pour y aller faire ses ablutions ; la voix alors retentit :

« Je suis une grue. Je me nourris de poissons. Tes frères sont en mon pouvoir, je les ai envoyés au monde des morts. Celui qui veut boire ici, doit d'abord répondre à mes questions. Réponds, ô roi, ou bien bois et meurs ».

Elle lui apparut sous les traits d'un yaksha, aussi grand qu'un palmier, avec des yeux immenses et un corps démesuré, brillant comme un soleil et tonnant comme l'orage.

« Interroge, dit Yudhishthira, je répondrai comme je pourrai ».

« Qu'est-ce qui fait se lever le soleil ? Qu'est-ce qui le fait se coucher ? Qui est-ce qui lui tient compagnie, et qui le fait avancer ? »

« Brahma fait se lever le soleil, et Dharma le fait se coucher, les dieux lui tiennent compagnie, et la vérité le fait avancer ».

« Quel est l'individu qui vit et qui n'est pourtant pas vivant ? »

« La personne qui n'offre rien aux dieux, aux invités, aux serviteurs, aux ancêtres, ni à elle-même, vit et n'est pourtant pas vivante ».

« Qu'est-ce qui est plus sûr que la terre ? plus haut que le ciel ? plus rapide que le vent ? plus nombreux que les brins d'herbe ? »

« Une mère est plus sûre que la terre, un père plus haut que le ciel ; l'esprit est plus rapide que le vent, nos pensées plus nombreuses que les brins d'herbe ».

« Qui dort les yeux ouverts ? reste immobile après sa naissance ? n'a pas de cœur ? se soulève de soi-même ? »

« Un poisson, un œuf, une pierre, une rivière ».

« Qui est l'ami de l'exilé ? du maître de maison ? d'un malade ? d'un mourant ? »

« Un compagnon, une épouse, un médecin, et la charité ».

« Qu'est-ce qui reçoit les meilleurs éloges ? quelle est la possession la plus précieuse ? le meilleur avantage ? le plus grand bonheur ? »

« Le talent, la connaissance, la santé, et la sérénité ».

« Quel est le devoir le plus haut ? quelle vertu apporte toujours la réussite ? qu'est-ce qui, contrôlé, n'est jamais regretté ? comment appelle-t-on ceux qui toujours tiennent parole ? »

« La non-violence est le plus haut devoir, les rituels des Védas sont toujours porteurs de réussite ; l'esprit quand il est contrôlé ne conduit jamais au regret, et les bons tiennent toujours parole ».

« Quest-ce qui, quand on y renonce, est agréable ? ne cause pas de regret ? apporte la richesse ? donne le bonheur ? »

« L'égo, la colère, la passion, la convoitise ».

« Qu'est-ce qui enveloppe le monde ? empêche la réalisation du soi ? fait qu'on abandonne ses amis ? empêche d'atteindre le paradis ? »

« Les ténèbres enveloppent le monde, les ténèbres bloquent la réalisation du soi ; la convoitise éloigne les amis, et l'identification à ce monde empêche d'atteindre le paradis ».

« Qu'est-ce que l'ignorance, l'égo, la paresse, le chagrin ? »

« L'ignorance, c'est ne pas connaître son devoir, l'égo est une conscience de soi excessive, la paresse est de ne pas accomplir son devoir, et le chagrin est l'ignorance ».

« Qu'est-ce que l'orgueil, l'hypocrisie, la grâce des dieux, la méchanceté ? »

« La suffisance est l'orgueil, le dogme, l'hypocrisie ; la grâce des dieux, c'est le fruit de nos actions, et la méchanceté, souhaiter du mal à autrui ».

« Qu'est-ce qui fait un Brahmane – la naissance, le caractère, l'étude, ou la sagesse ? »

« Ni la naissance, ni l'étude, ni la sagesse. C'est le caractère qui fait un Brahmane ».

« Quel est l'homme véritablement heureux ? Quelle est la chose de la vie la plus merveilleuse ? Qu'est-ce que le chemin ? »

« L'homme qui cuisine dans sa propre maison et qui n'a pas de dettes, celui-là est véritablement heureux. Jour après jour, des milliers de gens meurent, pourtant, les vivants agissent comme s'ils devaient vivre à jamais – c'est la chose la plus merveilleuse de la vie. L'argument est futile – les écritures diffèrent – aucun sage ne détient la totale vérité – les vérités du dharma sont cachées à nos yeux – l'ignorance règne sur ce monde. Ce qu'ont embrassé les hommes de bien, voici le chemin ».

« Magnifiquement bien répondu. Choisis l'un d'entre tes frères afin qu'il revive ».

« Nakula à la peau foncée ».

« On dit que tu aimes chèrement Bhima et Arjuna. Pourquoi préfères-tu que ce soit Nakula ? »

« Mon père avait deux épouses, Kunti et Madri. Madri m'est aussi chère que ma propre mère Kunti. Nakula est le fils de Madri – qu'il vive. Le dharma quand il est protégé, protège ; violé, il détruit. Il n'y a pas de plus grande vertu que ahimsa ».

« Puisque tu parles si noblement, tous tes frères revivront ».

Les Pandavas remuèrent.

« Je suis Dharma, ton père. J'avais le désir de te voir, et de te tester. Le cerf qui s'est enfui avec les bûches sacrées, c'était moi. Demande une autre faveur ».

« Nous avons passé douze années dans la forêt. Que personne ne nous reconnaisse au cours de celle à venir ».

« Vous passerez la treizième année dans le royaume de Virata, et nul dans les trois mondes ne saura percer votre déguisement. Et vous aurez tous le pouvoir d'assumer la forme qu'il vous plaira ».

A ces mots, il disparut ; les Pandavas s'éveillèrent et rentrèrent à l'ashram.

Livre IV

LE ROYAUME DE VIRATA

Yudhishthira convoqua ses frères à une réunion et dit : « Douze années se sont écoulées. Trouve un lieu, Arjuna, où nous puissions passer notre treizième année sans être découverts ».

« Je peux envisager plusieurs endroits cachés, charmants, qui environnent le royaume des Kurus : Panchala, Chedi, Matsya, Surasena, Malla, Saurashtra, Avanti, et Kuntirashtra. N'importe lequel conviendrait ».

« Le roi de Matsya, Virata, est vieux et vénérable. Son royaume m'attire. Je me présenterai en tant que Brahmane, et me ferai appeler Kanka, le joueur. Je les distrairai avec des parties d'échecs. Si le roi me demande des recommandations, je lui dirai : Je suis un ami de Yudhishthira ».

« Je serai Vallaba, le cuisinier, dit Bhima, insurpassable pour la préparation de délicieux currys pour le goût royal ».

« Je serai un eunuque, dit Arjuna, bien que je ne sache pas comment je m'arrangerai pour cacher les marques de la corde de l'arc sur mes bras. Peut-être les recouvrirai-je de bracelets. Je me ferai une tresse, et je porterai des anneaux aux oreilles. Je m'appellerai Brihannala, conteur du roi et des dames du palais. Je chanterai, danserai, et jouerai des instruments de musique ; et si l'on me demande mes recommandations, j'étais dame de compagnie de Draupadi chez Yudhishthira ».

« Et toi, Nakula, si gracieux et si pudique ? » demanda Yudhishthira.

« Je suis Granthika, gardien des chevaux du roi ».

« Et toi, Sahadéva ? »

« Son gardien de vaches, Tantripal ».

« Et notre épouse chérie, Draupadi, que nous respectons comme une mère ou comme une sœur aînée ? Tu as connu l'aisance depuis ta naissance, tu n'a pas l'habitude de travaux durs », dit Yudhishthira.

« Je serai Sairindhri, coiffeuse de la reine Sudheshna ; j'expliquerai que j'étais dame de compagnie au palais de Yudhishthira ».

« Très bien, mais tu ne sais pas grand-chose des habitudes vulgaires. Apprends à faire attention. Comporte-toi de façon à ne pas éveiller la convoitise d'hommes mal intentionnés ».

L'épée à la ceinture et le doigt protégé d'une peau de lézard, les Pandavas se mirent en route vers la rive sud de la Yamuna, en direction du territoire des Matsyas.

« Je vois là des chemins et des champs, dit Draupadi. Passons la nuit ici, je suis fatiguée ».

Arjuna la prit sur lui et la porta jusqu'aux abords de la capitale.

« Que ferons-nous de nos armes ? demanda Yudhishthira. Les prendre avec nous alerterait les citoyens. Tout le monde a entendu parler de l'arc Gandiva. Si nous sommes découverts, douze années d'exil nous attendent ».

« Il y a près du bûcher, sur cette montagne, un énorme sami, suggéra Arjuna. Cachons les armes dans l'enchevêtrement des branches ».

Nakula grimpa à l'arbre et y attacha les armes – des arcs, des flèches effilées comme des rasoirs, de longues épées et des carquois – dans les branches du haut, suffisamment solides pour ne pas craquer sous le poids, et suffisamment emmêlées pour les protéger de la pluie. Il y pendirent un cadavre, sachant que l'odeur tiendrait les gens à l'écart. Quand des bergers les interrogèrent sur le corps, les Pandavas répondirent : « C'est celui de notre mère ; elle est morte à cent quatre-vingts ans. C'est notre coutume de pendre les morts aux arbres ».

Puis ils pénétrèrent dans la capitale, Yudhishthira ayant trouvé des noms de code pour les cinq frères – Jaya, Jayanta, Vijaya, Jayatsena et Jayatbala – à sa satisfaction. A la vue de Yudhishthira entrant dans sa cour, le roi Virata s'adressa à ses conseillers : « Quel est cet homme, si beau et si droit ? Il n'a ni esclaves, ni chars, ni éléphants, et pourtant il ressemble à Indra lui-même ».

S'approchant du roi, Yudhishthira se présenta : « Je suis un Brahmane, j'ai tout perdu et viens vous demander de l'aide ».

« Vous êtes le bienvenu, mais qui êtes-vous ? »

« Je m'appelle Kanda, et je suis spécialiste des dés. Je suis un ami de Yudhishthira et ma famille est connue sous le nom de Vaiyaghra ».

« J'aime les joueurs intelligents. Restez au palais ».

« A deux conditions, sire. Tout d'abord, je ne veux pas de disputes à cause de paris avec des joueurs de basse caste. Et deuxièmement, la personne que j'aurai vaincue n'aura plus aucun droit sur son argent perdu ».

« C'est accordé. Quiconque vous contrariera sera banni du royaume. Vous avez le champ libre pour faire comme bon vous semble. Vous pouvez recommander qui vous plaira, il aura sa récompense. Considérez ce palais comme le vôtre ».

Draupadi, elle, avait attaché ses cheveux noirs, longs et souples, avec un ruban de soie ; la tresse pendait sur son épaule droite, mais elle l'avait recouverte d'un des pans de sa riche robe noire ; elle se promenait dans la cité sous les apparences d'une femme artisan. La reine Sudeshna la remarqua de la terrasse du palais, elle la fit appeler et lui demanda : « Qui es-tu ? »

« Une femme artisan. Je suis prête à servir quiconque me nourrira et me logera ».

« C'est difficile à croire. Tu es trop belle ; tes chevilles sont délicates, ton ventre creux, tes cuisses s'effleurent, tes seins et tes hanches sont ronds ; tu parles aussi mélodieusement qu'un cygne, et ton corps présente toutes les marques favorables d'une jument du Cachemire. Tes longs cils, tes lèvres carmin, ta sveltesse, ton cou pareil à une conque, ton visage semblable à la lune – tu dois être la déesse Sri elle-même. Qui donc pourrait résister à tes charmes ? Certainement pas mon mari. Ton sourire et ton regard piégeront n'importe quel homme. Te garder au palais reviendrait à monter à un arbre dans le seul but d'en tomber ; je serais pareille à un crabe qui conçoit pour sa propre destruction ».

« Ni votre mari, ni personne d'autre ne m'aura, ma reine. Je suis déjà mariée à cinq puissants gandharvas. Quiconque tente de m'importuner, meurt la nuit même. Je ne servirai pas qui m'offrira une nourriture touchée par quelqu'un d'autre, et je ne laverai pas non plus d'autres pieds ».

« Dans ce cas, tu es la bienvenue. J'accepte tes conditions ».

Un grand et bel homme, portant parures féminines, grands anneaux et bracelets en or, les cheveux lui tombant sur la nuque, fut le suivant à apparaître aux portes.

S'approchant du roi, il lui dit :

« Je m'appelle Brihannala. Je chante, danse et joue de la musique. Permettez-moi d'être le maître de danse de la princesse Uttara. Ne me demandez pas l'histoire de mon état – c'est une bien triste aventure ».

« Si c'est là tout ce que tu désires – je peux voir que tu mérites mieux – je t'autorise à être le maître de danse de la princesse ainsi que des autres dames du palais ».

Le roi Virata ordonna un examen des différentes aptitudes de Brihannala et le fit inspecter physiquement par des femmes. Quand il fut convaincu de la nature permanente de son défaut, il envoya Arjuna dans la résidence des dames.

Et les mois s'écoulèrent pour les Pandavas ; des mois difficiles pour Draupadi, habituée au luxe, qui était maintenant contrainte de s'occuper des autres. Mais elle faisait de son mieux, satisfaisant la reine et les autres dames du palais.

Il arriva, vers la fin de son séjour, que Kichaka, frère de la reine et général de l'armée de Virata, la remarqua. Son désir éveillé, il se rendit chez Sudeshna.

« Qui est cette nouvelle fille ? Sa beauté me grise, comme le bouquet du vin nouveau. Elle est trop bien pour te servir ; laisse-la me commander ».

Puis il alla voir Draupadi.

« Qui êtes-vous, belle dame,
Avec ce visage de lune, cette voix de koel, et ces yeux de lotus ?
Votre poitrine aussi superbe que gracieuse appelle des guirlandes d'or,
Il n'y a pas la place d'un roseau entre vos seins.
Le désir m'envahit à vous voir marcher ;
Les quatre plis de votre taille ! Cette poitrine qui vous fait ployer !
Vos seins sont des bourgeons de lotus –
Ils enflamment mon désir.
Vos hanches sont comme les berges d'une rivière ;
J'abandonnerai mes épouses pour vous,
Je vous couvrirai de guirlandes, de parures, de bijoux,
Je vous aimerai comme le nuage gorgé d'eau
Aime la terre, de ses douches apaisantes ».

« Je suis déjà mariée. Il n'est pas convenable que vous aimiez une femme de basse caste, une coiffeuse ».

Mais il était sous l'emprise du désir, poussé vers l'adultère.

« Regarde-moi. Je possède tout ce qui est considéré comme enviable – la jeunesse, l'apparence, la richesse. Accepte-moi, et ensemble jouissons de ce royaume ».

« J'ai cinq maris gandharvas pour me protéger. Etes-vous devenu fou ? Vous n'avez pas idée du sort qui vous attend ».

Kichaka en hâte alla trouver Sudeshna, il l'implora : « Je suis amoureux d'elle. Trouve un moyen de me l'envoyer ». Prise de pitié pour son frère, elle lui dit : « Quand viendra le festival, je lui ordonnerai d'aller dans tes appartements sous prétexte de me chercher du vin et de la nourriture. Elle sera seule ; vois si tu peux la convaincre de changer d'avis ».

Mais le moment venu, Draupadi ne l'entendit pas ainsi : « Vous connaissez les conditions sous lesquelles j'ai accepté de travailler ici, madame. Kichaka me convoite. Je ne peux y aller. Envoyez une autre servante ».

« Il ne t'ennuiera pas. Il sait que c'est moi qui t'envoie. Vas-y », lui dit-elle en lui tendant une carafe d'or pour le vin.

Priant en elle-même : « Puisse ma fidélité à mes époux me

protéger », Draupadi se dirigea vers les appartements de Kichaka. Elle pensa au dieu Surya, qui lui délégua un rakshasa invisible afin de la garder.

Kichaka, la voyant entrer, craintive comme une biche, se leva.

« Je suis heureux, ce soir, tu es venue. J'ai des bracelets pour toi, des conques, des anneaux d'or, des rubis, des peaux de cerf. Je t'ai préparé un lit excellent. Assieds-toi à mes côtés ; buvons ensemble de cet alcool de miel ».

« C'est la reine qui m'a envoyée chercher du vin ».

« D'autres s'en chargeront ». Il l'attrapa par le bras droit.

« Je n'ai jamais manqué de fidélité à mes maris ».

Comme elle tentait de s'enfuir, il l'attrapa par l'extrémité de son châle. Frémissante de colère et haletante, elle le poussa. Il tomba. Elle courut, toute tremblante, vers les appartements de Yudhishthira. Mais Kichaka, l'ayant poursuivie, la rattrapa par les cheveux ; il la jeta à terre, et la frappa du pied en présence de Yudhishthira. A ce moment, le rakshasa désigné pour la garder repoussa Kichaka si violemment qu'il tomba sans connaissance. Bhima et Yudhishthira tous deux virent la scène. Bhima bouillonnait de rage ; la sueur perlait à son front ; ses yeux dégageaient de la chaleur. Il avança, mais Yudhishthira, craignant d'être découvert, le retint.

« Va, cuisinier, lui dit-il, va couper un arbre pour ton feu ! »

Draupadi se plaignit au roi Virata. « Il m'a insultée, sire, moi, l'épouse fidèle de cinq gandharvas, dans votre propre cour ! Le dharma n'existe-t-il donc pas dans ce royaume ? Personne ne protestera donc ? »

« Je ne connais même pas la raison de la querelle. Comment puis-je juger qui est coupable ? »

La sueur apparut sur le front de Yudhishthira. « Allez dans les appartements des dames. Il semble que vos maris gandharvas ne considèrent pas l'insulte comme suffisamment grave pour intervenir. Allez ! Nous ne sommes pas dans un lieu où vous ayez à montrer à la cour le bien-fondé de vos actes. Ne voyez-vous pas que vous interrompez une partie de dés ? »

« Je le vois bien. L'aîné de mes maris ne voulait pas non plus que soient interrompues ses parties de dés ». Et elle courut, échevelée, à la chambre de Sudeshna.

« Que se passe-t-il ? interrogea la reine. Qui t'a blessée ? Pourquoi pleures-tu ? »

« Kichaka m'a insultée ».

« L'imbécile ! Si tu le désires, je demande sa mort ».

« Il va mourir sans tarder. Si je ne me trompe pas, il mourra aujourd'hui ».

De retour dans sa chambre elle se lava, et tout en nettoyant ses vêtements, elle réfléchissait à ce qu'elle pourrait faire ; elle pensa alors à Bhima. La nuit venue, quittant son lit, elle se dirigea vers sa chambre ; elle l'y trouva profondément endormi, ronflant comme un lion.

Telle une grue vers son mâle, telle une vache de trois ans vers un taureau, elle alla vers lui. Elle l'étreignit comme une plante grimpante étreint un saule, une éléphante son mâle, et elle lui parla doucement et mélodieusement, telle la note gandharva d'une vina. « Pourquoi dors-tu comme un mort, Bhima ? Regarde-moi, regarde ton épouse déshonorée ! »

Bhima s'assit. « Raconte-moi ce qui s'est passé ».

« Que dire que tu ne saches déjà ? N'importe quelle femme mariée à Yudhishthira serait affligée de tous les maux. Chaque jour, Kichaka me demande de devenir sa femme. Et que fait Yudhishthira ? Il joue aux dés.

« Et toi, Bhima, regarde-toi. Je suis désolée pour toi. Cuisinier ! Toi, cuisinier ! Le cuisinier de Virata ! Un cuisinier appelé Vallaba – c'est ce qui en restera. Quand pour leur plaisir la reine et ses dames te font combattre des tigres et des buffles, j'en meurs presque de peur. Et quand elles me voient défaillir, elles me tournent autour, et la reine commente : « Oh ! elle l'aime. Voyez comment elle se tourmente pour lui. Ils doivent avoir une liaison. Ne sont-ils pas arrivés ensemble ? »

« Et Arjuna, considère sa situation ! Il s'occupe de ses cheveux comme une femme et il apprend aux dames à danser. Un héros à boucles d'oreilles ! J'ai honte. O Bhima, j'en mourrais ! » Elle se mit à sangloter silencieusement, lui jetant des regards furtifs. « Quel crime terrible ai-je bien pu commettre, Bhima, pour devoir subir un tel karma ? »

Lui prenant les mains, il les porta à son visage, et soupira :

« Yudhishthira m'a arrêté quand j'ai voulu te venger. Je comprends ta douleur ; mais pense à Sita, son union avec Rama, et à Savitri avec Satyavan – ainsi seras-tu unie au bonheur, notre treizième année d'exil achevée ».

« Ne te méprends pas, Bhima ; je n'ai rien contre Yudhishthira. C'est la douleur qui me fait dire ces choses que je ne pense pas. Il n'empêche que Sudeshna est jalouse de moi, elle s'imagine que son mari s'intéresse à moi. Et quand je dis à Kichaka que mes cinq maris gandharvas me vengeront de ses avances malhonnêtes, cela le fait rire et il proclame que cent mille gandharvas ne lui font pas peur. Il est mauvais, Bhima – je le sais : il est fier, adultère et sans merci. Tu m'as sauvée de Jayadratha quand il m'a maltraitée, et de Jatasura. Tue Kichaka ! Écrase-le comme un pot d'argile contre une pierre ! Qu'il ne voie pas le soleil de demain. Si, cette nuit passée, il est encore en vie, je m'empoisonne. Je m'empoisonnerai et mourrai dans tes bras, Bhima ».

Se cachant le visage contre sa poitrine, elle pleura sans se contrôler. Essuyant ses larmes, il la consola :

« Ne t'inquiète pas, Kichaka va mourir. Arrange un rendez-vous demain soir dans la salle de danse, là où les filles jouent pour le roi. Veille à ce que personne ne soit au courant ».

La nuit passa péniblement. Le matin suivant, Kichaka rencontra Draupadi au palais.

« Il n'y avait personne pour te protéger hier, quand je t'ai frappée ! Le roi lui-même n'a pas levé le petit doigt. Accepte-moi. Je t'offrirai cent serviteurs mâles et cent servantes ».

« Mais personne ne doit le savoir. J'ai peur de mes époux. Personne – pas même vos amis, ni vos frères. Promettez-le, et je viendrai ».

« Ce soir, alors – et personne ne saura rien ».

« Je vous rencontrerai à la salle de danse, après le coucher du soleil ».

Cette demi-journée lui sembla durer un long mois. De retour dans ses appartements, Kichaka choisit ses vêtements les plus fins ; embelli de guirlandes et de parures, s'étant parfumé, il attendit le soir de cette interminable journée. Sa beauté, ce jour-là, pareille aux derniers vacillements d'une lampe à huile mourante, resplendissait somptueusement.

Dans le même temps, Draupadi se rendait dans les cuisines du palais pour confier à Bhima :

« Dans la salle de danse, cette nuit. Tue-le là. Je t'en remercie ».

« Ses amis et lui mourront cette nuit. Je l'écraserai comme un éléphant écrase un fruit de vela ».

Ce soir-là, Bhima se déguisa ; couché sur un canapé de la salle de danse, il attendit. Kichaka, dans ses plus beaux atours, fut ponctuel. Il souriait.

« Je viens à toi, belle dame, chargé de promesses de palais, de serviteurs et de bijoux ; tout ceci t'attend ».

« Tu as tout du séducteur, murmura Bhima, mais là tu as affaire à un autre genre de dame ». Bondissant du lit, il le saisit par les cheveux. Kichaka lui attrapa les bras, et ils s'empoignèrent. Bhima tomba d'abord avec un bruit de bambou qui se fend ; puis ce fut l'autre, tel un arbre déraciné par la tempête. Bhima le frappa durement à la poitrine et s'assit sur lui ; il lui martelait le corps et lui tirait les cheveux, lui enfonçant les genoux dans l'estomac. Quand, meurtri, Kichaka lâcha prise, le Pandava le fit rouler sur le sol ; après une pause, il recommença à le frapper si violemment qu'il lui en broya les poignets, les jambes, le cou et la tête, jusqu'à ce qu'il ne restât plus qu'un amas de chair informe.

Puis il appela Draupadi :

« Regarde ce porc lascif ! » dit-il, ayant allumé une torche ; et il se remit à piétiner le cadavre.

Il retourna à la cuisine, tandis que Draupadi, satisfaite, réveillait les gardes. « Mes maris gandharvas ont tué Kichaka ». Ils se précipitèrent à la salle de danse, éclairée par des torches, et virent par terre la masse de chair sanguinolente sans bras ni jambes. Des centaines d'autres gardes accoururent et regardèrent, horrifiés, Kichaka qui gisait, semblable à une tortue tirée hors de l'eau.

Certains des proches de Kichaka, à la vue de Draupadi, commençèrent à murmurer : « Qu'on la brûle avec lui ! » Ayant reçu l'autorisation de Virata, ils s'en emparèrent et la traînèrent de force vers le bûcher funéraire. En entendant ses appels au secours, Bhima, déguisé, se glissa hors de la cuisine, sauta par-dessus un puits et, armé d'un arbre déraciné au passage, se jeta sur eux. Ils prirent la fuite en criant : « C'est son mari gandharva ! » Ils la libérèrent, mais Bhima extermina cent cinq des proches de Kichaka. Leurs cadavres jonchaient le sol, on aurait dit des troncs d'arbres après la tempête.

Les citoyens allèrent trouver le roi : « Sairindhri est libre, et les proches de Kichaka sont morts. Elle est belle, elle en tentera d'autres –les hommes sont avides. Faites ce que vous pensez être le mieux, sire ».

Plein de crainte, Virata s'adressa à la reine Sudeshna : « A son retour, dis-lui de quitter notre royaume. Je le lui dirais moi-même si je ne craignais de l'offenser, car cinq cruels gandharvas la protègent ».

Draupadi, après s'être lavée, retourna au palais. « Va-t-en ! », lui enjoignit Sudeshna.

« Permettez que je reste encore treize jours, madame. Mes maris gandharvas viendront alors et ils m'emmèneront ; ils se souviendront toujours de votre bonté ».

Pendant ce temps, les espions de Duryodhana, ayant ratissé tous les villages et royaumes à la recherche des Pandavas, lui rapportèrent : « Ils ne sont nulle part dans la forêt, sire. Mais il y a quelques jours, de mystérieux gandharvas ont attaqué et tué Kichaka et ses proches au royaume de Virata ».

Duryodhana réfléchit : « Il reste peu de temps. Qu'allons-nous faire ? »

« Qui sait ce qui leur sera arrivé ? dit Karna. Peut-être ont-ils été dévorés par des bêtes sauvages, peut-être sont-ils morts dans un accident, peut-être ont-ils traversé l'océan. Oublions-les ».

Le roi de Trigarta, Susharman, souvent mis en déroute par Kichaka, déclara : « Si les gandharvas l'ont tué, attaquons et annexons ce royaume riche en céréales, qui se trouve maintenant sans défense ».

Le septième jour de la quinzaine lunaire obscure, les rois Kauravas se mirent en branle en deux divisions dans le but d'aller voler à Virata son bétail, en préliminaire à une annexion complète.

Ils attaquèrent le jour même où se terminait la période d'exil des Pandavas. Les forces de Virata, en mouvement, se heurtèrent aux armées Kauravas dans la soirée.

Les chevaux et le cocher de Virata furent abattus, et lui fut fait prisonnier par Susharman et son frère. Bhima, sur ordre de Yudhisthira, s'empressa d'aller le délivrer ; il était sur le point de déraciner un arbre géant pour s'en servir comme massue quand son aîné l'arrêta : « Non, cela nous dévoilerait. Bats-toi comme les autres, avec un arc et des flèches, une épée et une hache ! »

Le fils de Virata, Uttara, plongea courageusement dans la bataille. Yudhishthira tua mille ennemis, et Bhima sept mille ; et Susharman s'enfuit. Bhima cria :

« Tu cours, ô Susharman, voleur de bétail, vainqueur de Virata ? »

Susharman se retourna, Bhima sauta de son char ; l'agrippant par les cheveux, il le projeta violemment à terre et du pied le frappa à la tête avant de s'asseoir à cheval sur sa poitrine.

« Mendie ta grâce, Susharman ! » criait-il.

« Laisse-le partir », ordonna Yudhisthira.

Honteux, Susharman quitta le champ, et Virata distribua des récompenses aux cinq frères. « Restez dans mon royaume, et goûtez à tout ce que je peux vous offrir – la richesse, les femmes, tout ce qui vous plaira ».

Mais Duryodhana avait profité de l'attaque contre Susharman pour s'emparer de son côté de soixante mille têtes de bétail. C'est en se lamentant bruyamment que les bouviers firent le rapport de la perte à la capitale.

« Tout ce dont j'ai besoin pour affronter l'ennemi, c'est d'un cocher », s'écria Uttara.

Arjuna demanda à Draupadi de plaider en sa faveur.

« Un eunuque sera mon cocher ! C'est bien parce que tu me le recommandes, Sairindhri. Mais moi, je ne lui demanderai rien ».

« Demande à ta sœur de le lui proposer ».

Et Uttara ayant demandé à sa sœur, elle fit la démarche. Aussi splendide que Lakshmi elle-même, avec sa taille de guêpe et ses cuisses galbées, elle se tint devant Arjuna : « Sairindhri a fait l'éloge de ton talent à mon frère Uttara. Elle lui a dit que tu avais été le cocher d'Arjuna. Aide-nous ».

Les dames du palais gloussèrent à son départ : « Rapporte-nous des poupées de la bataille, ô Brihannala, et de jolies robes ! »

« Faites-moi confiance », lança Arjuna.

Mais quand Uttara se trouva en face de la puissante armée de Karna, Duryodhana, Drona et Ashvatthaman, voyant la poussière soulevée obscurcir le ciel, il trembla : « Je ne m'en sens pas capable. J'ai peur. Tant pis si je deviens la risée des gens. Peu m'importe le bétail, qu'il soit volé, et ma cité détruite ! »

Oubliant honneur et fierté, il jeta son arc et ses flèches.

« Vous êtes un Kshatriya. Comportez-vous comme tel, lui souffla Arjuna. La mort vaut mieux que la lâcheté ». Et comme il partait en courant, Arjuna lui courut après, sa queue de cheval au vent et sa robe rouge lui battant les jambes.

Des soldats rirent, ils ne savaient pas qui il était. Uttara n'avait pas fait cent pas quand Arjuna le rattrapa. « Suivez-moi », lui dit-il.

Le conduisant à l'arbre sami, il ordonna : « Montez vite. Les armes des Pandavas sont cachées dans les branches supérieures. Descendez-les, et l'arc Gandiva aussi ».

« Il y a un cadavre qui pend. Je serai souillé – Je suis un Kshatriya ».

« Pas de bêtises ! Il n'y a pas de cadavre, et rien ne vous souillera. Attrapez les armes ! »

Uttara grimpa craintivement, il redescendit avec les armes reluisantes.

« A qui appartient cet arc orné de soixante insectes dorés ? Et ces sept cents flèches en acier à la pointe en or ? Et cette épée frappée d'un crapaud ? »

« L'arc est le Gandiva. Il appartient à Arjuna, et les flèches aussi. L'épée est celle de Bhima. Les autres armes appartiennent à Yudhishthira, Nakula et Sahadéva ».

« Mais où sont-ils ? »

« Je suis Arjuna. Le joueur de dés de ton père est Yudhishthira ; le cuisinier, Bhima, et c'est Nakula et Sahadéva qui s'occupent des chevaux et des vaches. Notre épouse Draupadi est la coiffeuse Sairindhri ».

« Où attaquerons-nous ? Commande-moi, Arjuna – je t'y conduirai ».

« Attache tous les carquois au char, et arme-toi d'une épée dorée ».

Au même moment, Duryodhana instruisait ses soldats de tenir le bétail à l'écart, de se mettre en rangs et d'être prêts pour la bataille. « J'ai le sentiment que la treizième année n'est pas à son terme. Arjuna va se dévoiler, et les Pandavas devront repartir pour douze autres années d'exil ».

Bhishma rétorqua : « La roue du temps tourne en kalas, en kasthas, en jours, en quinzaines, en mois, en cycles planétaires, en saisons et en années. Tous les cinq ans, deux mois s'ajoutent ; en treize ans, on compte cinq mois et douze jours de plus. La période d'exil est terminée. Yudhishthira n'a rien d'un imbécile – il n'aurait jamais laissé un des Pandavas se révéler avant l'heure ».

Arjuna dirigea son char vers leurs rangs, la bannière déployée, et le son vibrant de l'arc Gandiva dominant le vacarme des roues du char. « C'est l'emblème du singe, remarqua Drona, c'est Arjuna. Regardez les deux flèches plantées à mes pieds, et les deux autres qui m'ont sifflé aux oreilles. Il me salue ».

« Arrête-toi ici, ordonna Arjuna à Uttara. Laisse-moi affronter seul Duryodhana... Il y a Drona et son fils Ashvatthaman ; et aussi Bhishma et Kripa ; et où est Karna ? Je ne le vois pas... Faisons le tour, nous le trouverons ».

Karna attaqua au même instant, envoyant une pluie de flèches en direction d'Arjuna. Celui-ci lui répondit par un tir multiple en croissant, d'une telle précision que son ennemi s'enfuit. Duryodhana décocha d'autres projectiles, en forme de javelines, qui tombèrent à l'endroit même où se tenait Arjuna ; celui-ci fit face à la vague cinglante, aussi fermement qu'une flamme ardente. Ses propres flèches assoiffées de sang, tels des éperviers lâchés par un chasseur, partirent dans le ciel. Le sang gicla de toutes parts, se mélangeant à la poussière, rougissant le soleil flamboyant. Soixante-treize de ses flèches visèrent Drona, douze Duhshasana, trois Kripa, et cent Duryodhana.

Ils répliquèrent par une nuée de projectiles emplumés, à pointes d'or, qui traversa l'espace, tel un vol de grues. Drona était émerveillé de l'adresse d'Arjuna et, suffoqués, les soldats observaient ce déluge de flèches – semblable à une invasion de sauterelles – qui obstruait le ciel. Bhishma se retrancha, touché en dix endroits, et Duryodhana, en rugissant, intervint. De son arc bandé au maximum partit une flèche à pointe de serpent, qui vint écorcher le front d'Arjuna ; celui-ci, aussi digne qu'une montagne, ne broncha pas, malgré le sang qui lui coulait le long du corps – telle une guirlande de fleurs. Dans sa colère, il renvoya un grand nombre de flèches semblables à Duryodhana.

Vikarna le chargea à dos d'éléphant ; Arjuna visa la tempe de la bête. L'éléphant s'effondra, telle une falaise frappée par la foudre ; et Vikarna, terrorisé, se réfugia huit cents pas en arrière, à l'abri d'un char. Voyant l'éléphant chanceler, Duryodhana fit promptement demi-tour avec son char ; mais Arjuna le prenant en chasse lui cria : « Combats, Duryodhana ! Fais-moi voir ton célèbre courage ! »

Il se retourna, tel un serpent sur lequel on aurait marché ; et de même Bhishma, Drona et Duhshasana. Ils déferlèrent sur Arjuna. Telle une grue perçant un nuage, Arjuna fendit leurs rangs, décochant ses armes divines de droite et de gauche, assourdissant les quatre points cardinaux du bruit terrible de sa conque.

Ils en restèrent pétrifiés, flèches et arcs leur tombèrent des mains.

« Va vite, dit Arjuna à Uttara, tant qu'ils sont sous le choc, et rapporte-moi les vêtements blancs de Drona et de Kripa, les bleus de Duryodhana et d'Ashvatthaman, et le vêtement jaune de Karna. Bhishma n'est pas paralysé. Contourne-le par la gauche ».

Reprenant ses esprits, Duryodhana demanda à Bhishma :

« Pourquoi n'as-tu pas tiré sur Arjuna ? »

Bhishma sourit : « Je n'aurais pas pensé qu'un simple bruit pût te paralyser ».

Quand Uttara revint avec les vêtements, Arjuna lui dit : « Rentrons. Nous avons récupéré le bétail et dérouté l'ennemi ».

Sur le chemin du retour, Arjuna confia à Uttara : « Toi seul connais notre identité. Garde-la secrète pour éviter que ton père ne se sente mal à l'aise. Raconte-lui que tu as dérouté les Kauravas tout seul, et que seul tu as récupéré le bétail ».

Les messagers envoyés par Uttara arrivèrent à la capitale avec la nouvelle de la victoire, et Yudhishthira dit : « Je le savais. Celui qui a Brihannala pour cocher ne peut perdre ».

Virata ordonna aux princes, aux dames de la cour, aux musiciens et aux courtisans d'accueillir son fils dans la cité, et il envoya sa fille, accompagnée de vierges et de poètes, recevoir son frère.

Puis il ordonna à Draupadi : « Apporte les dés », et à Yudhishthira : « Fais voir ton adresse, Kanka. Joue ».

« Parier est dangereux, sire, d'autant plus quand il y a de l'excitation dans l'air. N'avez-vous pas entendu parler du sort de Yudhishthira, qui perdit son royaume et ses frères ? Mais si vous l'ordonnez, je jouerai ». Tandis qu'ils jouaient, Virata dit : « Mon fils a dérouté les Kauravas ».

« Et alors ? Brihannala était son cocher ».

« Que veux-tu dire, scélérat ? s'écria Virata en colère. Mon fils a-t-il besoin d'un eunuque pour gagner une bataille ? Ne peux-tu parler décemment ? Je te pardonne cette fois, parce que c'est toi. Mais ne me tiens plus jamais de tels propos ».

« Sire, c'est la vérité que Brihannala n'a pas son égal. Il a vaincu les dieux et les démons – pourquoi pas les Kauravas ? »

Virata lui jeta les dés à la figure. Du sang coula du nez de Yudhishthira, mais il le recueillit dans ses mains, et regarda Draupadi, qui se tenait à ses côtés. Elle lui apporta une cruche d'or pleine d'eau, et il y versa le sang.

Entre-temps, Uttara était arrivé à la capitale, applaudi par la foule des citoyens. Il envoya un messager au roi avec ces mots : « Uttara, votre fils, attend à la porte avec Brihannala votre autorisation d'entrer ».

« Ils sont tous les deux bienvenus, très bienvenus ».

Mais Yudhishthira murmura à l'oreille du messager : « Uttara seul, pas Brihannala. Il tuera le roi s'il me voit saigner ».

En entrant, Uttara remarqua le nez sanguinolent de Yudhishthira. « Qui l'a frappé, père ? »

« C'est moi. Il louait Brihannala plus que mon fils ».

« Oh ! c'est un acte terrible ! Demandez pardon au Brahmane avant qu'il ne vous maudisse ».

Virata se leva, mais Yudhishthira dit : « Tout va bien, sire. Il y a longtemps que je vous ai pardonné ».

Le sang s'était arrêté de couler quand Brihannala entra. Virata félicita son fils : « O Uttara, mon fils, tes exploits me sont un tel bonheur ! Dérouter un si grand nombre des guerriers les plus courageux sans la moindre blessure ! Tous mes ennemis sont battus ! Une douce musique me résonne aux oreilles ».

« Ce n'est pas moi qui ai récupéré le bétail, père, et je n'ai pas non plus dérouté les Kauravas. Le fils d'un dieu m'a arrêté alors que je m'enfuyais du champ de bataille ; il est monté sur mon char, et c'est lui qui a exterminé l'ennemi. Et une fois la bataille gagnée, il a disparu. Mais il reviendra, demain peut-être, ou après-demain – qui sait ? »

Le troisième jour, baignés et vêtus de blanc, recouverts de parures, les Pandavas pénétrèrent dans le palais, Yudhishthira en tête, tels cinq éléphants. Ils s'assirent sur des trônes réservés aux visiteurs royaux, ils avaient l'éclat du soleil. Quand Virata les vit dans la salle du conseil, resplendissants, il s'écria :

« Toi, Kanka, un joueur de dés, que fais-tu sur un trône ? »

Arjuna sourit. « Ce n'est pas sur ce trône, mais sur celui d'Indra qu'il devrait être, car c'est Yudhishthira, le fils de Pandu ». Et il désigna ses autres frères par leurs noms ; Uttara confirma ses paroles.

« Je me suis rendu coupable d'un grand tort, dit Virata à Uttara. Si vous le souhaitez, je donne ma fille à Arjuna ».

Un traité fut immédiatement signé entre Yudhishthira et Virata ; et Virata déclara aux Pandavas : « C'est une grande chance pour moi que vous ayez honoré mon royaume. Je vous le cède ainsi que tout ce que je possède. Et je donne à Arjuna la main de ma fille ».

Yudhishthira lança un regard à Arjuna, et Arjuna répondit : « Je l'accepte pour belle-fille. Ce sera une bonne alliance ».

« Pourquoi pas pour épouse ? »

« En tant que Brihannala, je l'ai bien connue dans le quartier des dames, et elle me considérait comme son père. J'ai été comme un père pour elle pendant sa puberté. Ce ne serait pas correct d'en faire maintenant ma femme. Les gens jaseraient, ma pureté serait mise en doute. Disons que je crains les bavardages – mais si elle devient l'épouse de mon fils Abhimanyu, qui est aimé par Krishna en personne, toute calomnie sera apaisée ».

De nombreux rois de pays voisins et éloignés assistèrent à la cérémonie du mariage. Krishna offrit des servantes, des robes et des parures à chaque Pandava. Les conques, les cymbales, les cors et les tambours résonnèrent dans le palais ; on tua des centaines de cerfs et autres animaux, il y eut des vins et des boissons enivrantes ; les poètes chantèrent les louanges de la dynastie, des mimes jouèrent. Virata remit à Abhimanyu sept mille chevaux aussi rapides que le vent, deux cents éléphants, et beaucoup d'or ; et quand il eut versé le ghee sur le feu sacré et rendu hommage aux deux-fois-nés, il offrit aux Pandavas son royaume, son armée, son trésor, et sa loyauté.

Livre V
LES PRÉPARATIFS DE GUERRE

Après les célébrations nuptiales, cette nuit-là, les Pandavas allèrent se reposer. Ils se levèrent à l'aube pour rencontrer les rois en visite à la cour de Virata. Krishna leur dit :

« Vous connaissez tous les clauses de l'accord entre Yudhishthira et Duryodhana. Après avoir perdu la partie de dés, ils sont partis en exil pendant treize ans ; et bien qu'ils eussent pu à n'importe quel moment reprendre par la force leur royaume, ils ont tenu parole. Considérez bien ceci, ô rois. La promesse a été tenue – les Pandavas ont été véridiques. L'attitude de Duryodhana dans cette affaire nous reste inconnue. Je suggère par conséquent que nous envoyions un messager – quelqu'un de respectable, digne de foi et vertueux – avec la requête de rendre à Yudhishthira la moitié du royaume, comme il était convenu ».

« Si le message à transmettre est en termes aimables, je suis partisan d'une telle démarche, dit Balarama, le frère aîné de Krishna. La guerre n'est pas notre but, mais la paix. Là où échoue la force, il se peut que la douceur réussisse ».

Satyaki se leva promptement : « A quoi sert un langage affecté ? Sur le même arbre, une branche est porteuse de fruits et l'autre stérile. Dans la même famille, l'un est courageux et l'autre peureux. Pourquoi Yudhishthira devrait-il user de douceur ? Pourquoi faut-il qu'il aille mendier ce qui lui revient de droit ? Soit son royaume lui est rendu, soit nous veillerons à ce qu'il le retrouve. Avec Arjuna à nos côtés, nous ne pouvons pas perdre ».

« Ce sont de nobles paroles, dit Krishna, et des sentiments loyaux ; nous les apprécions. Mais notre premier devoir demeure, et c'est la conciliation ; il serait imprudent d'adopter une autre attitude. Envoyons-leur donc ce message : Si les Kauravas sont disposés à faire la paix en des termes honorables, c'est parfait ; sinon, nous sommes prêts à employer d'autres moyens ».

Drupada envoya son propre prêtre aux Kauravas avec le message. Arjuna se rendit à Dvaraka avec Krishna et Balarama.

Entre-temps, cependant, les espions de Duryodhana lui firent un rapport de la conférence à la cour de Virata. Emmenant avec lui un petit groupe de soldats d'élite, Duryodhana se précipita à Dvaraka, y arrivant le même jour qu'Arjuna.

Duryodhana entra dans la pièce où dormait Krishna, il s'assit sur un coussin à sa tête. Arjuna se plaça debout, les mains jointes, à ses pieds. Krishna s'éveilla, et il vit Arjuna ; et Duryodhana dit : « O Krishna, je suis entré le premier dans la pièce pour te demander ton aide. Tu ne peux pas me la refuser ».

« Je sais que tu es entré le premier, mais mon regard est d'abord tombé sur Arjuna. Vous recevrez tous deux mon aide. Le choix revient au plus jeune. Choisis, Arjuna, entre la force de cent mille soldats prêts à combattre, d'un côté, et moi, les mains liées, sur le champ de bataille, de l'autre ».

Arjuna choisit Krishna, bien que celui-ci eût fait vœu de ne pas lever le bras sur le champ de bataille ; et Duryodhana se réjouit d'avoir de son côté la force de cent mille soldats.

Après le départ de Duryodhana, Krishna interrogea Arjuna : « Pourquoi m'as-tu choisi, sachant que je ne combattrais pas ? »

« Je peux diriger les soldats moi-même, ô Krishna, si j'ai ta présence pour m'apporter un soutien moral. Sans doute un peu de ta gloire me sera-t-elle transférée ».

« Je serai ton cocher. Tu peux compter sur moi ».

Ayant appris que le roi Shalya, le frère de Madri (la mère de Nakula et de Sahadéva) campait avec son armée sur une surface de quinze kilomètres carrés, Duryodhana alla lui rendre hommage, et lui offrit les viandes et les vins les meilleurs. Satisfait, Shalya l'embrassa et lui demanda : « Que puis-je faire pour toi ? »

« Je te veux pour commandant de mes armées », répondit Duryodhana.

Peu après, le prêtre de Drupada arriva à la cour des Kauravas, et Dhritarashtra, Bhishma et Vidura lui souhaitèrent la bienvenue.

« Sire, il ne me revient pas de discuter de la lignée commune des Kauravas et des Pandavas. Ce n'est pas à moi de dire que le royaume devrait être équitablement partagé entre les fils de Dhritarashtra et ceux de Pandu. Mais il me revient de dire que l'exigence du dharma est que soit rendu ce qui doit l'être, et qu'il convient de respecter un pacte ».

« Nous sommes heureux d'apprendre que tout se passe bien pour les Pandavas, répondit Bhishma, et plus heureux encore de savoir qu'ils recherchent la paix avec leurs cousins. Tout ce que vous dites est vrai et, de par votre position de Brahmane, vous savez comment arranger les choses ».

Karna, en colère, intervint : « Nous sommes tous au courant de ceci, ô Brahmane. Qui donc ne le serait pas ? A quoi sert de remâcher les évidences ? Si les Pandavas s'imaginent pouvoir faire pression sur Duryodhana afin qu'il leur rende la moitié du royaume, ils se trompent. Si la justice le demande, il renoncera au monde entier, mais il ne recevra d'ordres de personne ! »

« Ce sont de belles paroles, Karna, répliqua Bhishma. Il s'est pourtant bien fait marcher sur les pieds quand, seul, Arjuna a repoussé les six héros Kauravas dans le royaume de Virata. Écoute ce Brahmane ».

Dhritarashtra déclara : « J'y réfléchirai et je déciderai de ce qui est le mieux pour tous ceux qui sont concernés ». S'adressant au prêtre : « Vous pouvez disposer ; Sanjaya portera ma réponse ».

Il dit à Sanjaya : « Va trouver les Pandavas. Apaise-les avec de douces paroles. Informe-toi de leur bien-être. Ils ont toujours été bons et obéissants, et ils commenceront à nous apprécier. Veille à ce qu'aucune parole hostile ou belliqueuse ne t'échappe. Sers-toi de ta sagesse, et sois particulièrement aimable avec Krishna. Ils ne feront rien sans son approbation ».

Sanjaya se dépêcha d'aller à Upaplavya, et Yudhishthira lui dit : « C'est un plaisir pour les yeux de te voir, Sanjaya. Comment vont-ils au palais ? Et toi, comment te portes-tu ? »

« J'apporte un message du roi Dhritarashtra, et je vous invite à l'écouter attentivement. Il loue votre honnêteté et votre humilité, votre sagesse et votre générosité. Il dit que vous savez toujours ce qu'il est bon de faire. Il sait que vous considérez toute mauvaise action comme une souillure pour l'honneur de la famille, de même que l'est une tache de collyre sur un drap blanc. Je me prosterne de sa part devant Krishna et Drupada. Je vous supplie d'agir de façon à ce que prospère la famille ».

« Mais tout ceci est très singulier, Sanjaya. Qu'ai-je dit ou fait qui laisse sous-entendre que je sème la discorde ? Qui ne connaît le danger d'être un fauteur de troubles ? Pourquoi un homme sain d'esprit irait-il penser à la guerre ? Pourquoi les dieux le maudiraient-ils ainsi ? Tu es au courant de tous les détails de nos relations avec Duryodhana. Nous sommes toujours les mêmes Pandavas. Nous continuons de croire en l'amitié. Il n'empêche qu'Indraprastha doit nous revenir ».

« Mais pourquoi insistez-vous là-dessus ? La colère est une drogue mauvaise ; elle monte à la tête et conduit tout droit à la ruine. La patience ne vaut-elle pas mieux ? »

« En effet, la patience vaut mieux, si tu décides d'abord de qui a raison et de qui a tort. Parce que la patience, quand le vice prétend être vertu, ou la vertu être vice, est complètement déplacée. Krishna est ici, il a conseillé bien des rois. Qu'il dise lui-même si j'ai tort. Il a une très claire vision des deux partis. Il nous est cher. Quoi qu'il conseille, je m'y tiendrai ».

Krishna dit : « Mon désir, Sanjaya, est d'assister à la prospérité aussi bien des Kauravas que des Pandavas. Peux-tu nier la patience dont a fait preuve Yudhishthira, toutes ces années ? Et peux-tu nier que c'est le royaume tout entier que Duryodhana veut pour lui-même ? Vu les circonstances, il est obligé que les choses s'enveniment. Sors-toi de la tête, Sanjaya, que tu sais mieux que moi, ou que Yudhishthira, ce qui est bon et ce qui ne l'est pas.

« Quand ce cupide Duhshasana a tiré Draupadi dans la salle d'assemblée, aucun des Kurus, hormis Vidura, n'a élevé de protestation. Au contraire, Karna s'est gaussé d'elle, il lui a dit : « Te voici maintenant esclave ; tu n'as pas de mari pour s'occuper de toi, choisis-en un parmi nous qui soit ton seigneur ». Peut-on attendre d'Arjuna qu'il oublie ces mots ? Et Duhshasana qui a poussé jusqu'à traiter les Pandavas d'eunuques.

« Si Dhritarashtra et ses cent fils fabriquent une forêt, les cinq Pandavas seront des tigres dans cette forêt. La forêt abrite des tigres, mais ils la protègent, et sans eux, les arbres en sont facilement abattus. Dis à Dhritarashtra que nous avons le désir de maintenir des relations pacifiques ».

« Que la paix et le bonheur soient en vous. Puissent vos meilleurs souhaits m'accompagner », dit Sanjaya.

« Va en paix, Sanjaya. Et dis à Duryodhana de ma part : Rends-moi mon Indraprashta, ou prépare-toi à la guerre ».

Regagnant Hastinapur en toute hâte, Sanjaya ordonna au garde du palais : « Dis à Dhritarashtra que je suis ici avec d'importantes nouvelles. Dépêche-toi ».

A Dhritarashtra, il rapporta : « Yudhishthira va bien, et il veut que son royaume lui soit rendu. Je suis fatigué, sire, permettez que j'aille me reposer. Si vous le désirez, je répéterai demain, à la conférence des Kurus, dans la salle d'assemblée, les propos de Yudhishthira ».

Dhritarashtra convoqua un gardien de la cour : « Dis à Vidura que je souhaite le voir ».

Vidura se présenta au roi, les mains jointes.

« Sanjaya est de retour, Vidura ; la conférence des Kauravas aura lieu demain. Je suis si nerveux que je n'arrive pas à dormir. La paix m'a quitté, j'ai la tête qui tourne. Que dois-je faire ? »

« Sire, le sommeil lâche les voleurs, les envieux, ou bien ceux qui ont tout perdu, ceux qui ont échoué, ou encore les faibles quand ils sont attaqués par un ennemi courageux. J'espère, sire, que vous n'entrez dans aucune de ces catégories. Convoitez-vous les biens d'un autre ? »

« Tu es sage, et tu vois juste ».

« Yudhishthira a toutes les vertus, cela ne vous a pas empêché de l'envoyer en exil. Celui dont la conscience lui fait rectifier un crime que lui seul connaît, celui-là est une personne remarquable.

Soyez remarquable, sire : rendez aux Pandavas la part du royaume qui leur revient à juste titre ».

Le lendemain matin, les princes Kauravas, pressés d'entendre le message de Yudhishthira, entrèrent en file dans la salle d'assemblée. Le sol doré avait été lavé à l'eau de santal, et on y avait disposé des sièges en ivoire, en marbre, en or et en bois.

« Je te demande, Sanjaya, en présence de tous ces nobles fils et princes, de nous raconter exactement ce que t'a dit Arjuna ».

« Voici ce qu'a dit Arjuna, sire : Si Duryodhana refuse de nous rendre notre royaume, c'est qu'il est aveuglé par le mal de quelque terrible karma, dont il ne tardera pas à récolter les conséquences ».

« Qu'en est-il de leur armée ? Parle-nous de la taille de leur armée ».

Sanjaya soupira profondément, il parut défaillir, puis s'effondra. Lorsqu'on l'eut ranimé, il dit :

« Dhristadyumna est de leur côté. Il y a Bhima, qui a tué le rakshasa Hidimba, et les a délivrés de la maison de laque en feu. Il y a Nakula et Sahadéva ; il y a Arjuna. Il y a Shikhandin, né fille au palais de Drupada dans le but de détruire Bhishma, lequel ne se battra pas contre une femme ; elle a été transformée en homme par le pouvoir d'un yaksha. Nombreux sont les autres héros. . . »

Sanjaya ajouta : « Connaissant le pouvoir destructeur de l'arc Gandiva comme vous le connaissez, sire, pourquoi vous laissez-vous émouvoir par les paroles de vos fils ? »

« Tous autant qu'ils sont, ils ne sont pas à la hauteur, déclara Duryodhana. Sommes-nous une bande de lâches ? Même s'ils devaient nous tuer, est-ce une raison pour fuir ? Bhima, Krishna et Arjuna savent que nul au monde n'est meilleur que moi pour manier la massue. Ashvatthaman est expert dans l'usage des armes les plus fines. Kripa, qui est né dans un fourré, fils du grand sage Gautama, ne peut être tué. Son père et son oncle, tous deux également de naissance divine, sont aussi de notre côté. Arjuna ne peut pas tous les défaire. Et pense à Karna, à l'heure du combat, c'est Bhishma, Kripa et Drona, les trois en un. Mes soldats forment déjà dix akshauhinis. Yudhishthira n'en a que sept. Il n'a pas la moindre chance ».

A Sanjaya : « Quel effet lui font mes dix akshauhinis contre les sept qu'il possède ? »

« Il a confiance en la victoire ».

« Il te plaît de le croire ».

Les autres princes, qui avaient écouté silencieusement l'échange entre Duryodhana et Sanjaya, se levèrent et quittèrent l'assemblée. Après leur départ, Dhritarashtra s'adressa à Sanjaya :

« Maintenant, Sanjaya, dis-moi, et ne me cache rien : quelles sont nos chances ? Tu as davantage conscience que moi de ces choses. Avons-nous notre chance contre les Pandavas ? »

« Je ne vous dirai pas un mot en secret, sire. Je n'ai pas l'intention de créer davantage de soupçons et d'amertume. Je ne répondrai à votre question qu'en présence du noble Vyasa et de la reine Gandhari ».

On les convoqua tous les deux, et en leur présence Sanjaya parla : « Comme vous le savez, Arjuna et Krishna sont tous deux divinement nés ; le chakra de Krishna est une arme miraculeuse qui, là où elle est lancée, sème l'illusion et la confusion. Je ne dirai que ceci : si l'on plaçait Krishna d'un côté et l'univers tout entier de l'autre, c'est en sa faveur que pencherait la balance. Car il est le seigneur du temps et de la mort, le créateur de l'illusion, et c'est lui qui fait tourner la roue cosmique ».

« Et comment se fait-il que toi, Sanjaya, tu aies obtenu une telle information ? » s'enquit Dhritarashtra.

« Je le sais, et pas vous, c'est tout. Je n'attends pas des sots qu'ils croient en la divinité de Krishna. Mais je sais qu'il est le créateur, il est l'unique divinité, de lui jaillirent toutes choses et toutes choses retournent à lui ».

« Mais, insista Dhritarashtra, dis-nous encore comment tu es parvenu à de telles conclusions ».

« J'ai la foi, et c'est suffisant pour moi. Je n'accomplis pas de rituels inutiles et je ne me laisse pas abuser ».

« Pourquoi n'écoutes-tu pas ce que dit Sanjaya ? » demanda Dhritarashtra à Duryodhana.

« Krishna, dût-il exterminer l'humanité toute entière, ne m'impressionne pas pour autant ».

Après le départ de Sanjaya, Yudhisthira dit à Krishna : « L'amitié est maintenant mise à l'épreuve. O Krishna, tous nos espoirs sont en toi. Ton amitié m'a rendu courageux. Aide-nous maintenant ».

« J'ai entendu ce qu'a dit Sanjaya, et je t'ai entendu. Tu portes le dharma dans ton cœur, et Duryodhana l'hostilité. Tiens prête une grande armée. Duryodhana n'a pas l'intention de se séparer du royaume qu'il t'a injustement gagné ».

« Mais d'abord soyons modérés, dit Bhima. Nous ne combattrons qu'en dernier recours ».

En entendant Bhima parler de cette façon, telle une montagne qui aurait perdu son poids, ou un feu sa chaleur, Krishna sourit, et par ses paroles jeta de l'huile sur le feu : « Tu es quelqu'un d'étrange, Bhima. Il t'arrive souvent de ne penser à rien d'autre qu'à écraser les fils de Dhritarashtra. Tu ris hystériquement, tu passes tes journées seul, la tête entre les genoux, perdu dans tes pensées. Il t'est arrivé une fois de t'emparer de ta massue et, en présence de tous tes frères, tu as solennellement fait le vœu de ne pas te reposer tant que tu n'aurais pas tué Duryodhana. Et là, voici que ton cœur palpite, tes genoux tremblent, et tu te transformes en eunuque. Tes frères se noient devant toi, et tu parles comme une vache qui rumine ».

« Non, non, Krishna, ce n'est pas ce que je voulais dire. Je suis guerrier et j'en suis conscient. Tu te moques de moi, Krishna, tes paroles cruelles sont un couteau dans ma plaie. Ce n'est pas par peur que j'ai parlé, mais parce que je veux donner à mes cousins une chance de se sauver ! »

« Et je ne t'ai pas ridiculisé, Bhima. Ce n'était qu'un test. Ne laisse jamais la colère détruire ta présence d'esprit – apprends à sourire face au désastre ».

Voyant Bhima prendre le parti de la conciliation, Draupadi en larmes s'écria : « Tu sais, Krishna, à quel point ils m'ont insultée. Ils ne méritent pas de pitié. Punis-les ! Y a-t-il une femme qui ait autant souffert que moi ? Je suis la fille du roi Drupada, née d'un saint sacrifice ; je suis la sœur de Dhrishtadyumna qui est ton ami, Krishna. Je suis l'épouse des Pandavas – et l'on m'a traînée par les cheveux et insultée devant tous les rois assemblés ! J'ai alors imploré ton aide. Honte à Arjuna, et honte à Bhima, qui ne m'ont pas aidée dans ma profonde détresse. Si tu te soucies un tant soit peu de moi, permets au feu de ta colère de retomber sur les fils de Dhritarashtra ».

Sanglotante, Draupadi-aux-yeux-de-lotus s'avança vers Krishna ; soulevant sa tresse bleutée, parfumée, ondulante, luisante comme un serpent, elle dit :

« Regarde cette chevelure, Krishna ! Regarde-la bien, car c'est cette chevelure que ce démon de Duhshasana a empoignée ! Si Arjuna et Bhima ne me vengent pas, mon vieux père le fera. Mes fils le feront. Je ne connaîtrai pas la paix tant que le bras de Duhshasana ne sera pas tranché du reste de son corps, et écrasé. Cela fait treize ans que j'attends ce jour, treize ans que dans mon cœur je nourris la vengeance. Et voici que soudain Bhima devient moral, et me brise le cœur ».

Elle éclata en lourds sanglots, et ses larmes brûlantes mouillèrent sa poitrine opulente.

« Ne pleure pas, Draupadi, dit Krishna. Je te promets que ces mêmes larmes que tu as versées, les dames Kauravas les verseront quand leurs maris périront à la grande guerre. Tu peux considérer comme morts tous ceux qui méritent ta colère ».

Il fit une pause, puis reprit : « J'irai personnellement parler à Dhritarashtra ».

La nuit s'écoula ;
Le soleil à l'est se leva ;
C'était la saison humide,
L'automne était terminé.
D'abondantes moissons recouvraient la terre fertile.
C'est à cette époque-là que partit Krishna.

Duryodhana reçut de ses espions la nouvelle de la mission de Krishna. Il alla voir Bhishma, Drona, Vidura et Sanjaya, et leur annonça : « Voici une nouvelle extraordinaire ! Le grand Krishna va nous honorer d'une visite au nom des Pandavas ! »

Dhritarashtra dit : « Ordonnez aux citoyens de l'accueillir avec la plus chaleureuse bienvenue. Que les drapeaux et les bannières flottent sur toutes les tours, les routes doivent être nettoyées et lavées ».

Vidura objecta : « Sire, votre âge vous rend vénérable, et ce que vous dites est respecté de tous. Mais je conseillerais la sincérité plutôt que les apparences. Ne nous laissons pas aller à tenter de tromper Krishna. Une telle attitude ne serait que duperie. Ce que réclament les Pandavas n'est que leur dû – et au fond de vous-même, sire, vous n'avez pas du tout l'intention de le leur rendre ; vous ne leur donneriez même pas cinq villages ».

« Mon avis est que l'on mette Krishna en prison dès son arrivée demain », dit Duryodhana.

Profondément peiné, Dhritarashtra avertit : « Ne profère jamais plus de telles paroles en ma présence. Il vient en tant qu'envoyé. Quel mal a-t-il fait pour que nous l'arrêtions ? »

Parti au point du jour, Krishna arriva à Hastinapur ; à son arrivée, tous les citoyens – hommes, femmes, enfants – l'attendaient dehors. Son char avança lentement, au milieu de la foule accueillante, jusqu'au palais gris cendré de Dhritarashtra. Le roi lui désigna un siège d'or et de pierreries d'un art superbe, sur lequel il s'allongea, tandis que des prêtres lui présentaient des offrandes : une vache, du miel, du caillé, de l'eau, suivant le rituel traditionnel d'hospitalité.

Duryodhana vint l'inviter à dîner au palais. Krishna refusa.

« Pourquoi refuses-tu mon hospitalité ? demanda-t-il doucement mais malicieusement. Ne nous veux-tu pas du bien ? Je te croyais impartial ».

Krishna leva le bras droit et répondit d'une voix tonnante, chaque syllabe se détachant avec une précision parfaite : « Peut-être n'es-tu pas au courant, Duryodhana, qu'un envoyé ne mange et n'accepte les honneurs qu'une fois sa mission réussie ? »

« Il ne s'agit pas de succès ou d'échec, Krishna. Nous cherchons à te faire plaisir, et tu le refuses. Nous cherchons à te faire honneur, et tu rejettes nos honneurs. Nous ne nous disputons pas avec toi, Krishna. Tu n'as aucune raison d'être grossier envers nous ».

Krishna regarda Duryodhana bien en face. « Ni le désir, ni la colère, ni la malveillance, ni l'avidité, ni la polémique ne m'écarteront de la voie du dharma. C'est dans le besoin que l'on mange la nourriture d'autrui. Je ne suis pas dans le besoin, et tu ne m'as pas non plus donné de raison de penser que tu aies pour moi une affection particulière. Je dînerai avec Vidura. Je suis honoré de ton invitation, mais je mange avec Vidura ».

Quand Krishna eut terminé son repas, Vidura lui dit : « Ta visite est tout à fait inopportune, Krishna. Duryodhana n'est pas d'humeur à écouter de bons conseils ».

« Laisse-moi expliquer pourquoi je suis ici. Il s'agit d'une noble cause. Échouer pour une telle cause est un mérite en soi. Ma conscience me dit que j'agis de façon juste, même si je viens, comme tu le dis, au mauvais moment ». La nuit passa, et les étoiles passèrent, tandis qu'ils s'entretenaient de sujets subtils ou plaisants ; et au matin, ils furent éveillés de bonne heure par des ménestrels et des poètes, chantant au rythme de conques et de cymbales. Krishna prit son bain, puis il rejoignit la salle d'assemblée du palais.

« Je suis venu ici afin de convenir d'une réconciliation honorable entre les cousins, annonça-t-il à Dhritarashtra. Je n'ai rien d'autre à dire. Je recherche autant votre intérêt que le leur. La paix est un besoin pressant ».

« A quoi sert de discuter ? dit en riant Duryodhana, se tapant la cuisse. Je suis ce que je suis. Ce qui doit arriver, arrivera ».

Dhritarashtra s'adressa à Krishna : « Tes paroles sont nobles et raisonnables. Mais je suis sans recours. Tu vois l'attitude de mon fils. Si tu le peux, convaincs-le ; pour ma part, je suis incapable de l'influencer ».

« Écoute-moi, Duryodhana, ce que j'ai à dire est pour ton bien. Tu es de haute naissance et ta famille est réputée pour sa sagesse. Tiens compte de mon conseil ».

Rapidement, Dhritarashtra dit à Vidura : « Demande à Gandhari de venir ici. Elle est sage et clairvoyante. Peut-être sera-t-elle capable d'émouvoir son fils ».

Dès qu'elle ouvrit la bouche, Duryodhana soupira profondément, ses yeux brillèrent de colère quand elle le réprimanda.

« Écoute les conseils des anciens, mon fils. Oublie ta rapacité. Elle ne peut que conduire à la ruine ».

Duryodhana se leva ; quittant le palais à grandes enjambées, il alla retrouver Shakuni. Ensemble, avec Karna et Duhshasana, ils convinrent que Krishna était venu pour couvrir une attaque-surprise des Pandavas ; qu'il fallait le retenir de force ; son emprisonnement découragerait les Pandavas et les rendrait impuissants, tel un serpent sans ses crocs.

Cependant Satyaki, un parent de Krishna, surprit leur conversation, et, ayant ordonné à une compagnie de soldats de garder l'entrée du palais, il alla informer Krishna, Dhritarashtra et Vidura du complot.

« Ordonne à Duryodhana de venir ici, dit Dhritarashtra à Vidura. Je vais tenter une fois de plus de dissuader mon rapace de fils ».

Quand Duryodhana, en compagnie des autres princes, entra, le roi lui dit :

« Pauvre égoïste ! Tu demandes la lune comme un petit enfant, et tu essaies de faire emprisonner Krishna à ma propre barbe ! Tu es un imbécile, ne vois-tu pas que cela revient à essayer d'arrêter le vent avec tes mains ? »

Krishna regarda les princes puis, s'adressant à Dhritarashtra, à Drona, à Bhishma, Kripa, Sanjaya et Vidura :

« Vous avez tous vu ce qui est arrivé. Vous avez vu sortir Duryodhana en colère. Vous avez vu l'impuissance de Dhritarashtra. Il est temps que je m'en aille ». Il monta sur son char et s'en alla voir sa tante Kunti, la mère de Yudhishthira, d'Arjuna et de Bhima.

« Dis à Arjuna qu'au moment de sa naissance, une voix divine venant du ciel m'a parlé d'un ton mélodieux, disant : « Kunti, ton fils surpassera Indra lui-même. Il vaincra les Kauravas, conquerra le monde, et sa renommée s'étendra jusqu'au ciel même ». Rappelle-lui, Krishna, le cruel traitement infligé par Duhshasana à Draupadi. Dis-lui que je me porte bien. Prends soin de lui, Krishna ».

Après avoir salué et contourné Kunti, Khrisna, de sa démarche léonine, sortit à grands pas de chez elle ; emmenant Karna avec lui, il quitta le palais de Dhritarashtra.

« Karna, dit-il doucement, tu as étudié les Védas. Tu es fils d'une vierge non mariée, mais tu sais que les écritures enjoignent à un tel fils d'accepter pour père tout homme qui épousera sa mère. Ta mère est Kunti, tu es le fils de Pandu – son fils aîné –, né avant Yudhishthira. Laisse-moi le dire aux Pandavas ; ils tomberont à tes pieds et te donneront tout le respect que tu mérites. Draupadi deviendra ton épouse, et Kunti sera heureuse. Accepte les Pandavas pour frères ».

« Je sais que moralement je suis le fils de Pandu. Vierge, ma mère m'a porté de son union avec Surya, le dieu soleil. Mais elle m'a jeté dans l'eau, et Adhirata le cocher, m'ayant trouvé, m'a élevé. Ce jour-là, sa femme Radha a eu, par amour pour moi, une montée de lait. C'est elle qui m'a allaité, et qui a nettoyé mes langes. Elle est ma mère. Non, Krishna, je ne peux revenir vers eux maintenant. Je serai fidèle à Duryodhana, et j'affronterai Arjuna sur le champ de bataille en combat singulier. Ni la crainte, ni la tentation, pas plus que les liens de famille ou la mort, ne peuvent changer ma décision.

« Il m'est arrivé une fois, Krishna, de rêver de Yudhishthira et de ses frères, ils étaient vêtus de blanc et siégeaient sur des trônes blancs dans un palais à mille colonnes. Et je t'ai vu dans ce rêve, affairé à répandre des armes de guerre sur la terre rougie de sang. Puis j'ai vu Yudhishthira debout sur un amas d'os, léchant joyeusement un caillé doux et épais dans un plat en or, et pour moi, cela voulait dire qu'il avalait le monde que tu lui avais offert. J'ai vu Bhima aussi, la massue à la main, à cheval sur une montagne. Et

Nakula et Sahadéva, portant des bracelets blancs, des guirlandes blanches et des vêtements blancs, assis sur des chars portés à dos d'homme. Tous les autres rois, dans le rêve, avaient les cheveux rougis de sang, et j'ai vu Bhishma et Drona montés sur des véhicules tirés par des chameaux.

« Je peux voir les présages de la mort quand ils se présentent. Si nous ressortons vivants de la grande bataille, Krishna, nous nous reverrons, sinon, nous nous retrouverons au ciel. D'ici là – »

Karna serra Krishna contre son cœur, il descendit du char et partit. Krishna rentra tristement chez les Pandavas, et leur narra tout ce qui s'était passé.

Entre-temps, Vidura était allé voir Kunti. « Je ne trouve plus le sommeil. Le roi est aveuglé par l'amour-propre, et Duryodhana ne veut rien savoir ; les Pandavas se préparent pour la guerre ».

Kunti gémit sourdement. « A quoi servent les possessions quand la famille a péri ? » Elle pensa : « Du temps où j'étais vierge, j'ai invoqué le dieu soleil qui m'a donné Karna. Sans doute Karna m'écoutera-t-il ».

Kunti, sur les bords du Gange, entendit son fils chanter les Védas ; c'était un homme de compassion et de vérité. Elle se tint derrière lui patiemment. Il leva les bras et se tint debout, face à l'est. Elle attendit la fin de sa méditation.

Elle fléchissait sous la chaleur du soleil, semblable à une guirlande de lotus fanée. Elle s'abrita à l'ombre du vêtement de Karna.

Discipliné, Karna médita jusqu'à ce que les rayons du soleil lui aient chauffé le dos. Il se retourna. Il vit Kunti. Il joignit les mains en «anjali». Il respectait la coutume. Le fier et puissant fils de Vikartana, un des plus nobles hommes de dharma, sourit, comme s'il eût été surpris, et il parla à Kunti :

« Je suis Karna, le fils de Radha et d'Adhirata. Je vous salue. Pourquoi êtes-vous ici ? Que puis-je faire pour vous ? »

« Tu es le fils de Kunti, et non de Radha. Adhirata n'est pas ton père. Tu n'es pas né Suta. Je t'en prie, crois-moi. Je n'étais pas mariée quand je t'ai conçu. Tu as été la première vie dans mon sein. Mon fils, tu es né au palais de Kuntiraja. O Karna, le plus noble des combattants, le dieu Surya dont la lumière rend toute chose visible est ton père. Ta naissance est divine, mon fils. Tu es né au palais de mon père avec des anneaux d'or et une cotte de mailles en guise de peau, et tu resplendissais de gloire.

« Parce que tu ne le sais pas, parce que tu ne sais pas qui sont tes frères, tu sers Duryodhana. Il n'est pas juste qu'il en soit ainsi, mon fils. Le dharma veut que son fruit le plus délicat soit de gagner l'approbation d'un père et d'une mère en les satisfaisant. La souveraineté de Yudhishthira, autrefois protégée par Arjuna, a été usurpée par Duryodhana. Reprends-la de ses mains égoïstes, et sois toi-même un roi. Que tous les Kauravas voient aujourd'hui Karna et Arjuna, un frère et son frère, réconciliés. Que les méchants s'inclinent. Si, à l'instar de Balarama et de Krishna, Karna et Arjuna s'unissent, que reste-t-il au monde qu'ils ne puissent accomplir ? Entouré de tes cinq frères, Karna, brille ! Brille comme Brahma, sur une estrade à un grand sacrifice, entouré des dieux. Tu as tous les talents, tu es mon fils aîné. Ne dis pas que tu es le fils d'un Suta. Tu es le fils resplendissant de Kunti ».

Karna entendit une voix affectueuse venant du disque lointain du soleil – c'était Surya exprimant son amour paternel : « Kunti dit la vérité. Suis le conseil de ta mère, Karna. Un grand bien en résultera ».

Mais ni les paroles de sa mère, ni la voix de son père n'écartèrent Karna constant-dans-la-vérité de sa résolution.

« Dame Kshatriya, je ne partage pas votre avis quant à mon dharma. La façon dont vous vous êtes comportée à mon égard est tout à fait contestable. J'en ai souffert, ma dignité en a souffert. Né Kshatriya, j'ai été privé des rites Kshatriya à cause de votre comportement. Quel ennemi aurait pu plus mal agir ? Quand j'ai eu besoin d'aide, vous ne m'en avez pas donné. Vous m'avez privé de mes samskaras. Vous avez maintenant besoin de moi, c'est pourquoi vous venez me voir. Vous ne vous êtes jamais préoccupée de moi en tant que mère. Vous venez maintenant à moi parce que vous avez besoin de moi.

« Qui ne craint l'alliance d'Arjuna et de Krishna ? Si je passe chez les Pandavas, ne dira-t-on pas que c'est par peur ? Jusqu'à aujourd'hui, je n'avais pas de frère. Si, à la veille de la bataille, je rejoins les Pandavas, que penseront de moi tous les Kshatriyas ? Les fils de Dhritarashtra m'ont accepté, ils m'ont même offert leur puja. J'ai connu le bonheur avec eux. Comment pourrais-je les abandonner ? Ils ont déclaré la guerre. Ils ont besoin de mon aide. Ils me respectent autant que les Vasus respectent Indra. Ils jugent qu'avec mon aide ils vaincront leurs ennemis. Comment pourrais-je les décevoir ? Je suis le bateau sur lequel ils comptent pour traverser le vaste océan de la guerre. Comment pourrais-je abandonner ceux qui n'ont pas d'autre espoir ? Le moment est venu pour les sujets de Duryodhana de montrer leur fidélité. C'est ce que je ferai, même au péril de ma vie. Il y a des gens qui acceptent hébergement et nourriture, mais qui se transforment en coquins à l'heure de payer leur dette. Ils trahissent le pain de leurs maîtres, abusent les rajas qu'ils servaient jadis. Pour de tels vauriens, il n'y a ni ce monde, ni l'autre. J'ai choisi le camp de Duryodhana. Je combattrai vos fils au mieux de mes capacités. Je jouerai franc jeu.

« Je sais que votre conseil est sincère. Je devrais le suivre de bonne grâce, comme un homme bienveillant. Mais les circonstances font que je ne le peux pas. Je respecterai cependant vos sentiments.

Je promets de ne tuer, sur le champ de bataille, aucun d'entre vos fils qui se trouverait en mon pouvoir – c'est-à-dire Yudhishthira, Bhima et les jumeaux : aucun, sauf Arjuna. Arjuna seul est mon égal, dans l'armée de Yudhishthira. Je tuerai Arjuna, et savourerai les fruits de la réussite. Ou bien Arjuna me tuera – et ce sera aussi une fin glorieuse. Noble dame, vous aurez dans tous les cas cinq fils en vie. Soit Karna survit – ou bien, si Karna meurt, Arjuna meurt aussi ! »

En entendant ces paroles de Karna, le chagrin bouleversa Kunti. Tremblante, elle l'embrassa, lui qui était discipliné, résolu et fort.

« Le destin est tout-puissant, Karna, ce que tu dis pourrait bien devenir vrai. La race Kaurava est condamnée. Tu as promis la vie de quatre de tes frères. O héros qui écrases tes ennemis, souviens-toi de ta promesse quand voleront les projectiles sur le champ de bataille ».

Elle murmura : « Puisses-tu prospérer, mon fils ».

« Qu'il en soit ainsi », répondit Karna.

Ils se séparèrent.

Les soldats de Yudhishthira campaient en un lieu de Kurukshetra qui était plat, agréable, et commode pour l'approvisionnement en herbe et en combustible. On évitait les cimetières, les lieux de sépulture, les temples et autres lieux saints. Au matin, la grande marche commença, jusqu'à la sainte rivière Hiranvati qui traverse Kurukshetra ; là, Krishna ordonna que des fossés soient creusés, et que l'on plante les tentes des sentinelles. On installa ensuite les autres tentes, certaines éloignées les unes des autres, par mesure de sécurité, d'autres aussi grandes que des palais, où l'on stocka en abondance le combustible, le vin et la nourriture. Des centaines d'artisans, de médecins et de chirurgiens vinrent sur les lieux. Chaque tente était pourvue d'un gigantesque arsenal d'arcs et de flèches, de cuirasses, de haches, de lances, d'épées, de carquois, de hampes et autres armes. On pouvait voir des centaines d'éléphants colossaux, protégés par des armures d'acier d'où saillaient des piques tranchantes. Les alliés des Pandavas, en grand nombre, se dirigèrent vers le campement.

Le jour suivant, Duryodhana déploya ses onze akshauhinis, en les classant en divisions de première classe, médiocres et subalternes, et les plaçant respectivement aux premières lignes, au centre et à l'arrière-garde de sa formation de combat. L'armée rutilait : il y avait des chars porteurs de carquois, protégés de chaque côté par des peaux de tigre et des cuirs rigides, pour les lanceurs de javelots ; des chevaux et des éléphants, qui transportaient aussi des munitions, des lances à long manche ; des fantassins portaient encore d'autres réserves, ils étaient armés de lourdes matraques courtes, de pots d'huile inflammable, de serpents venimeux, de graisse et de sable, de courtes lances auxquelles étaient attachées des clochettes ; il y avait des machines à projeter du goudron, de l'eau, et des pierres ; des dagues, des socs, des fléchettes empoisonnées, et des projectiles qui déversaient des gaz ardents. Chaque char, tiré par quatre excellents chevaux, transportait cent arcs ; un conducteur guidait les deux chevaux de tête, et il y en avait un pour chacun des chevaux de côté. Sept guerriers chevauchaient chaque éléphant – deux, armés de crochets ; deux archers experts ; deux fines lames, et un, armé d'une lance et d'un trident. Il y avait des milliers de chevaux, tous spécialement choisis pour ne pas piaffer. Chaque char était protégé par dix éléphants, chaque éléphant par dix chevaux, chaque cheval par dix fantassins. On tenait des chars en réserve, chacun protégé par cinquante éléphants, cent chevaux attachés à chaque éléphant, et à chaque cheval, sept fantassins.

« Une armée sans chef n'est qu'une fourmilière, dit Duryodhana à Bhishma. Sans toi, nous sommes impuissants ».

« Les Pandavas me sont aussi chers que vous l'êtes, mais je t'ai donné ma parole, et je conduirai ton armée – à une condition cependant : comme Karna ne cesse de comparer son adresse à la mienne, il faudra choisir entre lui et moi pour conduire la première attaque ».

« Tant que Bhishma sera en vie pour combattre, je ne prendrai pas les armes », dit Karna.

Duryodhana nomma Bhishma commandant des forces Kauravas, au son de milliers de tambours et de conques. Du sang coula du ciel sans nuage, et se coagula sur le sol rougi ; des tempêtes éclatèrent, les éléphants barrirent, des météores s'enflammèrent et disparurent, des chacals hurlèrent.

Le matin suivant, après avoir pris des bains purificateurs et fait des offrandes aux Brahmanes, les forces de Duryodhana levèrent leurs étendards, et se mirent en route pour la bataille.

L'armée de Yudhishthira, conduite par Dhrishtadyumna, se mit aussi en branle ; les rois resplendissaient comme des planètes dans le ciel. Les soixante-dix mille éléphants étaient des collines en marche.

Les soldats criaient ; les tambours vrombissaient ; et les conques retentissaient par dizaines de milliers.

Livre VI

BHISHMA

Les deux armées se tenaient rangées face à face, tels deux océans agités à la fin d'un yuga. Les Pandavas et les Kauravas se mirent d'accord sur les règles de guerre pour les différentes formes de combat. Les soldats ne combattraient que des adversaires pareillement armés, et se battraient loyalement en toutes circonstances. Les fuyards seraient épargnés. Aucun soldat ne devrait tirer avantage du manque de préparation ou de la panique d'un autre. Seraient épargnés les soldats demandant grâce, ceux qui battraient en retraite ou seraient désarmés, les cochers, les animaux, les équipes d'approvisionnement, les tambours et les souffleurs de conque.

Voyant les armées rangées en ordre de bataille, Vyasa dit à Dhritarashtra : « Le temps expire pour tes fils et les rois belliqueux. Si tu veux les voir dans la bataille, je t'accorderai une vision particulière ».

« Qui souhaiterait voir sa famille se faire massacrer, ô saint ! Cependant, j'aimerais que me soit raconté le déroulement de la bataille ».

« Dans ce cas, je doterai Sanjaya de pouvoirs spéciaux. Rien du combat ne lui échappera, et il te fera un rapport fidèle du cours des événements. Ce sera une grande tuerie : tous les présages l'annoncent. Des faucons et des vautours, des corbeaux, des hérons et des grues sont sinistrement perchés sur la cime des arbres. J'ai vu flamber simultanément le soleil, la lune et les étoiles. J'ai vu le jour se changer imperceptiblement en crépuscule. La lune, le quinzième jour de la quinzaine lumineuse d'octobre, est devenue invisible. Des sangliers et des chats ont hurlé sauvagement, et les déités, dans les temples, vomissaient du sang et transpiraient, puis elles s'effondraient. Des vaches ont engendré des ânes. Des fils s'accouplaient avec leur mère, des femmes enceintes et des vierges ont donné naissance à des monstres. Des bêtes dévoraient d'autres bêtes, et des animaux sont nés avec trois cornes, quatre yeux, cinq pattes, deux queues, et deux organes sexuels.

« Regarde les corbeaux perchés sur les mâts, qui crient «pakka-pakka !» Regarde les éléphants courir en furie, uriner et excréter sur le terrain ! La fin du monde est proche ».

« Ce qui était prévu va se produire », dit Dhritarashtra.

Quand tous les préparatifs furent terminés, Duryodhana dit à Duhshasana :

« Ordonne aux chars de protéger Bhishma quand il avancera ! Bhishma a fait le vœu de ne pas tuer Shikhandin, qui à sa naissance était une fille. Nous tuerons Shikhandin. Mais veille sur Bhishma. Je ne veux pas que ce chacal de Shikhandin se glisse furtivement et tue Bhishma le lion. Yudhamanyu protège la roue gauche d'Arjuna, et Uttamaujas la droite ; Arjuna, lui, couvre Shikhandin. Veille à ce que ce dernier n'ait pas la possibilité de s'approcher de Bhishma ».

La nuit s'écoula au milieu des cris de « Aux armes ! Aux armes ! », du hennissement des chevaux, du fracas des roues, du barrissement des éléphants, des claquements d'aisselles des guerriers. Le matin suivant, les chars brillaient comme des éclairs, et les étendards flottaient, semblables à des langues de feu.

Yudhishthira dit à Arjuna : « Ils sont nombreux, nous sommes peu. Je conseille la formation en aiguille, mais je te laisse le soin des détails, Arjuna ».

« Le puissant Bhima prendra la tête de notre armée, dit Arjuna. Il dispersera l'ennemi comme un lion disperse de petites bêtes ».

Les forces Pandavas avancèrent, pareilles aux vagues rapides du Gange. A l'ouest se dressait l'armée grondante de Duryodhana, une troupe innombrable et effrayante conduite par Bhishma.

Yudhishthira perdit courage, il dit à Arjuna : « Comment pourrons-nous les vaincre, avec Bhishma à leur tête ? »

« Krishna est avec nous, et nous gagnerons ».

Yudhishthira stimula son armée : « Mes soldats, battez-vous loyalement – et gagnez le paradis ! » Shikhandin était au centre, protégé par Arjuna. Yuyudhana commandait la section sud, et Yudhishthira conduisait les éléphants.

Ayant rapporté tout ceci à Dhritarashtra, Sanjaya poursuivit :

« Alors Duryodhana, voyant l'armée des Pandavas, s'approcha de son maître Drona et prononça ces paroles : « Contemple cette vaste armée que commande Dhrishtadyumna. Et contemple aussi la nôtre – je vais te donner les noms de nos chefs ». Bhishma, désireux d'encourager Duryodhana, souffla puissament dans sa conque, on eût cru entendre rugir un lion.

Arjuna vit, dans chacun des deux camps, ses oncles, ses aïeux, ses frères et ses cousins, ses fils et petits-fils, ses amis, ses professeurs, et des connaissances. Voyant tous ces parents assemblés pour la guerre, une compassion extrême le saisit.

« Quand je vois tous mes proches, rassemblés pour la guerre, ma bouche se dessèche, mes membres défaillent, mon corps tremble ; mes poils se hérissent, et l'arc sacré me tombe des mains. Je ne tiens pas debout ; la tête me tourne et je perçois des présages funestes. Je ne vois rien de noble, Krishna, à tuer mes frères – je ne veux pas de cette victoire, de cette gloire, d'un tel bonheur. C'est une chose terrible que de tuer ses frères et de convoiter leur territoire. Que les fils de Dhritarashtra me tuent. Je ne protesterai pas. Mieux vaut être tué que tuer ».

Arjuna jeta son arc et son carquois, et il s'effondra sur le siège de son char rutilant, accablé de chagrin.

A celui qui était ainsi dominé par la compassion, plein de chagrin, les yeux remplis de larmes de pitié, Krishna adressa ces paroles :

« D'où te vient, Arjuna, cette faiblesse étrangère aux hommes d'honneur, qui apporte la disgrâce et s'oppose aux cieux ? Ne cède pas à la lâcheté, Arjuna. Cela est indigne de toi. Rejette cette méprisable faiblesse de cœur et relève-toi !

« Tu te lamentes, Arjuna, sur ceux qui ne méritent pas de lamentations, et cependant tu parles comme le font les sages. Les hommes sages ne se lamentent ni sur les vivants, ni sur les morts !

« L'irréel n'a pas d'être ; le réel ne cesse jamais d'être. Les connaisseurs de la Réalité Ultime le savent.

« On sait que ces corps ont une fin ; l'habitant de ce corps est éternel, impérissable, infini. Ainsi donc, combats, ô Arjuna !

« Celui qui tient l'Atman pour le tueur, et celui qui le considère comme étant tué, ne perçoivent ni l'un ni l'autre la vérité. Il ne tue, ni n'est tué. De même qu'un homme se dépouille de vêtements usés pour en prendre des neufs, ainsi l'Atman rejette le corps dans lequel il s'était incarné autrefois, pour reprendre un nouveau corps. L'Atman est non manifesté, inconcevable, et non changeant.

« Maintenant que tu as cette connaissance, Arjuna, tu ne devrais plus t'affliger désormais.

« Heureux sont les guerriers qui, sans l'avoir cherché, combattent pour une juste guerre – c'est pour eux une porte ouverte sur les cieux. Mais si tu ne t'engages pas dans ce combat qui est en accord avec le dharma, alors, rejetant ton propre dharma et ta bonne renommée, tu encourras le péché. Les grands guerriers penseront que c'est par peur que tu as fui le combat. La mort ne vaut-elle pas mieux que le déshonneur ? Tes ennemis te mépriseront. Arjuna, quelle honte est plus grande que celle-ci ?

« Tué, tu parviendras aux cieux ; victorieux, tu jouiras de la terre. Lève-toi, Arjuna, et bats-toi !

« Tu n'as de contrôle que sur l'action, jamais sur ses fruits. Ne vis pas pour les fruits de l'action, ne t'attache pas non plus à l'inaction. Établi dans le Yoga, accomplis le devoir qui t'est prescrit. Abandonne l'attachement, l'esprit devenu égal dans le succès et dans l'échec, car l'égalité d'esprit est appelée Yoga. Celui dont l'intellect est uni (au Soi) s'émancipe lui-même du bien et du mal. Par conséquent, adonne-toi au Yoga. Le Yoga est l'habileté dans l'action ! »

Arjuna demanda : « Si tu considères la connaissance comme supérieure à l'action, ô Krishna, pourquoi me pousses-tu à cet acte terrible ? Par ces affirmations apparemment opposées, tu troubles pour ainsi dire mon intelligence. Aussi, ayant pris ta décision, dis-moi celle qui me permettra d'atteindre le plus grand bien ! »

Krishna répondit : « Il y a en ce monde deux voies : le Yoga de la connaissance pour les hommes de contemplation, et le Yoga de l'action pour les hommes d'action. Ce n'est pas en s'abstenant d'agir que l'homme parvient à la non-action ; ce n'est pas non plus par le simple renoncement qu'il parvient à la perfection. Nul en effet ne peut exister, même pendant un instant, sans accomplir d'action ; car chacun est irrémédiablement poussé vers l'activité par les gunas nés de la nature. L'action en effet est supérieure à l'inaction. Même la survie de ton corps ne serait pas possible sans l'action. Par conséquent, restant non attaché, exécute toujours l'action qui est digne d'être accomplie. L'homme qui s'engage dans l'action tout en demeurant véritablement non attaché, parvient au Suprême. Qu'adviendrait-il si Je ne poursuivais inlassablement Mon activité ? Si Je ne M'engageais pas dans l'action, ces mondes périraient et Je serais la cause de la confusion et de la destruction de ces hommes. Les hommes en toutes choses suivent Mon exemple. Les actions sont accomplies dans tous les cas par les gunas de la Nature. Celui dont l'esprit est égaré par le sens du «je» affirme : «J'en suis l'auteur». M'abandonnant toutes les actions, la conscience maintenue dans le Soi, libéré du désir ardent et du sens du «mien», combats, délivré de la fièvre (de l'illusion). Ces hommes qui possèdent la foi, qui ne critiquent pas et qui suivent toujours cet enseignement qui est le Mien, ceux-là sont également libérés de l'action. Mais ceux qui critiquent et ne suivent pas Mon enseignement, sache qu'ils s'illusionnent sur toute connaissance, perdus et insensés qu'ils sont. Les créatures suivent leur propre nature. Même l'homme illuminé agit conformément à sa propre nature. Que pourrait accomplir la contrainte ? Du fait qu'on peut l'accomplir, notre propre dharma, même s'il est de moindre mérite, est préférable au dharma d'un autre. Meilleure est la mort dans son propre dharma. Le dharma d'un autre apporte le danger. J'accorde Mes faveurs aux hommes suivant la façon dont ils M'approchent ; dans tous les cas, ô Arjuna, les hommes suivent Ma voie. L'ordre quadruple fut créé par Moi conformément à la division des gunas et des actions. Bien que J'en sois l'auteur, sache que Je suis celui qui n'agit pas, immuable. Sachant ceci, ô fils de Pandu, tu ne sombreras plus dans une pareille illusion, car tu verras grâce à cela tous les êtres dans ton Soi et aussi en Moi. Quand bien même tu serais le plus grand des pécheurs, tu traverserais tout mal sur le seul radeau de la connaissance. En vérité, il n'est rien en ce monde d'aussi purifiant que la connaissance. Celui qui a atteint la perfection dans le Yoga trouve de lui-même, avec le temps, ceci en lui-même. Il accède à la connaissance, celui que remplit la foi, qui est déterminé dans ses buts et qui a maîtrisé les sens. Ayant obtenu la connaissance, il parvient rapidement à la paix suprême. Mais l'homme qui est dénué de connaissance, qui est sans foi et enclin au doute, périt. Ni ce monde, ni un autre, ni aucun bonheur ne sont pour l'esprit qui doute. Celui qui a renoncé à l'action grâce au Yoga, ô conquérant des richesses, dont les doutes ont été anéantis par la connaissance, qui possède le Soi, celui-là, les actions ne l'asservissent pas. Ainsi, ayant tranché net, avec l'épée de la connaissance, ce doute né en toi de l'ignorance et enraciné dans le cœur, recours au Yoga. Lève-toi, ô Bharata ! »

Arjuna dit : « Tu loues, ô Krishna, à la fois le renoncement à l'action et le Yoga (de l'action). Dis-moi sans détours, quel est le meilleur des deux ? »

« Le renoncement et le Yoga de l'action conduisent tous deux au bien suprême. Mais des deux, le Yoga de l'action est supérieur au renoncement à l'action. Sache qu'il est pour toujours un homme de renoncement, celui qui ne hait ni ne désire, libéré des paires d'opposés, il s'affranchit aisément de l'asservissement. Les ignorants et non les sages parlent de la voie de la connaissance (Sankhya) et de la voie de l'action (Yoga) comme étant différentes. Celui qui est fermement établi ne serait-ce que dans une voie, recueille le fruit des deux. Celui qui s'absorbe dans le Yoga, qui a l'âme pure, qui s'est parfaitement maîtrisé et qui a conquis les sens, dont le soi est devenu le Soi de tous les êtres, celui-là n'est pas impliqué alors même qu'il agit. L'Intelligence qui pénètre tout n'accepte pas le péché, ni même le mérite de quiconque. La sagesse est voilée par l'ignorance. De là vient que les créatures demeurent dans l'illusion. Mais en ceux pour qui la sagesse a détruit cette ignorance-là, en ceux-là la sagesse, tel le soleil, illumine Cela qui est transcendant. Même ici, dans cette vie, l'univers est conquis par ceux dont l'esprit est établi dans l'équanimité. Sans défaut, en vérité, et également présent est Brahman. Aussi est-ce en Brahman qu'ils sont établis. Celui pour qui le bonheur réside à l'intérieur, pour qui le contentement est à l'intérieur, pour qui la lumière est toute entière à l'intérieur, ce yogi, étant un avec Brahman, atteint la liberté éternelle dans la conscience divine. Celui qui accomplit l'action qui doit être faite sans dépendre du fruit, celui-là est un sanyasi ; et non pas celui qui est sans feu et sans activité. Que l'homme élève son soi par son Soi, qu'il n'abaisse pas son Soi ; lui seul, en vérité, est son propre ami, lui seul, son propre ennemi. Celui-là seul qui a conquis son soi par son Soi est son propre ami ; mais le Soi de celui qui n'a pas conquis son soi, agira avec inimitié comme un ennemi. Pour celui qui a conquis son soi, qui est profondément en paix, le Soi transcendant demeure inébranlable dans la chaleur et le froid, dans le plaisir et la douleur, dans l'honneur et la disgrâce. On dit qu'il s'est unifié, ce yogi qui est contenté dans la connaissance et dans l'expérience, qui demeure inébranlable, qui est maître des sens, qui reste égal lorsqu'il fait l'expérience de la terre, de la pierre ou de l'or. Une lampe qui ne vacille pas dans un lieu dépourvu de vent, tel est le yogi à la pensée maîtrisée, qui pratique l'Union avec le Soi. Cet (état) dans lequel la pensée, apaisée par la pratique du Yoga, se retire, dans lequel, voyant le Soi par le Soi uniquement, il trouve le contentement dans le Soi ; connaissant ce qui est joie infinie et qui, se trouvant au-delà des sens, est obtenu par l'intellect, et s'y étant établi, en vérité, il ne vacille pas ; l'ayant obtenu, il ne considère aucun gain comme étant plus élevé. Y étant établi, il n'est pas troublé même par un grand chagrin ; que cette désunion de l'union au chagrin soit connue sous le nom de Yoga (union). Ce Yoga doit être pratiqué avec une ferme résolution et un cœur courageux. Celui dont le soi est établi dans le Yoga, celui dont la vision est égale en tout lieu, celui-là voit le Soi dans tous les êtres et tous les êtres dans le Soi. Celui qui Me voit partout et voit tout en Moi, pour lui, Je ne suis pas perdu et lui n'est pas perdu pour Moi. Celui qui voit toute chose en comparaison avec le Soi, avec une vision égale, fût-ce le plaisir ou la souffrance, celui-là est tenu pour le plus grand yogi, ô Arjuna ».

Arjuna dit : « Ce Yoga que tu décris comme caractérisé par l'égalité, ô Krishna, je ne lui vois pas de persistance stable, à cause du vagabondage (de l'esprit). Car l'esprit est vagabond, turbulent, puissant et indomptable ; je le considère comme aussi difficile à contrôler que le vent ! »

« Sans aucun doute, l'esprit est difficile à contrôler ; il est vagabond, mais on le maîtrise par la pratique et le non-attachement, ô fils de Kunti. Pour l'homme indiscipliné, le Yoga est difficile à atteindre. J'en conviens ; mais il peut être atteint par des moyens appropriés par l'homme persévérant qui est discipliné ».

« Quel but atteint-il, ô Krishna, celui qui n'a pas atteint la perfection dans le Yoga, qui est doté de foi, mais qui, ne persévérant pas dans l'effort, égare son esprit loin du Yoga ? Égaré sur le chemin qui mène à Brahman, privé d'appui, et déchu des deux, ne périt-il pas comme un nuage déchiré ? Tu peux complètement dissiper ce doute qui est le mien, ô Krishna. En vérité, il n'y a personne d'autre que Toi qui puisse dissiper ce doute ! »

« Il n'est pas de destruction pour lui, ni dans ce monde, ni dans l'autre, Arjuna. Car aucun de ceux qui agissent avec droiture ne prend le chemin de l'infortune, Mon fils. Ayant atteint les mondes des vertueux et y ayant séjourné durant d'innombrables années, celui qui s'est égaré hors du Yoga naît dans la maison des purs et des illustres. Ou bien, il naît dans une vraie famille de yogis dotés de sagesse, bien qu'une telle naissance sur terre soit plus difficile à obtenir. Là, il retrouve le niveau d'Union atteint par son intellect dans son corps précédent, et grâce à cela, il s'efforce de réaliser la perfection. Le yogi est supérieur à l'ascète. On le tient même pour supérieur aux hommes de connaissance. Le Yogi est supérieur aux hommes d'action. Deviens donc un Yogi, ô Arjuna. Et de tous les yogis, Je le considère comme s'étant le plus parfaitement unifié, celui qui M'adore avec foi, son Soi le plus profond absorbé en Moi.

« Rien ne M'est supérieur ; les univers dépendent de Moi, comme des perles sur un fil.

« Les méchants et les ignorants sont victimes de maya, et il ne M'adorent pas. Il y a quatre sortes d'hommes bons qui M'adorent, ô Arjuna : l'affligé, le chercheur de vérité, le chercheur de joie, et l'homme sage. L'homme sage, résolu, qui M'est dévoué, est le meilleur d'entre eux. J'aime le sage, Arjuna, il M'est particulièrement cher.

« Absorbe-toi donc en Moi – et combats !

« Je vais te dire le plus profond des secrets, Arjuna, celui qui mène à la perfection, car tu es honnête. C'est la science la plus parfaite, et le suprême salut, ceci, tu le comprendras sans détour, et tu le pratiqueras sans difficulté. Les irrespectueux, l'ignorant, ne M'atteignent pas, et ils sont voués à une renaissance horrible. Écoute Ma sagesse, Arjuna : Je parle pour ton bien, car tu es un auditeur attentif.

« Ma présence invisible sature l'univers : tous les êtres demeurent en Moi, mais Moi, je ne demeure pas en eux.

« Je suis chez le rusé l'esprit du risque, et chez le puissant la force ; Je suis la résolution et la persévérance et la victoire ; Je suis la vertu du vertueux. Je suis Krishna parmi les Yadavas, et Arjuna parmi les Pandavas ; Je suis Vyasa parmi les sages, Ushanas parmi les ascètes. Chez les hommes de tact, Je suis la délicatesse ; le silence des choses secrètes, et la sagesse du sage. Je suis la semence de toute existence ; rien au monde d'animé ou d'inanimé ne peut être sans Moi.

« Ma gloire divine est sans limite ; ce que Je t'ai dit n'est qu'une énumération sommaire de Mon insondable puissance ».

Arjuna dit : « Ta grandeur, Tu me l'as dite. Comment les créatures naissent et passent, Tu me l'as dit ; et aussi la grandeur impérissable de la divine Ame consciente. Et il en est ainsi, comme

Tu l'as dit Toi-même, ô Krishna. Je voudrais voir Ta forme et Ton corps divin. Donne-m'en la révélation ! Si Tu m'en estimes digne, ô seigneur, alors montre-moi Ton Etre impérissable ! »

Krishṇa dit : « Contemple, ô Arjuna, Mes centaines et Mes milliers de formes divines, diverses en genre, diverses en forme et en couleur. Contemple ces gloires, que jamais nul n'a contemplées. Contemple l'univers tout entier se déroulant en Moi – et tout ce que tu peux désirer voir. Ce qu'il te faut voir, ton œil humain ne peut le saisir ; Je t'octroie une vision transcendantale.

« Si l'éclat de mille soleils surgissait tout d'un coup dans le ciel, leur radiance ne ferait qu'approcher la gloire de ce spectacle ».

Arjuna s'exclama : « Je vois tous les dieux ensemble dans Ton corps, ô Dieu, et des groupes d'êtres divers, Brahma, le seigneur créateur, sur le lotus ; et les rishis et la race des divins serpents. Je vois des bras et des ventres et des yeux et des faces sans nombre, je vois Tes formes infinies de tous côtés, mais je ne vois pas Ta fin, ni Ton milieu, ni Ton commencement ! Je Te vois couronné et avec Ta massue et Ton disque, difficile à discerner car Tu es de toutes parts autour de moi une masse lumineuse d'énergie. Le soleil et la lune sont Tes yeux, Ta bouche enflammée consume les trois mondes. Voyant Ta forme immense aux bouches et aux yeux multiples, aux bras multiples, aux cuisses, aux pieds et aux ventres multiples, terrible avec Tes dents nombreuses, le monde et ses peuples sont ébranlés et dans l'angoisse, comme moi aussi je le suis.

« Prends pitié, ô Dieu, Seigneur des trois mondes. Comme je regarde Tes bouches terribles avec leurs dents multiples, destructives, Tes visages qui sont comme les feux de la mort et du temps, je perds le sens des directions et ne trouve pas la paix. Les fils de Dhritarashtra, tous, avec la multitude des dieux et des héros, Bhishma et Drona et Karna, avec aussi les plus éminents guerriers de notre camp, se précipitent dans Tes mâchoires terribles armées de défenses, et on en voit dont les têtes sont écrasées et sanglantes, prises entre Tes dents puissantes. Comme ces eaux nombreuses qui déferlent, courant vers l'océan, ainsi tous ces héros du monde des hommes entrent dans Tes multiples bouches de flamme. Dis-moi qui Tu es, Toi qui revêts cette forme féroce. O Krishna, prends pitié de moi. Comment puis-je Te comprendre ? »

« Je suis le temps, destructeur suprême des trois mondes. Même si tu refuses de te battre, aucun de ces soldats ne survivra. Réveille-toi, Arjuna, et conquiers la gloire. Détruis tes ennemis et jouis de leur royaume. Leur mort est écrite – deviens seulement l'occasion. Je les ai déjà tous tués. Combats ! C'est ton jour ! »

Arjuna, tremblant, se prosterna devant Krishna.

« Il est dans l'ordre des choses que le monde se réjouisse de Toi et chante Ton nom ; les rakshasas s'enfuient épouvantés, et les sidhas rassemblés se tiennent devant Toi en une silencieuse supplication. Comment ne Te rendraient-ils pas hommage ? Tu es le créateur de Brahma, le seigneur de Brahma, l'infini, le Dieu des dieux, le refuge des trois mondes.

« Je te salue mille fois, et mille fois encore, je me prosterne devant Ta gloire, et je Te demande pardon, mon Seigneur ! Sois-moi indulgent, tel un ami pour son ami, un être chéri pour son bien-aimé, un père pour son fils. Permets que je Te revoie couronné, avec Ta masse, et Ton chakra. Je voudrais Te revoir, ô Toi aux milliers de bras, sous Ta forme à quatre bras ! »

« Par amour, je t'ai montré la suprême révélation, ô Arjuna. Nul auparavant ne l'a contemplée. Ni par l'étude des Védas, ni par les sacrifices, ni par les offrandes ou les rites des cérémonies, ou les plus sévères austérités, cette vision ne peut être contemplée. Oublie ta crainte et ton égarement. Réjouis-toi en ton cœur – et vois ! »

Krishna bénit Arjuna d'une vision de sa forme gracieuse. Krishna rendit la paix à Arjuna.

Il lui dit : « Fais ton devoir, Arjuna, tel que te le dicte ta nature. Tout travail enchaîne, de même que tous les feux produisent de la fumée. Seul le travail dénué d'égoïsme sauve.

« Établis en Moi ton esprit. Abandonne-Moi tous tes actes. Par Ma grâce tous tes problèmes se résoudront. La fierté ne peut que te conduire à la ruine morale. Si, sous l'emprise de la fierté, tu dis « Je ne combattrai pas », une telle attitude est vaine. Elle est stupide. Tu combattras, ta nature te fera combattre. Ton karma te fera combattre. Tu combattras malgré toi.

« L'univers, semblable à une roue magique, tourne. Brahman en est le moyeu. Prends refuge en lui. Par Sa grâce tu seras sauvé.

« Tu as maintenant toute la connaissance. Réfléchis-y. Tu es libre de choisir. Je t'ai dit tout cela parce que Je t'aime. As-tu écouté attentivement, Arjuna ? As-tu encore des doutes ? »

« Non, Krishna, par Ta grâce je n'ai plus de doute. Je suis résolu. Je combattrai. Je suivrai Ton conseil ».

Sanjaya dit à Dhritarashtra : « Je tressaille au souvenir de ce dialogue sacré entre Krishna et Arjuna. Chaque fois que j'y repense, j'exulte, et la joie me submerge ».

Une grande clameur s'éleva d'entre les rangs Pandavas, quand Arjuna leva son arc Gandiva.

Yudhishthira enleva promptement son armure, descendit de son char et, les mains jointes, traversa silencieusement le champ vers l'est en direction de Bhishma. Arjuna l'intercepta : « Où vas-tu ? Ce sont nos ennemis ». Mais, sans un mot, Yudhishthira continua d'avancer.

Certains des soldats Kauravas murmurèrent : « C'est un lâche. Il abandonne ses frères pour nous rejoindre ».

Yudhishthira marcha droit vers Bhishma, il le salua, lui prenant les pieds à deux mains :

« Tu es mon guru, je te salue. Donne-nous la permission de vous affronter aujourd'hui, et donne-nous ta bénédiction ».

« Si tu n'étais pas venu comme tu l'as fait, je t'aurais maudit. Mais je suis désormais satisfait. Vous avez ma bénédiction – combattez, et soyez heureux. Demande-moi n'importe quelle faveur, n'importe quoi sauf la victoire. L'homme est esclave de la richesse, bien que celle-ci ne soit esclave de personne. La richesse des Kauravas me lie à eux. Mais dis-moi, Yudhishthira, ce que tu désires ».

« Tu es mon guru, tu sais ce qui nous est profitable. Je ne souhaite rien qui interfère avec ta parole donnée aux Kauravas ».

« Je veux t'aider, mais je veux aussi combattre les ennemis des Kauravas ».

« Dans ce cas, ô noble Bhishma, dis-nous comment te vaincre au combat ; car je sais que tu es invincible ».

« Même parmi les dieux, nul ne peut me vaincre ».

« Dis-moi ceci : comment est-il possible de te tuer ? »

« Il n'est pas possible de me tuer. L'heure de ma mort n'est pas venue ».

Yudhishthira accepta les paroles de Bhishma, courbant la tête, il le salua, puis il alla voir Drona, tandis que l'observaient ses frères et les soldats.

« O invincible Drona, dis-moi comment je puis me battre sans encourir de reproche, et comment vaincre mes ennemis ».

« L'homme est esclave de la richesse, bien que celle-ci ne soit esclave de personne. Combats et sois heureux. Demande-moi n'importe quelle faveur – n'importe quoi, sauf la victoire. Tu sais que je me battrai pour les Kauravas, mais je prierai pour votre réussite ».

« Telle est la faveur que je demande : prie pour ma réussite, et bats-toi pour les Kauravas ».

« Krishna est de votre côté. Là où est Krishna, là est le Dharma ; là où est Krishna, là est la victoire ».

« Et une autre chose : vénérable guru, comment est-il possible de te tuer au combat ? »

« Tant que je suis en vie, vous ne pouvez pas gagner la guerre ».

« Comment est-il possible de te tuer ? »

« Pas quand je me bats – aucun homme vivant n'a alors le pouvoir de me tuer. Essaie quand je baisserai les bras, et que je me mettrai en Yoga sur le champ de bataille. Je te dirai quand ce sera le moment ».

Yudhishthira alla ensuite vers Kripa ; il renouvela sa salutation, et reçut la même bénédiction. Il en fit de même avec Shalya, le roi de Madras, et reçut aussi sa bénédiction.

« Je ne demande qu'une faveur, ô Shalya : que tu affaiblisses le pouvoir de Karna au combat ».

« Ce sera fait ».

Yudhishthira retourna dans son camp. Mais Krishna alla voir Karna : « On me dit, Karna, que tant que Bhishma sera vivant, à cause de ta haine pour lui, tu ne combattras pas. Combats à nos côtés jusqu'à ce qu'il meure. Rejoins les Kauravas après sa mort, si tu le désires ».

« Rien ne me fera trahir Duryodhana. Ma vie est liée à la sienne ».

Krishna retourna dans le camp Pandava.

Yudhishthira cria : « Sur ce champ de bataille, que les rois fassent leur choix ! Que celui qui souhaite nous rejoindre, vienne maintenant ! »

Allègrement Yuyutsu s'avança : « Si vous m'acceptez comme allié, je me battrai à vos côtés ».

« Nous sommes honorés de t'accepter, Yuyutsu », et Yuyutsu passa dans l'armée Pandava, sous un roulement de tambours et de cymbales.

La terrible guerre commença juste avant midi. Des rugissements de lion ébranlèrent le ciel et la terre. Le son vibrant des cordes des arcs, le hennissement des chevaux, le bruit des crochets sur les éléphants, le vacarme tonnant des roues de char retentissaient en une effrayante cacophonie. Alors que la bataille progressait, Bhishma, protégé par cinq rois sur chacun de ses côtés, perça la défense Pandava. Son étendard glorieux flottait au vent. Il semblait danser de joie sur son char, en décochant ses féroces flèches à pointe large. Des éléphants, touchés aux testicules, barrissaient de douleur. Abhimanyu, monté sur un char à bannière dorée et tiré par des chevaux de couleur fauve, fondit sur lui, visant de ses flèches son escorte de rois. Mais, tel un feu sans fumée, tel le centre du soleil en plein midi, brûlant tout alentour, Bhishma tenait bon. Des cris désespérés déchirèrent les rangs Pandavas quand, de son arc bandé jusqu'à en faire presque un cercle, il leur décocha une pluie de flèches empoisonnées.

Et quand, au soir du premier jour de la bataille, le soleil se coucha, les soldats Pandavas se retirèrent, abandonnant au fier Bhishma la possession du champ.

Yudhisthira, suivi des rois et des généraux Pandavas, vint trouver Krishna et lui dit : « Il nous détruit tel le feu l'herbe sèche, telle une flamme léchant du ghee. Aide-nous, Krishna ».

« Soyez patients. Vous savez que Dhrishtadyumna est de notre côté, et il a été prédit que Dhrishtadyumna tuerait Drona. Shikhandin est aussi de notre côté, et il tuera Bhishma ».

Pour le deuxième jour, Dhrishtadyumna ordonna une nouvelle

formation de bataille, dite Krauncha, dont Arjuna serait le fer de lance. La bannière d'Arjuna flottait, semblable à un bout de nuage blanc, et les banderoles couleur d'arc-en-ciel de son char ondulaient au vent.

Duryodhana ordonna un contre-alignement mené par Bhishma ; il avançait avec ses soldats, semblable à Indra lui-même. Le voyant approcher des rangs Pandavas, Arjuna, en colère, dit à Krishna :

« Conduis-moi où il est. Je vais l'affronter et le tuer avant qu'il ne nous détruise tous ».

« Je vais le faire, Arjuna, mais sois prudent ».

Arjuna, protégé sur les côtés par des soldats, avança. La bataille s'engagea. Bhishma décocha neuf flèches en direction d'Arjuna ; Arjuna en envoya d'abord dix, puis il en fit pleuvoir des milliers qui tombèrent en un filet épais sur son adversaire. Celui-ci le transperça de ses propres flèches ; et tous deux continuèrent à combattre, satisfaits d'eux-mêmes, rivalisant d'adresse.

Quand le soleil se coucha ce soir-là, Bhishma, en souriant, dit à Drona : « Krishna et Arjuna sont déterminés à nous dérouter ; c'est un moment difficile pour nos soldats. Vois comme ils se dispersent. Ordonne à l'armée de se retirer ». Drona transmit l'ordre, et au crépuscule, les deux armées se retranchèrent.

Au troisième jour de la bataille, l'armée Kaurava adopta pour stratégie la formation dite Garuda. Bhishma mena une contre-attaque farouche. La bataille fut horrible : le son vibrant des arcs et le claquement des cordes contre les protège-doigts en cuir, ensemble, évoquaient le vacarme de collines qui se fracassent. Les cris emplissaient le champ de bataille :

« Arrêtez ! »

« Je suis là ! »

« C'est lui ! »

« Revenez ! Revenez ! »

« Je suis prêt. »

« Frappez-le ! »

Les cottes de mailles dorées, les couronnes, les diadèmes, les étendards s'entrechoquaient bruyamment, puis tombaient comme de vulgaires cailloux sur le sol rocailleux. Des têtes aussi tombaient ; des bras couverts de parures, tranchés, se tordaient convulsivement sur le sol.

Un épais fleuve rouge se mit à couler ;
Ses eaux étaient un mélange de chair et de sang,
Des carcasses d'éléphants, ses rochers,
Ses affluents, des restes de chevaux, d'hommes et d'éléphants rongés par les vautours.
Il se précipitait vers l'océan de l'autre monde.

Jamais on n'entendit parler d'une telle bataille. Les cadavres éparpillés empêchaient les mouvements des chars, et les éléphants morts gisaient semblables à des collines bleues. Les soldats, selon leurs sentiments, poussaient des cris divers :

« Mon père ! »

« Oh, ma mère ! »

« Oh, mon ami ! »

« Au secours ! Au secours ! »

D'autres cris encore se faisaient entendre :

« Viens ! »

« Essaye encore ! »

« Ne sois pas lâche ! »

« Où t'enfuis-tu ? »

« Bats-toi ! Je suis avec toi ».

Malgré tout cet émoi, Bhishma, avec toujours autant d'adresse et de légèreté, ne cessait d'envoyer ses flèches dans les rangs Pandavas, y semant l'horreur. Son char, se déplaçant à la vitesse d'un cercle de feu, semblait être partout. A peine était-il visible au nord, que déjà il apparaissait au sud. Son mouvement semblait une illusion multiple. Seules ses flèches étaient visibles. Les Pandavas étaient terrifiés. Des centaines de rois courageux étaient précipités, telles des phalènes, dans sa flamme destructrice. Chacune de ses flèches trouvait sa victime. D'une seule flèche il abattait un éléphant, de même qu'un seul éclair fracasse une colline.

Les Pandavas furent à nouveau mis en déroute. Partout on entendait « Oh ! », « Hélas ! ». Tel père tuait son fils, tel fils son père. Terrorisés, les soldats s'enfuyaient, jetant bas leurs armures, aussi confusément qu'un troupeau de vaches.

Krishna, réjoui, dit à Arjuna : « Tu tiens ta chance. Frappe Bhishma dans la mêlée. Tes soldats ont été pris de panique, et Yudhishthira lui-même ».

« Conduis mon char jusqu'à Bhishma, je vais le frapper maintenant ».

Krishna pilota le char aux blancs chevaux en direction de Bhishma ; celui-ci resplendissait comme un soleil. Une pluie de flèches vint leur brouiller la vue, mais Krishna, patient et talentueux, fraya un chemin aux chevaux blessés. Arjuna, décochant des flèches de l'arc Gandiva, tonnant, arracha l'arc des mains de Bhishma. Promptement celui-ci en saisit un autre – et Arjuna le toucha également.

« Merveilleux, Arjuna ! » s'écria Bhishma. « Merveilleux ! Tout à fait merveilleux ! C'est un plaisir de se battre contre toi ! Frappe fort, Arjuna ! »

Krishna faisait faire au char des cercles rapides afin d'éviter la pluie constante des flèches de Bhishma. Pourtant Arjuna et lui furent atteints de plusieurs projectiles, ils ressemblaient à deux taureaux rugissants, écorchés par des cornes.

Incapable de se contenir, Krishna lâcha les rênes des chevaux, sautant du char, il dit à Arjuna : « C'est aujourd'hui que mon divin chakra va détruire Bhishma ! » Le chakra brillant comme le soleil, tranchant comme un rasoir, tournoyait au bout de son bras droit. La terre trembla quand il s'élança vers Bhishma. L'extrémité de son vêtement jaune flottait au vent, semblable à la lumière argentée d'un éclair jaillissant d'un nuage.

« Viens, viens, ô Dieu des dieux, avec ta masse et ton épée, et ton chakra. Tue-moi sur mon char ! Rien n'est plus noble que de mourir de tes mains. Ma renommée se répandra dans les trois mondes ».

Krishna cria : « Tu es la cause du grand massacre d'aujourd'hui. Ce jour même tu vas voir mourir Duryodhana et triompher le dharma ».

« Le destin est ce qu'il est », dit Bhishma.

Cependant Arjuna aux bras puissants, ayant sauté du char, se précipita sur Krishna, qui se tenait à dix pas de Bhishma, et de ses deux bras il le retint. Krishna se débattit, mais Arjuna l'entraîna en arrière, semblable à une tempête qui emporte un arbre.

Quand il eut finit de se débattre, Arjuna le salua et lui dit : « Contrôle ta colère, ô Krishna ; je te jure que je tiendrai mes promesses ».

Satisfait, Krishna remonta sur le char, s'empara des rênes et souffla bruyamment dans sa conque.

Le quatrième jour, Bhima et ses soldats écrasèrent la division d'éléphants des Kauravas ; alors que les bêtes terrorisées s'enfuyaient, tels des nuages poussés par un vent puissant, le victorieux Bhima se plaça, tel Shiva au trident sur un bûcher funéraire, au centre du terrain.

Duryodhana ordonna une contre-attaque, et toutes les forces Kauravas convergèrent vers Bhima en criant sauvagement : les chars, les éléphants et les chevaux déferlèrent telle une mer agitée une nuit de pleine lune, et les innombrables fantassins, telle une tempête de sable. Mais Bhima tint bon, telle la grève défiant l'océan, repoussant les attaques avec sa massue, frappant les rois qui le chargeaient. Arrachant les soldats de leurs chars, il les achevait à la massue : ils ressemblaient à des arbres écrasés par une tempête.

Souriant, Duryodhana tira trois flèches qui brisèrent l'arc éclatant de Bhima. Une autre flèche, cruelle comme Yama lui-même, le frappa à la poitrine. Une grande douleur le fit s'asseoir, puis il s'évanouit. Les soldats Pandavas conduits par Abimanyu lui vinrent en aide ; arrosant Duryodhana de leurs flèches, ils couvrirent leur chef jusqu'à ce qu'il revînt à lui. Appuyés par Ghatotkacha, ils écrasèrent les Kauravas qui se retirèrent, honteux.

Une autre nuit passa ; un autre soleil se leva. Le cinquième jour, Bhishma déploya son armée dans la formation de l'alligator. Le sixième jour fut marqué par un grand massacre de la cavalerie et des guerriers sur char, consacré par une victoire de Bhishma sur les Pandavas.

Les héros se retirèrent, couverts de sang, pour prendre le repos de la nuit ; on planifiait pour le lendemain, on se louait mutuellement.

L'après-midi du septième jour, Yudhishthira fit montre de son adresse au combat. Quand le soleil disparut derrière les collines occidentales, un fleuve se répandit sur le champ de bataille, un fleuve aux vagues de sang. Des chacals erraient sur le terrain, et des esprits et des rakshasas hideux braillaient en festoyant sur les cadavres. Les héros se retirèrent pour arracher de leurs corps les flèches ennemies, puis ils lavèrent leurs plaies à l'aide d'eaux médicinales.

Des poètes récitèrent des chants de victoire, et les Brahmanes offrirent des prières ; des artistes talentueux jouèrent de leurs instruments. Personne ne parlait de guerre. Il était beau de voir se reposer ces hommes, ces éléphants et ces chevaux exténués, dans une paix commune.

Au huitième jour, on assista à un combat entre Duryodhana et le rakshasa Ghatotkacha, fils de Bhima. Vaincu, Duryodhana rendit visite à Shakuni, à Duhshasana et à Karna pour établir le moyen de tuer les Pandavas au cours de la bataille.

Des chars sans cocher, tirés par de rapides chevaux, couraient à la débandade sur le champ de bataille. Quatorze mille guerriers sur char, célèbres et bien-nés, gisaient sans vie sur le terrain ; Bhishma-dispensateur-de-mort s'était chargé de les envoyer au royaume de Yama. Les débris de la guerre s'étalaient partout ; des milliers de chars, essieux et roues brisés, châssis écrasés ; des cottes de mailles brillantes à côté de corps mutilés, des haches, des carquois, des arcs, des épées, des têtes avec des boucles d'oreilles ; des protège-doigts en cuir, des gants, des bannières ; des éléphants et des chevaux.

Une confusion générale régnait quand Bhishma attaquait ; un père tuait son fils, un fils son père, un ami son ami. Les Pandavas, semblables à des taureaux dans un accès de folie meurtrière, fuyaient de tous côtés.

« Frappe maintenant, dit Krishna à Arjuna, ou bien il sera trop tard. Souviens-toi de ta promesse de tuer les Kauravas ».

« Les joies diaboliques d'une victoire à la Pyrrhus ou bien les tourments d'un nouvel exil en forêt – telle est l'alternative. Je vais agir selon ton conseil. Conduis mon char vers Bhishma, ô

Krishna ».

A la vue du char d'Arjuna, les Pandavas se rassemblèrent. Une flèche d'Arjuna vint briser en deux l'arc de Bhishma ; au moment où il en saisissait un autre, Arjuna le brisa aussi.

« Brillant, Arjuna, brillant ! » s'écria Bhishma tout en faisant pleuvoir une série de flèches meurtrières qui déroutèrent Arjuna.

Craignant l'issue d'un combat dans lequel Arjuna montrait moins d'adresse que Bhishma, Krishna sauta à bas de son char et, dans un rugissement de lion, courut vers Bhishma, son vêtement de soie jaune étincelant comme un éclair. Bhishma ramassa un arc énorme. « Viens, honore-moi, ô Krishna ».

Mais Arjuna rattrapa Krishna et de ses bras l'encercla. Krishna poursuivit sa course, entraînant Arjuna avec lui. Arjuna lui fit un croc-en-jambe, le faisant chuter à dix pas de Bhishma.

« Tu as promis de ne pas combattre. Je te le répète, je le tuerai. Que diront les gens ? On te traitera de menteur ! »

Krishna se releva, et sans un mot remonta sur le char. La bataille se poursuivait quand l'heure sinistre du crépuscule arriva. Yudhishthira replia ses forces.

« Bhishma détruit mes forces comme un éléphant piétine de la mauvaise herbe, dit Yudhishthira à Krishna. A quoi sert de se battre ? C'est un combat désespéré. Laisse-moi me retirer dans la forêt. J'en ai assez de la guerre. Regarde Bhishma ! Nous plongeons sur lui comme des insectes dans une muraille de feu ».

« Va voir Bhishma, et demande-lui par quel moyen on peut le tuer. Il ne peut pas refuser de te conseiller si tu vas le lui demander personnellement. Il est ton guru ».

Les cinq Pandavas et Krishna, ayant laissé leurs armures et leurs armes dehors, entrèrent dans la tente de Bhishma.

« Tu es le bienvenu, Krishna, et vous, Arjuna, Yudhishthira et Bhima, et vous, ô jumeaux. Qu'est-ce qui vous amène ici ? Quel vœu voulez-vous que je vous accorde pour votre bonheur ? »

Yudhishthira répondit aimablement : « Comment pouvons-nous gagner la guerre ? Comment cette destruction insensée se terminera-t-elle ? Dis-moi de quelle manière tu peux être tué. Quand tu combats, ton arc forme un cercle complet. Quand tu combats, tu resplendis comme le soleil ».

« Tant que je vivrai, vous ne pourrez pas gagner. Tant que je tiens en main mon arc géant et mes flèches, ni les dieux ni les anti-dieux, Indra lui-même, ne peuvent me faire de mal. Mais si je refuse d'employer mes armes, même le soldat le plus insignifiant peut me tuer. Je ne me bats pas contre un homme désarmé, contre un guerrier sans cheval, contre un char sans bannière, contre un lâche, contre un soldat frappé de terreur, et contre une femme. Shikhandin combat à vos côtés. Shikhandin était une femme – Amba – dans sa naissance précédente. Vous connaissez l'histoire de sa naissance. Qu'Arjuna se tienne derrière Shikhandin quand il m'attaque. Je ne me servirai pas de mes armes contre une femme ».

Ils lui rendirent hommage et partirent. Mais Arjuna se sentait honteux, il dit à Krishna : « Il est mon guru, Krishna. Enfant, je jouais sur ses genoux ; mon corps poussiéreux a sali mille fois ses vêtements quand il jouait avec moi. Quand, enfant, je l'appelais «Père», il répondait : «Pas ton père, Arjuna, mais le père de ton père». Je ne peux pas faire ça. Comment puis-je le tuer ? Jamais, jamais ! »

Krishna dit : « Et ta promesse, Arjuna ? Tes paroles sont-elles celles d'un Kshatriya ? Ce qui est écrit, arrivera. Ta seule préoccupation devrait être de faire ton devoir ».

« Très bien. Que Shikhandin se place devant moi. Que Shikhandin soit la cause de la mort de Bhishma ».

Il y eut au neuvième jour une grande tuerie dans les rangs Pandavas. Mais le dixième jour, Bhishma se dit en lui-même : « Je suis fatigué de tuer. Je n'ai plus le désir de vivre ».

Arjuna attaqua, protégé par Shikhandin, semblable à un éléphant sauvage en chargeant un autre. « Plus vite ! Plus vite ! pressait-il Shikhandin. Tue-le maintenant ».

Ignorant les assauts de Shikhandin, Bhishma concentrait ses flèches sur Arjuna. Duryodhana donna à ses soldats l'ordre de distraire l'attention d'Arjuna. Comme Bhishma fonçait sur Arjuna avec une arme divine, Shikhandin, vêtu d'une armure, l'intercepta, et Bhishma se retrancha.

Déconcerté et enragé, Bhishma se lécha les lèvres, et lança un javelot sur Arjuna. Le voyant fondre sur lui comme un coup de foudre ardent, Arjuna lui décocha cinq flèches ; il se fragmenta en cinq morceaux.

« Il ne sert à rien de combattre, se dit Bhishma. Krishna aide Arjuna, et j'ai fait le vœu de ne pas faire de mal à Shikhandin. Il est temps pour moi de me servir de la faveur octroyée par mon père quand il épousa Satyavati – la décision de ma propre mort ».

Au moment même où il eut cette pensée, Shikhandin lui envoya cinq flèches dans la poitrine ; il les reçut en se tenant debout fermement, comme une montagne dans un tremblement de terre. Vingt-cinq des flèches d'Arjuna le transpercèrent, suivies de centaines d'autres, le blessant à tous les endroits vitaux du corps.

Bhishma se tourna vers Duhshasana, sourit, et lui dit : « Tu peux voir que ces flèches sont celles d'Arjuna, et non pas celles de Shikhandin – elles volent droit, en un flot incessant. Elles ont transpercé ma plus épaisse armure ; elle sont comme un vent froid d'hiver, une bise qui entame la peau des vaches. Ce ne peut être celles de Shikhandin ».

« Ruez-vous sur lui ! » cria Yudhishthira. En criant, les forces

Pandavas attaquèrent Bhishma à l'épée, au javelot, à la hache, avec des flèches et des lances.

En ce dixième jour, la bataille fut cruelle. Dix mille Pandavas moururent.

Le corps de Bhishma était transpercé de toutes parts, il n'y avait pas un espace de deux doigts qui ne fût troué. Il tomba de son char, le visage tourné vers l'est, alors que les Kauravas le regardaient, juste avant que ne se couche le soleil. Il tomba ; la terre trembla. Il gisait là, sur un lit de flèches, son corps ne touchant pas le sol. Une douce pluie tomba. Le soleil était à son solstice d'été. Des voix venant du ciel proclamèrent : « Il est mort ! Bhishma, le plus grand des guerriers, a été tué ! »

« Non, je suis vivant ! » dit Bhishma.

Ganga, la mère de Bhishma, et fille des Himalayas, envoya de saints hommes, sous la forme de cygnes, à son fils. Ils s'élevèrent du lac de Manasa et se réunirent autour de lui, allongé sur un lit de flèches ; ils l'entourèrent en disant : « Pourquoi a-t-il fallu qu'il meure au moment du solstice d'été ? » et ils s'envolèrent vers le sud. Bhishma tourna la tête dans leur direction et dit : « Jamais, ô cygnes, je ne mourrai durant le solstice d'été ; il m'a été donné de décider de l'heure de ma propre mort, et je vivrai jusqu'à ce que décline le soleil dans son solstice d'hiver ».

Les deux armées s'arrêtèrent de combattre, puis, ayant jeté leurs armes, elles se réunirent autour de Bhishma. Les Pandavas et les Kauravas lui présentèrent leurs hommages.

« Nobles guerriers, héros divins, vous êtes les bienvenus ». Sa tête s'affaissa.

« J'ai besoin d'un oreiller ».

On lui apporta des oreillers de la soie la plus douce. Bhishma sourit :

« Un oreiller pour héros, dit-il, pas de ceux-là ». Il tourna la tête vers Arjuna :

« Ma tête tombe, Arjuna. Donne-moi un oreiller de héros ».

Arjuna banda promptement son arc, il salua Bhishma, et ses yeux lui dirent : « Une demande de ta part est un ordre ». Il décocha trois flèches de l'arc Gandiva pour soutenir la tête de Bhishma.

« C'est exactement ce que je voulais, Arjuna, dit Bhishma, satisfait. Ainsi devraient dormir tous les Kshatriyas sur le champ de bataille. Je dormirai sur ce lit jusqu'à ce que le soleil décline dans son solstice d'hiver. Mais quand dans son char rapide à sept chevaux il avancera vers le nord, alors je dirai au revoir à la vie, comme un ami très cher salue son ami. Creusez une tranchée autour de moi, ô rois : je souhaite être seul dans mon adoration au soleil ».

Des docteurs et des chirurgiens, experts dans l'art d'extraire les flèches, arrivèrent avec leurs instruments et leurs remèdes. Mais Bhishma dit à Duryodhana : « Renvoie-les avec des présents d'or. Je n'ai pas besoin de docteurs maintenant. J'ai atteint le plus grand bonheur pour un Kshatriya. Quand vous brûlerez mon corps, brûlez-le avec les flèches ».

La nuit vint, et on se tenait toujours autour de lui, tandis que des jeunes filles l'aspergeaient d'eau de bois de santal, de paddy frit et de fleurs. Il gémit, tel un serpent, puis demanda de l'eau. On lui apporta des jus de fruits et de l'eau fraîche. Il se tourna vers Arjuna :

« Arjuna, j'ai la bouche sèche. Donne-moi de l'eau ».

Arjuna monta sur son char et, tendant l'arc Gandiva à l'extrême, il décocha une flèche inspirée par un mantra juste au sud de l'endroit où se tenait Bhishma.

Le jet d'une eau fraîche, pure et sainte jaillit du sol ; Bhishma la but. « Vois, Duryodhana, dit Bhishma. Qui d'autre qu'Arjuna aurait pu faire cela ? Débarrasse-toi de ta colère. Arrête cette guerre insensée. Que la paix règne après la mort de Bhishma ».

Ils retournèrent à leurs campements. Cette nuit-là, Karna se rendit seul aux pieds de Bhishma.

« Je suis le fils de Radha, Karna, dit-il d'une voix mêlée de larmes, celui que tu n'as jamais aimé ».

Bhishma souleva un bras et l'étreignit affectueusement.

« Le fils de Kunti, et non celui de Radha. Je ne te veux aucun mal, Karna. Je te connais comme un grand guerrier. Si je t'ai parlé durement dans le camp Kaurava, c'est parce que je t'estimais trop arrogant. Tu es l'égal d'Arjuna. Tu te bats loyalement. Tu es dévoué aux Brahmanes. Je meurs maintenant, Karna : je n'ai rien contre toi. Si tu ne me veux pas de mal non plus, écoute-moi : rejoins les Pandavas ; que la guerre se termine ; que vivent les soldats. Les Pandavas sont tes propres frères ; Krishna est de leur côté. Ils ne peuvent pas perdre ».

« Je sais qu'ils ne peuvent pas perdre. Et pourtant, je dois les combattre. J'en ai fait le vœu, je ne peux pas briser mon vœu. Je me battrai avec fougue, comme l'on fait son devoir. Je t'en supplie – donne-moi la permission d'agir ainsi. Si à un quelconque moment je t'ai blessé par un mot ou un acte cruel, par colère ou par négligence, pardonne-m'en, et permets que je combatte ».

« Tu as ma permission. Bats-toi sans colère ni espoir de récompense. Si je t'ai parlé comme je l'ai fait, c'est parce que la paix entre les Pandavas et les Kauravas était mon but. Et j'ai échoué ».

Livre VII

DRONA

« Bhishma, notre commandant expérimenté, courageux et savant, est sur le point de mourir, dit Duryodhana à Karna. Une armée sans chef n'a rien de bon. C'est un bateau sans son capitaine, un char sans son aurige. De même qu'un marchand, dans un pays dont il ignore les coutumes, fait de mauvaises affaires, une armée sans chef ne peut qu'aller de travers, et elle s'expose à toutes sortes de difficultés. Quel guide envisages-tu pour nous ? »

« N'importe lequel d'entre nous conviendrait. Nous sommes tous courageux, sages, bien-nés, et experts en matière de guerre. Mais c'est à Drona que le poste devrait revenir, car il est notre maître. Nul ne sera jaloux de le voir commander ».

Duryodhana alla trouver Drona : « Guide-nous, ô Drona, de même que le fils du dieu de la guerre guide les forces célestes vers la victoire. Nous te suivrons, tels des taureaux leur chef. Arjuna lui-même n'osera pas attaquer si tu deviens notre général ».

Une grande clameur s'éleva des rangs Kauravas quand Duryodhana parla ainsi.

« Je connais les Védas et leurs six textes subsidiaires, dit Drona. Je connais bien la psychologie du comportement humain, et aussi l'usage des armes spéciales. Puisque tu mets en moi une telle confiance, j'accepte le commandement de ton armée contre les Pandavas ».

Au onzième jour, il provoqua un ravage dans les rangs Pandavas ; il décochait ses flèches par centaines, et pénétrait leurs formations pareil à la Mort elle-même. « Que veux-tu de moi, Duryodhana ? demanda-t-il. Tu m'as fait l'honneur de me confier le commandement de ton armée, et je t'accorde une faveur ».

Duryodhana consulta Karna et Duhshasana, puis il répondit : « Empare-toi de Yudhishthira, et amène-le-nous vivant ».

« Pourquoi pas sa mort ? Aurais-tu toi aussi une admiration secrète pour lui, à qui l'on donne le qualificatif d'Ajatashatru,

Celui qui n'a pas d'Ennemi ? Yudhishthira sera capturé vivant, mais à une condition : tu dois distraire Arjuna afin qu'il ne le protège pas. Arjuna est mon élève – il n'a que trop bien appris de moi. Ses armes lui ont été données par Indra et par Rudra. Occupe-le, et je promets de capturer Yudhishthira vivant ».

Un fleuve se mit à couler sur le terrain quand Drona attaqua –
Son impétuosité, c'était sa colère ; ses vagues, les soldats ;
Ses eaux, le sang des guerriers morts ;
Ses remous, les chars ; ses rives, les éléphants et les chevaux.
Ses nénuphars, les cottes de mailles, et la chair sa boue ;
Les casques tombés, son écume, les lances ses poissons.
Les flèches son vif courant, les cadavres ses rondins ;
Les têtes tranchées, ses récifs.
Seuls les braves traversaient ce fleuve, les autres tremblaient.
Les roues des chars étaient des tortues, les massues des crocodiles ;
Les flèches, ses bandes de petits poissons ; les ombrelles ses cygnes ;
Les cheveux flottants des cadavres, ses algues et sa végétation ;
Il emportait avec lui des centaines de soldats vers la demeure de Yama ;
Des vautours et des corbeaux effrayants en faisaient leur pâture.

Comme Drona poursuivait son massacre, les Pandavas se rallièrent sous les ordres de Yudhishthira et contre-attaquèrent.

Arjuna prit les devants, emplissant le ciel du vacarme de son char. Ses flèches volèrent au-dessus du fleuve de sang, obscurcissant les quatre directions, enveloppant le soleil comme un nuage de fine poussière. Quand la nuit arriva, les armées Kauravas se retirèrent, et les Pandavas regagnèrent également leurs tentes.

Les rois Kauravas distribuèrent aux Brahmanes des pièces d'or, et, cette nuit-là, ils promirent haut et fort d'exterminer Arjuna.

« Si demain nous échouons à tuer Arjuna,
Si par peur nous battons en retraite,
Que les différentes régions infernales soient nôtres,
La région réservée à celui qui tue un Brahmane,
La région réservée à l'ivrogne,
A celui qui couche avec la femme de son guru,
Qui refuse d'héberger l'indigent,
Qui cherche la compagnie de son épouse indisposée,
Qui trahit la confiance et profane les écritures,
Qui se bat contre un eunuque ou qui abandonne sa mère,
La région réservée aux athées, aux pyromanes et aux voleurs de bétail. »

Ils marchèrent vers le champ de bataille, et invitèrent Arjuna à les combattre du côté sud.

« Quand on me défie, dit Arjuna à Yudhishthira, je ne refuse jamais. J'en ai fait le vœu ».

« C'est une feinte. Drona a fait serment de me capturer aujourd'hui ».

« Satyajit te protégera pendant mon absence. Mais si Satyajit est tué, je te conseille de te replier immédiatement ».

Arjuna, ramassant sa conque, la dorée Devadatta, souffla farouchement ; le bruit se répercuta dans les cieux, et les guerriers sur char en restèrent pétrifiés. Leurs chevaux restèrent paralysés, les yeux grands ouverts, ils urinèrent et vomirent du sang.

Posté sur son éléphant, Bhagadatta fit pleuvoir un flot de flèches en direction d'Arjuna et de Krishna. Certaines parmi les plus fines – faites de fer, avec des plumes d'or, affûtées à la pierre – transpercèrent Krishna et, lui traversant le corps comme des flammes, retombèrent sur le sol. Les lances touchèrent le diadème d'Arjuna.

Réajustant son diadème, Arjuna lança à Bhagadatta : « Regarde bien ce monde avant de mourir ! », et il lui décocha soixante-douze flèches. Bien que profondément atteint, Bhagadatta, inébranlable, enfonça un crochet dans son arme Vaishnava, et, l'inspirant à l'aide de mantras, il la décocha vers Arjuna.

Cependant Krishna s'avança pour recevoir l'arme toute destructive en pleine poitrine ; elle se transforma en une guirlande de victoire.

Peiné, Arjuna demanda à Krishna : « Pourquoi as-tu fait cela ? Tu avais promis de n'être que mon pilote. Aide-moi si tu le dois quand je suis à terre, mais pas quand je suis debout ».

« Il y a à cela une explication secrète. J'ai quatre formes dans lesquelles je me suis divisé pour le bien du monde. L'une est sur la terre, qui pratique la méditation et la discipline. Une autre veille sur la lutte du bien et du mal dans l'univers. Une troisième, incarnée, œuvre parmi les hommes. Une quatrième dort pour un millier d'années. Naraka, le fils de la Terre, obtint de moi une faveur à mon réveil d'un sommeil de mille ans. Je lui donnai l'arme Vaishnava qui le rendait invincible. C'est de lui que la tient Bhagadatta. Nul, pas même Indra ou Shiva, n'est immunisé contre cette arme. Bhagadatta est maintenant sans défense, et toi, tu es en vie. Tue-le rapidement, comme j'ai moi-même tué l'anti-dieu Naraka pour le bien de l'univers ».

Arjuna envoya une longue flèche entre les yeux de l'éléphant ennemi ; comme un éclair fendant une montagne, comme un serpent traversant une fourmilière, elle transperça le corps de la bête. L'éléphant s'effondra en criant curieusement. Une flèche en forme de croissant toucha Bhagadatta à la poitrine. Il s'affaissa ; son arc et ses flèches lui glissèrent des mains ; son turban, desserré, tomba, tels les pétales d'un lotus violemment secoué.

Duryodhana ordonna à ses armées une formation circulaire, à la tête de laquelle il plaça dix mille rois aux bannières dorées, qui avaient juré de se battre à mort. Ils portaient des vêtements rouges, des parures rouges, et des guirlandes dorées ; ils avaient le corps enduit de pâte de santal et d'autres onguents. Lakshmana les conduisait, le petit-fils de Dhritarashtra. Avides de se battre, ils avancèrent en un front uni vers Arjuna. Au centre du cercle, entouré par Karna, Duhshasana et Kripa, se tenait Duryodhana, abrité sous une ombrelle blanche, éventé par des queues de yak. A ses côtés se trouvaient Ashvatthaman, le fils de Drona, et trente fils divins de Dhritarashtra.

Yudhishthira confia à Abhimanyu, le fils d'Arjuna, le commandement des forces Pandavas. Il lui dit : « Agis de telle façon qu'Arjuna l'approuve. Nous ne savons pas comment percer le cercle. Toi, Arjuna, Krishna et Pradyumna, en êtes capables – nous ne voyons pas une cinquième personne. Arjuna est occupé avec Bhagadatta. Détruis le cercle de Drona avant qu'il ne revienne, et sauve-nous ».

« Mon père m'a enseigné à percer ce genre de cercle, mais j'y vais en sachant que je ne reviendrai peut-être pas ».

« Va, ouvre-nous un chemin. Nous sommes derrière toi ».

Abhimanyu lança son char, tiré par des chevaux de trois ans, en direction des soldats Kauravas. Le jeune frère adoptif de Karna se plaça, en rugissant furieusement, entre ce dernier et Abhimanyu ; il décocha dix flèches vers le fils d'Arjuna. Mais Abhimanyu, d'une seule flèche ailée, lui trancha la tête ; elle tomba à terre. Karna se retira, et Abhimanyu fonça sur les autres rois. Quand Karna prit la fuite, les soldats Kauravas rompirent les rangs et, paniqués, se dispersèrent ; certains furent abattus par les flèches d'Abhimanyu, d'autres furent piétinés par leurs compagnons d'armes. Consumant ses ennemis, comme le feu l'herbe sèche, Abhimanyu traversa leurs rangs, semblable au soleil glorieux à son zénith.

Jayadratha accourut pour combler le vide créé par la débâcle ; il combattit tout seul les Pandavas excités, qui applaudissaient ses actes héroïques. Karna rejoignit Drona. « Abhimanyu nous afflige terriblement ; ses flèches atteignent notre moral ».

« Abhimanyu est jeune et courageux, il a une armure invulnérable. J'ai enseigné à son père comment porter une armure, et je vois que le fils en connaît bien l'art également. Mais il est possible de briser son arc, la corde, les rênes de ses chevaux, et de tuer les chevaux et les deux cochers. Quand cela sera fait et qu'il fera demi-tour, abats-le ! Tant qu'il a son arc, il est invulnérable. Arrache-le-lui, ainsi que son char ».

Suivant le conseil de Drona, Karna visa l'arc d'Abhimanyu ; Kritavarman visa et tua les chevaux, et Kripa exécuta les deux cochers. Plus rapides que le vent, ensemble ils pressèrent Abhimañyu, déversant sur lui une pluie de flèches. Sans arc et sans char, le bel Abhimanyu les affronta seul, armé d'une simple épée et d'un bouclier. Quand il sauta pour éviter l'attaque, on eût dit qu'il volait comme Garuda, le roi des oiseaux. Pensant « Il va retomber sur nous ! », ils levèrent leurs regards et envoyèrent leurs flèches au ciel. Une flèche particulièrement pointue de Drona vint sectionner la garde incrustée de gemmes de son épée, et les flèches de Karna transpercèrent son bouclier, le laissant sans défense.

Ramassant une massue, Abhimanyu se précipita sur Ashvatthaman, le fils de Drona. A la vue de son ennemi, qui avançait telle la foudre, Ashvatthaman sauta promptement à bas de son char et fit trois grands bonds en arrière pour éviter la chute de la massue.

Le fils de Duhshasana accourut, criant « Attends ! Attends ! », et sa massue heurta Abhimanyu au moment même où celle d'Abhimanyu s'abattait sur lui. Ils s'effondrèrent tous deux comme des troncs d'arbre. Se relevant le premier, le fils de Duhshasana frappa Abhimanyu à la tête alors qu'il luttait pour se relever. Étourdi par le coup, et épuisé de fatigue, Abhimanyu, éléphant broyant une armée de lotus, tomba, un guerrier seul tué par d'autres guerriers, un éléphant tué par des chasseurs trop nombreux. Il gisait sur le champ de bataille,

Comme un feu de forêt en plein été étouffé,
Comme une tempête épuisée d'avoir ravagé une montagne,
Comme le soleil couchant qui a roussi les arbres,
Comme la lune avalée par Rahu dans une éclipse,
Comme l'océan asséché de ses eaux.

Les soldats Pandavas, accablés par la douleur, furent pris de panique et s'enfuirent ; puis, à l'heure charmante du crépuscule, on entendit hurler des chacals, et le soleil – lotus rouge pâle – s'enfonça à l'ouest, emportant avec lui la splendeur des épées, des flèches, des boucliers et des parures.

Arjuna et Krishna, après leurs dévotions à la gracieuse déesse du crépuscule, rentrèrent avec leur char au campement, discutant des incidents et des divers triomphes de la journée. Ils trouvèrent les autres Pandavas assis dans un silence douloureux.

« Vous êtes étrangement pâles, dit Arjuna. Et je ne vois pas Abhimanyu. Il n'est pas venu me féliciter. Où est mon jeune fils obéissant, souriant, à la voix douce, aux yeux de gazelle, aux longs cheveux ? Pourquoi ne dites-vous rien ? Est-il mort ? Gît-il sur le champ de bataille, dans un bain de sang, pareil à un soleil tombé ? Que dira sa mère Subhadra ? Que dira Draupadi ? »

Krishna le consola : « La mort survient pour tous les héros qui ne battent pas en retraite. Ne souffre pas. Il a atteint les régions bénies ».

D'une voix étranglée par le chagrin, Arjuna dit à ses frères : « Je les détruirai tous – tous leurs éléphants, leurs chevaux, et leurs chars ! Je les tuerai tous – les assassins de mon fils, leurs parents, et leurs alliés ! Où étiez-vous quand cela s'est produit ? Vous êtes tous de courageux guerriers, vous étiez armés – comment ont-ils pu tuer mon fils avec vous pour le protéger ? Indra lui-même n'aurait pas osé ! Si j'avais su que vous n'étiez pas capables de le défendre, je l'aurais fait moi-même. N'avez-vous pas honte ? Où est votre audace ? Comment ont-ils pu oser le tuer en votre propre présence ? J'aurais dû savoir que vous étiez tous des lâches et rester avec lui ».

Il s'effondra, l'arc et l'épée en mains. Personne n'osait le regarder, alors qu'il se tenait assis là, gémissant sourdement «Mon fils», se tordant les mains et regardant autour de lui, les yeux hagards.

« Demain je tuerai Jayadratha – Je le jure ! » dit-il.

Il ramassa son arc Gandiva et, à deux mains, le banda ; le bruit vibrant emplit le ciel. Krishna souffla dans sa conque Panchajanya, Arjuna dans Devadatta. La résonance emplit les quatre horizons, les régions de l'air supérieur, et l'univers tout entier. Les espions de Duryodhana rapportèrent l'affaire à Jayadratha qui se leva, honteux et inquiet, pour se rendre à l'assemblée des rois Kauravas.

« Arjuna veut ma mort. Je n'ai plus le désir de combattre. Je veux retourner à mon royaume. Autorisez-moi à lever le camp ».

Duryodhana dit : « Nous te protégerons. Moi, Karna, Chitrasena, Shalya, Drona, Ashvatthaman, Shakuni et les autres rois, nous te couvrirons où que tu ailles. N'aies pas peur. Mes onze akshauhinis ont reçu l'ordre de t'assister ».

Cette nuit-là, accompagné de Duryodhana, Jayadratha alla voir Drona, le général des forces Kauravas ; lui ayant touché les pieds, il s'assit humblement.

« Dis-moi franchement qui, d'Arjuna et de moi, est le plus précis, le plus habile, et le plus efficace à manier l'épée ».

« Je vous ai donné les mêmes instructions. Mais Arjuna a pratiqué le yoga et il a mené une vie dure et disciplinée. Il est le meilleur. Mais ne t'en fais pas. Les dieux eux-mêmes ne peuvent pas faire de mal à celui que je protège. Je formerai un alignement qu'Arjuna sera incapable de percer. Tu as en outre accompli bon nombre de sacrifices. Tu ne dois rien craindre de la mort ».

Le matin suivant, un grand vacarme régnait dans les rangs Kauravas : les héros tendaient leurs arcs, en ajustaient les cordes, on criait « Où est Arjuna ? » en jetant en l'air les épées que l'on rattrapait au vol, les massues et les gourdins tournoyaient aux cris de « Où est Krishna ? », « Où est Bhima ? »

Drona dit à Jayadratha : « Prends le fils de Somadatta, Karna, Ashvatthaman, Shalya, Vrishasena, Kripa, cent mille chevaux, soixante mille chars, quatorze mille éléphants, et place-toi à une distance de sept kilomètres derrière moi ».

Réconforté, Jayadratha agit comme il lui était ordonné.

Arjuna attaqua violemment, et sans peur ; il fit son chemin ligne après ligne au travers des chars et des fantassins. On lui lançait des pluies de flèches, de massues, et de javelots, et, de même qu'un océan absorbe les centaines de rivières qui se déversent en lui, il supportait tout sans broncher.

Dans la confusion, Bhima remarqua Karna dissimulé dans son char ; il sauta du sien et s'empara de l'étendard de son adversaire. Furieux, celui-ci s'apprêta à combattre. Chacun grondait à l'adresse de l'autre comme un nuage d'été. Bhima ramassait tout ce qui traînait à portée de sa main, des roues de char, des os brisés d'éléphants et de chevaux, et les projetait sur Karna. Au moment où il allait abattre ses poings serrés sur le crâne de son ennemi, il se souvint du vœu d'Arjuna de le tuer, et s'arrêta. Karna aussi se souvint de sa promesse à Kunti et se retint de tuer Bhima.

S'avançant à grands pas vers lui, Karna lui donna un petit coup du bout de son arc sur la poitrine. Bhima s'en empara et frappa Karna à la tête. Les yeux rouges de colère, mais souriant, Karna dit :

« Eunuque, imbécile, glouton, bats-toi avec un enfant, pas avec moi ! Il te faut des festins, pas des batailles ! Mange des racines, des fleurs et des fruits, et fais-toi moine. Commande des cuisiniers et des serviteurs, pas des soldats ! »

A nouveau il lui donna un petit coup de son arc, sur les joues. « Va voir Krishna et Arjuna, mon petit. Ils s'occuperont de toi ».

Krishna conduisit Arjuna sur les lieux de la joute verbale, et, comme Arjuna lui décochait une série de ses flèches à pointe dorée, Karna prit la fuite.

« Maintenant, ô Krishna, conduis-moi à Jayadratha. Nous avons très peu de temps. Le soleil a amorcé sa descente sur les collines d'Asta ».

Semant la terreur dans les rangs Kauravas, le char d'Arjuna filait vers Jayadratha à la bannière ornée d'un sanglier. Il trancha la tête de son cocher et transperça son étendard de deux flèches rapides lancées simultanément. L'étendard s'affaissa comme un feu qui s'éteint.

Le soleil avait commencé à descendre quand Krishna se tourna vers Arjuna : « Six rois courageux protègent Jayadratha. Si tu ne les abats pas, tu ne pourras pas le tuer. Je vais me servir de mon yoga magique pour donner à Jayadratha l'impression que le soleil s'est déjà couché. Il pensera alors qu'il peut se mettre à découvert. Frappe-le à ce moment-là ! »

« Je le ferai », dit Arjuna.

Le yoga de Krishna enveloppa d'obscurité le soleil. Les soldats Kauravas levèrent la tête pour un dernier regard. Jayadratha fit de même.

Krishna dit à Arjuna : « Il regarde le soleil caché. Maintenant ! Tranche-lui la tête ! Et veille à ce qu'elle ne touche pas le sol, ou sinon ta propre tête – comme le veut la malédiction – éclatera en cent morceaux ».

Se passant la langue sur les lèvres, Arjuna envoya une flèche inspirée par un mantra sur Jayadratha, une flèche qui avait été vénérée avec des parfums et des fleurs. Elle traversa l'air rapidement et décapita Jayadratha aussi aisément qu'un faucon s'empare d'un moineau à la cime d'un arbre. Arjuna continua de décocher ses flèches sur la tête, la faisant voler dans l'air jusqu'à ce qu'elle retombe sur les genoux du roi Vriddhakshattra, le père de Jayadratha. Comme le prédisait également la malédiction, la tête de Vriddhakshattra éclata immédiatement en cent morceaux.

Duryodhana dit à Ashvatthaman : « Les Pandavas sont en train de nous écraser. Aide-nous, ô fils de Drona. Détruis nos ennemis ».

« Ce que tu dis est vrai. Les Pandavas sont chers à mon père, et à moi aussi. Mais c'est la guerre, et les sentiments ne comptent pas ».

Drishtadyumna fut le premier à monter à l'attaque du côté des Pandavas. « Attaque-moi ! cria-t-il à Ashvatthaman. Pourquoi harceler de simples soldats ? »

« Puisque tu chéris tant la mort, viens, battons-nous », rétorqua Ashvatthaman.

« Te tuer ? répondit Dhrishtadyumna. Avant de te tuer, je tuerai ton père, Drona. Tu te dis Brahmane, tu n'es qu'un piètre disciple des pratiques Kshatriyas ».

Tous deux jouèrent sur le champ de bataille, chacun misant sa vie. Alors qu'ils se battaient, les forces de Yudhishthira et de Bhima encerclèrent Ashvatthaman. Duryodhana intervint avec ses soldats, une bataille cruelle s'ensuivit. Hommes et bêtes se battirent jusqu'à l'épuisement ; au bout de neuf heures d'un combat sanglant, les yeux des guerriers se fermaient de fatigue. A minuit, ils étaient découragés ; nombreux furent ceux qui s'allongèrent et dormirent sur place ; d'autres, somnolents, frappaient à l'aveuglette quiconque se tenait devant eux.

« Vous tous, cria Arjuna, vous tous qui êtes fatigués, dormez...

quand la lune se lèvera, nous reprendrons le combat ».

Les deux armées s'endormirent.
Certains, couchés sur leurs chevaux ; d'autres sur leurs chars ;
Certains sur les éléphants ; d'autres à même le sol.
Ils dormaient avec leurs armures.
Des éléphants assoupis rafraîchissaient la terre en poussant de leurs trompes de profonds soupirs,
Ils étaient couverts de la poussière du combat.
Ils dormaient, semblables à des collines, sifflant de la trompe tels des serpents.
Des chevaux à harnais d'or martelaient doucement la terre de leurs sabots.
Tout n'était que paix sur le champ de bataille,
Le calme seul ; on eût dit une de ces belles scènes sur une tapisserie peinte de main de maître.
Les soldats couchés sur les têtes ornées des éléphants
Dormaient, pareils à des amants sur la poitrine de leurs bien-aimées.
Seigneur des lys, la lune, délice des yeux,
Perça de ses rayons jaunes l'immensité nocturne ;
Les rayons jaunes devinrent or,
Inondant les quatre points cardinaux, le ciel et la terre,
Dispersant toute obscurité.
La mer des troupes se leva, vague après vague,
Comme des lotus s'épanouissant sous les rayons du soleil.
La bataille reprit,
Les guerriers détruisant activement le monde, dans l'espoir du paradis.

Drona provoqua une telle destruction dans les rangs Pandavas qu'ils désespérèrent de la victoire.

Krishna dit à Arjuna : « Tant qu'il ne posera pas ses armes, il est invincible. Oublie le dharma, et envisage une ruse afin qu'il le fasse. Si Ashvatthaman, son fils, meurt, il refusera de combattre. Que quelqu'un lui annonce qu'Ashvatthaman a été tué au combat ».

Arjuna trouva la suggestion désagréable. D'autres l'approuvèrent. Yudhishthira, après avoir longuement hésité, accepta.

Bhima, de sa massue, abattit un énorme éléphant appelé Ashvatthaman, et s'approcha de Drona.

« Ashvatthaman est mort ! » cria-t-il d'une voix embarrassée.

Drona défaillit, il eut l'impression que ses membres, tel le sable dans l'eau, se désagrégaient. Mais, connaissant le courage de son fils, il suspecta un mensonge, et reprit ses esprits. Il se battit farouchement, tuant vingt mille guerriers Panchalas, cinq cents Matsyas, six mille éléphants et dix mille chevaux.

Alors qu'il se battait, les formes des saints sages, Vishvamitra, Jamadagni, Bharadvaja, Gautama, Vasishta, Kashyapa et Atri, apparurent sur le champ de bataille, en compagnie de tous les descendants de Brighu et d'Angiras, décidés à emmener Drona dans la sphère de Brahma.

« Honte à toi ! lui dirent-ils. Toi, un Brahmane, en train de te battre ! Pose tes armes. Souviens-toi des Védas, suis la vérité, reviens au chemin éternel. Le temps de ta vie sur terre est terminé »

Découragé et accablé de douleur, Drona se tourna vers Yudhisthira, confiant dans le fait que celui-ci ne lui mentirait pas, même pour la souveraineté sur les trois mondes.

« Ashvatthaman est-il mort ? »

Krishna dit promptement à Yudhishthira : « Si Drona survit ne serait-ce qu'une demi-journée, les Pandavas seront anéantis. Un mensonge dit pour sauver la vie n'est pas un mal. Un mensonge devant des femmes, dans les mariages, pour sauver des vaches, ou pour secourir un Brahmane, n'est pas incorrect ».

« Il te croira, même s'il ne m'a pas cru, renchérit Bhima. Les trois mondes savent que tu es véridique ».

Convaincu par Bhima et par Krishna, et prisonnier de son destin, Yudhishthira, pressé de gagner la guerre, se décida à mentir :

« Ashvatthaman est mort ! » cria-t-il, ajoutant dans un murmure : « l'éléphant ». Jusqu'à ce moment-là, le char de Yudhishthira se tenait toujours à quatre doigts au-dessus du sol. Là, il retomba, jusqu'à ce que char et chevaux touchent la terre.

Drona, en apprenant la mort de son fils, perdit tout intérêt pour la bataille. A ce moment précis, Dhrishtadyumna se précipita sur lui, ajustant sur son arc une cruelle flèche-serpent qui flamboyait comme un cercle de feu. Drona s'apprêta à détourner la flèche, mais ses armes divines lui firent défaut. Bhima fonça en avant, cueillit Dhrishtadyumna sur son char et lui dit : « C'est le moment. Tue-le vite », puis il cria à Drona : « Ton fils est mort. Sans que tu le saches, ce fils que tu aimais tant est mort. Yudhishthira ne te l'a-t-il pas dit ? A quoi sert de te battre désormais ? »

Drona dit : « Écoute-moi, Karna. Bats-toi bien. Qu'ils ne te fassent pas de mal. Je dépose mes armes ».

Il s'assit sur son char et, murmurant « Ashvatthaman », il s'abandonna à une méditation yoguique. Dhrishtadyumna jeta son arc, la flèche encore dessus, il s'empara d'une épée et courut vers Drona. La tête légèrement penchée, la poitrine en avant, celui-ci méditait sur Brahman, la Vérité, la Réalité ultime. Une lumière transcendantale, émanant de son corps, s'éleva aux cieux. Ils ne furent que cinq à voir mahatma Drona quitter le monde mortel, et entrer dans l'état de Brahman : Sanjaya, Arjuna, Ashvatthaman,

Krishna et Yudhishthira. Les autres n'avaient pas cette connaissance-là ; ils pensèrent que Drona était toujours ravi en yoga.

Drishtadyumna s'élança vers Drona et, parmi les cris de « Hélas ! » et de « Honte ! Honte ! », d'un seul coup d'épée, il le décapita ; il traîna ensuite derrière lui le corps sans vie, faisant tournoyer dans sa main droite son épée. Un vieux guru de quatre-vingt-cinq ans, à la peau brune et aux cheveux blancs, qui tout à l'heure se battait comme un jeune homme de seize ans, venait de mourir.

Au moment où Dhrishtadyumna avait levé son épée, Arjuna avait crié : « Non ! ne le tue pas ! Il est notre guru ! Ramène-le vivant ». Mais Dhrishtadyumna n'avait pas écouté. Ayant tué Drona, il jeta sa tête ensanglantée devant les soldats Pandavas qui s'enfuirent effrayés.

Alors qu'ils se sauvaient dans toutes les directions, Ashvatthaman intervint, pareil à un crocodile allant à contre-courant ; un combat cruel eut lieu.

« Ashvatthaman est furieux, dit Arjuna à Yudhishthira, et tu en es responsable. Tu as menti par attrait pour la victoire. Les trois mondes commenteront ton acte infâme, de même qu'ils parlent de la duperie de Rama quand il tua Vali. Et Drona a sans doute pensé «Yudhishthira est mon élève ! Yudhishthira a toutes les vertus ! Il ne peut pas mentir». Tu as ajouté le mot «éléphant», mais tes paroles n'étaient rien d'autre qu'un mensonge déguisé. Et moi, pauvre imbécile, je suis resté silencieux, je n'ai pas levé le petit doigt pour t'arrêter ! Oh, cette honte est aussi la mienne – c'est aussi mon enfer ! »

Les rois et les soldats écoutaient Arjuna sans dire un mot, ni pour approuver, ni pour désapprouver. Mais Bhima intervint : « Bah ! tu dissertes comme un ermite. Sommes-nous Kshatriyas, ou non ? Le pardon est l'affaire des dieux, des Brahmanes et des maîtres, mais nous, les Kshatriyas, avons aussi nos devoirs à accomplir. Tu parles comme un imbécile ».

Dhrishtadyumna ajouta : « As-tu oublié ce qu'ils ont fait à Draupadi ? Il y a six devoirs pour un Brahmane – l'accomplissement de rituels, l'enseignement, la charité, l'acceptation de dons, l'assistance aux cérémonies, et l'étude des textes sacrés. Où est-il dit qu'un Brahmane doive se battre ? Il s'est servi d'armes divines pour tuer nos soldats. C'était un faux Brahmane, usant d'une magie truquée pour nous tromper. Il a tué ton ami Bhagadatta, et je l'ai tué. Qu'y a-t-il de mal à tuer un ennemi ? Cesse de me blâmer et apprends à te battre ! La guerre continue ».

Les autres demeurèrent silencieux, et Arjuna regarda Dhrishtadyumna du coin de l'œil. Mais Satyaki, tremblant, poussa un gémissement, et ramassa sa massue.

« Je ne discuterai pas avec toi, immonde coquin – je vais te tuer ! », et il se précipita sur Dhrishtadyumna.

Bhima l'empoigna et lui immobilisa les bras, mais Satyaki l'entraîna avec lui. Ils grognèrent comme deux taureaux, et c'est avec la plus grande difficulté que Yudhishthira parvint finalement à les apaiser.

Livre VIII

KARNA

Drona mort, les fils de Dhritarashtra pâlirent et s'inquiétèrent. Duryodhana tenta de les inspirer : « J'ai déclaré la guerre parce que j'avais confiance en votre force. Il semble maintenant que vous ayez perdu tout espoir. Pourquoi ? Tout guerrier doit mourir. Tous les guerriers savent que c'est soit la mort, soit la victoire qui les attend. Battez-vous ! Karna avec ses armes divines est encore avec nous. Battez-vous ! Arjuna a peur de lui, comme un cerf d'un lion ».

Les Kauravas se réunirent en conférence ; les uns étaient assis comme des dieux sur des sièges luxueux, les autres allongés sur des lits.

« Quels sont vos points de vue dans cette affaire, ô rois ? demanda Duryodhana. Dites-moi ce que nous devons faire selon vous et ce qui vous paraît nécessaire ».

« Le désir, l'occasion, le talent et la stratégie sont les conditions requises pour accomplir quoi que ce soit, dit Ashvatthaman. Mais toutes dépendent de la fatalité. Nombreux sont les héros de nos rangs qui ont été tués ; nous n'avons cependant pas à désespérer. Avec Karna pour guide, la victoire sera nôtre. C'est un guerrier puissant, un héros invincible ».

Duryodhana se tourna vers Karna : « Karna, je connais ta valeur, et j'apprécie ton amitié. Et je t'avoue franchement que je souhaite tirer parti des deux. Mes meilleurs généraux, Bhishma et Drona, ont été tués. Prends leur place, car je pense que tu es encore plus fort qu'eux ».

« Autrefois, en ta présence, j'ai promis de vaincre les Pandavas et Krishna. J'accepte le commandement de l'armée. N'aie aucune crainte, et considère les Pandavas comme déjà morts ».

Les forces Kauravas se rangèrent, et Karna apparut au centre du terrain avec un arc doré. Son char resplendissait comme le soleil ; il arborait un drapeau blanc, et de nombreuses banderoles.

Il souffla dans sa conque en filigrane doré, et agita fièrement son arc plaqué d'or.

Yudhishthira vit Karna à la place de commandant et il dit à Arjuna : « Leurs plus vaillants héros ne sont plus. Seul reste Karna. Si tu le tues aujourd'hui, la victoire est définitivement nôtre ».

Les deux armées marchèrent, impatientes de se battre. Les soldats surgirent des ailes ; après les escarmouches viendrait la bataille.

Le duel entre Arjuna et Ashvatthaman ressembla à une lutte entre deux planètes, toutes deux tentant de graviter dans la même constellation. Poussant d'énormes rugissements, Ashvatthaman inonda Arjuna et Krishna d'une masse de nuages de flèches.

« Tue-le dès que tu trouveras une ouverture, dit Krishna à Arjuna. Seule la mort guérit ce genre de malaise ».

Arjuna tira des flèches en forme d'oreilles de chèvre sur les chevaux d'Ashvatthaman, et ils partirent au galop, emmenant le char loin du champ de bataille. Estimant qu'il valait mieux éviter le duel avec Arjuna, Ashvatthaman rejoignit les forces de Karna, tandis qu'Arjuna et Krishna se portaient à un autre endroit pour combattre des soldats particulièrement violents, les Samshaptakas.

Dès que la bataille commença, les soldats se ruèrent les uns sur les autres avec des gourdins, des haches, des massues et des piques, criant furieusement, frappant aveuglément, tombant et se relevant, bondissant à l'attaque, les membres dégoulinant de sang, privés de têtes, d'yeux, d'armes. Il y avait des morts dont le visage, avec ses dents rougies de sang, semblait aussi beau qu'une grenade. Certains, en tombant, tels des arbres de santal abattus à la hache, projetaient une sève rouge sang. Des chars détruisaient d'autres chars, des éléphants mutilaient d'autres éléphants, des hommes tuaient d'autres hommes, par milliers. Des drapeaux, des bannières, des banderoles, des ombrelles, des troncs et des bras humains retombaient sur le sol. Les visages des morts ressemblaient à des lotus écrasés, à des guirlandes défraîchies.

Des soldats, projetés en l'air par les trompes des éléphants, étaient transpercés par leurs défenses en retombant. D'autres se faisaient piétiner. D'autres encore mouraient, volant en l'air comme des feuilles. Des éléphants s'écroulaient comme des falaises, blessés mortellement par des lances, des épées et des javelots, les flancs béants, le lobe frontal déchiré.

Des centaines de milliers de corps décapités gisaient sur le terrain, leurs armes et leurs cottes de mailles trempées de sang, tels des tissus cramoisis.

Cette nuit-là, Karna alla rendre visite à Duryodhana : « Aujourd'hui j'affronterai Arjuna. Soit c'est lui qui meurt, soit c'est moi ».

« Fais ce que bon te semble. Nos chars, nos chevaux, nos arcs et nos flèches te soutiendront ». Duryodhana alla ensuite voir Shalya : « Illustre roi de Madras, sois le pilote de Karna. Avec toi pour l'aider, il sera invincible ».

Trois rides de colère lui barrèrent le front. Agitant furieusement les bras, il dit : « Tu m'insultes, fils de Gandhari. Pourquoi moi, qui suis supérieur en tous points à Karna, serais-je son cocher ? » Il se leva pour s'en aller. Mais Duryodhana lui parla doucement et aimablement. « Ce que tu dis est vrai ; Karna ne t'est pas supérieur. Et je n'ai jamais mis en doute ta valeur. J'ai simplement un plan en tête et j'ai besoin de ton aide. Car tu es plus grand que Krishna, de même que Karna est plus grand qu'Arjuna. Ta connaissance des chevaux vaut deux fois celle de Krishna ! »

« Je suis heureux que tu le dises devant tous ces soldats, dit Shalya. Je conduirai les chevaux comme tu me le demandes, mais je le ferai à une condition : je pourrai dire ouvertement à Karna tout ce qu'il me plaira de lui dire ».

« D'accord », conclut Duryodhana en présence de Karna. Shalya étreignit Duryodhana. « Alors souhaite-moi bonne chance, car je me battrai de tout mon cœur et j'obéirai à tous tes ordres. Et que Karna ne se formalise pas de ce qui pourrait s'échapper de mes lèvres au cours de la bataille. Que ce soit plaisant ou déplaisant, je dirai ce que je pense ». Karna dit : « Tu nous seras ce que Krishna est à Arjuna ».

« Il y a quatre sortes de propos que ne tiennent pas les hommes respectables : l'auto-réprimande, l'auto-louange, les mots méchants pour les autres, et la flatterie. Mais je me louerai moi-même pour te donner confiance. Je suis, en ce qui concerne la conduite d'un char, l'égal de Matali – l'aurige d'Indra ; j'ai la même présence d'esprit, la même prévoyance, la même adresse ».

Au matin, Karna dit à Shalya : « Conduis-moi aujourd'hui là où je peux affronter les cinq Pandavas. Je vais les détruire ! »

« Tu as une piètre opinion des Pandavas. Tu oublies qu'ils sont courageux, adroits, et que ce sont des adversaires à craindre. Tu oublieras tes paroles en entendant le vrombissement tonnant de l'arc Gandiva. Quand le déluge de leurs flèches assombrira le ciel, tu oublieras tout ce que tu viens de dire ».

« Pousse les chevaux, dit Karna. A la bataille ! »

En voyant Karna prendre position avec Shalya pour cocher, les soldats Kauravas poussèrent un grand cri de joie. Tambours et cymbales résonnèrent quand l'armée se mit en marche. Des météores s'enflammèrent, et le tonnerre gronda dans le ciel dégagé ; des vents violents soufflèrent sur l'armée en mouvement.

« Regarde ce merveilleux spectacle, dit Karna à Shalya. Regarde ce déploiement de puissance : les arcs, les drapeaux, les massues, les lances, les épées. Même s'il le voulait, le grand dieu de la Mort ne pourrait aujourd'hui sauver Arjuna. Les dieux tous ensemble n'y parviendraient pas ».

« Tes paroles sont audacieuses, Karna. Le pouvoir te monte à la tête, et tu dis des choses que tu ne devrais pas dire ».

« J'ai entendu parler des prouesses de Krishna et d'Arjuna, et je ne suis pas impressionné. Les as-tu vus en action ? Ou ne parles-tu que par ouï-dire ? Je supporte la dureté de tes mots parce que j'ai promis de ne pas relever. Mais j'ai un travail à exécuter. J'ai un devoir à accomplir pour le roi Dhritarashtra. En avant ! »

Arjuna se dressa dans son char tiré par des chevaux pommelés ; il observait les vastes armées Pandavas commandées par Drishtadyumna. Tels des cygnes se précipitant vers la mer, les Panchalas, de l'armée Pandava, montèrent à l'attaque. Mais rapidement Karna tua soixante-dix-sept de leurs chefs. Dix héros montés sur des chars l'encerclèrent ; il les tua aussi. Perçant les défenses Pandavas, il fondit sur Yudhishthira, dispersant tout ce qui lui barrait le chemin. Son char fracassé par l'assaut de Karna, Yudhishthira monta dans un autre tiré par des chevaux blanc ivoire à la queue noire, et se replia. Karna le rattrapa, et le toucha de la paume de la main, faisant mine de l'enlever.

Il se souvint des paroles de Kunti, et lui dit cyniquement : « Tu te sauves, toi le plus noble des Kshatriyas ? Peut-être en as-tu oublié les devoirs ? Après tout, tu accomplis des rituels et tu étudies les Védas. Enfuis-toi, joli fils de Kunti, et ne nous dérange plus. Cesse de gronder, et ne livre pas de grandes batailles. Ou alors fais-le contre les Pandavas, mais pas contre nous. Cours voir Krishna et Arjuna. Je ne tue pas des gens comme toi ». Il se tourna vers Shalya : « Conduis-moi à Bhima ».

Bhima le vit s'approcher et dit à Satyaki et à Dhrishtadyumna : « Gardez un œil sur Yudhishthira. Il a frôlé la mort de près aujourd'hui ». Et il fit demi-tour pour affronter Karna.

« Bhima est en colère, dit Shalya à Karna. Regarde-le qui se tient là comme un monstre, prêt à te vomir dessus toute la rancœur accumulée depuis tant d'années ».

Une flèche de Karna trancha le manche de l'arc de Bhima. Le regard étincelant de colère et du désir de revanche, celui-ci en saisit un autre, y ajusta une flèche propre à percer les montagnes, tendit la corde jusqu'à ce qu'elle lui touche l'oreille, et la décocha à Karna. Comme frappé par un éclair, Karna s'effondra inconscient, dans son char. Shalya le conduisit à l'écart du champ de bataille. Voyant Karna rebrousser chemin, Duryodhana dit à ses frères : « Dépêchez-vous, couvrez-le. Sauvez-le de Bhima ! »

Avec leurs soldats, ils se précipitèrent sur lui, tels des insectes sur une flamme. Bhima exécuta cinquante guerriers sur char, et tint bon. La bataille continua dans une épouvantable confusion jusqu'à une heure avancée de l'après-midi. Le bruit qui s'élevait du heurt entre les deux armées était celui de plusieurs océans se jetant les uns dans les autres.

Par-dessus le vacarme de la bataille, on entendait le son vibrant de l'arc Gandiva d'Arjuna.

Quand Karna eut récupéré, Duryodhana lui dit : « Le moment est venu. Tirons profit du chaos et attaquons maintenant ».

Observant le terrible massacre, Krishna dit à Arjuna :

« Partout la mort.
Partout la souffrance.
Un autel parsemé de foyers assoupis.
Des chevaux morts, le corps transpercé de flèches,
Des chars brisés aux cloches qui se sont tues.
Les gémissements des guerriers blessés, les pleurs de leurs parents.
La course aveugle des soldats sur le champ.
Les uns qui crient «De l'eau!», d'autres qui meurent en buvant. »

Karna brandit son arc, nommé le Vijaya, et regarda alentour, en quête d'un combat singulier contre Arjuna.

« A quoi sert ton armée ? dit Yudhishthira à Arjuna. Karna est en vie. As-tu peur de lui ? Ne nous as-tu pas promis, dans la forêt Dvaita, de le tuer seul ? Krishna est ton pilote ; ton emblème est le singe, tu as pour arc l'extraordinaire Gandiva. De quoi as-tu peur ? Pourquoi ne le remets-tu pas à Krishna pour qu'il fasse lui-même le travail ? Il eût mieux valu que le sein de Kunti ne t'eût jamais conçu, plutôt que cette honte ! Il eût mieux valu qu'elle avortât à cinq mois, plutôt que cette honte ! »

Arjuna dégaina son épée pour tuer Yudhishthira.

« Es-tu fou ? intervint Krishna. Pourquoi sors-tu ton épée ? Qui donc ici mérite de mourir entre tes mains ? Je ne vois personne. Que t'arrive-t-il de la brandir si furieusement ? »

Arjuna regarda Yudhishthira, il gémit comme un serpent en colère, et dit : « Je tuerai quiconque me dit : «Remets ton Gandiva à un autre». J'en ai fait le vœu ! Ce roi-là a prononcé ces mots. Je ne lui pardonnerai pas! Je dois être fidèle à mon vœu. J'ai mes principes. Dis-moi, Krishna, ce que je dois faire ».

« Sois honteux ! dit Krishna. Et deviens plus sage. Ce n'est pas le moment de se mettre en colère sous prétexte de tenir un serment. Tu parles de principes. En vertu de quel principe devrais-tu enlever la vie ? Ahimsa est le principe le plus haut. Mens si tu le dois, mais ne tue jamais. Écoute-moi – je vais te dire quelle est la plus haute des moralités. La vérité est le dharma. Rien n'est plus élevé que la vérité. Mais la vérité mise en pratique est une chose complexe. Qu'est-ce que la vérité ? Il est préférable de ne pas dire certaines vérités, certaines contre-vérités sont permises. Parfois la vérité devient contre-vérité, et la contre-vérité devient vérité.

Quand la vie est en danger, quand le mariage est en jeu, le mensonge est acceptable. Quand la perte de tout ce que l'on possède est risquée, le mensonge est acceptable. Pour la possession d'une femme, pour sauver un Brahmane, le mensonge est acceptable. La contre-vérité dans ces cinq cas devient vérité. Seul un imbécile pratique la vérité sans connaître la différence entre la vérité et la contre-vérité.

« Mieux vaut mentir pour échapper à des voleurs et à des bandits que de rester avec eux en leur disant la vérité. L'argent donné à des gens qui en feront un usage immoral ne rehausse en rien la noblesse du donateur. Similairement, un mensonge qui favorise le dharma n'est pas considéré comme mensonge.

« Maintenant que tu sais, dis-moi si Yudhishthira mérite la mort ».

« Il n'y a rien dans les trois mondes que tu ne saches, ô Krishna. Mon vœu est mon vœu. Bhima a également fait le vœu de tuer celui qui le traiterait d'imberbe. Que dois-je faire ? »

« Yudhishthira était fatigué et excité quand il a dit ce qu'il a dit. Karna l'a humilié. Va à lui, touche-lui les pieds, parle-lui respectueusement. Apaise son honneur blessé. Il est sage ; il te pardonnera ».

Arjuna jeta son arc et rengaina son épée.

« Pardonne-moi, dit-il à Yudhishthira. Et maintenant, retournons au combat. Karna nous fonce dessus ».

Ceci se passa le dix-septième jour de la guerre.

Cet après-midi-là, une cruelle rencontre opposa Bhima et Karna, lequel chargea les forces Pandavas comme un feu de forêt ravage en plein été l'herbe desséchée. Arjuna, les apercevant, dit à Krishna : « Conduis-moi là-bas. Je le vois dans le lointain ».

Voyant le char d'Arjuna fondre sur eux, Shalya avisa Karna. « Le voilà, Arjuna aux chevaux blancs. Il arrive droit sur nous, évitant le combat avec les autres. C'est maintenant que tu dois démontrer ton adresse, Karna. Nul autre que toi ne peut nous sauver. Tue-le, car tu es l'égal de Bhishma, de Drona et de Kripa ! »

« Tu parles à présent comme tu aurais toujours dû le faire. Tes paroles me sont enfin agréables ».

A ce moment précis, Duhshasana, dans la mêlée, s'avança vers Bhima, tenant les rênes des chevaux de son char et décochant simultanément ses flèches. L'une d'entre elles, brillante comme le soleil et incrustée d'or et de diamants, frappa Bhima et lui fit perdre conscience ; il s'évanouit les bras en croix. Retrouvant rapidement ses esprits, il se releva et se rua sur Duhshasana, la massue en l'air, criant : « Une flèche pour moi, une massue pour toi ! » Transpirant comme un éléphant en rut dont le jus lui coule le long du corps, Bhima fit tournoyer sa massue.

L'impact du coup envoya Duhshasana à dix longueurs d'arc du

char broyé. Il gisait sur le sol dans son armure écrasée, se tordant de douleur. Bhima se souvint de Draupadi tirée par les cheveux, et sa furie s'enflamma comme un feu arrosé de ghee. Devant les propres yeux de Duryodhana et de Karna, il bondit de son char, les yeux fixés sur Duhshasana à terre. Il tira son épée affûtée, plaça son pied sur la gorge de son adversaire, lui ouvrit la poitrine et recueillit le sang chaud. Il plia le corps et lui trancha la tête. Il but le sang à petites gorgées, savourant chaque goutte, puis, regardant autour de lui, il dit : « Plus doux que le lait d'une mère, ou que le miel, plus doux que le ghee ou qu'un vin fait de miel, plus doux que le nectar est ce sang ».

Il regarda le corps, rit doucement, et ajouta : « J'en ai fini avec toi. La mort t'a frappé trop vite ».

Les soldats étaient pétrifiés d'horreur et de crainte. « Ce n'est pas un être humain, pensèrent-ils. Ce doit être un rakshasa ».

Bhima se pencha, prit un peu de sang dans ses mains en coupe, et en présence de Karna et de tous les autres guerriers, il cria : « Je bois encore une fois de ton sang ! Danse maintenant, Duhshasana, traite-nous de vaches désormais ! C'est à nous à présent de danser autour de toi ».

Dégoulinant de sang, il se mit à crier joyeusement, tel Indra criant après avoir tué l'anti-dieu Vritra.

Et pour la première fois, Karna éprouva une grande peur.

Mais il se replongea dans la bataille, à la recherche d'Arjuna. Les deux chars marchèrent l'un vers l'autre. Arjuna et Karna étaient tous deux enveloppés d'une armure, portaient une épée, et avaient des chevaux blancs et une conque. Les deux avaient les yeux rouges et un cou de lion ; les deux portaient une guirlande dorée. Des queues de yak les éventaient ; des ombrelles blanches les abritaient. Tels des taureaux, des éléphants fous, tels des serpents venimeux, ils se rencontrèrent ; ils ressemblaient à deux puissantes planètes visibles à la fin d'un yuga destructeur de l'univers. Fiers, vaillants et habiles, ils apparurent sur le terrain comme le soleil et la lune prêts à la bataille. La bannière de Karna avait pour emblème la bride de l'éléphant, celle d'Arjuna le singe aux mâchoires ouvertes, montrant ses dents horribles.

Karna, en souriant, demanda à Shalya : « Que feras-tu si par hasard Arjuna parvient à me tuer ? »

« Si tu meurs, je me chargerai de tuer Arjuna et Krishna ».

« Que feras-tu si Karna parvient à me tuer ? » demanda Arjuna à Krishna.

Krishna sourit et répondit : « Le soleil tombera, la terre éclatera en mille morceaux, et le feu perdra sa chaleur avant qu'il ne te tue. Mais s'il le fait, c'est le signe que la fin du monde est arrivée. Quant à moi, je le tuerai de mes propres mains ».

Au cours du terrible duel, Karna découvrit qu'Arjuna était son égal. Il ajusta sur son arc une flèche à gueule de serpent – il l'avait gardée pour un tel cas d'urgence – une flèche intensément adorée, enchâssée dans un carquois en or avec de la poudre de santal – et il visa la tête d'Arjuna.

« Cette flèche n'ira pas, dit Shalya. Choisis-en une autre ».

« Karna n'a pas besoin d'une deuxième flèche », rétorqua Karna.

Elle fila dans un sifflement formidable, traçant dans le ciel une traînée lumineuse aussi éclatante et droite que la séparation des tresses d'une femme. Krishna la vit venir et, avec une grande agilité, freina violemment le char. La perte de vitesse fit ployer les pattes des chevaux. La flèche serpent percuta l'illustre diadème d'Arjuna, la merveilleuse parure vola en éclats. Le serpent dans la flèche retourna à Karna et lui dit : « Relance-moi. Cette fois regarde-moi bien, et tire-moi droit. Arjuna va mourir ».

« Qui es-tu ? » demanda Karna au féroce animal.

« Un ennemi d'Arjuna. Il a tué ma mère, et je cherche ma revanche. Tire-moi, et la victoire est à toi ».

« Karna ne renvoie jamais deux fois la même flèche, pas même pour tuer mille Arjuna. Karna ne recherche pas l'aide extérieure. J'ai d'autres armes, serpent. Sois heureux, et va ailleurs ».

Le serpent s'envola de nouveau vers Arjuna. « C'est le serpent dont tu as tué la mère dans la forêt Khandava », dit Krishna. Arjuna tira six flèches sur le serpent volant, et les morceaux retombèrent sur le sol. Alors Krishna, de ses bras, releva le char dans sa position normale.

Poussant d'énormes rugissements, Karna fonça sur Arjuna. Mais Kala, le seigneur du temps, sachant que l'heure de la mort de Karna était arrivée, s'approcha invisiblement de lui, et lui murmura à l'oreille : « La Terre dévore ta roue gauche ». Le char de Karna commença à pencher, alors que la roue gauche s'enfonçait dans la terre. Karna désespéra et dit : « Les vertueux disent que Dharma les protège. Mais voici qu'Il m'abandonne. N'ai-je pas toujours pratiqué le dharma ? Je crois qu'Il se désintéresse de ses dévots ».

Arjuna continuait de harceler Karna de ses flèches cruelles. « Vise haut, Arjuna ! Vise haut ! conseilla Krishna. Il échappe à tes coups bas ».

Karna sauta de son char pour en dégager la roue gauche, maintenant complètement enfoncée dans le sol.

« Attends, Arjuna ! cria-t-il. Ma roue gauche est embourbée. Tu connais les règles de la bataille ».

Krishna dit à Karna : « C'est un bon moment pour rappeler aux autres les règles ! Souviens-toi de l'insulte à Draupadi, vous l'avez tirée à peine vêtue au milieu d'une assemblée de rois ! Qu'en était-il des règles alors ? Souviens-toi de Shakuni en train de tricher aux dés ! Du royaume des Pandavas qui devait leur être rendu, comme promis, après leur exil ! Souviens-toi de la manière dont tu t'es moqué de Draupadi alors qu'elle se faisait insulter, indisposée et presque nue ! De la manière dont tu lui as demandé de choisir un autre mari ! Souviens-toi de l'assassinat perfide d'Abhimanyu. Qu'en était-il des règles alors ? »

Karna luttait à deux mains pour dégager la roue de son char.

« Tue-le maintenant. Tranche-lui la tête avant qu'il ne puisse remonter sur son char », dit Krishna.

Arjuna choisit une flèche terrible, et, disant : « Puisses-tu emmener Karna au royaume de Yama, le dieu de la mort », il la décocha.

La tête de Karna roula par terre. Mais le grand corps se tenait encore droit sur le champ, le sang coulant de ses nombreuses blessures, comme des fleuves pourpres dévalant une colline de craie rouge après une averse.

Les soldats Pandavas soufflèrent dans leurs conques, Arjuna et Krishna dans les leurs. Shalya se retira du terrain sur lequel gisait la tête du noble Karna ; on eût dit de son visage un lotus à mille pétales ; ce visage qui était celui d'un homme aussi courageux qu'Indra aux mille yeux, mort désormais, pareil au soleil aux mille rayons, la nuit venue.

L'armée Kaurava, stupéfaite et effrayée, se dispersa. Quand Dhritarashtra reçut la nouvelle de la mort de Karna, il en tomba de son trône ; Gandhari aussi. Vidura et Sanjaya le réconfortèrent ; elle fut consolée par les dames du palais.

Livre IX

SHALYA

La mort de Karna plongea Duryodhana dans un océan de tristesse. Ses yeux ne rencontraient que le désespoir. Marmonnant « Aïe, Karna ! Aïe, Karna ! », il rentra à son campement, suivi des rois Kauravas survivants. Ils passèrent cette nuit-là sur le champ de bataille au pied des Himalayas, en souhaitant un lendemain meilleur. Dans l'assemblée se trouvaient Shalya, Chitrasena, Shakuni, Ashvatthaman, Kripa, Kritavarman, Jayatsena et d'autres héros.

« Que Shalya conduise désormais notre armée, dit Ashvatthaman. Nul ne lui est supérieur en naissance, en bravoure, et en générosité. Il a rejoint nos forces en rejetant les fils de sa propre sœur Madri, la mère de Nakula et de Sahadéva ».

« Quelle que soit la responsabilité que l'on me donne, j'y mettrai le meilleur de mes capacités. Ma fortune, mon royaume, ma vie sont au service des Kurus ».

« Je te demande de prendre le commandement de notre armée », lui dit Duryodhana.

« Avec joie. J'ai une stratégie qui déconcertera les Pandavas ».

Sans perdre de temps, Duryodhana lui versa sur la tête une eau bénie, l'installant commandant en chef de son armée ; les soldats assemblés assistèrent à la cérémonie en manifestant bruyamment leur satisfaction.

La formation déployée par Shalya au dix-huitième jour de la guerre présentait Kritavarman sur son côté gauche, entouré par les Trigartas ; Kripa était à sa droite avec les Shakas, les Perses et les Grecs ; à l'arrière-garde se tenait Ashvatthaman, à la tête des Kambojas ; au centre Duryodhana, protégé par les meilleurs des soldats. Les forces Kauravas se composaient de onze mille chars, dix mille sept cents éléphants, deux cent mille cavaliers, et trois millions de fantassins.

La bataille débuta, aussi acharnée que celle opposant les dieux et les anti-dieux. Un fleuve coula sur le champ de bataille ; le sang formait ses eaux, les chars ses tourbillons, les os ses galets, les éléphants et les chevaux ses rochers, la graisse et la moelle sa boue, les ombrelles ses cygnes, les massues, ses radeaux. Les soldats les plus courageux traversaient avec leurs chars pour radeaux ce fleuve terrible qui courait vers les régions de la mort. Attaquant Yudhishthira, Shalya le pressa impitoyablement de ses rapides flèches emplumées. Yudhishthira, répondit par un projectile à tête large qui vint fracasser le mât du drapeau de Shalya. « Tous les autres sont morts, Bhishma, Drona et Karna ! cria Yudhishthira à Krishna et à ses frères. Seul reste Shalya, aujourd'hui il meurt de ma main ».

Il saisit un javelot incrusté d'or et de diamants, aussi éclatant que le soleil, et, faisant rouler ses yeux farouchement, il regarda Shalya, la colère au cœur. Après avoir inspiré l'arme avec plusieurs mantras, il la lança avec une force fulgurante. Shalya bondit comme pour attraper le javelot, à la façon dont jaillit une flamme pour lécher du ghee versé sur un feu. Mais il lui perça la cage thoracique, et s'enfonça jusqu'à sa bouche et ses oreilles. Le sang gicla de la fatale blessure. Il ouvrit largement les bras et tomba, faisant face à Yudhishthira. La Terre, pareille à une femme amoureuse se levant pour serrer contre son sein son cher époux, sembla se soulever légèrement pour accueillir Shalya, taureau parmi les hommes, quand il s'effondra ensanglanté. Il gisait contre elle, comme si elle eût été sa tendre épouse, l'enserrant de tous ses membres.

Quand Shalya tomba, les soldats Kauravas effrayés se sauvèrent, aussi impuissants que des marchands naufragés sans radeau, sur une mer démontée. Deux mille éléphants, aiguillonnés par des crochets et des chaînes, prirent la fuite. Shakuni tenta de les rassembler, en criant : « Combattez ! Combattez, bande d'imbéciles ! Combattez, bande de scélérats ! »

Alors qu'ils se ralliaient, Yudhisthira dit calmement à Sahadéva : « Shakuni est là. Tue-le ! Prends les chars et la cavalerie et trois mille fantassins. Je distrairai leurs chars ».

On entendit hurler des chacals, dans le ciel des vautours tournoyaient. Shakuni envoya une lance qui vint frôler le front de Sahadéva. Celui-ci décocha une flèche qui alla fracasser l'arc de son ennemi, le rendant inutilisable. Shakuni brandit son épée, Sahadéva la brisa de trois flèches plaquées d'or. Shakuni projeta une massue, qui manqua son but. Il lança ensuite son merveilleux javelot, sombre comme la mort ; Sahadéva, avec trois autres flèches dorées, le fragmenta en plein vol en trois morceaux. En touchant le sol, les débris jetèrent un éclat vif comme l'éclair. Pris de panique, les soldats Kauravas décampèrent ; Shakuni en fit de même.

Sahadéva le poursuivit, décochant des flèches affûtées à la pierre et ornées de plumes de vautour.

« Bats-toi ! lui cria-t-il. Sois un homme ! Souviens-toi de la partie de dés, Shakuni ! Tu vas aujourd'hui la payer d'une flèche affûtée qui te tranchera la tête, comme on fait tomber une mangue à l'aide d'un bâton ».

Shakuni fit volte-face, la lance à la main, et se rua sur son ennemi. La première flèche de Sahadéva brisa sa lance ; les deux suivantes mutilèrent ses bras musclés. Sahadéva gronda de plaisir. Une quatrième flèche dorée, à tête large, décapita le malfaisant comploteur des Kauravas.

Duryodhana regarda autour de lui, et il vit le terrain désert ; ne voyant partout que des Pandavas, ses espoirs sombrèrent. Il décida de se réfugier au lac Dvaipayana.

Il restait des forces Pandavas deux mille chars, sept cents éléphants, cinq mille cavaliers et dix mille fantassins. Leur commandant Dhrishtadyumna attendait le moment d'agir.

Dans le camp Kaurava, Kritavarman, Kripa et Ashvatthaman entendirent les cris de victoire des Pandavas, et ils décidèrent également de se rendre au lac Dvaipayana. Yudhishthira rechercha en vain Duryodhana. Celui-ci, la massue à la main, était parti au lac avant les autres ; par ses pouvoirs d'illusion, il en avait solidifié les eaux, et se tenait caché en son milieu.

Les trois rois, l'ayant rejoint, lui dirent : « Combattons Yudhishthira. Nos compagnons sont morts. Tuons-le ou bien mourons nous aussi ».

« Il est bon que vous soyez là, répondit Duryodhana du centre du lac. Reposons-nous un peu et reprenons des forces, nous nous battrons mieux ensuite. Vous êtes fatigués. Je le suis aussi. Ce n'est pas le moment de se battre. Reposons-nous ici cette nuit. Nous pourrons mieux lutter demain ».

Ashvattman dit : « Lève-toi. Bats-toi maintenant ! Je jure que nous gagnerons. Je n'enlèverai pas mon armure cette nuit ».

Tandis qu'ils discutaient, un groupe de chasseurs désireux de se désaltérer vint à passer près du lac. Ils étaient chargés de fournir quotidiennement Bhima en viande. Entendant la discussion, ils se souvinrent que Yudhishthira, peu avant, les avait interrogés sur les quatre Kauravas fugitifs.

« Retournons informer Yudhishthira de leur présence ici, murmurèrent-ils. Nous serons récompensés. Nous le dirons également à Bhima. Il nous donnera de l'or aussi. Peiner ainsi à chasser et à vendre de la viande n'est pas une vie ».

Ils ramassèrent leurs paniers et, se faufilant furtivement dans le camp Pandava (où ils n'avaient pas le droit de pénétrer officiellement), ils transmirent l'information à Bhima, qui les récompensa amplement.

Bhima alla voir Yudhishthira : « Les chasseurs m'ont dit qu'ils se cachaient dans un lac solidifié ».

Les Pandavas, Yudhishthira en tête, se hâtèrent vers le lac. Bien que fatigués, ils ne prirent pas le temps de se reposer, poursuivant leur chemin sans autre pensée.

Au bruit des soldats qui approchaient, Ashvatthaman dit à Duryodhana : « Je les entends venir. Quittons cet endroit ».

« Allez vous mettre à l'abri », leur répondit-il de sa cachette.

Guidés par Kripa, ils s'éloignèrent tristement ; ils trouvèrent refuge à l'ombre fraîche d'un banyan. Ils se demandaient anxieusement ce qu'il adviendrait de Duryodhana.

Les Pandavas arrivèrent au lac dont ils trouvèrent les eaux enchantées. « Il a provoqué une illusion de solidité grâce à ses pouvoirs magiques, et il se cache dans le lac, dit Yudhishthira à Krishna. Il se croit en sécurité. Mais il ne m'échappera pas ».

« Sers-toi de tes propres pouvoirs magiques, conseilla Krishna, et détruis les siens. L'illusion brise l'illusion ».

Yudhishthira sourit et parla au lac : « Pourquoi te caches-tu dans ces eaux, Duryodhana, alors que tous les Kauravas ont été anéantis ? Pour sauver ta propre peau ? Affronte-nous ! Où sont ta fierté et ton sens de l'honneur ? On parle de toi comme d'un héros – c'est faux, complètement faux ! Tu es un Kshatriya. Souviens-toi de ta naissance, et bats-toi ! Tue-nous et dirige le monde, ou bien, tué par nous, dors à jamais. Brahma lui-même ne dit-il pas que le devoir suprême d'un Kshatriya est de se battre ? »

Duryodhana répondit de l'intérieur des eaux : « La peur est partout, Yudhishthira. Mais ne crois pas que ce soit par peur que j'ai été amené ici. Mon char était détruit, mes carquois vides, mes pilotes tués. J'avais besoin de repos. Ni la peur, ni le chagrin, ni le désir de sauver ma vie ne m'ont amené ici. Je suis exténué. Toi aussi. Reposons-nous. Battons-nous demain ».

« Nous sommes suffisamment reposés. Nous t'avons longtemps recherché. Sors, Duryodhana, affronte-nous ».

« Tous mes frères sont morts. Tous ceux pour qui j'ai mené cette guerre sont morts. Le monde n'est plus pour moi qu'une veuve. Je vous combattrai quand le besoin se fera sentir. Drona, Karna et Bhishma sont morts. Jouis de ce monde aride – il est à toi désormais. Je n'ai pas de plaisir à diriger sans amis ni alliés. J'irai dans les bois pour y vivre, vêtu d'une peau de cerf. Tu as tout un monde pour toi, un monde sans amis, sans chevaux, sans chars, sans éléphants ni forts. Jouis-en ».

« Tu déraisonnes, cria Yudhishthira. Tes paroles n'atteignent pas mon cœur comme elles l'ont fait pour Shakuni. Comme tu es généreux de m'offrir le monde à présent ! Je refuse les dons. Aucun Kshatriya ne vit d'aumône. Je te combattrai, et te tuerai, et alors je jouirai du monde. C'est tout à fait ton genre d'offrir ce qui ne t'appartient pas ! Tu nous as fait trop de tort en nous enlevant notre royaume, en complotant contre nous, et en insultant Draupadi. C'est pour toutes ces raisons que tu dois mourir ».

Duryodhana entendit les paroles sévères de Yudhishthira, et il poussa un long et violent soupir. Gesticulant furieusement, il répondit :

« Tu as des amis, des chars, des animaux. Je suis seul et désarmé. Comment puis-je me battre contre une armée ? Affrontez-moi seul, un par un. Je ne crains personne d'entre vous, pas même Krishna. De même que l'année rencontre chaque saison, je vous rencontrerai l'un après l'autre. Je vous détruirai, tout comme le soleil efface à l'aube la lumière des étoiles. Et ainsi je paierai ma dette envers Drona, Bhishma, Karna et les autres ».

« Il est bon que tu te souviennes de tes devoirs de Kshatriya. Il est bon que tu souhaites te battre ; bon que tu nous affrontes tous, un par un. Choisis n'importe lequel d'entre nous pour le premier duel. Tu as le choix des armes. Et je te promets ceci : si tu es capable de tuer n'importe lequel des Pandavas, le royaume à nouveau te revient ».

« Je choisis la massue, je me battrai debout. Que celui d'entre vous qui pense pouvoir me tuer se présente ».

« Sors, Duryodhana, cria Yudhishthira, je combattrai le premier. Et bats-toi bien ; prends garde que je ne te tue pas ».

Incapable de supporter une telle raillerie, Duryodhana souffla bruyamment, tel un serpent dans son trou. Écartant violemment les eaux, il en sortit avec sur l'épaule une massue dorée lourde comme un roc. Les Pandavas rirent et se serrèrent mutuellement la main. Exaspéré, il leur jeta un regard du coin de l'œil, son front se plissa, et il se mordit la lèvre inférieure.

« Moquez-vous de moi autant qu'il vous plaira, car aujourd'hui vous allez mourir ».

Il était en sang, il s'ébroua, telle une montagne qui secouerait ses torrents.

« Un à la fois, les défia-t-il. Et que les dieux me voient vous affronter tous en combat singulier. Que Yudhishthira décide si le combat est loyal ».

« Était-ce un combat loyal quand Abhimanyu fut assassiné ? s'exclama Yudhishthira. Vous connaissiez tous vos devoirs de Kshatriyas, pourquoi s'y sont-ils mis à plusieurs pour le tuer ? On oublie facilement le dharma sous l'effet d'une crise. Endosse ton armure, attache-toi les cheveux, et prépare-toi au duel ».

Duryodhana se couvrit d'une armure dorée et d'un casque en or massif. Se tenant droit comme une falaise dorée éclatante, il leur dit : « Je suis prêt. Que n'importe lequel d'entre vous s'approche ! »

Krishna murmura à Yudhishthira : « C'était imprudent de lui promettre le royaume s'il battait l'un d'entre nous. Qu'arrivera-t-il si c'est toi qu'il choisit en premier, ou Arjuna, Nakula ou Sahadéva ? Il s'est entraîné pendant treize ans avec cette massue contre une statue de fer. Bhima seul est son égal. Mais Bhima a une force brute, et Duryodhana possède la ruse. La ruse l'emporte toujours sur la force. C'était idiot de ta part de remettre en jeu notre avantage, exactement comme tu as tout misé avec Shakuni ».

« Je le combattrai et le tuerai, dit Bhima. Ma massue est deux fois plus lourde que la sienne. Regarde-moi ! »

La massue en l'air, il se tourna vers Duryodhana, qui se tenait comme le mont Kailasa, et lui dit : « Souviens-toi maintenant de tous tes méfaits, Duryodhana. Souviens-toi de Varanavata. Souviens-toi de Draupadi indisposée tirée par les cheveux. Souviens-toi de Yudhishthira abusé aux dés. Et prépare-toi à mourir ! »

« Tu parles trop. Pourquoi restes-tu immobile à déblatérer ? Je suis ici. Je suis prêt. Battons-nous ! Et battons-nous loyalement, noble Bhima, sinon la faute t'enchaînera. Ne reste pas là à gronder comme un nuage d'automne desséché ».

Les éléphants barrirent, et les chevaux hennirent.

Duryodhana, dans un grand cri, se rua sur Bhima. Ils s'entrechoquèrent comme deux taureaux se heurtant de leurs cornes. Leurs massues se touchèrent et des étincelles semblables à des lucioles embellirent le ciel. Ils furent vite fatigués, et se reposèrent brièvement.

Ils se relevèrent avec décision, et se jetèrent l'un sur l'autre comme deux chats luttant pour un morceau de viande. Bhima faisait volte-face ; il lui tournait autour, avançait, reculait. Il feintait, s'immobilisait, bondissait. Ils se couraient après en rond, comme s'ils s'amusaient. Puis, tout à coup, ils se ruèrent l'un sur l'autre, tels des éléphants. Alors que Bhima se déplaçait vers la droite du mandala, Duryodhana lui asséna un coup oblique sur la cuisse. Bhima chargea, tel un lion sur un éléphant sauvage. Faisant tournoyer son arme, il l'abattit sur la cuisse de Duryodhana.

Celui-ci tomba, mais, prenant appui sur ses genoux, il se redressa. Reprenant son aplomb, il envoya un coup sur le front de Bhima. Celui-ci ne bougea pas d'un pouce, aussi résistant qu'une montagne. Le sang lui coulait abondamment le long des tempes. Reprenant promptement sa massue de fer, Bhima cogna durement ; Duryodhana trembla et tomba à la renverse, comme un saule géant déraciné par la tempête. Les Pandavas laissèrent éclater leur joie.

Mais il reprit conscience, s'ébroua comme un éléphant sortant d'un lac, et heurta cruellement Bhima à la poitrine, faisant éclater son armure.

Ils se reposèrent, puis reprirent le duel.

Duryodhana porta un nouveau coup féroce, et, croyant que Bhima avait perdu conscience, il attendit qu'il revînt à lui. Mais Bhima se rua furieusement sur lui. Duryodhana bondit selon la manœuvre d'Ashvatthaman. Mais Bhima lança sa massue de toutes ses forces ; elle percuta les cuisses de Duryodhana et les lui écrasa. Duryodhana tomba. La terre vacilla sous l'impact.

Des vents violents et des tempêtes de poussière se mirent à souffler. Les arbres et les montagnes tremblèrent, et le tonnerre gronda. Des averses de sang tombèrent du ciel. Un bruit terrible s'éleva des entrailles de la terre, des monstres effrayants, sans tête, avec de nombreux bras et jambes, dansèrent sur le sol. Les lacs et les puits vomirent du sang ; les fleuves coulèrent à l'envers.

Les Pandavas crièrent joyeusement. Bhima monta sur Duryodhana effondré, et dit : « Tu t'es moqué de Draupadi dévêtue. Tu nous as raillés en nous traitant de vaches. Ris maintenant ! »

Il brandit sa massue, et de son pied gauche frappa la tête de Duryodhana prostré. Tous les soldats Pandavas n'approuvèrent pas, mais Bhima continua sa danse et sa fanfaronnade autour du corps abattu.

« Non, Bhima, dit Yudhishthira. Pas de coups de pied quand il est à terre. C'est un roi ; c'est ton cousin. Il n'a pas d'armes, pas de conseillers, ni de soldats. Il est fini. Il mérite notre pitié ».

Le frère de Krishna, Balarama, qui avait assisté à la rencontre, intervint : « Honte à Bhima, pour avoir frappé sous la taille ! Ce n'est pas un combat loyal ! »

Il se leva et se précipita sur Bhima, prêt à le battre, mais Krishna lui immobilisa les bras dans le dos.

« Les Pandavas sont nos amis. Ils sont les enfants de la sœur de notre père. Bhima ne fait que tenir la promesse qu'il avait faite en présence de Draupadi. De plus, le sage Maitreya avait maudit Duryodhana, en lui déclarant qu'il aurait les cuisses brisées. Calme-toi donc. C'est le Kali Yuga, l'âge de la ruine, qui arrive. Considère Bhima comme quelqu'un qui a tenu sa promesse ».

Mais la logique fallacieuse de Krishna ne réussit pas à convaincre Balarama.

« Duryodhana s'est battu loyalement. Bhima en conséquence sera connu comme un guerrier malhonnête ». Il monta sur son char et fit route vers Dvaraka.

Krishna se tourna vers Yudhishthira : « Tu es au courant de toutes les règles du dharma. Pourquoi as-tu permis que Bhima lui donne des coups de pied ? »

« Cela m'a fait aussi peu plaisir qu'à toi. Cette guerre ne me plaît pas. Plus rien ne me plaît. Mais Bhima s'est souvenu de notre exil, des paroles cruelles qu'ont eues les Kurus pour nous, et de la façon dont ils ont triché aux dés. C'est pourquoi je ne suis pas intervenu ».

Bhima, les yeux pleins de joie, vint se présenter devant Yudhishthira, et lui rendit hommage selon la coutume.

« Toutes les disputes sont terminées, toutes les épines enlevées, c'est à nous désormais de gouverner le monde ».

« La guerre est finie, Duryodhana est impuissant, dit Yudhishthira. Avec l'aide de Krishna, nous avons vaincu ».

Krishna dit aux soldats assemblés : « Quittons cet endroit. A quoi sert d'attendre ici ? L'immoral Duryodhana ne mérite pas de compassion. Pourquoi gaspiller notre souffle sur un bout de bois cassé ? »

Duryodhana tenta de se relever, il s'assit sur son séant et regarda amèrement Krishna. Il se tenait là, tel un serpent venimeux privé de sa queue.

« Tu oublies, Krishna, que j'ai été frappé déloyalement. C'est toi qui as insinué à Bhima de me frapper aux cuisses. Crois-tu que je n'aie pas remarqué Arjuna quand il lui a transmis ta suggestion ? Sois-en déshonoré ! Vous avez tué Bhishma en vous servant de Shikhandin. Vous avez fait croire qu'Ashvatthaman était mort, en tuant un éléphant. Honte à toi, Krishna ! Et Arjuna a décapité Karna alors qu'il cherchait à dégager sa roue embourbée. Croyez-vous que je ne le savais pas ? Mes meilleurs rois sont morts parce que vous avez eu recours aux moyens les plus bas pour les tuer ».

« Et toi, Duryodhana ? demanda Krishna. Par quels moyens l'enfant Abhimanyu a-t-il été tué ? Tu récoltes les résultats de tes mauvaises actions. Tu n'as jamais tenu compte des avis des sages Brihaspati et Ushanas. Tu n'as jamais rendu hommage aux anciens. Tu étais possédé d'une convoitise et d'une ambition insatiables ».

« J'ai étudié, j'ai fait des offrandes comme le prescrivent les écritures. J'ai gouverné mon royaume avec vigilance, et, tel un vrai Kshatriya, j'ai désiré la mort au combat. Mes plaisirs ont été tels que les dieux eux-mêmes doivent les envier. Qui donc est plus chanceux que moi ? Moi, mes jeunes frères et mes alliés sommes sur le chemin du paradis. Toi, Krishna, il te faut continuer à vivre dans ce monde malheureux ».

Une pluie de fleurs célestes parfumées tomba sur la tête de Duryodhana, alors qu'il prononçait ces paroles. Les gandharvas jouèrent une musique mélodieuse, et les esprits des sages accomplis entonnèrent un chant de gloire à Duryodhana. Des brises odorantes se mirent à souffler en tous sens, et le ciel n'était qu'une vaste étendue bleu lapis-lazuli.

Les Pandavas s'entre-regardèrent, honteux. Mais Krishna, d'une voix retentissante, dit : « Ils étaient de grands guerriers sur char. Toute votre vaillance n'aurait pas pu les vaincre. Duryodhana n'aurait jamais pu être battu dans un combat loyal. J'étais bien intentionné à votre égard, c'est pourquoi je me suis servi à plusieurs reprises de ma puissance de maya sur le champ de bataille. Ne l'aurais-je pas fait, jamais vous n'auriez gagné la guerre. A quoi sert de regretter de l'avoir vaincu déloyalement ? La duperie est de mise quand l'ennemi est plus fort. Les dieux eux-mêmes n'y échappent pas – nous n'avons fait que suivre leur exemple. Il est tard, retirons-nous dans nos tentes ».

Souflant dans leurs conques, ils s'en allèrent, abandonnant Duryodhana seul sur la rive du lac. Ils se rendirent d'abord au campement Kaurava, et s'emparèrent du trésor : l'or, l'argent, les pierres précieuses, les riches parures, les couvertures et les peaux. Ils emmenèrent une quantité incalculable d'esclaves hommes et femmes. Ils se reposèrent un peu, avant de partir pour Hastinapur avec cette fortune inépuisable, ils firent halte sur les rives du cours sacré de l'Oghavati afin de se purifier des souillures de la bataille. Krishna fut détaché en avant-garde avec pour mission de rencontrer Dhritarashtra, les Pandavas lui recommandèrent tout particulièrement de réconforter Gandhari, accablée par la perte au combat de tous ses fils. Yudishthira, profondément effrayé, dit à Krishna : « Gandhari nous réduira en cendres par la puissance de sa malédiction. C'est une femme d'un grand mérite ascétique. Apaise sa colère. Tu es le refuge éternel des trois mondes, tu connaîtras bien les arguments simples et subtils qui la réconforteront ».

A son entrée dans Hastinapur, les rues résonnèrent du bruit des roues de son char. Mettant pied à terre, il se rendit directement au palais ; il toucha les pieds de Dhritarashtra et de Vyasa, et salua silencieusement Gandhari. Prenant la main de Dhritarashtra, il pleura doucement pendant un moment ; puis, tel que le veut l'usage, il se lava les yeux et le visage à l'eau. D'une voix douce et calme il dit alors à Dhritarashtra :

« Tout ce qu'il y a à connaître du passé et du futur, vous le connaissez déjà. Le temps n'a pas de secret pour vous. Par amour pour vous les Pandavas ont essayé d'empêcher la guerre et de prévenir le carnage ».

Il se tourna vers Gandhari : « Excellente dame, nul au monde n'est votre égal. Je me souviens du conseil que vous avez donné à vos fils lors de l'assemblée du palais, conseil qu'ils n'ont pas suivi. Vous avez alors prévenu Duryodhana que la victoire servirait le dharma. Excellente dame, la victoire s'est mise au service du dharma. Ne vous affligez pas. N'ayez pas le désir de maudire et de détruire les Pandavas ».

« Ce que tu dis est vrai, ô Krishna. Après t'avoir entendu, mon cœur est quelque peu apaisé. Quant à mon mari, qui reste sans fils, toi et les Pandavas vous en occuperez ».

Ayant cessé de pleurer, elle sécha ses larmes avec son bandeau. Krishna continua de la réconforter avec bien des arguments simples et subtils.

Les jambes broyées, le corps couvert de poussière, Duryodhana regarda autour de lui ; un profond soupir lui échappa. Il secoua sa tête échevelée, et fixa Sanjaya, qui s'était empressé de venir le retrouver au bord du lac.

« Dis à mes parents, Sanjaya, que Bhima m'a donné des coups de pied à la tête alors que je gisais impuissant, les jambes brisées. Dis à mes parents que j'ai exécuté tous les rites, me suis occupé de mes serviteurs, ai honoré ma famille, et que j'ai été généreux envers tous ceux qui méritaient mon affection. J'ai soumis de nombreux ennemis et assujetti plusieurs rois. J'ai poursuivi Dharma, Kama et la Richesse, étudié les Védas, et monté les chevaux les plus racés. Dis-leur que je n'envie personne. Et dis à Ashvatthaman de ne jamais mettre sa confiance dans les paroles des Pandavas, ils ne respectent pas le dharma et commettent des actes immoraux. Je suis à présent fini. Je suis un voyageur démuni, sur la route de la vie. Je vais maintenant rejoindre les illustres Drona, Karna, Bhishma et les autres héros, au paradis ».

Ashvatthaman, Kripa et Kritavarman, ayant reçu de messagers la nouvelle de la défaite de Duryodhana, s'empressèrent d'aller le retrouver. Ils le virent prostré, recouvert de poussière et taché de sang, tel le soleil tombé sur la terre, ou l'océan desséché par un vent puissant, ou encore la pleine lune noyée dans la brume.

Ashvatthman lui dit : « Toi, à même le sol ? Il est dit à juste titre que toutes choses passent et que rien ne demeure. Un roi qui a gouverné le monde, voué à présent à mourir solitaire au bord d'un lac ! »

Duryodhana s'essuya les yeux : « La mort frappe tout le monde. C'est la volonté de Brahma. Mon heure est venue. Mais je me suis bien battu. J'ai été un bon Kshatriya. Ne vous affligez pas pour moi. Vous aussi, vous vous êtes bien battus et vous avez accompli votre devoir ».

Les larmes lui vinrent aux yeux, et il se tut.

Ashvatthaman lui pressa la main, et d'une voix cassée lui dit : « Entends mon vœu ! Je jure sur toute ma piété, sur tous les mérites religieux que j'ai acquis, je jure sur la Vérité elle-même de tuer les Pandavas cette nuit. Permets-moi, mon seigneur, de le faire ».

Satisfait, Duryodhana dit à Kripa : « Apporte-moi un pot d'argile plein d'eau ». Quand le pot fut placé devant lui, il dit : « Je proclame Ashvatthaman le nouveau commandant en chef des forces Kauravas. Les écritures autorisent à combattre un Brahmane qui adopte les coutumes Kshatriyas ».

La cérémonie terminée, Ashvatthaman étreignit Duryodhana, et partit promptement. Duryodhana s'apprêta à passer là cette nuit épouvantable. Tout en faisant route vers le campement Pandava, les trois héros mirent au point leur contre-attaque.

Livre X

LA NUIT

Au coucher du soleil ils arrivèrent à un endroit proche du campement ; ils lâchèrent quelques-uns de leurs chevaux. Une grande peur les habitait. Ils pénétrèrent secrètement dans un bois aux abords du camp. Des cris leur firent penser que les Pandavas venaient à leur recherche ; ils s'enfuirent précipitamment vers l'est. La haine, le désir de revanche et la soif les dominaient. Ils trouvèrent un abri dans une forêt dense, couverte de plantes grimpantes.

La forêt pullulait d'oiseaux et de bêtes,
Des lacs ravissants, parsemés de lotus blancs, s'étalaient partout.
Tout près s'élevait un banyan gigantesque ;
Ils libérèrent leurs chevaux.
Ils se lavèrent, et récitèrent leurs prières du soir.
Le soleil caressait déjà les collines Asta,
Puis vint la nuit, mère de l'univers,
Le ciel s'étendait tel un riche brocart orné d'étoiles.
Les rôdeurs nocturnes hurlèrent, les bêtes diurnes dormaient.
Kritavarman, Kripa et Ashvatthaman, lourds de fatigue,
S'assirent sous le banyan.
Les deux premiers s'endormirent,
Avec pour tout luxe la terre nue en guise de lit.
La colère tenait Ashvatthaman éveillé,
Tel un serpent, il soupirait ;
Pas un seul instant il ne ferma les yeux.
Levant le regard, il aperçut des corbeaux endormis sur les branches ;
Il y en avait des milliers, chacun dans sa propre paix.
Il vit soudain surgir un horrible hibou,

Les yeux verts, le plumage rouge, avec un long bec et des serres crochues ;
S'abattant avec un petit cri sur les corbeaux,
Il déchira des ailes, trancha des cous, sectionna des pattes,
Tuant par centaines ses ennemis endormis.
Le sol en devint noir ;
Le hibou était heureux.

« Ce hibou est là pour m'enseigner quelque chose, pensa Ashvatthaman. Me battre loyalement reviendrait à courir au suicide. Je les tromperai ! Je me souviens des paroles des slodas antiques : Frappe l'ennemi quand il est fatigué, blessé, quand il mange, se repose ou dort. Frappe-le à mort, de nuit, déconcerté, et sans chef ».

Il réveilla ses deux compagnons et leur exposa son plan. Ils hésitèrent, pleins de scrupules.

« Duryodhana est mort, les supplia Ashvatthaman. Qu'avons-nous à perdre ? Si vous voyez un autre plan, dites-le moi ».

Kripa répondit : « Deux forces gouvernent la vie d'un homme, la fatalité et le tempérament. Quand les deux se combinent, vient le succès. Il y en a qui parviennent à saisir l'occasion, d'autres qui la laissent s'échapper. Franchement, je ne sais pas que faire. Il est bon, dans la confusion, d'avoir recours au conseil d'un autre : il faut alors s'adresser à des amis intelligents. Demandons à Dhritarashtra, à Gandhari et à Vidura ce qu'il convient de faire. Suivons leur avis – c'est le mien. Si nous échouons, alors c'est que les faits sont contre nous ».

Peiné, Ashvatthaman écouta. « Des personnes différentes raisonnent différemment, argumenta-t-il. Chacun estime raisonner le mieux. Chacun se veut plus intelligent que son frère. Pensez ce que vous voulez, j'irai cette nuit massacrer les Pandavas endormis et leurs alliés, les Panchalas. J'aurai fait mon devoir. Rien ne me rendra plus heureux ».

« Je vois à quel point la revanche te tient à cœur, dit Kripa. Indra lui-même ne pourrait désormais te dissuader d'accomplir ta tâche. Ote ton armure et dors. Demain matin nous serons à tes côtés, Kritavarman et moi, pour t'aider à mener à bien ta mission ».

« Comment pourrais-je dormir ? demanda Ashvatthaman, les yeux rougis par la colère. Un homme en colère peut-il dormir ? Un homme sous l'emprise de la convoitise peut-il dormir ? Un homme en quête d'argent peut-il dormir ? Je dormirai, et je dormirai d'un long et profond sommeil, quand tous mes ennemis auront été tués ».

Il se leva et se mit à atteler les chevaux à son char. Ils lui dirent : « Attends ! Pourquoi cette précipitation ? Nous avons promis de t'accompagner demain ».

« J'ai fait vœu de tuer Dhrishtadyumna. S'il meurt désarmé, il ne pourra pas atteindre le paradis des héros. Allons-y, et allons-y tout de suite ! »

Il partit au galop en direction de l'ennemi. Ils le suivirent. Ils s'approchèrent du camp Pandava, tels trois feux brillant à un sacrifice rituel. Ashvatthaman s'arrêta avant l'entrée, et ils poursuivirent à pied.

Ils trouvèrent une épouvantable créature géante,
Gardant l'entrée.
Une peau de tigre sanglante lui couvrait les reins,
Une peau de cerf noir le haut du corps,
Un grand serpent lui servait de cordon sacré ;
Elle brandissait plusieurs armes au bout de ses longs bras,
Sa bouche était un brasier, béante et horrible,
Elle avait des milliers d'yeux.
Ashvatthaman projeta ses armes divines –
Le monstre les avala, tel un feu absorbant de l'eau.
Ashvatthaman envoya un cruel javelot –
Il éclata, tel un météore contre le soleil.
Ashvatthaman dégaina une épée bleu ciel,
Tel un serpent bleu nuit jaillissant de son trou –
Il l'avala ; elle disparut comme une mangouste sous la terre.
« Magnifique ! » s'exclama Ashvatthaman.
« Je demanderai à Shiva son aide,
Lui qui porte une guirlande de crânes humains,
Que l'on appelle Hara, le plus grand des dieux ».
Ashvatthaman pria :
« Je demande ta protection, ô Shiva,
Shiva le Cruel, appelé Rudra, Ishvara, et Girisha,
Shiva qui accorde les faveurs, Seigneur de l'Univers,
Seigneur d'Uma, à la gorge bleue et aux trois yeux,
Shiva au chignon, qui erre sur les ghats funéraires,
Portant un gourdin surmonté d'un crâne.
Gloire au grand Shiva !
Destructeur aux cheveux rouges de la Triple Cité,
Insupportable, irrésistible Shiva,
Monté à dos de taureau, portant la lune sur le front.
Pour toi, Shiva, je déverse mon âme dans ce feu,
Je suis la victime.
Favorise-moi, ô Seigneur ! »

Shiva apparut en personne, souriant. « Krishna m'a souvent adoré, avec vérité, pureté, pénitence et dévotion, en pensée, en paroles, et en actions. Nul ne m'est plus cher que Krishna. J'ai protégé jusqu'à présent les Panchalas dans la bataille. Mais voici que le Temps les menace – leur vie arrive à son terme ».

Tendant à son suppliant une épée brillamment polie, il entra dans le corps d'Ashvatthaman. Celui-ci, tout plein de l'énergie de Shiva, resplendissait de gloire. Encadré de rakshasas et de quantité d'aides invisibles, il marcha à grands pas vers l'entrée du camp Pandava.

« Je traverserai le camp à toute allure, pareil à Yama, le dieu de la mort », dit-il à Kritavarman et à Kripa, qui l'attendaient à l'entrée. Intrépide, il trouva un passage dans l'enceinte, et, guidé par des signes, il prit la direction des quartiers de Dhrishtadyumna.

Épuisés par la bataille, les héros Panchalas dormaient ensemble sous une grande tente. Dhrishtadyumna avait son propre lit à draps de soie, des fleurs parfumées étaient éparpillées dessus, dans un angle brûlait de l'encens. Ashvatthaman lui lança un coup de pied. Il se réveilla en sursaut et reconnut son ennemi.

Ashvatthaman l'attrapa par les cheveux, l'ayant tiré hors du lit, il le projeta par terre. Somnolent et sous l'emprise de la peur, Dhrishtadyumna se débattit faiblement. Ashvatthaman le refrappa du pied, à la gorge et à la cage thoracique ; il gémit comme un animal sur le point de mourir. Il essaya d'agripper Ashvatthaman.

« Tue-moi, tue-moi vite, implora-t-il indistinctement, mais laisse-moi mourir armé, que j'aie une mort digne d'un héros ».

« Il n'y a pas de paradis pour ceux qui tuent leurs gurus », répliqua Ashvatthaman, et il continua de le frapper à l'aine et aux organes génitaux, jusqu'à ce que mort s'ensuive.

L'ayant entendu se plaindre, ses épouses et ses gardes se réveillèrent. Ils aperçurent une créature étrange frapper Dhrishtadyumna ; ils en furent paralysés d'effroi, croyant qu'un être surhumain attaquait leur roi.

Asvatthaman sortit de la tente et monta sur son char. Les femmes et les gardes hurlèrent tragiquement. Il parcourut le camp en tous sens, exécutant tout ce qui se trouvait sur son chemin. Les femmes criaient, et suppliaient leurs maris de pourchasser le mystérieux visiteur meurtrier.

« Est-ce un rakshasa ou un être humain ? se demandaient-ils. Il a tué notre roi et ne s'enfuit pas ».

Il massacrait les guerriers, tels des animaux à un immense sacrifice, qui tremblaient et hurlaient. Ceux qui se réveillaient étaient abasourdis à la vue de l'incroyable panique ; ils se regardaient, épouvantés, puis fermaient les yeux, pensant être attaqués par un rakshasa.

Il pénétra dans la tente de Shikhandin et le coupa en deux d'un seul coup d'épée.

La Nuit, pour les guerriers Panchalas, avait pris l'apparence de la Mort : une forme noire avec une bouche et des yeux sanglants, parée de guirlandes cramoisies et enduite d'une pâte cramoisie, vêtue d'un simple vêtement cramoisi, portant une corde ; c'était une vieille sorcière, chantant d'une voix macabre, et emmenant de force hommes, chevaux et éléphants au bout de sa corde.

A peine se réveillaient-ils qu'Ashvatthaman, tel le Temps Destructeur en liberté, tranchait la tête de certains, les cuisses ou les aines d'autres. Le campement fut bientôt couvert de corps déchirés et mutilés. On entendait des cris – « Qu'est-ce que c'est ? », « Qui est là ? », « Quel est ce vacarme ? », « Où est-il ? ». Dans sa rage, il massacra les soldats Panchalas et Pandavas, sans leur laisser la moindre chance de se servir de leurs armes.

Dans la pagaille, ils se ruaient les uns sur les autres ; d'autres couraient frénétiquement, tuant n'importe qui sur leur passage. Privés de raison, endormis, enveloppés par la nuit et guidés par le destin, ils assassinaient leurs propres amis. A l'entrée, les gardes prirent la fuite. Le camp résonnait des cris et des plaintes. Ceux qui s'échappaient étaient massacrés à l'entrée par Kripa et Kritavarman, qui mirent ensuite le feu à trois endroits du campement.

Ashvatthaman fonçait parmi les tentes ardentes, l'épée à la main, tranchant têtes et épaules.

De profondes ténèbres tombèrent sur les quartiers.

Des rakshasas et autres entités avides de sang vinrent se gorger des cadavres. C'étaient des créatures hautes sur pattes, avec cinq pieds ; elles avaient des estomacs gigantesques, des dents comme des pierres, la peau rouge, et la gorge bleue ; des clochettes tintaient sur leurs corps. Elles dansaient en petits groupes extatiques, criant : « Délicieux ! », « Moelleux ! ». Elles avalaient la moelle tendre, lampaient le sang, et parcouraient nues le terrain.

Au petit jour, Ashvatthaman décida de quitter le cantonnement. Il était trempé de sang, et l'épée lui collait si fort à la main, que toutes deux semblaient ne plus faire qu'une. Kripa et Kritavarman le félicitèrent. « Ils sont morts, tous les Panchalas et les fils de Draupadi ; les Matsyas et les Somakas, tous exterminés. Allons apporter l'heureuse nouvelle à Duryodhana ». Ils le trouvèrent toujours prostré, respirant péniblement, à la limite de la mort. Il avait commencé à vomir du sang ; des loups et des hyènes rôdaient autour de lui. Le voyant mourir ainsi, lentement, seul et déprimé, ils pleurèrent.

« Duryodhana est étendu par terre, dit Kripa. Le destin à humilié le commandant de onze akshauhinis. Jadis, il était entouré de Brahmanes ; maintenant ce sont les loups et les hyènes qui l'attendent ».

« Si tu es encore en vie, ô Duryodhana, écoute-moi bien, lui dit Ashvatthaman, car je t'apporte d'agréables nouvelles. Ils ne sont plus que sept Pandavas en vie face à nous trois. Les cinq frères, Krishna, et Satyaki. Les fils de Draupadi sont morts, les enfants de Dhrishtadyumna ont aussi été tués. Notre revanche a été rapide – Les Pandavas se retrouvent sans enfants ! J'ai personnellement tué Dhrishtadyumna comme je l'aurais fait d'un animal ».

Duryodhana entendit, il répondit paisiblement : « Tu as fait ce que ni Bhishma, ni Karna, ni Drona n'ont pu faire. Puisses-tu prospérer, Ashvatthaman ! Nous nous retrouverons au paradis ».

Le dernier souffle lui échappa ; son essence de vie laissant le corps sur terre monta au paradis. Ils l'embrassèrent à plusieurs reprises, le regardant fixement.

Ils repartirent avec leurs chars.

Cette nuit-là, le pilote du char de Dhrishtadyumna vint apporter à Yudhishthira la nouvelle du carnage.

Yudhishthira pleura. « Nous les avons d'abord vaincus, puis ils nous ont détruits. Les perdants gagnent, les vainqueurs perdent. Comme des marchands imprudents se noyant dans un fleuve, après avoir traversé saufs un océan. Je plains Draupadi. Tous morts ! »

Il se hâta d'aller au camp, et y trouva ses fils, ses amis, ses conseillers, tous horriblement mutilés, mourants ou déjà morts.

Draupadi y arriva plus tard, la douleur voilait ses yeux de lotus épanouis, comme les ténèbres le soleil. Elle jeta un seul regard, et s'évanouit. Yudhishthira la souleva dans ses bras et l'embrassa. Elle pleura abondamment.

« Venge-les, dit-elle. Tant que tu n'auras pas tué Ashvatthaman avec ses auxiliaires, je ne quitterai pas ce camp ».

« Ashvatthaman s'est réfugié dans une forêt », lui répondit Yudhishthira.

« J'ai entendu dire qu'il était né avec une gemme sur le front ; tue-le, et apporte-moi la pierre afin que je la porte sur ma propre tête ».

Ils longèrent le Gange, avec leurs chars, jusqu'à parvenir à un endroit où Vyasa à la peau noire, né sur une île, se tenait assis, entouré d'un groupe de disciples. Ils reconnurent Ashvatthaman parmi eux, revêtu d'herbe de kusha, couvert de poussière et oint de ghee.

Bhima saisit son arc et se rua sur lui en criant : « Je le tiens ! »

Croyant venue l'heure de sa mort, Ashvatthaman invoqua le mantra donné par son père. Il tenait dans sa main gauche un brin d'herbe, il l'inspira au moyen du mantra, et l'herbe se transforma en une redoutable arme divine. Il pria : « Puisse cette arme détruire les Pandavas ! », et instantanément un feu prêt à tout consumer jaillit du brin d'herbe.

Mais Bhima, anticipant sur les intentions d'Ashvatthaman, s'était déjà tourné vers Arjuna, lui disant : « Dépêche-toi d'envoyer la puissante anti-arme que t'a donnée Drona ».

Arjuna sauta agilement de son char, avec un arc muni d'une flèche fixe à la main, et il murmura : « Puisse cette anti-arme anéantir le pouvoir d'Ashvatthaman ». L'anti-arme explosa en une boule de feu, ainsi que l'avait fait celle d'Ashvatthaman. Le ciel retentit, on eût dit que des milliers de météores tombaient sur la terre ébranlée. Les arbres, les montagnes et les lacs tremblèrent. Les deux grands sages, Narada et Vyasa, voyant que les armes étaient sur le point de détruire les trois mondes, apparurent entre les opposants et neutralisèrent leur élan destructeur.

« Que faites-vous ? dirent-ils. Les autres guerriers qui gisent maintenant morts avaient aussi des armes spéciales, mais ils ne les ont jamais utilisées. Etes-vous devenus fous ? Pourquoi vous servez-vous de ces armes terribles contre des êtres humains ? »

Arjuna résolut de rentrer la sienne. « Mais si je le fais, dit-il, il va nous brûler, décidez-donc de ce que vous devez faire maintenant ». Il rappela son arme avec beaucoup de difficulté.

Vyasa dit à Ashvatthaman : « Jamais la colère, ni le désir de te tuer, n'ont poussé Arjuna à envoyer l'arme appelée Brahmastra. Il l'a fait pour se défendre. Rentre la tienne. Que la colère quitte ton cœur, laisse vivre les Pandavas. Donne-leur la gemme que tu portes ».

« Cette gemme a plus de signification pour moi que toutes les richesses de l'univers. Cette gemme protège celui qui la porte de toutes les armes, du malheur et de la faim. Je ne m'en serais jamais séparé ; mais puisque tu me le demandes, la voici. Prends-la. Mais mon brin d'herbe mortel ne peut pas être rentré. Une fois tiré, il l'est pour toujours, et il exécutera son œuvre cruelle. Il pénétrera le sein des dames Pandavas ».

« C'est très bien ainsi, dit Vyasa, que le brin d'herbe pénètre leur sein. Mais refrène-toi. Que la bataille se termine ».

Krishna, en souriant, dit à Ashvatthaman : « Quand la fille de Virata, Uttara, est devenue la belle-fille d'Arjuna en épousant Abhimanyu, un Brahmane lui a dit : «Quand la lignée Pandava s'éteindra, un fils nommé Parikshit te naîtra» ».

« Ainsi, que ce brin d'herbe perce le sein d'Uttara et détruise le fœtus que toi, Krishna, tu es si désireux de protéger », dit Ashtthaman.

« Ton arme est mortelle, et le fœtus mourra. Mais parce que tu tues des enfants, voici quelle sera ta punition – tu erreras pendant trois mille ans à la surface de la terre, sans ami, et sans personne à qui parler. Tu traverseras de nombreux pays, homme solitaire parmi les foules humaines. De ton corps émanera une odeur nauséabonde de pus et de sang, et tu te cacheras dans des forêts isolées et des sombres marécages. Tous les maux qui affligent les hommes t'affligeront dans tes errances sur la terre ».

Asvatthaman tendit sa gemme aux Pandavas, et partit se cacher dans la forêt. Les frères rentrèrent au camp en toute hâte, Krishna, Vyasa et Narada à leur tête ; ils remirent la gemme à Draupadi, qui respectait son vœu.

« La vengeance est tout ce que je voulais, dit-elle. Que Yudhishthira porte cette gemme ».

Yudhisthira, pour la satisfaire, la porta avec autant de respect que s'il se fût agi du présent d'un guru. Elle brillait à son front comme la lune au sommet d'une colline.

Livre XI
LES FEMMES

Après la mort de ses cent fils, Dhritarashtra perdit tout espoir. Il restait muet ; il avait l'air aussi désolé qu'un arbre démuni de ses branches.

Le sage Sanjaya lui rendit visite : « La douleur est futile, Sire. Dix-huit askhauhinis ont été massacrées sur le champ de bataille. La terre est déserte. Les rois qui ont rejoint l'armée de vos fils sont morts. Il ne reste qu'à accomplir les rites funéraires de vos fils, petits-fils, parents et amis ».

Sans fils ni conseillers ni amis, le puissant Raja Dhritarashtra s'effondra ; il bascula tel un arbre abattu par la tempête.

« Je n'ai plus de royaume, plus de parents, je n'y vois pas. Tout mon éclat s'est éteint. J'ai repoussé les conseils de mes amis, de Balarama, et ceux des saints rishis Narada et Vyasa. Krishna, avec tout son bon sens, m'a dit dans la salle d'assemblée : « Fais la paix. Tes fils peuvent avoir le royaume tout entier – accorde juste cinq villages aux Pandavas ». J'ai été un imbécile. Je n'ai pas écouté, et maintenant je souffre. Oh, combien je souffre ! Advienne que pourra. Les Pandavas assisteront à mon lent et dernier voyage au royaume de Brahma ».

Sanjaya écouta le monarque frappé de douleur et essaya de le consoler.

« Chassez le chagrin, Sire. Il fut un temps où vous pouviez décider impartialement. La tâche était dure, mais vous aviez votre chance. Vous l'avez laissée passer. Chacun sait que l'on devrait toujours se retenir de faire ce qui conduit au regret et au repentir. Vous aimiez votre fils, et vous avez pris son parti. Vous éprouvez maintenant du remords. Mais à quoi sert de s'affliger ? La personne qui, dans son désir de miel, oublie de prendre ses précautions pour ne pas tomber de l'arbre – une telle personne est vouée à regretter et à se repentir de son acte. Vos larmes, Sire, les gens d'expérience ne les approuveront pas – les écritures non plus. Que vos larmes se transforment en étincelles de feu – le feu funéraire pour les morts qu'elles pleurent. Faites appel à la puissance de votre esprit pour contrôler ce chagrin. Que votre atman calme votre soi ! »

Et Vidura donna à Dhritarashtra ce conseil doux comme le nectar : « Levez-vous, Sire ! Pourquoi restez-vous ainsi indolent, couché sur le sol ? Vous seul pouvez vous venir en aide !

Ce qui est créé vient à être détruit,
Ce qui s'élève, retombe,
L'union apporte la séparation,
La vie apporte la mort.
Héros et lâche, tous deux sont voués à la mort.
Le devoir des Kshatriyas est de se battre.
Ceux qui ne le font pas, au mieux repoussent leur mort.
Quand l'heure vient, on n'y échappe pas.
Au commencement, les créatures sont non-existantes,
Ensuite, elles existent,
Après quoi elles retournent à la non-existence.
Est-ce une raison de s'affliger ?
L'affliction vous mènera-t-elle aux morts ?
L'affliction ne vous fera pas mourir.
A quoi sert donc de s'affliger ?
Ainsi est fait le monde.
Prenez-le tel qu'il est.
Comment l'affliction aiderait-elle ?
La mort ne hait point, elle n'aime point,
La mort n'épargne pas même les dieux.
De même qu'un vent violent couche l'herbe,
La mort fauche la vie.
La vie est une caravane dont la destination est la mort.
Qu'importe qui la mort emporte le premier ?
Ne soyez pas affligé par la mort des héros :
Les écritures les ont destinés pour le paradis.
Ils sont morts en affrontant leurs ennemis :
Comment cela pourrait-il être cause d'affliction ?
Mourir au combat est, pour le Kshatriya,
Une entrée sûre au paradis.
Des milliers de mères et des milliers de pères,
Des milliers de fils et des milliers d'épouses !
Les mères de qui, les pères de qui ?
Tous viennent et s'en vont.
A qui sommes-nous ? Nous venons et nous en allons,
Des milliers de peines chaque jour,
Des milliers de craintes chaque jour –
Le sage les ignore, l'ignorant en souffre.
Le Temps ne hait point, il n'aime point,

Le Temps n'épargne personne.
Le Temps crée, et le Temps détruit,
Le Temps est éveillé quand dorment toutes choses.
Rien ne perdure, sauf le Temps.
La jeunesse et la beauté, la vie et la santé,
La fortune et l'amitié – rien ne reste.
L'homme sage réalise la sérénité
En surmontant et l'affliction et la joie.
Quel que soit l'objet de notre désir, il est éphémère.
Le monde n'est qu'un plantain éphémère.
Le sage et l'idiot, le riche et le pauvre,
Démunis de tout vêtement, dépouillés de tout besoin,
Périssent sur le même bûcher funéraire.
Quand ils sont devenus cendres, qui peut dire
Lequel était riche, lequel était pauvre,
Lequel laid, lequel beau ?
Le corps est comme une maison, dit le sage :
Il se délabre.
Une seule chose est éternelle.
Exactement comme un homme enlève un vêtement vieux ou neuf,
Et en enfile un autre,
L'Atman se défait d'un corps
Et en prend un autre.
C'est le karma qui apporte la joie ou la tristesse.
Que nous le voulions ou non, nous vivons selon notre karma.
Observez le potier façonnant ses pots :
Certains se brisent sur le tour,
D'autres craquent quand il les en retire,
Certains se déforment quand il les mouille, d'autres quand ils sèchent,
Certains éclatent dans le four,
D'autres quand il les en retire,
D'autres encore se fracassent à l'usage. . .
Ainsi certains d'entre nous meurent dans le sein maternel,
D'autres à la naissance,
D'autres au premier jour,
Certains au bout de quinze jours, d'autres au bout d'un mois,
Certains à un an, d'autres à deux,
Certains jeunes, d'autres adultes, d'autres vieux.
Leurs karmas déterminent tout.
Ainsi est fait le monde –
A quoi sert de s'affliger ?
Les nageurs plongent,
puis ils émergent ;
Ainsi les créatures s'enfoncent dans le courant de la vie,
puis en émergent. »

« Montre-moi comment me frayer un chemin à travers les fourrés obscurs du dharma », demanda Dhritarashtra.

« Je rends hommage à l'Auto-Engendré. Puisque vous me l'ordonnez, je vais le faire.

« Les rishis excellents disent que la vie est une jungle. Considérez certain Brahmane. Menant une vie d'errance, il s'égare dans une jungle épaisse, peuplée de bêtes sauvages, tigres et lions, ours et éléphants. . . Beuglant, barrissant et rugissant. . . Un sombre spectacle qui effraierait même le dieu de la mort, Yama.

« Le Brahmane est frappé de terreur. Il est horrifié. La crainte règne sur son esprit. Il presse le pas ; puis il se met à courir en tous sens ; il jette un regard sur sa droite, sur sa gauche, espérant trouver quelqu'un qui le sauvera. Mais la jungle seule retentit des rugissements mystérieux des bêtes cruelles – il y en a partout ; où qu'il aille, elles sont là, en face de lui.

« Il s'aperçoit soudain que la terrifiante forêt est enveloppée d'un immense filet. Devant lui, bras ouverts, se tient une femme d'apparence horrible. Des serpents à cinq têtes, aussi, le sifflent – de grands serpents, dont les anneaux gigantesques s'élèvent en ondulant vers le ciel.

« Au centre de la forêt se trouve un puits, recouvert d'herbes et de plantes rampantes entrelacées. Le Brahmane ne le sait pas. Il tombe dedans, et se retrouve suspendu, empêtré dans une liane, tel un fruit mûr prêt à être cueilli. Il pend là, pieds en l'air, tête en bas.

« Horreur sur horreur ! Il aperçoit au fond du puits un serpent monstrueux. Sur le bord du puits, un énorme éléphant, un éléphant noir à six têtes et douze pieds. Un mastodonte tournant autour de la bouche du puits. Et, s'affairant aux abords de la touffe grimpante, des abeilles aussi géantes que repoussantes encerclent des rayons de miel. Elles essayent d'en absorber la substance délicieusement douce, le miel que toutes les créatures aiment, dont le goût véritable n'est connu que des enfants.

« Le miel coule goutte à goutte du rayon, tombant sur la langue du Brahmane suspendu. Impuissant, il se balance, savourant les gouttes de miel. Plus tombent les gouttes, plus grand est son plaisir. Mais sa soif n'est pas assouvie. Plus ! Encore plus ! «Je suis en vie !» dit-il. «Je jouis de la vie !»

« Alors même qu'il le dit, des rats blancs et noirs mordillent les racines de la plante. Des craintes l'assaillent. La crainte des carnivores, la crainte de la femme féroce, la crainte du serpent monstrueux, la crainte de l'éléphant géant, la crainte de la plante rongée sur le point de craquer, la crainte des grosses abeilles bourdonnantes. . . Dans ce flux et ce reflux de peur, il se balance, s'accrochant à l'espoir, survivant dans la jungle du samsara. . . »

Dhritarashtra dit : « C'est terrible ! C'est déplorable ! Dis-moi, excellent conteur, ce qui fait s'accrocher si obstinément à la vie ce pauvre homme ? Quel charme trouve-t-il à sa condition désespérée ? Nous devons l'aider. Nous devons avoir de la compassion et le libérer de sa misérable situation ».

« Sire, l'histoire de l'homme dans le puits est une métaphore que les connaisseurs des vérités de moksha emploient afin d'aider quelqu'un à réaliser une sérénité transcendantale.

« La jungle est l'univers, la région obscure autour du puits est la durée de vie d'un individu. Les bêtes sauvages sont les maladies. La femme féroce, si le sage interprète comme il faut, est le Déclin, et le Déclin détruit forme et beauté. Le puits est le monde matériel.

« L'énorme serpent au fond du puits est Kala, le Temps qui consume tout, le destructeur ultime et incontesté.

« L'étreinte de la plante rampante qui retient l'homme en suspension, est l'instinct de conservation que l'on trouve chez toutes les créatures.

« L'éléphant à six têtes qui piétine l'arbre à l'entrée du puits, est l'Année – six têtes, six saisons ; douze pieds, douze mois.

« Les rats qui grignotent la plante, sont le Jour et la Nuit rongeant le temps de vie de toutes les créatures.

« Les abeilles sont les Désirs. Les gouttes de miel sont les Plaisirs qui viennent des désirs satisfaits. C'est la rasa de Kama, le jus des sens dans lequel sombrent tous les hommes.

« Telle est l'interprétation que les sages donnent du chakra de la vie ; c'est la façon dont ils échappent au chakra de la vie ».

Les paroles de Vidura échouèrent à ranimer Dhritarashtra. La mort de ses fils l'avait plongé dans un coma prolongé. Le voyant déprimé et à demi inconscient, Vyasa, Vidura, Sanjaya et d'autres personnes de bonne volonté, parmi lesquelles des serviteurs et des courtisans du palais, l'aspergèrent d'eau fraîche, le massèrent avec douceur, et l'éventèrent à l'aide de palmes. Reprenant ses sens, le roi se mit à pleurer sans pouvoir s'arrêter.

Il ordonna que soit attelé son char, et dit à Vidura : « Convoque la reine Gandhari et toutes les dames Bharata présentes. Convoque Kunti et ses dames aussi ».

Il monta sur son char.

Accablées de douleur, Ghandhari et Kunti, accompagnées de toutes les dames royales, se dépêchèrent d'aller à la rencontre de Dhritarashtra. A sa vue, elles poussèrent de bruyantes lamentations. Vidura, profondément ému, essaya de les consoler de son mieux. Il les aida à monter dans les chars qui attendaient, et les escorta jusqu'à la sortie de la ville. De chaque maison kuru montaient des plaintes sourdes ; les enfants eux-mêmes pleuraient de chagrin. Les dames, si pudiques que les dieux eux-mêmes refusaient de porter leurs yeux sur elles, s'exposaient à présent aux regards des vulgaires citadins. Leurs belles chevelures ébouriffées, démunies de leurs parures, vêtues d'un tissu grossier, elles se déplaçaient lentement, plongées dans leur douleur. Elles sortaient par groupes de leurs maisons blanches, telle une harde de cerfs mouchetés de leurs cavernes de montagne, après la mort de leur chef. Vague après vague, ces femmes endeuillées se dispersaient comme des pouliches égarées. S'agrippant mutuellement les mains, elles pleuraient la mort de leurs fils, de leurs frères et de leurs maris. Une scène évocatrice de la fin d'un yuga ! Criant et sanglotant et trébuchant, folles de douleur, elles ne savaient plus ce qu'elles faisaient. Ces femmes qui auparavant auraient rougi de honte d'apparaître insuffisament vêtues devant d'autres femmes, n'éprouvaient alors pas de pudeur à se présenter ainsi devant leurs belles-mères.

Tristement, Raja Dhritarashtra franchit les portes de la cité avec des milliers de femmes en pleurs, et se dirigea vers le champ de bataille.

A deux kilomètres de là, il rencontra les chars des trois héros, Kripa, Ashvatthaman et Kritavarman. Ils lui dirent, les larmes aux yeux : « Sire, votre fils a fait des merveilles sur le champ de bataille. Il est maintenant au royaume d'Indra. Nous sommes les trois seuls héros sur char de l'armée de Duryodhana survivants. Les autres sont morts ». Kripa continua, s'adressant maintenant à Gandhari accablée de douleur : « Vos fils ont péri comme de vrais héros. Aucun d'entre eux n'a demandé grâce. Laissez-moi vous raconter ce que nous, sous la conduite d'Ashvatthaman, avons fait aux Pandavas. Quand nous avons appris que Bhima avait déloyalement tué votre fils Duryodhana, nous nous sommes infiltrés dans leur camp et avons massacré les Pandavas endormis. Tous les Panchalas ont aussi été exécutés. Nous avons tué tous les fils de Drupada, et tous les fils de Draupadi. Comme, à nous trois, nous n'étions pas de taille à faire face aux Pandavas restants, nous nous sommes enfuis. Il est sûr qu'ils sont à notre poursuite. Nous devons partir rapidement. Nous vous en demandons l'autorisation, Sire ».

Continuant à regarder Dhritarashtra bien en face, Kripa, Kritavarman et Ashvatthaman firent un demi-tour autour du roi, puis ils partirent au galop en direction du Gange. Là, ils se séparèrent. Kripa alla à Hastinapur, Kritavarman chercha refuge dans son propre royaume, et Asvatthaman se rendit à l'ashram de Vyasa. C'est peu de temps après que les Pandavas le retrouvèrent tel que cela a déjà été raconté.

Yudhishthira reçut la nouvelle de l'expédition royale. Endeuillé de la mort des fils Pandavas, il alla à la rencontre de Dhritarashtra, endeuillé par la perte de ses cent fils Kauravas. Yudhishthira était accompagné de mahatma Krishna, de Yuyudhana et de

Yuyutsu. Ses quatre frères, Draupadi terrassée par le chagrin, ainsi que sa suite Panchala, l'escortaient aussi. Arrivé au Gange, il trouva les dames Bharatas se lamentant sur leur malheur ; elles se tenaient là, comme un groupe d'aigrettes.

Elles levèrent les bras de détresse ; elles hurlèrent leur douleur ; elles entourèrent Yudhishthira.

Le voici venir,
L'homme de dharma,
Le roi de la vérité et de la compassion,
Lui qui a tué ses frères, ses gurus, ses fils et ses amis !
Toi si vaillant,
Ton cœur est-il heureux
Après avoir tué Drona, Bhishma et Jayadratha ?
Désires-tu toujours le royaume
Maintenant que tes frères sont morts,
Maintenant qu'Abhimanyu et que les fils de Draupadi sont morts ?

Yudhishthira ignora les femmes en pleurs ; il alla toucher les pieds de son oncle, Raja Dhritarashtra. Les autres Pandavas firent de même, un par un, se présentant en citant leurs noms.

A regret, Dhritarashtra embrassa Yudhishthira, l'aîné des fils de Pandu. Le feu de sa colère, apaisé par le chagrin, se raviva en présence de Bhima. Krishna poussa Bhima de côté, et plaça à portée des bras du roi un morceau de fer de même stature. (Il avait deviné les intentions de Dhritarashtra, et s'était préparé à cette éventualité).

Étreignant le Bhima de fer avec la force de dix mille éléphants, le roi fit éclater la statue en morceaux. Il en eut la poitrine lacérée et vomit du sang. Ensanglanté, il s'effondra, tel un arbre parijata sous le poids de ses fleurs rouges.

Sanjaya l'aida à se relever, lui disant doucement : « Vous n'auriez pas dû faire cela, Sire ».

Sa colère dissipée, Dhritarashtra se mit à pleurer, gémissant : « Aïe, Bhima ! Aïe, Bhima ! »

Krishna dit : « Il n'est pas besoin de vous désoler, Dhritarashtra. Vous n'avez pas tué Bhima. C'est une statue de fer que vous avez écrasée. J'avais écarté Bhima. En quoi le fait d'avoir tué Bhima vous aurait-il servi ? Cela aurait-il rendu la vie à vos fils ? »

Dhritarashtra écouta la juste vérité prononcée par Krishna, et répondit : « Tu as raison, Krishna. Ce que tu dis est vrai. L'affection paternelle m'a rendu aveugle au dharma. Tu as bien fait de pousser Bhima à l'écart. Ma colère et ma haine sont désormais calmées. Je souhaite embrasser le deuxième fils de Pandu. Mes propres fils sont morts : mon bonheur est maintenant entre les mains des fils de Pandu ».

Le vieux monarque étreignit Bhima et Arjuna, de même que Nakula et Sahadéva ; il pleura, et leur donna sa bénédiction.

Les Pandavas, accompagnés de Krishna, allèrent, suivant les instructions de Dhritarashtra, rendre visite à Gandhari. Celle-ci, tenant Yudhishthira pour responsable de la mort de son fils, avait eu l'intention de le maudire. Vyasa le devina et, s'étant purifié dans les eaux saintes et fraîches du Gange, le grand rishi arriva là à la vitesse de la pensée. Au moment voulu, il dit à sa belle-fille :

« L'heure n'est pas à la malédiction mais au pardon. Affranchis-toi de la colère, ô Gandhari. Cultive l'art de la paix ».

Gandhari répondit : « Je ne souhaite pas de mal aux Pandavas. Je ne veux pas qu'ils meurent. Mon cœur est sans repos, parce que tous mes fils sont morts. Je sais qu'il est de mon devoir d'aimer les Pandavas autant que Kunti les aime. Mais il y a une chose qu'a faite Bhima, en présence de Krishna, et que je ne peux pas oublier. Le noble Bhima a défié Duryodhana en un combat à la massue. Quand il s'est rendu compte que mon fils le surpassait en toutes tactiques, il l'a frappé en dessous de la ceinture. Ceci a provoqué ma colère. Pourquoi faudrait-il qu'un guerrier enfreigne les règles que les mahatmas ont établies pour les duels ? »

Pris de peur, Bhima la regarda et chercha à l'apaiser : « Que ce soit à tort ou à raison, j'ai fait ce que j'ai fait parce que j'ai eu peur. Je l'ai fait pour sauver ma propre peau. Pardonnez-moi. Nul ne pouvait vaincre votre fils dans un duel loyal. Ce que j'ai fait, je l'ai fait parce que je n'avais pas le choix. Duryodhana avait auparavant été déloyal envers nous. Que pouvais-je faire d'autre ? Votre fils restait le seul héros Kaurava en vie, s'il me tuait, une fois de plus le royaume nous échappait. J'ai fait ce que j'avais à faire. Vous savez comment votre fils a abusé de Draupadi indisposée, alors qu'elle n'était vêtue que d'un simple tissu ».

Gandhari écouta, puis elle répondit : « Tu loues hautement les prouesses militaires de mon fils. Sans doute méritait-il une mort plus noble. Je sais qu'il a fait tout ce que tu dis. Mais, et toi ? – tu as bu le sang de Dushshasana sur le terrain de bataille ! Y a-t-il quelque chose de plus haineux que cela ? Un acte horrible, sinistre, inhumain, Bhima ! Abject ! Tout à fait indigne de toi ! »

Bhima répondit : « Il est immoral de boire le sang d'un étranger, plus immoral encore de boire son propre sang. Celui d'un frère est le sien même. Mais écoutez-moi, mère, et croyez-moi si je dis que le sang n'est jamais allé au-delà de mes lèvres et de mes dents. Karna en a été le témoin. Seules mes mains ont été maculées du sang de Duhshasana. Après la partie de dés, je bouillais de rage quand Draupadi fut tirée par les cheveux. Je me souviens encore des paroles que j'ai prononcées alors, et du vœu que j'ai fait. Si je manquais à mon vœu, je perdais mon honneur de Kshatriya. C'est pourquoi j'ai fait ce que j'ai fait. Ne m'en rejetez pas toute la responsabilité. Reconnaissez que vous avez échoué à retenir vos fils – pourquoi devrions-nous seuls porter la faute ? »

« Vous avez tué les cent fils de ce vieil homme. Mon enfant, ne pouvais-tu pas en épargner un – juste un, celui qui vous avait fait le moins de mal ? Ne pouviez-vous pas en laisser un pour soutenir dans leurs vieux jours ces deux époux aveugles ? »

Ce disant, Gandhari, encore bouillante de colère, demanda : « Où est le roi ? »

Yudhishthira, tremblant, s'approcha, les mains jointes, et dit doucement :

« Devi, je suis Yudhishthira, qui a cruellement tué vos fils. J'ai causé tout ce carnage. Je mérite votre malédiction. Maudissez-moi ! Je n'ai pas de désir pour la vie, le royaume ou la richesse. J'ai tué mes amis. J'ai haï mes amis, et les ai tués. Je suis un fou ».

Ayant ainsi parlé, Yudhishthira, tremblant de crainte, ne bougea pas. Gandhari soupira, et se tint silencieuse.

Comme il se penchait pour lui toucher les pieds, le regard de la reine versée dans le dharma se fixa, de derrière le bandage qui lui couvrait les yeux, sur les orteils de Yudhishthira.

Instantanément, des cloques apparurent sur les beaux orteils.

Le remarquant, Arjuna se cacha vivement derrière Krishna. Les autres Pandavas étaient agités et inquiets.

Mais Gandhari oublia sa colère et leur parla aimablement, comme une mère.

Kunti n'avait pas vu ses fils depuis plusieurs années ; elle se couvrit le visage et pleura. Elle toucha leurs blessures et leurs cicatrices. Elle les embrassa et les étreignit, et pleura encore.

Draupadi aussi pleura. Couchée sur le sol, elle pleurait pitoyablement : « Où sont-ils tous allés ? Oh, où est parti Abhimanyu ? Pourquoi ne me voient-ils pas, pourquoi ne viennent-ils pas à moi ? Que ferai-je d'un royaume, moi qui n'ai plus d'enfants ? »

Kunti aida Draupadi à se relever, et toutes deux s'approchèrent de Gandhari.

Gandhari dit : « Fille, ne t'afflige pas. Pense que ma douleur est plus grande que la tienne. Le Temps nous a apporté un chaos cosmique. Tout est de ma faute. Si tu t'affliges, qui me consolera ? » Gandhari n'avait pas assisté à la bataille, mais, avec une vision divine, elle avait tout vu du massacre des Kurus. Le grand rishi Vyasa lui avait accordé cette vision à cause des vœux stricts et des sévères pénitences qu'elle avait observés, et aussi parce qu'elle avait toujours dit la vérité.

Elle avait vu le champ de bataille, et avait éclaté en de bruyantes lamentations.

Elle l'avait vu de loin, mais tout lui était apparu très proche.

Des scènes effrayantes.
Des scènes horribles.
Des centaines de milliers de cadavres,
Des os éparpillés, des chevelures ensanglantées,
Des corps sans tête,
Le sang des éléphants et des chevaux,
Le sang des héros sur char et des autres,
Des éléphants barrissant, des chevaux hennissant,
Des femmes et des hommes hurlant,
Des chacals et des grues et des corbeaux et des corneilles,
Des rakshasas dévorant la chair humaine,
Des orfraies, des vautours et des hyènes. . .

Raja Dhritarashtra, conduit par Vyasa, et les fils de Pandu, conduits par Yudhishthira, suivis de Krishna et des dames Kurus, se rendirent sur le champ de bataille.

Ils arrivèrent à Kurukshetra.

Les dames découvrirent leurs frères et leurs fils, leurs pères et leurs époux, morts, étendus sur le sol, dévorés par des loups et des corbeaux, et des esprits buveurs de sang, des rakshasas et autres entités nocturnes. Elles poussèrent des hurlements, et descendirent de leurs chars. Elles virent un spectacle qu'elles n'avaient jamais vu auparavant ; certaines en tombèrent malades, d'autres eurent un accès de faiblesse, d'autres s'évanouirent.

En entendant les cris et les lamentations des dames terrifiées, Gandhari fut emplie d'une douleur pitoyable ; elle se tourna vers Krishna-aux-yeux-de-lotus et lui dit :

« Krishna-aux-yeux-de-lotus,
Vois mes belles-filles !
Entends leurs cris pitoyables !
Regarde-les courir, égarées !
Regarde-les rechercher leurs maris et leurs fils !
Ces héros qui dormaient dans des lits parfumés,
Dorment désormais et pour toujours à même le sol.
Les vautours et les loups sont maintenant leurs parures.
Leurs épées et leurs massues éclatantes gisent
A côté d'eux, resplendissantes comme la vie !
Certains enlacent leurs massues,
On dirait qu'ils dorment avec leurs épouses.
Certains, recouverts de leurs armures, se tiennent droits,
Les bêtes de proie les laissent tranquilles,
Les croyant encore en vie.
Les loups arrachent leurs colliers d'or,
Les chacals tirent sur leurs guirlandes dorées.
O Krishna,

Regarde les visages blêmes de ces dames
Qui entourent leurs seigneurs, semblables à des lotus flétris !
Regarde-les, ces dames, insensées de douleur,
Posant la tête sur une poitrine,
Disant : « Non, pas lui ! », et pleurant.
Certaines, joignant bras, cuisses et pieds,
Contre ceux de leurs maris tombés,
Gémissant, pleurant, et gémissant encore.
Certaines aperçoivent les corps dévorés de leurs seigneurs,
Et n'arrivent pas à les reconnaître.
Que peut-il y avoir de plus terrible pour moi, Krishna,
Que de voir mes dames, mes belles-filles
Souffrir ainsi ?
Oh, quel abominable karma dois-je avoir
Pour devoir contempler fils, petits-fils et frères
Massacrés par leurs ennemis ! »

Alors qu'elle était en train de dire ceci à Krishna, son regard tomba sur son fils Duryodhana mort, maculé de sang.

Elle le serra, et dit : « Aïe, mon fils ! Aïe, mon fils ! » Ses larmes mouillèrent les épaules enguirlandées de Duryodhana.

Elle s'effondra de douleur. Quand elle revint à elle, elle rejeta sur Krishna la responsabilité du massacre.

« Les Pandavas et les Kauravas sont tous morts.
Pourquoi as-tu permis cela, Krishna ?
O Krishna, tu aurais pu empêcher cette guerre.
Tu en avais la force, tu en avais le pouvoir.
Parce que tu ne l'as pas fait,
Je te maudis, Krishna !
Par le mérite que j'ai, en tant qu'épouse consciencieuse,
Je te maudis, Krishna !
Toi qui manies le disque et la massue,
Je te maudis !
Dans trente-six années à compter d'aujourd'hui,
Tu massacreras ta famille, comme l'ont fait mes enfants avec la leur,
Comme l'ont fait les Pandavas. L'ayant massacrée,
Tu vagabonderas, honteux, et mourras d'une façon odieuse. . .
Et les dames de ta race pleureront
Tout comme pleurent aujourd'hui les dames Bharatas ».

Mahatma Krishna écouta les paroles de Gandhari, sourit gentiment, et lui dit :

« Nul autre que moi au monde ne peut détruire la race Vrishni. C'est là une certitude. En me maudissant, vous m'aidez à réaliser mon plan. Ni les dieux, ni les anti-dieux ne peuvent anéantir la race Vrishni ».

Krishna ajouta : « Levez-vous, Gandhari, ne vous désolez pas. C'est votre faute si tout cela s'est produit. Votre fils Duryodhana avait mauvais esprit, il était arrogant. Pourquoi tenez-vous à en rejeter le blâme sur moi ? Les enfants d'une femme Brahmane sont appelés à exécuter les rites sacrés ; la progéniture de la vache est vouée à porter le joug ; les petits de la jument deviendront chevaux de course ; les enfants de la femme Shudra apprennent à servir les autres ; la mère Vaishya conçoit pour augmenter le nombre des propriétaires de bétail – et une reine comme vous a des fils qui meurent sur le champ de bataille ».

Gandhari eut du mal à supporter ces paroles ; elle parvint cependant, par le silence, à réprimer sa colère.

Il fut convenu, avec l'accord de Dhritarashtra, que tous les morts recevraient des funérailles honorables.

Yudhishthira convoqua le prêtre des Kauravas, Sudharman, et celui des Pandavas, Dhaumya, ainsi que Sanjaya, Vidura et Yuyutsu ; il leur dit : « Faites des préparatifs pour les funérailles, où l'on pourra brûler les morts par milliers, et veillez à ce qu'aucun ne soit privé des rites convenables ».

Vidura, Sanjaya, Sudharman, Dhaumya et d'autres se procurèrent du santal, de l'aloès et divers bois. Ils recueillirent du ghee, de l'huile et des parfums. Ils ramassèrent des vêtements de soie, du bois des chars brisés et des armes cassées.

On alluma un bûcher gigantesque, et les morts furent brûlés rapidement, mais selon les rites voulus.

Après la crémation, Yudhishthira, ayant placé Raja Dhritarashtra en tête, et suivi de son escorte, se rendit au Gange. Arrivés sur les rives de la rivière sainte, ils ôtèrent leurs parures, leurs vêtements supérieurs, et leurs ceintures. Les dames Kurus accomplirent les derniers rites d'eau.

Kunti, dans un accès de douleur spontané, dit doucement à ses fils :

« Ce grand héros et archer,
Le commandant des formations de chars,
Le guerrier qu'a tué Arjuna,
Celui que vous pensiez être le fils de Radha,
Qui vous a tous combattus si courageusement,
Qui brillait en tant que général de Duryodhana ;
Ce valeureux soldat, à l'énergie extraordinaire,
Qui préférait l'honneur à la vie,
Ce guerrier inépuisable, dévoué à la vérité ;
Il était votre frère aîné ;

Karna était mon fils,
Surya, le dieu soleil, son père ;
Il était né avec une armure naturelle,
Sa splendeur était la splendeur du soleil ! »

Livre XII

LA CONSOLATION

Les nobles Pandavas offrirent des oblations d'eau à tous leurs amis et parents ; ils passèrent la période d'impureté du deuil, qui dura un mois, sur les bords du Gange sacré. Plusieurs saints hommes leur y rendirent visite ; parmi eux, Vyasa, Narada et Krishna, accompagnés de leurs disciples. Yudhishthira prononça l'hommage requis, et leur présenta des tapis luxueux en guise de siège ; ils lui dirent des paroles de réconfort et de consolation.

« La terre entière est à présent entre mes mains, dit Yudhishthira. Je l'ai conquise grâce aux conseils de Krishna, à l'aide de Bhima et d'Arjuna, et aux prières de milliers de Brahmanes. Mais le chagrin pèse lourdement sur mon cœur. Abhimanyu est mort, les fils de Draupadi sont morts. . . Que dira Subhadra, la mère d'Abhimanyu ? Que diront à Krishna les gens de Dvaraka ? Une autre douleur m'oppresse profondément. Kunti ne nous avait jamais dit que Karna était notre frère utérin, né d'elle dans le secret. Ce n'est qu'après sa mort que nous l'avons su. Je me souviens, lorsque dans la salle d'assemblée il nous a parlé durement, mon regard est par hasard tombé sur ses pieds, et ma colère s'est apaisée. C'étaient les pieds de notre mère Kunti. J'ai beaucoup réfléchi sur le moment ; je me suis dit : «Comment peut-il y avoir une telle ressemblance, à moins que. . .» Mais je ne suis pas allé jusqu'au bout, je n'ai jamais deviné la vérité. Pourquoi la terre n'a-t-elle pas avalé mon propre char ? Qui a maudit mon frère pour qu'il meure entre nos mains ? »

Se tournant vers Arjuna, et soupirant profondément, il continua : « Nous n'aurions jamais dû rentrer d'exil, Arjuna ! Nous nous sommes chamaillés, comme une meute de chiens pour un bout de viande ; et nous avons gagné – mais la viande a perdu sa saveur. La viande est délaissée, les chiens l'ont oubliée. Nous n'aurions jamais dû tuer les Kauravas, pas même pour des montagnes d'or, pas même pour tout le bétail de la terre. Mais ils sont morts. Nous les avons tués. La faute à jamais nous en revient.

Mieux vaut me retirer dans les bois, j'adopterai la voie du silence, et suivrai le chemin des sages et des saints ».

Arjuna se passa la langue sur les lèvres, mais il sourit : « Il est pénible, il est triste de te voir ainsi, frère aîné. Mais il y a une chose sur laquelle les écritures sont claires : la richesse dont un roi Kshatriya s'empare devient la sienne. As-tu déjà vu une fortune gagnée sans que quelqu'un soit exploité, sans que quelqu'un soit blessé et en souffre ? La terre est maintenant à toi. Accomplis les sacrifices nécessaires et purifie-toi, et vis ensuite pour profiter de ce qui à juste titre t'appartient ».

« Écoute-moi attentivement, Arjuna, écoute-moi avec toute ta conscience. Tu comprendras alors. Je ne peux pas faire ce que tu dis. Je dois suivre le chemin des vertueux, renonçant à tous les plaisirs mondains. Je m'assoirai dans la forêt, endurant le froid, le vent et la chaleur ; la faim, la soif et l'épuisement, tel que le recommandent les écritures. Chaque jour, je n'écouterai que le chant joyeux des oiseaux et les cris des animaux, respirant l'air parfumé, contemplant la vie croître doucement sous mes yeux. Je serai serein en toute chose. Si un individu me tranche le bras, je sourirai ; si un autre m'oint celui qui me reste de pâte de santal parfumée, je sourirai aussi. Je n'aurai pas d'attache, pas de limite ; comme le vent, je serai libre. Car ce n'est que dans une telle liberté que je trouverai le bonheur suprême ».

Bhima l'interrompit : « Que sont ces enfantillages, au nom des prétendues écritures ? A quoi servait d'aller à la guerre si tu refuses à présent d'endosser la charge de la victoire ? A quoi servait de tuer les Kauravas ? Si nous avions su que telle serait l'issue de nos efforts, nous ne serions jamais partis en guerre ! Crois-tu qu'un Kshatriya soit incapable de pardon, de compassion, de pitié, et d'ahimsa ? Si moksha résidait dans la renonciation aux devoirs humains, les montagnes et les arbres seraient les premiers à l'atteindre ! Ils n'ont pas de devoirs ; ils ne font de mal à personne ; ce sont les choses les plus chastes de la terre ! Finalement, les poissons eux-mêmes atteindraient moksha avant nous ! Songe que si le monde avance, c'est parce que des devoirs sont constamment accomplis ! Comment le fait d'échapper à ses devoirs pourrait-il apporter à l'homme le bonheur ? »

Yudhishthira ne répondit pas. Après que ses frères lui eurent expliqué la signification des écritures, Draupadi aux grands yeux, aux belles hanches, le regarda tendrement et lui dit ces douces paroles : « Tes frères ont tant parlé, mon mari, qu'ils ont fini par s'enrouer comme des petits moineaux, pourtant tu ne les as pas écoutés. Souviens-toi lorsque tu leur demandais, à la fin de notre exil, près du lac Dvaita, de se préparer à affronter Duryodhana. Pourquoi as-tu soudain changé d'avis, mon seigneur ? Un poisson peut-il se reproduire dans un ruisseau asséché ? Un eunuque peut-il procréer ? Un gringalet peut-il se conduire en Kshatriya ? »

Yudhishthira regarda Bhima. « Le pouvoir, la sottise, la fierté, l'ambition et le désir des possessions terrestres – voilà les raisons qui te poussent à vouloir ce royaume. Affranchis-toi du désir, contrôle ton ambition – et apprends à être heureux.

« Le désir connaît-il une fin ?
Une journée ne suffit pas pour l'assouvir, ni même un mois,
Une vie toute entière ne suffit pas pour satisfaire les exigences du désir.
Le feu, alimenté de combustible, s'embrase ;
Prive-l'en – il s'éteint.
Discipline les exigences de ton estomac, Bhima.
Gouverne ton estomac avant de gouverner un royaume.
Souviens-toi de l'histoire du saint Janaka –
«Ne possédant rien, je suis riche !
Si mon royaume est réduit en cendres, je continue d'être riche ! »
Le sage, du haut de sa colline, contemple
Les foules, agrippées au désir,
Affligées, sans aucun motif d'affliction,
Les foules entassées, en bas, dans la plaine de l'ignorance ».

« Le chagrin te fait perdre la tête », dit Vyasa.

« Ce chagrin est vain.
Ce qui naît, meurt, ce qui est uni, se divise.
La destinée nous mène tous.
Telles les bulles sur l'eau, les choses viennent et s'en vont.
Les amis n'apportent pas la joie, ni les ennemis la misère.
La sagesse n'apporte pas la fortune, ni la fortune le bonheur.
La destinée nous mène tous.
Tu es un Kshatriya, Yudhishthira –
Tu n'es pas fait pour rester oisif.
Agis ! »

Arjuna, voyant son frère rester silencieux, se tourna vers Krishna. Prenant la main de Yudhishthira, qui sentait bon le santal et avait l'apparence du marbre, Krishna, de toute la tendresse que reflétait son visage de lotus, lui dit : « Ne laisse pas le chagrin te détruire, Yudhishthira. Les Kshatriyas qui sont morts ne reviendront pas – ils sont comme des rêves qui s'évanouissent au réveil. Ils sont morts en faisant face à l'ennemi. Aucun n'a été tué en battant en retraite, aucun n'a été blessé dans le dos. Ils sont à présent au paradis, et méritent mieux que ton chagrin ».

« C'est vrai, dit Vyasa. Si tu le dois, exécute le sacrifice du cheval en expiation. Purifie-toi de tous tes torts si tu en as ; et gouverne. L'expiation est nécessaire pour celui qui néglige ses devoirs ou agit avec duplicité. Abandonner son dharma n'est pas chose à faire, s'octroyer celui d'un autre non plus. Il y a des actes considérés comme incorrects qui, dans certaines circonstances, ne souillent pas leur auteur ».

« Ce que dit Vyasa est juste, confirma Krishna. La persistance de ta tristesse est navrante. Comme des fidèles d'automne sollicitant les faveurs d'une déité, nous te sollicitons de t'en défaire ».

Pour le bien du monde, Yudhishthira se leva, débarrassé de sa douleur et de son angoisse. Il s'installa dans un nouveau char blanc recouvert de tapis et de peaux de cerf, tiré par seize bœufs blancs sanctifiés. Tandis que chantres et poètes entonnaient ses louanges, il s'assit, semblable au dieu-lune dans son véhicule orangé à dix chevaux. Bhima tenait les rênes ; Arjuna tenait un parasol blanc, brillant – nuage parsemé d'étoiles – au-dessus de la tête de son frère ; Nakula et Sahadéva l'éventaient, à l'aide de deux grandes queues de yak ornées de gemmes blanches. Ils ressemblaient tous cinq aux cinq éléments conduisant la création.

Quand ils arrivèrent aux portes de la cité, une foule grouillante se déversa dehors ; les rues et les places prirent alors l'apparence charmante des eaux de l'océan sous un lever de lune. Les maisons de chaque côté semblaient trembler sous la pression du cortège. Les tambours et les conques résonnaient triomphalement.

Au moment où les Brahmanes se turent, dans la procession, un ami de Duryodhana, un rakshasa nommé Charvaka, déguisé en Brahmane mendiant, interpella le roi. Il se dressait orgueilleusement, parmi des milliers d'austères Brahmanes désireux de bénir le nouveau roi – touffe de cheveux intrépide au milieu de la rue, le chapelet dans une main, et dans l'autre un trident.

« Je parle au nom de nombreux Brahmanes, et je dis : Honte à toi, Yudhishthira ! Honte à toi pour avoir assassiné ta famille ! Qu'as-tu gagné en tuant ta race ? Il vaudrait mieux que tu te suicides, après avoir exterminé tes anciens et tes gurus, plutôt que de vivre et de gouverner ».

Un bruyant murmure s'éleva d'entre les Brahmanes ; il diminua soudainement ; puis ils se turent, pleins de honte et de crainte.

« J'accepte la culpabilité, ô noble Brahmane, et je sollicite la patience. Ne me déshonore pas trop. Je te promets de renoncer bientôt à la vie ».

« Non ! s'écrièrent les autres Brahmanes. Nous n'avons rien à voir avec lui. Gloire à toi, ô roi ! puisses-tu prospérer ! »

Ayant percé son déguisement, ils dirent : « Cet homme est Charvaka, qui souhaite le bien de Duryodhana. Nous n'avons rien dit de la sorte ! Gloire à toi, ô roi ! Puisses-tu prospérer ! »

Courroucés, les Brahmanes se tournèrent vers Charvaka ; ils

prononcèrent « Hun ! » La syllabe le tua sur place. Ils entonnèrent ensuite leurs bénédictions à Yudhishthira, qui en accepta l'honneur. Quand ils eurent reçu en retour les hommages requis, ils partirent.

Yudhishthira s'installa sur un trône doré, face à l'est. En face de lui, les excellents héros, Satyaki et Krishna, prirent place. Sur l'un de ses côtés, Bhima et Arjuna siégeaient dans des fauteuils incrustés de pierres précieuses ; sur l'autre, Nakula et Sahadéva dans des fauteuils d'ivoire insérés de fils d'or. Yuyutsu, Sanjaya et Gandhari s'assirent autour de Dhritarashtra. Dhritarashtra toucha les fleurs blanches, les svastikas, les vases, la terre, l'or, l'argent et les pierres précieuses placés devant lui. Les sujets, un par un, conduits par des prêtres, défilèrent devant Yudhishthira, lui apportant présents et offrandes. Des jarres d'or pleines d'eau, des vases en cuivre et en argent, des pots en terre, des fleurs, du paddy frit, de l'herbe de kusha, du lait de vache, du combustible saint, du miel, du ghee et des conques ornées d'or furent apportés pour les préparatifs du rituel. Sur les instructions de Krishna, le prêtre Dhaumya fabriqua un autel légèrement incliné vers l'est et le nord. Après avoir demandé à Yudhishthira et à Draupadi de s'asseoir sur l'admirable siège en peau de tigre, appelé le sarvatabhadra, il commença à réciter des mantras tout en versant les libations de ghee dans le feu sacré. S'étant levé, il versa sur la tête de Yudhishthira une eau contenue dans la conque sanctifiée. Krishna recommanda à Dhritarashtra d'en faire de même, au nom de ses sujets.

Après la cérémonie du couronnement, Yudhishthira ordonna que soient accomplis les rites funéraires de tous ceux qui étaient morts à la guerre. Quand la sradha fut terminée, il congédia ses sujets. Les Pandavas se retirèrent pour aller se reposer : Bhima alla au palais de Duryodhana, et Arjuna, sur les ordres de Yudhishthira, prit possession de celui de Duhshasana ; Nakula occupa celui de Durmarshana, et Sahadéva celui de Durmukha. Les palais offraient tout le confort et abritaient les dames les plus belles avec des yeux comme des pétales de lotus ; ils y trouvèrent une nourriture et des vins raffinés. Les frères passèrent la nuit dans un grand bonheur, et au matin, reposés, ils se présentèrent à Yudhishthira.

Ensemble, les mains jointes, ils se rendirent avec eux auprès de Krishna à la peau bleue ; il siégeait sur un imposant trône d'or et de gemmes, vêtu de soie jaune, et étincelant de nombreuses parures. Sur sa poitrine brillait le Kaushtubha, le joyau de Vishnu à treize pierres, obtenu lors du barattement de l'océan. Aucune métaphore dans les trois mondes ne saurait rendre justice à son éclat pour cette occasion.

Avec un sourire aimable, Yudhishthira s'enquit : « As-tu passé une nuit heureuse, ô Krishna, seigneur divin, refuge des trois mondes ? » Krishna, plongé dans la transcendance, ne répondit pas.

« Tu es aussi imperturbable que le roc, ou que la flamme d'une lampe à l'abri du vent. Je te salue, ô Krishna, le premier d'entre les mortels, toi qui dissipes les doutes ».

Krishna sourit doucement, et dit : « Je vois Bhishma allongé sur son lit de flèches, pareil à une flamme sur le point de s'éteindre. Il pense à moi. Va le voir, Yudhishthira, interroge-le sur Artha, Dharma, Kama et Moksha ; sur les rituels, et sur les devoirs prescrits aux quatre castes ; sur les quatre divisions de la vie elle-même ; et sur la nature des devoirs royaux. Car quand Bhishma mourra, c'est la source de toute connaissance qui disparaîtra du monde. Vas-y maintenant : dépêche-toi ».

« C'est avec joie, si tu nous accompagnes ».

Krishna, se tournant sans hésitation vers Satyaki, ordonna qu'on lui amène son char ; il scintillait de gemmes de lune et de soleil, ses roues en or le rendaient aussi rapide que le vent. Sugriva et Shaivya, deux excellents coursiers, le tiraient ; son superbe étendard avait pour emblème Garuda, le roi des oiseaux, et des banderoles multicolores flottaient de chaque côté de l'aurige.

Ils parvinrent à l'endroit où gisait Bhishma, sur le lit de flèches, entouré d'une foule d'ascètes, tel Indra avec les dieux mineurs.

Ils le saluèrent respectueusement, puis s'assirent autour de lui.

Krishna, attristé, lui demanda : « Ta vision est-elle toujours aussi claire, ô éloquent Bhishma ? Ou bien la douleur des flèches te trouble-t-elle l'esprit ? Ton père, le royal Shantanu, t'a obtenu une faveur que je n'ai pas moi-même – celle de choisir toi-même le moment de ta mort. Qui d'autre que toi est suffisamment compétent pour instruire les dieux du passé, du présent et du futur ? »

« Je te salue, ô Krishna, mais la souffrance me voile l'esprit. Ces flèches, comme un feu ou du poison, obscurcissent ma vision. Je n'ai plus conscience de mon corps, et j'ai du mal à parler clairement. Qui donc est plus grand que toi pour traiter des mystères de la vie ? Comment un disciple comme moi oserait-il enseigner en la présence d'un guru tel que toi ? »

Le soleil aux mille rayons plongeait lentement à l'ouest. Les ascètes et les sages saluèrent Krishna, Bhishma et Yudhishthira, qui s'inclinèrent à leur tour ; et quand les saints furent partis, après avoir dit : « Nous reviendrons demain », Krishna et les Pandavas s'en allèrent sur leurs chars.

Cette nuit-là, Krishna dormit paisiblement ; il se leva avant l'aube. Il appela ensuite Satyaki, et lui dit : « Vois si Yudhishthira est prêt pour aller rendre visite à Bhishma ».

« Je suis prêt, dit Yudhishthira à Satyaki. Mais aujourd'hui nous irons seuls, sans soldats. Je ne voudrais gêner en aucune manière ; une petite audience est préférable quand il s'agit d'écouter des paroles profondes ».

Ils se hâtèrent de retourner sur les lieux, et Yudhishthira, effrayé, vit le héros à terre ; il gisait sur le sol tel le soleil tombé du ciel.

« As-tu passé une nuit heureuse, noble Bhishma ? s'enquit Krishna. As-tu l'esprit calme, ta vision est-elle claire ? »

« Toute brûlure, faiblesse, fièvre, ennui et douleur m'ont quitté la nuit dernière, grâce à toi. Je vois le passé, le présent et le futur aussi clairement devant moi que si je tenais un fruit dans la main ».

« Sache alors que je suis la racine de la renommée et de la vertu, dit Krishna. Toutes choses, bonnes ou mauvaises, proviennent de mon pouvoir, de même que la clarté de la lune émane de l'astre tranquille. Rien ne saurait ajouter à mes mérites. C'est pourquoi, ô Bhishma, ayant reçu mon aval, tes enseignements aux Pandavas seront tenus par l'ensemble des hommes pour aussi sacrés que les écritures ».

« Je parlerai de la nature du devoir. Posez-moi des questions sur le dharma ».

« Yudhishthira craint que tu le maudisses, dit Krishna. Il se sent coupable de la guerre. Il a ordonné de tuer ses propres parents ».

« Qu'il approche sans crainte. C'est le devoir d'un Kshatriya de se battre pour une cause juste, et de tuer sa famille si elle l'a injustement provoqué ».

Yudhisthira s'approcha de Bhishma et, hâtivement, lui toucha les pieds.

« Assieds-toi, Yudhishthira. Et interroge-moi librement ».

« Les savants disent qu les devoirs royaux sont de tous les plus élevés. Que veulent-ils dire ? Que signifie «devoirs» ? »

« Parlons donc des devoirs. . . Le devoir le plus haut d'un roi est de ne jamais se décourager, de ne jamais se laisser abattre si les choses vont de travers. La Vérité est le plus haut devoir d'un roi. Le roi dévoué à la Vérité n'a besoin de dévotion envers rien d'autre. Qu'aucun roi ne plaisante avec ses fidèles, car vois ce qui se produit quand il est trop familier avec ses inférieurs : ils mentent et volent, ils font la cour aux sujets de l'autre sexe en présence du roi, ils vont même jusqu'à essayer de se vêtir comme lui ; ils sont équivoques en face de lui, et ils potinent dans son dos. Ils s'amusent avec un roi, comme avec un oiseau au bout d'une ficelle. Tel est le résultat de la bénignité royale. . .

« Le bien-être de ses sujets devrait être sa préoccupation constante. Manu le législateur ne dit-il pas : «Évitez les six personnes suivantes : un guru qui ne parle pas, un prêtre qui n'a pas étudié les écritures, un roi qui néglige ses sujets, une épouse bavarde, un bouvier qui reste au village, et un barbier qui vagabonde dans les bois».

« Et il faut qu'un roi travaille ; il doit tout le temps travailler ! Brihaspati, le père des dieux, dit : «A force de travail est produit le nectar, à force de travail sont détruits les anti-dieux, à force de travail Indra gouverne son paradis». Qu'est-ce qu'un roi intelligent qui ne travaille pas ? – rien de mieux qu'un serpent sans venin. Qu'un roi ne relâche pas sa vigilance. L'ennemi le plus faible mérite d'être surveillé ; une étincelle provoque un incendie de forêt, une goutte de poison tue un homme ».

Les mains jointes et profondément concentré, Yudhishthira demanda encore :

« Quels sont les devoirs des quatre castes ? »

« La maîtrise de la colère, la véracité, la justice, le pardon, une progéniture loyale, la pureté, éviter les disputes, la simplicité, le soin des personnes à charge, sont les neuf devoirs communs aux quatre castes.

« Mais le devoir principal d'un Brahmane est de cultiver la maîtrise de soi, celui d'un Kshatriya de protéger le peuple, d'un Vaishya de faire des dons et de s'enrichir par des moyens honnêtes, et d'un Shudra de servir les trois premières castes, en retour de quoi elles subviennent à ses besoins, et il reçoit des parasols, des turbans, des lits, des sièges, des chaussures et des éventails usagés. Un Shudra n'a pas de richesse propre ; tout ce qu'il possède appartient à son maître. Il ne s'ensuit cependant pas que les dieux refusent les offrandes d'un Shudra. Ce qui est offert avec dévotion est toujours accepté – la dévotion est requise des quatre castes. Aucun devoir n'est possible sans dévotion.

« Je te préviens, Yudhishthira, qu'il n'est pas aisé de savoir quels sont ses devoirs. Cela n'est pas toujours clair. Les fausses opinions prédominent, on en arrive à des conclusions erronées, et les gens suivent des systèmes dont les fondateurs eux-mêmes sont confus quant à la nature réelle des devoirs ».

« Qu'en est-il des devoirs touchant le gouvernement concret d'un royaume ? »

« Le plus important de tous est que le roi soit couronné et installé. Là où prévaut l'anarchie, les bandits font leur place, et le dharma disparaît. Rien n'est plus désespéré qu'un royaume déchiré par les dissensions ».

« En supposant que le banditisme sévisse et que les castes viennent à se mélanger par suite du trouble dans le royaume, et que les Kshatriyas soient impuissants. . . En supposant qu'un dirigeant parvienne à restaurer l'ordre par une répression sévère. . . Les écritures justifieraient-elles un tel dirigeant ? Est-ce que des non-Kshatriyas devraient en venir à prendre les armes ? »

« Pourquoi faudrait-il tenir compte de la caste quand il s'agit d'enrayer une crise ? répondit Bhishma. N'importe quel homme, qu'il soit Shudra, Vaishya ou Brahmane – pour ne pas parler des Kshatriyas – qui arrache des eaux tourbillonnantes un homme qui se noie, mérite la plus haute considération. A quoi est bon un taureau qui ne porte pas de charge ? une vache qui ne donne pas de lait ? A quoi est bon un roi incapable d'assurer la loi et l'ordre ? C'est un éléphant en bois, une peau de cerf, un marchand démuni, un champ stérile, un Brahmane ignorant, un nuage sans pluie. Rares sont les dirigeants qui savent récompenser le bon et punir le méchant ».

« Comment un dirigeant qui veut la victoire devrait-il mener la guerre sans pour autant offenser le dharma ? »

« Un roi est autorisé à employer l'une ou l'autre des deux sortes de sagesse – droite ou tortueuse ; droite quand il attaque lui-même, tortueuse quand d'autres l'attaquent en premier. Lâche un voleur sur les traces d'un autre ; la duperie est un bon antidote contre la duperie ».

« L'accomplissement d'un devoir est un long processus qui comprend plusieurs aspects. Quels sont les meilleurs devoirs ? Quels actes apportent les plus grands mérites dans cette vie et dans l'autre ? »

« Le devoir le plus haut est le respect que l'on accorde à une mère et à un père, et à un guru. Leurs ordres sont des devoirs. Ce qu'ils n'ordonnent pas n'en est pas un. Ils sont les trois mondes, ils sont les trois feux sacrés. Un éducateur est supérieur à dix Brahmanes érudits, un professeur à dix éducateurs, et un père à dix professeurs. Mais une mère est supérieure à dix pères, supérieure au monde lui-même. Et si tu veux mon opinion, un guru est supérieur à la mère et au père réunis. Si eux créent le corps, lui guide la précieuse âme impérissable ».

« La vérité et le mensonge chevauchent l'univers. Qu'est-ce que la vérité ? Qu'est-ce que le mensonge ? Quand une personne devrait-elle dire la vérité, quand est-elle autorisée à mentir ? »

« La véracité va de pair avec le dharma. Rien n'est supérieur à la vérité. Laisse-moi te dire quelque chose que peu de gens savent : ne dis jamais une vérité quand en fait celle-ci cache un mensonge ; dis un mensonge s'il cache en fait une vérité ».

« Comment devrait réagir une personne éduquée quand elle est publiquement abusée par un sot insensé ? »

« Il n'y a pas de plus grand sot que celui qui laisse la haine le contrôler. Digère l'insulte ; supporte tout ce que fait la sottise. Comment pourrais-tu être affecté par le blâme ou la louange d'un sot ! Ce n'est rien d'autre qu'un corbeau croassant dans le vide. Si les mots des imbéciles suffisaient à ternir l'honneur, qui d'entre nous conserverait le sien ? Celui qui te flatte par devant et te calomnie par derrière est pire qu'un chien fou – évite-le ».

« Qu'est-ce que mal agir ? Quel est celui qui agit mal ? »

« L'identification est la racine du mal agir. Sur la base de l'identification croît la convoitise, et de la convoitise jaillit la mauvaise action. Toute fourberie, toute hypocrisie a ses racines dans l'identification. La convoitise engendre la colère, la convoitise conduit à la luxure. La confusion, l'illusion, l'égoïsme, la vanité et la méchanceté sont les rejetons de la convoitise ; de même que la vengeance, l'effronterie, l'orgueil de sa naissance, de son éducation, de sa beauté, et de sa fortune ; la convoitise étouffe la compassion, et provoque la méfiance ; la convoitise est la cause de l'adultère ; elle engendre le mensonge, la gourmandise, la violence et la malveillance. La convoitise est partout – chez l'enfant, l'adolescent et l'adulte. La convoitise se perpétue même quand cesse la vie. Un millier de fleuves n'assouvissent pas le monstre océanique. Elle afflige l'homme de savoir. La convoitise se cache sous le manteau de la religion ».

« Dis-moi tout ce qui concerne l'ignorance, car la misère du monde est toute entière le produit de l'ignorance ».

« La convoitise et l'ignorance sont les deux faces d'une même pièce. L'ignorance est un autre nom de l'attachement, de la vanité, de la luxure, de la colère, de la paresse, de la procrastination, de la répugnance, de la jalousie, et de la joie et de la tristesse excessives. A mesure que grandit la convoitise, l'ignorance grandit ; à mesure que diminue la convoitise, l'ignorance diminue. Débarrasse-toi de la convoitise. Cultive la connaissance de l'immuable, elle seule apporte la satisfaction ».

« Quelles sont les différentes formes de la vérité ? »

« La vérité est le devoir, la vérité est la pénitence, la vérité est le yoga, la vérité est Brahman. La vérité a treize facettes : l'impartialité, la maîtrise de soi, l'humilité, la foi, la loyauté, la patience, la bonté, la renonciation, la méditation, la dignité, la sérénité, la compassion, et ahimsa. Elle est éternelle, et immuable. Si l'on mettait d'un côté de la balance les mérites d'un millier de sacrifices du cheval, et de l'autre ceux de la vérité, elle pencherait du côté de la vérité ».

« Instruis-moi sur les treize vices, la colère, la luxure, l'ennui, le manque de discernement, la mauvaise intention, la jalousie, la méchanceté, l'orgueil, l'envie, la calomnie, la méfiance, la cruauté, et la peur ».

« Ce sont les pires ennemis de l'homme, ils le cernent comme les loups une proie. Un Brahmane qui couche avec une femme indisposée, qui n'exécute pas les sacrifices rituels, dont la famille ignore les écritures, ne vaut pas mieux qu'un Shudra, et son vice mérite d'être expié. Un mensonge dit pour plaisanter n'est pas immoral, pas plus que s'il est dit à une femme, ou afin de profiter à son guru, ou de sauver sa propre vie. Aucun dieu ne surpasse une bonne épouse, fût-elle de basse caste ».

Bhisma se tut et les cinq frères retournèrent au palais. « Dharma, Artha et Kama gouvernent le monde. Lequel des trois est le meilleur ? » demanda Yudhishthira.

« Dharma, répondit Vidura. Du Dharma dépendent les deux autres, la Réussite et le Plaisir ».

« L'action est ce qui compte dans ce monde, dit Arjuna. L'Action seule apporte la Réussite. Je place Artha en premier ».

« Sans Plaisir, il n'y a ni Réussite, ni Dharma », dit Bhima.

Yudhishthira dit : « Ta conviction est impressionnante. Mais qui dans ce monde est complètement libre d'agir comme il lui plaît ? J'agis comme le destin m'ordonne d'agir. Ni Dharma, ni Kama ne devraient être le but. L'important, c'est Moksha ».

Ils approuvèrent Yudhishthira, et retournèrent auprès de Bhishma.

« Noble Bhishma, comment devrait-on choisir un ami ? » interrogea Yudhishthira.

« Évite celui qui est égoïste, impitoyable, malhonnête, mesquin, méfiant, désœuvré, fainéant et rusé ; évite celui qui a délaissé les devoirs de sa caste, qui déshonore son guru, professe l'athéisme, raconte des mensonges, et a l'habitude des jeux d'argent ».

« Instruis-moi quant aux devoirs d'un homme durant les quatre étapes de sa vie ».

« Le dharma a plusieurs portes. Les devoirs prescrits par son dharma ne sont jamais accomplis en vain. Quand une personne vient à perdre sa fortune, sa femme ou son fils, laisse-la se dire en elle-même : «C'est une grande perte», et qu'elle apprenne à surmonter son chagrin. Souviens-toi des paroles du Brahmane au roi Senajit : «A quoi sert le chagrin ? Tu t'affliges aujourd'hui de ton fils mort, demain les autres s'affligeront sur toi, et le jour d'après, d'autres encore s'affligeront sur eux. De même que deux planches à la dérive viennent à se croiser, deux personnes viennent à se rencontrer dans la vie. Que savais-tu dè ton fils ? Que savait-il de toi ? Si véritablement tu le connaissais, alors tu cesserais de t'affliger ». Nul n'a la joie pour toujours, et nul ne souffre de tristesse pour toujours ».

« Comment un homme juste devrait-il se comporter dans la vie quotidienne ? »

« Il commence et termine sa journée par une méditation. Il dit ses prières du matin face à l'est, et ses prières du soir face à l'ouest. Il mange une nourriture qui a bon goût, et la prend dans le calme. Il a le sens du partage et donne à chacun selon son dû. Il pratique la tolérance et le respect. Il ne mange pas de viande qui ne soit pas sanctifiée, et choisit plutôt les morceaux proches de la colonne vertébrale. Il apprécie la beauté mais reste fidèle à lui-même. Quoi que fasse un homme bon, même toucher de la bouse de vache, cela devient bon. Cacher ses méfaits aux hommes de bien n'aidera pas celui qui agit mal. Les dieux voient ce que les hommes de bien ne voient pas. Une mauvaise action dissimulée par une autre de la même sorte cause plus de tort. Il en va de même pour les bonnes actions, cumulées, elle s'enrichissent. Les conséquences des mauvaises actions finissent par engloutir celui qui les commet, de même que Rahu à quatre bras avalant la lune en temps d'éclipse.

« Les désirs réalisés apportent la joie ; au paradis, la joie est aussi ; mais les deux ensemble ne valent pas le seizième de la joie qui réside dans l'extinction du désir.

« Comme la tortue rentre pattes et tête, tourne-toi vers l'intérieur, les désirs d'eux-mêmes s'évanouiront. Il n'y a pas de plus grande satisfaction que celle qui vient de l'Atman.

« La mort est dans le corps ; mais l'immortalité aussi. Sois ignorant, et tu meurs. Cherche la Vérité, et tu es immortel.

« Rien ne voit comme la connaissance, rien ne purifie comme la vérité, rien ne réjouit comme le don, rien n'asservit comme l'identification. Transcende.

« Même riche, reste pauvre, te réjouissant avant tout de l'éclat de l'Atman.

« La paix réside au-delà du désir.

« La connaissance est le plus grand bonheur, la connaissance est la plus grande possession et le plus grand bien.

« La Vérité est Brahman, la Vérité est connaissance du Soi, la Vérité est le paradis. La Vérité est lumière.

« Le déclin et la mort terrassent l'univers. Les jours et les nuits s'effacent. Il est temps que tu connaisses ton Soi ! La mort a tôt fait de t'emporter. Éveille-toi ! »

Livre XIII

LE DERNIER CONSEIL

« Comment réaliserai-je la paix de l'esprit ? demanda Yudhishthira. J'ai attentivement écouté tes paroles, mais la sérénité m'échappe. Comment est-il possible de réaliser la sérénité en écoutant la sagesse d'un autre ? J'ai des blessures et des plaies de flèches sur le corps ; j'ai tué des membres de ma propre famille ; j'ai même tué mon guru. Qu'y a-t-il de plus douloureux que cela ? Je crois que Brahma n'a créé l'homme que pour qu'il fasse du mal ».

« La sérénité ne vient que par une pratique appropriée. Qu'est-ce qui te fait penser, Yudhishthira, que l'Atman est responsable de tout ce que fait un homme, principalement de ses crimes ? Il convient de faire la part des choses ; l'Atman n'est pas impliqué dans l'action, et pour celui qui le connaît, les méfaits cessent. Pour celui dont l'esprit est établi dans le Soi, c'est sa nature qui agit, et elle agit en accord avec toutes les lois de la Nature, pour son bien propre et dans le respect du bien de toutes les créatures. Souviens-toi de l'histoire du chasseur et du serpent.

Il y avait une fois une vieille dame nommée Gautami, réputée pour sa patience et sa sérénité. Elle trouva un jour son fils mort d'une morsure de serpent. Le chasseur Arjunaka ligota la bête et la lui apporta. «Dois-je le découper en morceaux, madame, ou dois-je le jeter dans le feu ?» demanda-t-il.

« Relâche-le. Le tuer ne fera pas revivre mon fils. Le remettre en liberté ne te fera pas de mal ».

« Vous connaissez la différence entre le bien et le mal, dit Arjunaka. Une âme noble est touchée par la souffrance de n'importe quelle créature. Je ne suis pas une âme noble, madame – je suis un homme de sens pratique. Je vais tuer ce serpent. Autorisez-moi à le faire ».

« Mon fils était destiné à mourir, je ne peux pas te donner la permission. Sois compatissant : pardonne-lui et relâche-le ».

« Un ennemi mérite d'être tué. Tuer un ennemi est porteur de mérite, dans cette vie et dans l'autre ».

« Pardonner un ennemi apporte davantage de mérite ».

« Si nous le tuons, des centaines de personnes en seront sauvées ».

« Mais pas mon fils », dit Gautami ; et elle cessa de s'intéresser aux questions répétées du chasseur.

Le serpent gémit doucement – les cordes le blessaient – et d'une patiente voix humaine il dit : «Insensé Arjunaka, qu'ai-je fait ? Je n'ai pas de libre arbitre, je n'ai pas commis de crime. Le dieu de la mort Yama m'a envoyé faire ce que j'ai fait. Blâme-le pour la mort de ce garçon, s'il le faut ».

« Il se peut qu'il en soit ainsi, mais tu as accepté de le faire, ainsi tu es l'instrument du crime. Le tour du potier est la cause de la fabrication du pot, et toi tu es la cause de la mort du garçon. Tu es coupable – tu l'admets – et un coupable meurt sous ma main ! »

Le Serpent dit : « La roue du potier n'est pas la cause totale de la fabrication du pot, et je ne suis pas non plus complètement la cause de la mort de l'enfant. Deux causes ou davantage peuvent opérer ensemble. L'explication de la cause et de l'effet est une affaire complexe. Je ne suis coupable d'aucun crime. Ma culpabilité est le résultat de causes conjuguées ».

« Je ne sais pas ce qu'il en est des causes premières et des causes conjuguées, mais je sais que ta morsure a tué l'enfant. Tu mérites par conséquent de mourir. Crois-tu que quand un péché est commis, l'auteur n'est pas impliqué dans son acte ? Dis-moi ce que tu en penses ».

« Cause première ou non, rien n'arrive sans une cause intermédiaire. Dans ce sens-ci tu as raison : je suis la cause intermédiaire. Si une cause intermédiaire peut être coupable, je le suis ; mais je pense que le véritable coupable devrait être celui qui m'a incité à mordre le garçon ».

« Tu parles trop, mauvais serpent. Tu mérites de mourir. Tu sais très bien que tu es coupable du meurtre de cet enfant ».

A ce moment-là, Yama lui-même apparut, et il s'adressa au serpent. « Je suis venu sous l'influence de Kala, le seigneur du Temps. Tu n'es pas coupable de la mort de l'enfant ; ni moi non plus. Pareil aux nuages qui sont mus par le vent, je suis mû par Kala. Toutes les créatures sont mues par Kala. L'univers tout entier – ses aspects positifs, les négatifs, ses changements et ses modifications, tous sont mus par Kala. Tous les sujets existants et non existants sont créés et détruits par Kala. Si je suis coupable, tu l'es également».

« Ce n'est pas ce que je disais, expliqua le serpent. Je ne soutiens pas que tu sois coupable, pas plus que je ne dis que tu es complètement innocent. Je sais simplement que c'est sous ton influence que j'ai opéré. La responsabilité incombe peut-être à Kala ; ce n'est pas à moi de le dire, parce que je ne sais pas vraiment à qui elle revient. Ce que je sais, c'est qu'elle ne me revient pas entièrement, et je pense qu'il est de mon devoir de dire qu'elle ne te revient pas non plus tout à fait». Il se tourna vers Arjunaka : «Tu as entendu Yama. Il n'est pas juste de me torturer plus longtemps en me retenant si étroitement ligoté ».

« Je t'ai entendu et je l'ai entendu, et je ne suis pas convaincu. Vous me semblez tous les deux coupables. Je vais vous tuer tous les deux ».

« Mais nous ne sommes pas des agents libres, dit Yama, nous sommes régis par Kala, comme je l'ai expliqué plus tôt. Sois raisonnable : examine plus attentivement la situation ».

« C'est étrange, dit le chasseur. Si Kala est le véritable coupable, j'aimerais bien savoir pourquoi nous éprouvons du plaisir à faire le bien, et de la tristesse à faire le mal ».

Kala entra en scène, et leur dit à tous trois : « Ni Yama, ni le serpent, ni moi ne sommes coupables. Nous ne sommes que les causes intermédiaires. Le coupable est le Karma de l'enfant ; son Karma seul est responsable de sa mort. Le Karma nous mène tous. Le Karma peut nous aider à travailler à notre salut, en nous indiquant ce qu'il y a en nous de mauvais et de vertueux. Les hommes modèlent avec de l'argile ce qui leur plaît, et Karma modèle les hommes de différentes façons. De même que l'ombre et la lumière dépendent l'une de l'autre, les actions des hommes dépendent de Karma. Ni toi, ni moi, ni Yama, ni le serpent, ni la vieille dame non plus, ne sommes coupables de la mort de ce garçon. Lui seul est responsable de sa propre mort ».

Gautami, satisfaite de l'avis que les hommes souffrent selon leur propre Karma, dit à Arjunaka : « Tu peux partir. Je suis satisfaite ».

« Ils retournèrent chacun à leur demeure, dit Bhishma à Yudhishthira ; et Gautami et le chasseur eurent l'esprit en paix. Ainsi, vois-tu, Yudhishthira, c'est Karma qui nous gouverne tous. Le mal n'est pas ta faute, et ce n'est pas celle de Duryodhana non plus. Karma lui-même a exterminé tous ces héros sur le champ de bataille de Kurukshetra ».

Yudhishthira en fut apaisé, et il posa la question suivante :

« Quels sont les hommes les plus dignes de respect ? Je pourrais t'écouter sans fin, car tes paroles sont pleines de sagesse ».

« Cette question me rappelle celle que Krishna posa à Narada quand il le trouva rendant hommage à un groupe de nobles Brahmanes ; il lui demanda : «Lequel de ces Brahmanes respectes-tu le plus, et pourquoi ?»

Et Narada répondit : « Ceux qui étudient les Védas, pratiquent la méditation sur le Soi transcendant, honorent les dieux, et ne s'en vantent jamais, sont ceux que je respecte le plus ; ceux qui sont tolérants, sobres, maîtres d'eux-mêmes et véridiques. Je respecte les hommes généreux, qui soignent leurs serviteurs et ne mangent que la nourriture préalablement offerte aux dieux. Je respecte les gens compatissants, détachés, et honnêtes. De telles gens répandent le bonheur dans ce monde et dans l'autre».

« Instruis-moi sur le mérite de ceux qui viennent en aide aux gens dans la détresse ».

« Écoute cette anecdote ancienne, dit Bhishma. Il était une fois un faucon qui pourchassait un magnifique pigeon ; celui-ci parvint jusque chez le roi Vrishadarbha, à qui il demanda sa protection. Le roi de Varanasi prit le pigeon contre lui et lui dit : «Pourquoi trembles-tu ? Tu es en sécurité avec moi. Ne crains rien. Comme tu as un beau plumage, il est de la couleur d'un lotus bleu fraîchement éclos – et tes yeux, ils ont le rose tendre de la grenade. N'aie pas peur. Je te le promets : si c'était nécessaire, j'abandonnerais mon royaume pour te sauver ».

Mais le faucon intervint : « Ce pigeon me revient de droit. Je l'ai pourchassé dans les airs et il m'appartient. Vous n'avez pas le droit de me l'enlever, ô Roi. La faim et la soif m'ont mis dans une situation désespérée. Donnez-le moi ! Votre devoir est de vous occuper du bien-être de vos sujets, et non pas de priver des faucons affamés de leurs proies légitimes. Regardez où mes griffes l'ont blessé et écorché. Votre pouvoir s'étend à vos ennemis, à vos serviteurs, à vos proches, et à vos sujets, mais il n'a aucune autorité sur les créatures du ciel. Si votre devoir est de penser à sauver la vie des pigeons, pourquoi ne veillez-vous pas aussi à ce que je ne sois pas affamé ? »

Impressionné par les arguments du faucon, le roi ordonna : « Préparez un taureau, un sanglier, un cerf ou un buffle – qu'il choisisse – pour le faucon. Que cela apaise ta faim et ta soif. Mais l'oiseau reste avec moi. J'ai promis de protéger quiconque me demande mon aide ».

« La viande de sanglier, de taureau, de buffle, la venaison en général ne me convient pas. Je me nourris de pigeons. La nature m'a fait ainsi. Mais si vous aimez cet oiseau à ce point-là, donnez-moi à sa place un morceau de votre propre chair, égal au poids du pigeon ».

« J'accepte », dit le roi Vrishadarbha.

Il coupa sur-le-champ un gros morceau de sa propre chair et le pesa sur la balance comparativement au poids du pigeon. On entendit s'élever, des appartements intérieurs du palais, les lamentations bruyantes des épouses richement parées du roi. Les courtisans et les serviteurs manifestèrent eux aussi bruyamment leur chagrin ; le palais tout entier retentissait d'une clameur assourdissante. Le ciel dégagé fut bientôt recouvert de nuages. La terre trembla en hommage à l'acte vertueux du roi. Le roi continuait de se tailler la chair des bras, des mollets, des cuisses, remplissant le plateau, mais le poids restait toujours inférieur à celui du pigeon. Quand finalement il ne lui resta plus que les os du squelette, il monta sur la balance.

Indra vint assister à l'exploit. Dans le ciel, des êtres invisibles jouaient des timbales ; des fleurs célestes parfumées tombèrent sur la tête du roi. Les Gandharvas et les Apsaras dansèrent autour de lui en groupes, comme ils le font autour de Brahma. Il fut installé sur un char d'or pur, les arceaux étaient émaillés de diamants, les colonnes de lapis-lazuli ; puis il s'éleva au paradis. Les trois mondes chantaient les louanges du roi de Varanasi. »

« Récite cette histoire, Yudhishthira, chaque fois que tu le peux, conclut Bhishma. Elle te purifiera de tes fautes. Et sois comme Vrishadarbha ».

« Comment devrait-on s'y prendre pour choisir un époux correct à sa fille ? » demanda Yudhishthira.

« Fais une enquête discrète sur son âge, son tempérament et sa conduite, sur son éducation et ses réalisations. C'est ce que font les bons Brahmanes ; le mariage accompli suite à ces préliminaires est connu comme le mariage Brahma. Un père Kshatriya, après avoir choisi un homme, le persuade d'épouser sa fille à l'aide de nombreux cadeaux et présents. Dans un mariage Gandharva le père marie sa fille à l'époux de son choix. Dans un mariage Asura, la fille est achetée à bon prix et la famille soudoyée avec de l'argent et des cadeaux. Le mariage Rakshasa est ainsi appelé parce que le prétendant s'enfuit avec la fille après avoir tué sa famille en pleurs. Les mariages Brahma, Kshatriya et Gandharva, sous une forme pure ou mélangée, sont recommandés par les écritures, tandis que l'Asura et le Rakshasa ne sauraient être approuvés. Un Brahmane peut épouser trois femmes ; un Kshatrya, deux ; un Vaishya, une, et encore doit-elle appartenir à sa caste. On devrait traiter comme égaux les enfants de ses différentes épouses. D'entre les trois femmes d'un Brahmane, celle qui appartient à la même caste que lui doit être la mieux traitée ; ceci s'applique également aux deux épouses d'un Kshatriya. Il y en a qui disent que les membres des trois premières castes peuvent épouser des femmes Shudras dans le but d'en jouir ; d'autres l'interdisent. Une fille se marie quand elle arrive à sa puberté, ou plus tard. Une jeune fille qui n'a ni père, ni frères ne devrait pas se marier. Si une fille n'est pas mariée à sa puberté, ou dans les trois années qui suivent, elle doit choisir un mari par elle-même, et ne pas attendre que sa famille le fasse. Les enfants d'une telle fille méritent autant de respect que les autres. Si, cependant, elle refuse de choisir un mari par elle-même, elle encourt de sérieux reproches ».

« Si, après ses fiançailles, le père de la fille trouve un homme qu'il estime pouvoir faire un meilleur mari pour elle, et refuse le premier soupirant, est-il passible de blâme ? » interrogea Yudhishthira.

« Le présent est un gage qui ne donne pas le statut d'épouse à la jeune fille. Il peut être considéré comme son prix. De tels «cadeaux» ne sont offerts que quand le prétendant n'a pas les aptitudes qui lui permettraient de conclure un mariage normal. Une épouse ne s'achète pas, pas plus qu'elle ne se vend. Ceux qui pensent le contraire ne connaissent rien aux écritures. Tiens-toi à l'écart de tels individus. Une épouse ne devrait jamais être achetée. Un père ne devrait jamais vendre sa fille. Car le mariage est un lien saint et indissoluble, qui est sanctifié au septième pas du cercle que l'on décrit autour du feu sacré.

« Quand Manu s'est présenté au paradis, il a remis à l'homme la charge de la femme, lui expliquant qu'elle était faible et facile à duper, et qu'elle avait besoin d'être protégée. Il lui a expliqué combien elles étaient empressées d'aimer, et combien elles étaient attachées au Dharma. Je ne dis pas qu'il n'y ait parmi elles des cas malveillants, avides, acharnés, vindicatifs et obstinés. Mais elles méritent notre plus haut respect. O hommes, honorez-les. Votre bonté dépend d'elles, vos plaisirs et vos joies dépendent d'elles. Servez-les, respectez-les, écoutez leurs avis – car, en tant qu'épouses et que mères, elles constituent les gardiens de la moralité de la société. Une princesse du palais du roi Janaka ne disait-elle pas : «Les femmes n'accomplissent pas de rituels, de cérémonies funèbres, et n'observent pas de jeûnes. Elles servent d'une autre façon – en aimant et en obéissant à leurs époux – et c'est par un tel service qu'elles obtiennent le paradis». Enfant, c'est son père qui la protège ; mariée, c'est son époux ; vieille, ce sont ses fils. Quand donc est-elle libre ? Par conséquent, honorez-la et chérissez-la, car elle est Lakshmi, la déesse de la prospérité, et en l'honorant, vous honorez la déesse elle-même ».

« De ces différentes valeurs, laquelle est porteuse du plus grand mérite – ahimsa, l'observance de rituels, le contrôle des sens, l'ascétisme, ou l'obéissance à un guru ? » demanda Yudhishthira à Brihaspati, le précepteur des dieux, qui était descendu du paradis pour écouter les paroles de Bhishma.

« Tous sont porteurs de mérite, tous conduisent au Dharma. Je vais t'expliquer quel est le Dharma le plus élevé. Rien n'est plus vertueux qu'une compassion toute englobante. Un homme de compassion est un homme qui a dépassé la luxure, la colère et la convoitise. Un tel homme considère toute chose et chacun comme s'il s'agissait de son propre soi. Jamais un homme ne devrait faire à autrui ce qu'il ne voudrait pas qu'autrui lui fasse ; voici l'essence du Dharma. Si tu blesses ton prochain, à son tour il te blessera ; si tu l'aimes, il t'aimera en retour ».

Ce disant, Brihaspati monta au ciel sous les yeux des héros

Pandavas assemblés.

Se tournant vers Bhishma allongé sur son lit de flèches, Yudhishthira lui dit :

« Je comprends que la compassion soit l'essence du Dharma. Mais ce que j'aimerais savoir, c'est comment un homme coupable d'un préjudice commis en pensée, en parole et en action, peut s'en purifier ».

« S'écarter de la compassion est toujours une chute morale. Exactement comme l'empreinte d'un éléphant couvre l'empreinte de n'importe quel autre animal, la compassion couvre toutes les formes de religion. Une pensée, une parole, un acte immoral provoque la chute hors du Dharma de celui qui le commet, par conséquent, revenir au Dharma signifie retrouver la pureté de la pensée, de la parole, et finalement de l'acte aussi.

« Ahimsa est la religion la plus élevée,
Ahimsa la discipline la plus élevée,
Ahimsa est la pénitence la plus élevée,
Ahimsa le sacrifice le plus élevé.
Ahimsa est le bonheur le plus élevé,
Ahimsa la vérité la plus élevée,
Offrande, rituel, ablution, mérite saint –
Rien n'est supérieur à Ahimsa. »

« Tous ces héros qui ont donné leur vie dans la grande bataille – qu'advient-il d'eux, quelle récompense leur revient ? Il n'est pas facile de renoncer à la vie, même en temps de guerre. Explique-moi, ô Bhishma, car tu sais toute chose ».

« Peu importe les conditions, joyeuses ou tristes, prospères ou malheureuses, la vie de chaque créature a une tonalité différente. Tu as posé une excellente question, Yudhishthira. Je vais te raconter l'histoire de Vyasa-né-sur-l'île et de l'humble ver. Voici bien longtemps, un jour que Vyasa se promenait sur une route quotidiennement fréquentée par des centaines de chars, il vint à regarder par terre et aperçut un ver qui rampait en toute hâte vers le bord. Le grand sage, s'adressant au ver dans son langage, lui demanda : «Pourquoi tant de précipitation, ver ? De quoi as-tu peur ?» «Le fracas du char, monsieur, répondit le ver. Il s'approche ! Je l'entends ! Il va m'écraser. Je dois faire vite, il faut que je sorte du passage. J'entends le grondement des taureaux qui tirent le char, j'entends le claquement du fouet sur leur cuir. La vie est précieuse, seigneur – je n'ai pas l'intention de mourir si je peux l'éviter, de quitter ce paradis qu'est la vie pour l'enfer de la mort».

«Mais tu n'es qu'un ver, dit Vyasa. Que sais-tu du paradis de la vie ? Les joies du son, du toucher, du goût et de l'odorat ont peu de sens pour toi. Tu serais plus heureux, mort».

«Voyez-vous, monsieur, malgré tout ce que vous dites, il se trouve que j'aime vivre comme je suis. Je m'y suis habitué, et je l'apprécie ; il se peut que je ne sois qu'un ver, mais j'ai pourtant mes petits plaisirs. Dans ma vie précédente, j'étais un riche Shudra. Mais je ne faisais pas attention aux Brahmanes, j'avais mauvais caractère ; j'étais cruel et grossier ; j'ai escroqué de nombreux amis. La vue de la prospérité des autres me rendait fou de jalousie – je haïssais leurs richesses, leurs biens, leurs maisons, leurs jolies épouses. Mais j'aimais ma mère, monsieur, et il m'est même arrivé un jour d'héberger respectueusement un Brahmane. Et dans mes vieux jours, je me suis repenti de tous mes méfaits de jeunesse, de même qu'un père regrette la mort de son cher fils. Je m'en souviens clairement, et je crois qu'un jour j'atteindrai la libération comme résultat du mérite de mes rares bonnes actions».

« La pénitence demande beaucoup de temps, ver, pour permettre à une créature de réaliser la libération de la vie. Si ton esprit est porté sur le Dharma, tu l'atteindras tôt ou tard. Si tu le veux, je peux dès à présent changer ta condition ».

« Le ver accepta. A ce moment-là, un grand char vint à passer et une de ses roues écrasa le ver. Passant rapidement par différentes incarnations – hérisson, iguane, ours, cerf, oiseau, puis paria, Shudra et Vaishya – il apparut en tant que Kshatriya, et, tombant les mains jointes aux pieds de Vyasa, il les lui toucha de sa tête.

« Finalement, le ver s'éleva au statut de Brahmane, et, achevant son processus de libération, atteignit l'état de Brahman.

« Ne te tracasse donc pas, Yudhishthira, pour les héros disparus. Eux aussi ont atteint le paradis qu'ils méritaient.

« Ce qui compte c'est la qualité de l'existence. L'eau versée sur du sel le dissout ; similairement, faire pénitence pour une mauvaise action la lave.

« On ne doit jamais dissimuler ses fautes, sinon elles se multiplient. Au contraire, confessées à un homme de bien, elles ne souillent plus.

« Quelques derniers conseils – Occupe-toi bien des personnes suivantes, particulièrement si elles sont pauvres : les personnes âgées, la famille, les amis, une sœur veuve, un professeur, les gens de haute naissance, et les érudits.

« Évite la jalousie ; elle diminue le temps de vie.

« Baigne-toi dans les eaux pures et profondes de la sagesse de ton esprit. Que la vérité gouverne tes opinions.

« L'irritation mille fois par jour affecte l'ignorant, des milliers de peurs l'assaillent. Le sage, lui, n'est pas touché.

« Le bonheur absolu et parfait ne se trouve nulle part, pas même au paradis d'Indra. La béatitude réside dans le Soi.

« Tout ce que tu recueilles se corrompt ; tout ce qui s'élève, retombe ; toute union s'achève dans la séparation ; au détour de la vie est la mort. L'éternité réside dans le Soi.

« Il y a des difficultés sans fin à faire fortune, des difficultés sans fin pour la conserver, des difficultés sans fin si elle est volée, des difficultés sans fin si elle est dépensée. La plus grande fortune est la réalisation du Soi.

« Rendons hommage à Brahma qui a mille formes : il a mille pieds, mille yeux, mille têtes et mille mains ; il a mille noms, et des milliards de yugas sont contenus en lui ».

Bhishma s'arrêta de parler, et les Pandavas restèrent assis autour de lui dans un silence grave, immobiles, semblables à des statues.

Vyasa dit : « Yudhishthira est satisfait, ô Bhishma. Il incline la tête devant toi. Autorise-le à retourner à la cité ».

Bhishma dit doucement : « Tu peux t'en aller, Yudhishthira. Apaise la fièvre de ton cœur. Occupe-toi bien de tes sujets. Tes amis et ton peuple dépendent de toi, comme des oiseaux d'un grand arbre fruitier poussant en un lieu sacré. Reviens me voir quand approchera l'heure de ma mort, quand le soleil, s'arrêtant dans son solstice d'été, repartira vers le nord ».

Ayant placé Dhritarashtra et Gandhari en tête du cortège, accompagné de Krishna et de nombreux saints, suivi par des conseillers et des citoyens, Yudhishthira reprit la direction d'Hastinapur. Quand ils arrivèrent à la ville, il leur demanda de rentrer chez eux ; il fit ensuite de nombreux et généreux présents pour réconforter les femmes dont les maris et les fils étaient morts à la guerre. A force d'innombrables bonnes actions, il gagna la bienveillance de ses officiers et de ses sujets, et les bénédictions des Brahmanes. Au bout de cinquante jours, alors que le soleil s'arrêtait dans son cours méridional et commençait à se déplacer vers le nord, Yudhishthira fit ses préparatifs pour aller rendre visite à Bhishma. Des prêtres, emportant pour le bûcher funéraire des parfums, des guirlandes, des vêtements de soie, du ghee, du bois de santal et d'aloès, partirent avec lui. Dhritarashtra, Gandhari, Kunti, Yuyutsu, d'autres parents et une suite de courtisans, poètes et ménestrels inclus, furent aussi du voyage.

A leur arrivée auprès de Bhishma, Yudhishthira, se prosternant, lui dit : « Je suis Yudhishthira. Je te salue, ô noble Bhishma, mon grand-père. Si tu peux me parler, instruis-moi sur mon devoir ».

Bhishma ouvrit les yeux et les vit tous rassemblés autour de lui. Il prit la main de Yudhishthira et dit d'une voix claire et profonde : « Je suis heureux, Yudhishthira. Le soleil a commencé son trajet vers le nord. Voici cinquante-huit jours que je suis allongé ici, mais ces flèches pointues me donnent l'impression que cela fait cent ans ».

Il s'adressa à Dhritarashtra : « A toi, Dhritarashtra qui connais tous les devoirs décrits dans les écritures, je ne dis que ceci : Ne te désole pas. Tout cela devait arriver. Yudhishthira est un roi vertueux – il te sera obéissant. N'aie pas de chagrin pour tes fils jaloux ».

Il dit à Krishna : « J'ai dit maintes fois à Duryodhana de faire la paix, mais il ne voulait rien savoir. Après avoir dévasté la terre, il est mort. Autorise-moi, Krishna, à abandonner mon corps : l'heure de ma mort est arrivée ».

Il dit à tous ceux qui étaient rassemblés autour de lui : « Je souhaite mourir. Permettez-moi de le faire. Mes amis, évertuez-vous à obtenir la vérité ; rien n'est supérieur à la Vérité ». Et à Yudhishthira : « Entoure-toi de sages Brahmanes afin qu'ils te conseillent en matière de gouvernement et de dharma ».

Il entra ensuite en silence, et ils le regardèrent diriger sa respiration comme le recommande le Yoga. A mesure que son souffle vital s'élevait au sommet de sa tête, les blessures de son corps une à une guérissaient. C'était extraordinaire ; ils regardaient, émerveillés. Les différents souffles, ne pouvant plus s'échapper par les plaies, s'unirent au lotus aux mille pétales et, traversant la couronne, montèrent aux cieux. Des timbales divines retentirent, et un déluge de fleurs lui recouvrit le corps. Les souffles vitaux, fusant dans l'espace comme un météore éclatant, finirent par disparaître.

Livre XIV

LE SACRIFICE DU CHEVAL

Quand Dhritarashtra eut fait les libations d'eau aux ancêtres de Bhishma, Yudhishthira – tel un éléphant mortellement blessé par la flèche d'un chasseur – s'effondra sur la berge du Gange ; il avait les yeux pleins de larmes.

Inspiré par Krishna, Bhima l'aida à se relever.

« Non, Yudhishthira, non », lui dit Krishna, préoccupé par la persistance de son désarroi.

Les Pandavas vinrent entourer Yudhisthira ; Dhritarashtra, encore sous le coup de la douleur, lui dit : « Lève-toi, Yudhishthira. Si quelqu'un doit se lamenter, c'est Gandhari, et moi-même, certainement pas toi : c'est nous qui avons perdu cent fils. Assume tes devoirs : le royaume est dans l'attente de ton exercice. »

Yudhishthira se leva, et ils partirent pour Hastinapur.

De retour à Hastinapur, Arjuna et Krishna passèrent leur temps à s'exercer et à s'amuser. Un jour, alors qu'ils se promenaient dans les ravissants jardins du palais, Arjuna dit : « O Krishna, ta grandeur m'a été révélée juste avant que ne commence la bataille, quand tu m'as laissé voir ta Forme Universelle. Mais depuis, j'ai complètement oublié les mots que tu m'as dits. J'ai souvent essayé d'y repenser. Et maintenant tu vas partir pour retourner à Dvaraka ».

Krishna l'étreignit affectueusement et lui dit : « Je t'ai dit des vérités qui pour la plupart resteront à jamais d'insondables mystères. Je t'ai éclairé sur la nature du Dharma. Je suis étonné que rien de ce que j'ai pu te dire alors ne te soit resté en mémoire ; je serais incapable à présent, même si je le souhaitais, de me souvenir de mes paroles. Comment pourrais-je en retrouver tous les détails ? »

Ils se présentèrent à Yudhishthira, et Arjuna dit : « Cela fait longtemps que Krishna n'est pas retourné chez lui. Il souhaite y aller pour voir son père Vasudéva, et t'en demande la permission ».

« Je t'en prie, vas-y. Pars aujourd'hui même si tu le souhaites, et transmets à mon oncle maternel tous mes respects ».

Arjuna embrassa chaleureusement Krishna, et le regarda s'éloigner dans le lointain. Il retournait à Dvaraka, la capitale des Yadavas.

En chemin, il vint à passer par un désert, où il rencontra le grand ascète Utanka. Ils se congratulèrent.

« As-tu réussi à amener Pandavas et Kauravas à une paix honorable ? demanda Utanka. As-tu accompli les grands espoirs que j'avais en toi ? »

« J'ai fait de mon mieux, saint homme. Mais je n'ai pas réussi à les faire s'entendre. Les Kauravas sont morts. Ils ont refusé les bons conseils que leur avaient donnés Bhishma et Vidura. Les cinq Pandavas sont en vie ; mais leurs enfants sont morts ».

Utanka suffoqua de colère, les yeux écarquillés, il dit : « Je vais te maudire, Krishna, parce que tu as échoué à défendre les intérêts de tes propres parents. Tu aurais pu forcer les Pandavas à faire la paix et éviter ce massacre, cependant tu ne l'as pas fait. Tu ne t'es pas soucié des Kauravas, et à cause de cela ils sont maintenant tous morts ».

« Saint homme, écoute-moi. Je suis désolé de ce qui s'est passé, mais avant que tu ne me maudisses, laisse-moi t'expliquer. Me maudire exige une longue pénitence ascétique. Je sais que tu en es capable, mais je n'aimerais pas voir ton pouvoir s'opposer au mien. . . Les trois gunas de Sattva, Rajas et Tamas – la lumière, la passion et l'ignorance – proviennent de moi. Toutes les créatures existent en moi, et j'existe en toutes les créatures. Ne te méprends surtout pas là-dessus. Les gandharvas, les nagas, les rakshasas et les apsaras sont tous nés de moi. Tout ce qui existe ou n'existe pas, l'ensemble du visible et de l'invisible, du destructible et de l'indestructible, n'ont de valeur que parce que je leur en donne ».

« Ta gloire m'est connue, ô Krishna. Je ne te maudirai pas. Honore-moi d'un aperçu de ta Forme Toute-Puissante ».

Krishna lui révéla sa forme de Vishnu. Elle resplendissait de l'éclat de mille soleils ; elle avait des visages de tous côtés.

« Demande une faveur », lui dit Krishna.

« Une vision de ta Forme Toute-Puissante est une faveur suffisante ».

« Demande. J'exige que tu demandes ».

« O Krishna, donne-moi la faveur d'avoir de l'eau chaque fois que j'en veux. L'eau est rare dans ce désert ».

« Quand tu voudras de l'eau, pense à moi ». Ayant dit ces mots, Krishna poursuivit son voyage vers Dvaraka, et Utanka continua sa traversée du désert.

Un jour, Utanka assoiffé aperçut un chasseur paria, nu, d'apparence sauvage, armé d'une épée, d'un arc et de flèches, et entouré d'une meute de chiens. Un jet d'eau sans fin jaillissait de son pénis. Au moment où Utanka pensa à Krishna, le chasseur lui dit :

« Prends cette eau qui vient de moi. Je sais que tu as soif, et j'en suis désolé pour toi ».

Mais Utanka refusa et commença à calomnier Krishna en son for intérieur.

« Bois ! » répéta le chasseur à plusieurs reprises ; mais la seule réponse qu'il reçut fut une colère croissante. Ses chiens et lui s'évanouirent.

Plus tard, au cours de ses errances, Utanka rencontra par hasard Krishna.

« Était-ce juste, ô Krishna, de m'offrir de l'eau sous la forme de l'urine d'un paria ? »

Krishna répondit aimablement : « Ce qui fut fait était juste. Tu es passé à côté de la vraie signification. Quand tu as pensé à moi, j'ai intercédé en ta faveur auprès d'Indra, et il m'a dit : «Aucun mortel ne devrait goûter au nectar d'immortalité, mais puisque tu me le demandes, j'irai à lui déguisé en chasseur. S'il boit, bien ; sinon, il ne s'en verra plus jamais offrir». Mais tu n'as pas bu, parce que c'était un paria qui te l'offrait. Tu as commis une grande erreur. Tout ce que tu obtiendras désormais quand tu penseras à moi, ne sera que de l'eau provenant des nuages du désert ».

Accompagné de Satyaki, Krishna se hâta vers Dvaraka. Quand il y arriva, après avoir traversé plusieurs lacs, rivières et forêts, le festival Raivataka avait déjà débuté. La colline Raivataka était décorée de pierres précieuses et de guirlandes dorées ; des festons en ornaient les arbres, et des lampions pendaient à des poteaux, l'ensemble embellissant les jours et les nuits. Des drapeaux flottaient, et de petites cloches tintaient ; l'air résonnait de chœurs mélodieux. La musique qui s'élevait de la colline Raivataka semblait emplir le ciel même. Partout se dressaient des boutiques et des éventaires offrant, entre autres marchandises, de la nourriture et des vins du meilleur choix. Aveugles, miséreux et impotents recevaient des présents de toutes sortes.

Krishna se dirigea vers le palais où il embrassa son père et sa mère. Les Yadavas l'entourèrent, ils lui lavèrent les pieds et l'installèrent confortablement ; après quoi son père l'interrogea en détail sur ses expériences de la guerre.

Krishna fit un récit complet du cours de la bataille, mais il omit l'épisode de la mort d'Abhimanyu. Sa sœur Subhadra le pressa : « Raconte-moi comment mon fils est mort, Krishna ». Son père Vasudéva lui dit : « Tu es réputé pour dire la vérité, Krishna. Pourquoi nous la caches-tu ? »

« Ne sois pas affligée, ma sœur, car ce qui s'est produit devait se produire. Bien que Satyaki, Yudhishthira et moi le protégions, il a été tué. O ma sœur, toi qui lui as voué tant d'attention, ma chère Subhadra aux yeux de lotus, ne te lamente pas sur Abhimanyu. Pense plutôt à Uttara, sa femme, qui attend un enfant. Tu auras bientôt un petit-fils ». Il réconforta Uttara, en lui disant : « Pour l'amour de ton mari, soigne bien l'enfant que tu portes ».

Quand le temps du sacrifice du cheval fut proche, Krishna, accompagné des Yadavas, retourna à Hastinapur. C'est pendant cette période qu'Uttara enfanta et, comme le voulait la malédiction d'Ashvatthaman, son fils, le royal Parikshit, était mort-né.

Entendant le bruit des lamentations, Krishna se précipita vers les appartements intérieurs. Il découvrit Kunti, sa tante, qui entre deux sanglots l'appelait. Derrière elle se tenaient Draupadi, Subhadra et d'autres dames du palais, toutes en larmes.

« Sauve-nous, Krishna, car toi seul le peux, sanglota Kunti. Ta sœur a eu un enfant mort-né. Fais-le revivre. Souviens-toi que tu as promis de le faire quand Ashvatthaman a transformé son brin d'herbe en une arme-Brahma mortelle ».

« Qu'il en soit ainsi », dit-il. Ses paroles ranimèrent les femmes comme une eau fraîche revigore un homme épuisé. Il pénétra dans la chambre du bébé. Il demanda qu'elle soit sanctifiée avec des guirlandes de fleurs blanches et des jarres remplies d'eau ; avec du bois de tinduka et des graines de moutarde trempés dans du ghee ; avec des armes luisantes et des petits foyers à chaque coin de la pièce.

Uttara s'habilla pudiquement et attendit Krishna. Les dames l'assirent sur le lit ; joignant les mains, elle rendit respectueusement hommage à Krishna aux yeux de lotus. Il toucha l'eau, et neutralisa le pouvoir de l'arme-Brahma d'Ashvatthaman.

Il dit : « Je demande, par tous les mérites que j'ai honorablement gagnés, que la vie revienne à cet enfant. Parce que je chéris le Dharma, parce que je chéris les Brahmanes, je demande que la vie revienne au fils d'Abhimanyu ! En tant qu'exterminateur de Kamsa et de Keshi, je demande que la vie revienne à ce garçon ! »

A peine avait-il fini de parler que Parikshit se mit à bouger ; le bébé remua légèrement les bras et les jambes. Une forte lumière blanche emplit la pièce. Les rakshasas disparurent. Les dames se réjouirent. S'adressant à Vyasa, Yudhishthira lui dit : « Autorise-moi à consacrer tout mon trésor et ma richesse à l'accomplissement du grand rituel connu comme le sacrifice du cheval ».

« Tu as ma permission. Concilie-toi les dieux par d'abondantes offrandes. Le sacrifice du cheval purifie grandement des conséquences des mauvaises actions ».

On attacha selon la coutume les animaux du sacrifice. Vyasa en personne lâcha le cheval sacré. Après la cérémonie d'initiation, Yudhishthira, une guirlande dorée autour du cou, resplendissait comme un feu magnifique : il portait comme vêtement de dessus une peau de cerf noire, tenait un bâton dans une main, et avait les épaules enveloppées d'un châle de soie rouge.

Arjuna se prépara à suivre le cheval sacré, dont la couleur était celle d'un cerf noir. Il brandit son arc, laissant voir son protège-main en peau d'iguane. Adultes et enfants d'Hastinapur s'étaient rendus en masse à la cérémonie.

« Arjuna est là ! » s'écrièrent-ils. « Voici le cheval sacré ! » Certains le bénirent. D'autres se plaignaient : « Où est-il ? Nous ne le voyons pas ; on distingue juste l'arc au-dessus des têtes. Puisse-t-il revenir victorieux, nous l'accueillerons à son retour ».

Le cheval vagabonda tout autour de la terre. Du nord il se dirigea vers l'est. Arjuna le suivait dans son char tiré par des chevaux blancs, assujettissant les royaumes qu'il traversait. De nombreux rois qui avaient perdu des parents à Kurukshetra l'affrontèrent : les Kratas, les Grecs, les Mlecchas, et des héros Aryens. Il y eut de nombreuses batailles.

La première bataille livrée le fut contre les puissants guerriers de Dhritavarman, les Trigartas, qui encerclèrent Arjuna dès qu'il eut pénétré dans leur royaume. Quand Arjuna eut tué dix-huit de leurs plus grands héros, ils s'enfuirent, et le roi Dhritavarman se rendit.

Le cheval sacré entra dans un pays appelé Pragjyotisha, où Arjuna affronta l'armée du fils de Bhagadatta, le roi Vajradatta. La bataille fit rage trois jours durant. Au quatrième jour Vajradatta, ironique, proclama : « Tu vas mourir entre mes mains, Arjuna ! » Mais Arjuna l'abattit d'une flèche enflammée ; il s'effondra telle une falaise qui s'éboule. « Je t'épargnerai, mais à une condition – que tu assistes au sacrifice du cheval de Raja Yudhishthira à la pleine lune d'avril ». Vajradatta accepta.

Arjuna combattit ensuite victorieusement des centaines de Saindhavas ; beaucoup de leurs proches avaient été tués à Kurukshetra. Criant leurs noms et proclamant leurs exploits, ils se ruèrent sur lui, mais il demeura aussi inébranlable que les Himalayas. Leur reine, Duhshala, sœur de Dhritarashtra et femme de Jayadratha, prit son petit-fils dans ses bras et alla à la rencontre d'Arjuna. Arjuna la vit en larmes, et lâcha son arc Gandhiva. « Ce garçon est le fils de mon fils Suratha. Il est le fils du fils de ta sœur, Arjuna. Il est venu te rendre hommage. Regarde-le », dit-elle.

« Où est Suratha ? » demanda Arjuna.

« Mort. Il est mort quand il a appris que tu étais ici. Il est mort le cœur brisé, parce qu'il savait que c'était toi qui avais tué son père Jayadratha. Je t'amène son fils, et je te demande ta protection ».

Arjuna regarda fixement par terre. Un grand chagrin l'envahit. « Je suis ta sœur, dit-elle. Tu ne peux pas me refuser cela. Ce garçon est à mon fils Suratha ce que Parikshit est au tien, Abhimanyu. Je suis venue plaider en faveur de la vie de mon peuple ».

Il l'étreignit, et lui demanda de rentrer au palais. Il fit ensuite la paix avec les Saindhavas.

Après avoir traversé selon son gré plusieurs royaumes, renforçant la gloire d'Arjuna, le cheval sacré parvint dans les terres de Vabhruvahana, le gouverneur de Manipura, également fils d'Arjuna.

Apprenant l'arrivée de son père sur son territoire, Vabhruvahana alla à sa rencontre ; il apportait avec lui de riches présents, et de nombreux Brahmanes l'accompagnaient pour exécuter la cérémonie de bienvenue.

Mais Arjuna lui dit avec colère : « Quel genre de stupidité est-ce là ? As-tu oublié tes devoirs de Kshatriya ? Je viens ici en tant que protecteur du cheval sacré de Yudhishthira. Pourquoi refuses-tu de m'affronter ? Je viens ici, prêt à me battre contre mon fils, et lui, semblable à une femme timide, me reçoit les bras ouverts ! Suis-je arrivé désarmé ? Quel droit as-tu, pauvre imbécile de roi, de m'accueillir pacifiquement ? »

Ulupi, la femme naga d'Arjuna, la fille superbe du roi du monde souterrain, incapable de supporter ces paroles, jaillit des entrailles de la terre et se tint devant son beau-fils triste et déçu.

« Écoute-moi : je suis ta mère. Combats Arjuna, mon fils, car il semble que ce soit la seule façon de lui plaire ».

Elle le persuada peu à peu d'accepter le défi d'Arjuna. Il enfila une armure en or et, montant dans un char rempli d'armes, portant l'étendard du lion doré, il s'avança pour affronter son père.

En souriant, il décocha une flèche qui vint traverser l'épaule d'Arjuna couronné de son diadème.

« Excellent ! Excellent ! » s'exclama Arjuna. « Et maintenant, à mon tour. Ne t'enfuis pas ! »

La première flèche brisa le mât de son drapeau, les autres tuèrent ses chevaux. Vabhruvahana, les yeux flamboyants, descendit de son char et affronta son père debout. Il tira avec désinvolture une flèche spécialement empennée. Elle frappa Arjuna à la poitrine ; il s'effondra sous l'effet d'une grande douleur, et s'évanouit.

Vabhruvahana s'écroula aussi, autant sous le choc de voir son père tombé que sous l'impact du déluge de flèches que celui-ci lui avait envoyé.

Apprenant que son mari et son fils étaient tous deux à terre, Chitraganda se précipita sur le terrain, pleurant pitoyablement et tremblant de tout son être. Elle dit à Ulupi : « Regarde, notre mari a été tué par mon fils. Tu te considères comme une épouse dévouée, Ulupi ? Alors que c'est par ta faute que ton mari est mort. Pourquoi as-tu incité mon fils à le combattre ? Si Arjuna t'a offensée d'une quelconque manière, tu te devais de le pardonner. Je t'en prie, pardonne-le et rends-lui la vie. Il est étrange que la mort de ton mari ne t'émeuve pas. Ce n'est pas tant la mort de mon fils qui me désole que celle de mon mari ». Elle s'agenouilla à côté d'Arjuna et à nouveau dit à Ulupi :

« Un homme n'est pas en faute s'il épouse plusieurs femmes ; ce qui n'est pas le cas d'une femme qui épouse plusieurs hommes. Ne te venge pas d'Arjuna à cause de sa polygamie. Si tu ne le ramènes pas à la vie, je resterai assise ici et jeûnerai jusqu'à ma mort ». Elle posa la tête d'Arjuna sur ses cuisses, soupira profondément et ferma les yeux.

Vabhruvahana, reprenant alors conscience, vit sa mère assise, soutenant la tête d'Arjuna sur ses jambes.

« Mon père est mort, et ma mère effondrée par terre – y a-t-il vision plus douloureuse ! Voyez, ô Brahmanes, son armure dorée ; voyez-le, un père tué par son propre fils. Punissez-moi, car j'ai tué mon propre père. Condamnez-moi à errer tout autour de la terre, que j'expie mon horrible méfait. Fendez-moi le crâne en deux, que je porte chaque moitié dans mes mains, car il n'y a pas d'autre expiation pour moi. Sois heureuse, Ulupi – j'ai fait ce que tu voulais que je fasse ». Il soupira, puis reprit : « Oh, écoutez-moi ! Vous toutes créatures, grandes et petites, mobiles et immobiles, écoutez-moi ! Écoute-moi, mère. Écoute-moi, fille du roi serpent. Ce que je vais dire est la vérité. Si mon père ne revit pas, je me laisserai mourir de faim sur ce champ de bataille ». Déterminé, il s'assit à côté de sa mère, et ferma les yeux.

Ulupi invoqua la pierre précieuse qui avait le pouvoir de ressusciter les morts ; immédiatement, la pierre apparut, et elle s'en empara.

« Lève-toi, mon fils, dit-elle, et ne te désole pas. Tout ceci n'était qu'une illusion que j'ai provoquée pour le bienfait de ton père, Arjuna. Il connaît maintenant tes prouesses. Prends cette gemme, et place-la sur sa poitrine ».

Vabhruvahana le fit, et instantanément Arjuna retrouva la vie ; il ouvrit les yeux, rougis comme après un long sommeil.

« Je dois maintenant m'en aller, dit Arjuna, mais je vous reverrai tous pour le grand sacrifice ».

Honoré par son fils, et ayant obtenu la permission de ses épouses, il partit, sur les pas du cheval sacré.

Après avoir parcouru les royaumes côtiers, le cheval s'orienta vers Hastinapur. A Rajgriha, il s'arrêta ; Arjuna livra bataille contre le fils de Sahadéva, gouverneur de cette cité.

L'ayant assujetti, Arjuna continua vers le sud, vers la ville des Chedis, nommée Shuktimani. Là, Sarabha, le fils de Shishupala, fut vaincu. Ensuite, il se rendit dans le territoire des Dasharnas, et soumit leur gouverneur. Ce fut après au tour du vaillant fils d'Ekalavya, dans le royaume des Nishadas. Puis le royaume de Gandharva, dirigé par le fils de Shakuni, qui avait un souvenir amer d'Arjuna. La reine-mère lui ayant interdit de poursuivre la bataille, le fils de Shakuni accepta les instructions d'Arjuna. Il se présenterait lui aussi à la cour de Yudhishthira pour la nuit de pleine lune d'avril, et prendrait part au sacrifice du cheval. « Tu es mon cousin, lui dit Arjuna, et par amour pour Gandhari et pour Dhritarashtra, j'ai épargné ta vie ».

Quand Arjuna approcha d'Hastinapur, des messagers en rapportèrent la nouvelle à Yudhishthira.

Celui-ci dit à Bhima : « Ton jeune frère sera bientôt de retour avec le cheval sacré. La nuit de la pleine lune arrive. Demande aux Brahmanes de choisir un lieu approprié pour le sacrifice du cheval ».

Bhima, heureux du retour d'Arjuna aux cheveux bouclés, s'occupa de superviser l'édification des bâtiments et des pavillons nécessaires au sacrifice. Les Brahmanes ayant choisi l'endroit, on construisit de larges routes, et on éleva de chaque côté des maisons et des résidences. On nivela le sol, et on fabriqua des estrades en or incrustées de pierres précieuses et de diamants. Partout furent bâties des colonnes en or et des arcs de triomphe. On construisit de nombreuses résidences pour l'usage exclusif des invités Brahmanes.

Bhima envoya des messagers à tous les rois de la terre pour transmettre l'invitation. Ils arrivèrent, apportant des parures, des chevaux, des armes, et des servantes ; Yudhishthira leur offrit une hospitalité généreuse, lits luxueux, vins et nourritures du meilleur choix.

Le sacrifice du cheval débuta par des exposés profonds, faits par des logiciens et des philosophes, sur la nature et la cause de la Réalité. Tout ce que les invités purent voir des lieux sacrés était en or – jarres à eau, chaudrons, cruches, l'ensemble des ustensiles, et même les bûchers sacrificiels. L'enceinte était pleine de vaches et de buffles, de blé et autres céréales, et de quantité de friandises de luxe. On nourrit d'abord cent mille Brahmanes, tandis que résonnaient tambours et cymbales. Des montagnes de nourriture, des cuves de caillé et des lacs de ghee furent consommés.

La fête avait déjà commencé quand des messagers annoncèrent l'arrivée d'Arjuna. Vabhruvahana, accompagné de Chitrangada et d'Ulupi, arrivait aussi. Kunti fit de coûteux présents à ses belles-filles, ce que firent aussi Draupadi et Subhadra.

Au troisième jour, le sacrifice réel débuta ; Vyasa recommanda à Yudhishthira de donner dakshina aux prêtres et aux Brahmanes présents. On installa six bûchers en bois de bilva, six en bois de khadiva, et six en bois de saravavarnin ; deux étaient en déodar, et un en sleshmataka. Plusieurs autres bûchers en or pur furent installés dans un but purement décoratif. Ils étaient recouverts de tissus délicats, et brillaient comme Indra et les sept sages du paradis. On utilisa des briques en or pour fabriquer un édifice décoratif à quatre étages. Un oiseau en or, ayant la forme de Garuda, fut ciselé. Ensuite, les prêtres attachèrent des animaux et des oiseaux aux bûchers, chacun consacré à un dieu particulier. On attacha ainsi trois cents animaux, le cheval sacré inclus. Yudhishthira distribua mille pièces d'or à chaque Brahmane, et à Vyasa il présenta la terre entière. Vyasa l'accepta avec ces mots : « Ce que tu m'offres, je l'accepte, et je te le rends. La terre est à toi ; donne-moi de l'or ».

Yudhishthira lui donna trois fois plus de pièces d'or que ce que recommandent les écritures. Vyasa divisa l'ensemble en quatre parts égales qu'il répartit entre les quatre officiants. Les rois invités reçurent des présents de pierres précieuses et de diamants, d'éléphants, de chevaux, et de parures dorées, de vêtements et de servantes. Ayant satisfait chacun selon les exigences des statuts et des mérites, Yudhishthira annonça la fin du sacrifice.

Des fleurs pleuvaient du ciel sur la tête de Yudhishthira, quand soudain une mangouste aux yeux bleus, avec la moitié du corps dorée, apparut et dit d'une voix claire et tonnante : « Ce grand sacrifice du cheval, ô rois, ne vaut pas un simple grain de riz offert par un Brahmane vertueux après l'exécution de sa pénitence ».

Surpris, ils demandèrent : « Qui es-tu ? Que veux-tu dire ? »

La mangouste sourit et répondit : « Ce que je dis est la vérité. Tout ce glorieux sacrifice du cheval n'a pas la dignité d'un simple grain de riz offert dans une humble dévotion. Voici ce que j'ai dit. Qu'a de bon un sacrifice, aussi important soit-il, s'il est fait avec des motifs impurs ? Puisque la pénitence est toujours supérieure à la piété pompeuse ».

Ce disant, elle disparut.

Livre XV

L'ASHRAM

Durant quinze années, les Pandavas gouvernèrent le royaume, en suivant fidèlement les conseils de Dhritarashtra. Vidura, Sanjaya et Yuyutsu le servaient patiemment. Souvent, ils se groupaient à ses pieds ; et affectueusement, il leur sentait la tête. Draupadi, Subhadra et les autres dames Pandavas traitaient Dhritarashtra et Gandhari comme s'ils eussent été leurs propres beau-père et belle-mère. Fréquemment, Yudhishthira offrait de luxueux présents au monarque aveugle. Vyasa venait souvent, et il racontait les légendes de sages saints. Quand Dhritarashtra usait de son droit de clémence envers des criminels condamnés à mort, Yudhishthira ne s'y opposait pas. Chaque jour on lui apportait des vins, du poisson, des sorbets et du miel. Les instructions de Yudhishthira étaient simples : il ne fallait jamais que Dhritarashtra puisse se sentir malheureux, chacune de ses fantaisies devait être satisfaite. Tous y obéissaient, sauf Bhima. Bhima n'avait pas oublié que Dhritarashtra avait autorisé la partie de dés à cause de laquelle tout avait commencé. Il avait accepté contre son gré l'ordre de son frère ; mais pour lui, plaire à Dhritarashtra n'était qu'une apparence.

Aucun des sujets ne soupçonnait un quelconque manque d'amour entre le monarque aveugle et les Pandavas ; Bhima cependant laissa secrètement deviner son irritation. Il suborna des serviteurs pour qu'ils désobéissent à Dhritarashtra. Un jour, en présence du vieillard et de son épouse Gandhari, il se claqua les aisselles pour les narguer. Incapable de réprimer sa haine, il dit :

« Ces bras qui sont les miens ont exterminé les fils du roi aveugle. Ce sont des massues de fer que ces bras. Ils se chargent de mettre à mort les sots ».

Gandhari ignora ses propos, mais Dhritarashtra en fut profondément blessé, et, au bout de quinze années, un désespoir et un ennui permanents l'accablèrent. Il n'en dit pas un mot aux Pandavas. Mais parce qu'il aimait particulièrement Nakula et Sahadéva – car ils s'occupaient de lui avec grand soin – il leur dit une fois :

« C'est ma propre sottise qui a détruit les Kauravas. J'ai été fou de couronner Duryodhana roi. Quinze années ont passé, et je dois expier ma faute avant qu'il soit trop tard. Je mange peu ces jours-ci, juste de quoi rester en vie. Personne ne le sait, si ce n'est Gandhari. Je n'ose pas le dire à Yudhishthira, de crainte de le blesser. Il m'arrive parfois, vêtu d'une peau de cerf, de rester couché par terre sur un tapis d'herbe de kusha et d'y passer mon temps en méditation. Gandhari fait de même. Nous avons perdu cent fils. . . Mais nous ne nous lamenterons pas sur eux, car ils ont péri comme de vaillants Kshatriyas ».

Un jour il dit à Yudhishthira : « Écoute-moi attentivement. Je te bénis, Yudhishthira, pour tous les soins que j'ai reçus ici pendant quinze ans. J'ai passé ces années dans le bonheur. Mais je te demande maintenant l'autorisation de me retirer dans les bois, vêtu d'écorce, en compagnie de Gandhari. J'y finirai mes jours, en te bénissant. Nous sommes vieux maintenant, nos enfants doivent gouverner à notre place. Tu bénéficieras toi aussi de notre pénitence, mon fils, car il est dit qu'un roi a part à tout ce qui se passe dans son royaume ».

« La royauté n'aura plus de saveur pour moi si vous partez dans le chagrin. Ma royauté est une maladie, et j'en suis la victime. Je ne suis pas le roi – vous êtes le roi, je dépends de vous. Je croyais pouvoir, à force de bienveillance et d'obéissance, apaiser la fièvre de votre cœur ».

« J'ai pris ma décision. Il est préférable pour mon peuple que je me retire dans les bois ».

Tremblant un peu, il dit à Sanjaya et à Kripa : « Persuadez-le pour moi. Mon esprit est sans joie, ma langue n'a plus de plaisir. Je ne peux pas discuter. Je suis un vieil homme ».

La vie sembla soudain le quitter. Inquiet, Yudhishthira se dit : « Un roi jadis aussi puissant qu'un éléphant, qui s'appuie à présent sur une femme ! Un roi qui jadis fracassa de ses bras une statue de fer, et le voici à présent qui s'appuie sur une femme ! Honte à moi pour avoir laissé arriver cela ! Honte à ma sagesse et à mon dharma ! Si Gandhari et lui décident de jeûner, je jeûnerai aussi ». Yudhishthira, de ses propres mains, passa de l'eau sur le visage et la poitrine de Dhritarashtra ; au contact de la main parfumée d'herbes médicinales, le vieux monarque se ranima.

Vyasa dit à Yudhishthira : « Laisse-le réaliser son désir. Il est vieux et n'a plus d'enfants. Il ne lui reste plus longtemps à vivre ».

« Parce que tu es notre guru, je te respecte comme un fils son père. Je suivrai ton conseil ».

Avec l'autorisation de Yudhishthira, Dhritarashtra, suivi de Gandhari, retourna à son palais. Il marchait lentement et avec difficulté, tel un vieil éléphant chef de troupeau. Il accomplit les rites matinaux et prit un peu de nourriture. Les Pandavas le rejoignirent et s'assirent autour de lui ; il dit à Yudhishthira : « Aie toujours le dharma présent à l'esprit quand tu gouvernes le royaume. Récompense tes sujets qui le méritent. Entretiens les talents. Réfléchis profondément aux problèmes de la guerre – et à ceux de la paix. Mais à quoi sert que j'ajoute aux conseils que t'ont donnés Bhishma, Krishna et Vidura ? »

Le matin suivant, il envoya Vidura au palais de Yudhishthira. « Le roi Dhritarashtra a exécuté les rites préliminaires à sa retraite dans la forêt. Il quittera la cité à la première nuit de la pleine lune d'octobre. Mais il attend que tu lui donnes quelque richesse, car il souhaite exécuter la cérémonie funèbre finale de Bhishma, de Drona, et de ses cent fils ; si tu le permets, il aimerait aussi accomplir la même cérémonie pour le mauvais Jayadratha ».

Le message agréa à Yudhishthira et à Arjuna, mais Bhima ne cacha pas sa colère.

« Il se retire dans la forêt, murmura Arjuna à Bhima, ne sois pas stupide ! »

Mais Bhima, courroucé, dit : « Pourquoi faudrait-il que nous lui donnions de notre fortune pour sa cérémonie funèbre ? Ses fils n'étaient-ils pas responsables de nos douze années d'exil ? Dhritarashtra n'a pas levé la main pour les en empêcher ! »

Yudhisthira l'interrompit sèchement, et lui ordonna de se taire.

« Tu es mon frère aîné, Bhima, et je n'en dirai pas davantage, car il est de mon devoir de te respecter », lui dit Arjuna.

Yudhishthira se tourna vers Vidura et lui dit : « Dis au noble Dhritarashtra que je tiens à sa disposition autant de richesse qu'il en aura besoin. Et Bhima acceptera, qu'il le veuille ou non ».

Bhima jeta des regards de colère autour de lui, mais ne dit rien.

Quand arriva le moment de partir, Dhritarashtra convoqua les Pandavas à son palais, et leur donna d'autres conseils.

Les citoyens affluèrent pour assister au départ. Kunti insista pour accompagner le vieux monarque aveugle et Gandhari dans leur exil volontaire, mais Yudhishthira la retint, lui disant : « Pas toi. C'est moi qui irai. Retourne à la ville, et occupe-toi de tes belles-filles ». Mais Kunti, en pleurs, ne lui répondit pas, elle rattrapa le vieux couple et prit la main de Gandhari.

« Je vivrai avec vous dans la forêt. Moi aussi je ferai pénitence, je couvrirai mon corps de poussière et je servirai mon beau-frère et ma belle-sœur ».

Profondément blessé, Yudhishthira resta silencieux un moment ; puis il dit à sa mère : « C'est une décision étrange, mère. Ne fais pas cela. Je ne peux t'y autoriser. Comment peux-tu nous abandonner, nous et le royaume, et ta belle-fille ? Réfléchis, mère ».

Elle l'avait écouté ; elle pleurait ; mais elle continuait à suivre

Gandhari. Bhima l'implora : « Je t'en prie, mère, pense aux devoirs royaux ! A quoi t'a servi de nous élever si c'est pour nous délaisser quand nous avons le plus besoin de toi ? Regarde les jumeaux, ils ne se sentent plus de douleur. Écoute ce que te dit Yudhishthira ».

Elle regarda ses enfants, mais continua à marcher. Maîtrisant ses larmes, elle dit : « Quand vous avez perdu votre royaume, j'ai essayé de vous empêcher de perdre aussi votre courage, en vous inspirant la force d'âme. Je vous ai donné du courage parce que je souhaitais vous voir supporter sans dommage votre exil. J'ai donné du courage à Bhima parce que je ne voulais pas qu'il perde sa foi en sa force égale à celle de dix mille éléphants. J'ai donné du courage à Nakula et à Sahadéva pour empêcher qu'ils ne meurent de faim et de soif. J'ai fait tout cela parce que je ne voulais pas que Draupadi accepte l'insulte qu'elle avait subie. Tu te rappelles, Bhima, comment Duhshasana l'a traînée, indisposée, comme si elle n'était qu'une esclave. Je vous ai donné du courage, mes fils, parce que je ne voulais pas voir mourir la race de Pandu. Maintenant, laissez-moi seule. Laissez-moi suivre mon dharma. Soyez nobles ».

Honteux, les Pandavas s'arrêtèrent. Ils firent demi-tour, sauf Yudhishthira qui, en compagnie de Vidura et de Sanjaya, suivit les trois anciens dans la forêt. Vidura et Sanjaya étalèrent de l'herbe de kusha par terre, en guise de couche pour Dhritarashtra ; ils en firent une autre à côté pour Gandhari. Kunti s'allongea joyeusement aux côtés de la vieille reine.

Ils s'adonnèrent ainsi à la poursuite des mérites que confère la pénitence. Maîtrisant pensée, paroles et actions, ils poursuivirent leurs méditations, jusqu'à ce que Dhritarashtra, tels les grands ascètes, n'ait plus que la peau et les os. Vidura et Sanjaya, avec une dévotion constante, accomplissaient exactement la même pénitence que le monarque aveugle.

Cependant, une grande tristesse s'était abattue sur la capitale, affligeant non seulement les Pandavas, mais aussi les citoyens. Incapable d'endurer la douleur de la séparation, Yudhishthira ordonna une grande procession des soldats et des citoyens dans la forêt. Lui et ses frères s'assirent autour de Dhritarashtra.

« Es-tu heureux, Yudhishthira ? Les citoyens sont-ils heureux et prospères ? La paix règne-t-elle dans le royaume ? Accepte de moi cette offrande d'eau, de fruits et de racines. Il est de coutume qu'un hôte fasse partager à ses invités ce qu'il mange lui-même ».

Yudhishthira mangea les fruits et les racines, et but l'eau. Puis les frères passèrent une nuit heureuse, sur des nattes, à l'abri de l'arbre. Le matin, ils rencontrèrent Vyasa qui leur dit : « Je vois que vos cœurs sont encore sous l'emprise de la douleur. Suivez-moi à la rivière Bhagirathi, j'y chasserai votre chagrin. Je vous donnerai une vision des guerriers défunts ».

La compagnie toute entière se dirigea vers la Bhagirathi, tels les flots de la mer ; ils établirent leur campement sur les berges. Ce jour-là passa comme une année entière, dans l'attente de la vision des héros défunts. Le soleil plongea dans les eaux sacrées occidentales, alors qu'ils terminaient leurs dévotions du soir dans la Bhagirathi.

La nuit venue, ils allèrent trouver Vyasa.
Dhritarashtra s'assit avec les Pandavas et les Brahmanes,
Les dames se groupèrent autour de Gandhari.
Les citoyens s'intallèrent selon leur âge.
Ensuite Vyasa évoqua les héros morts.
Un grondement monta des eaux,
Le tumulte du heurt de deux armées opposées.
Bhishma et Droṇa en tête, ils apparurent,
Des milliers de rois morts s'élevèrent de la Bhagirathi.
Virata, et Drupada, et les fils de Draupadi,
Le fils de Subhadra, le rakshasa Ghatotkacha,
Karna, Duryodhana, et Shakuni,
Les fils de Dhritarashtra, conduits par Duhshasana,
Lakshmana, le fils de Duryodhana,
Bhagadatta, Shalya, et tous les autres héros,
Trop nombreux pour être cités un par un.
Resplendissants, ils s'élevèrent des eaux,
Vêtus de parures divines et ornés d'anneaux étincelants,
Libérés de la haine, de l'orgueil, de la colère et de la jalousie.
Des apsaras, nymphes du paradis, les entouraient.
Dhritarashtra, doté pour l'occasion d'une vision exceptionnelle,
Les vit tous.
Gandhari vit ses cent fils.
Ils se réjouirent.
Absous de toute haine et de toute jalousie,
Un fils retrouvait son père et sa mère, une épouse son mari,
Tel ami, son ami.
Les Pandavas retrouvèrent Karna,
Ils s'étreignirent.
C'était une scène de réconciliation :
Nul chagrin, nulle crainte, aucun soupçon ni reproche,
Rien d'autre que la rencontre d'esprits pleins d'amour.
La nuit s'écoula ainsi.
Puis ce fut terminé :
Soudain ils disparurent tous, congédiés par Vyasa ;
Chars et guerriers replongèrent dans la sainte Bhagirathi.

Les Pandavas rentrèrent à Hastinapur, et deux nouvelles années passèrent. Un jour le sage des cieux, Narada, arriva à la capitale, où Yudhishthira l'accueillit respectueusement.

« Voici bien longtemps que je ne t'ai vu. Que puis-je pour toi, ô savant Brahmane ? Fais-nous le récit de tes voyages ».

« J'ai visité plusieurs rivières saintes. J'arrive de la Bhagirathi ».

« As-tu vu Dhritarashtra ? Comment vont Gandhari, Kunti et Sanjaya ? J'ai appris qu'ils continuaient leurs pénitences ».

« Écoute-moi attentivement et calmement, je vais te raconter ce que j'ai vu et entendu. Après ton départ, Dhritarashtra a entamé la mortification la plus sévère. Sa seule nourriture était l'atmosphère ; il ne prononçait pas un mot. Au bout de six mois, il n'était plus que des os. Gandhari n'absorbait que de l'eau, mais Kunti prenait quelque nourriture chaque mois. Sanjaya ne mangeait légèrement que tous les six jours. Dhritarashtra se mit à errer dans la forêt. Les deux reines et Sanjaya le suivirent ; quand Sanjaya le pouvait, il les guidait. Un jour, ils arrivèrent en un lieu près du Gange, et, le roi ayant fini de prendre son bain, il s'apprêta à rentrer à l'ashram. Mais un violent incendie de forêt se déclara : il gagna vite du terrain, brûlant arbres et animaux. Serpents et sangliers s'enfuirent vers le marais. Le roi, affaibli et fatigué, incapable de courir à cause de son jeûne prolongé, dit à Sanjaya : «Va, Sanjaya, sauve-toi. Nous périrons dans cet incendie et atteindrons le paradis». Les deux reines non plus n'avaient pas la force de s'échapper. Mais Sanjaya dit : «Ce n'est pas un feu sacré. Je ne vous abandonnerai pas». «Va ! répéta Dhritarashtra. L'eau, le feu, le vent et le jeûne sont de bonnes choses pour l'ascète ».

« Il se tourna vers l'est, et s'assit, de même que Gandhari et Kunti, afin de concentrer leurs énergies mentales. Sanjaya le contourna et lui dit : «Puissiez-vous réussir dans votre yoga». Assis droits comme des piliers, tous trois contrôlant leurs énergies, ils moururent dans l'incendie. Sanjaya s'échappa. Je l'ai rencontré près du Gange en compagnie de quelques ascètes. Il a maintenant pris la route des Himalayas. Plus tard, j'ai vu les corps calcinés du roi et des deux reines. Ne te désole pas, Yudhishthira : ils sont morts heureux, comme ils voulaient mourir ».

A ce récit, des lamentations commencèrent à s'élever des appartements intérieurs du palais.

Livre XVI

LA BATAILLE DES GOURDINS

Au cours de la trente-sixième année qui suivit la bataille, Yudhishthira entrevit de nombreux présages funestes. Des tempêtes de poussière sèche soufflaient sur la cité ; des oiseaux volaient à reculons ; des rivières coulaient à l'envers ; un grand brouillard obscurcissait constamment l'horizon ; des météores s'écrasaient sur la terre, répandant leurs débris enflammés ; le soleil était enveloppé de ténèbres ; des corps humains sans tête erraient au crépuscule ; des halos rouge brique encerclaient chaque jour le soleil et la lune.

Un jour de cette année-là, les Yadavas, les héros du clan de Krishna, virent arriver à Dvaraka Vishvamitra, Kanva et Narada. Ils déguisèrent Shamba en femme et demandèrent aux trois sages : « Cette dame, l'épouse de l'illustre Vabhra, veut un fils. Quel genre de fils aura-t-elle ? »

Les sages, clairvoyants, répondirent : « Shamba engendrera un gourdin de fer pour la destruction des Yadavas. Méchants et imbéciles que vous êtes, l'orgueil vous est monté à la tête – vous détruirez votre propre race. Krishna et son frère aîné Balarama seuls échapperont à la tuerie. Balarama entrera dans l'océan, et un chasseur du nom de Jara tuera Krishna ».

Les sages se rendirent au palais de Krishna et l'informèrent de la catastrophe qui approchait. Krishna convoqua les Yadavas et leur répéta la prophétie ; il se retira ensuite dans sa chambre.

Le jour suivant, Shamba mit bas un horrible gourdin de fer qui avait l'apparence d'un gigantesque présage de mort. Le roi Yadava, Ugrasena, ordonna qu'il soit réduit en poussière, et que cette poussière soit éparpillée sur la mer. Une proclamation royale interdit la fabrication et la vente de boissons alcoolisées, sous peine d'être empalé.

Mais le Temps fatal, au crâne chauve, à la peau couleur de bronze, parcourait les rues à grands pas ; de ses yeux cruels et perçants il regardait à l'intérieur de chaque maison. Et les rues furent infestées de rats et de souris ; la nuit, les bestioles mordillaient les ongles et les cheveux des habitants endormis. Des pots de terre se brisaient sans raison ; des singes jacassaient jour et nuit dans les maisons ; les chèvres hurlaient comme des chacals ; les vaches mettaient bas des ânes, les éléphants des mules, les chattes des renards, et les souris des mangoustes.

Les Yadavas se comportaient effrontément. Partout on insultait Brahmanes, dieux et ancêtres ; gurus et anciens n'étaient pas épargnés. Maris et femmes se livraient à un adultère constant. La nourriture fraîchement cuisinée grouillait subitement de vers quand on la servait. Des bruits de pas invisibles se faisaient entendre quand des offrandes étaient faites aux Brahmanes ou qu'ils donnaient leur bénédiction, ou bien quand les ascètes s'asseyaient pour méditer. La quinzaine lunaire présenta des signes inhabituels.

Remarquant ces présages, Krishna appela les Yadavas et leur dit : « Rahu transforme le quatorzième jour de la lune en quinzième. Ceci s'est déjà produit une fois, alors que les Kauravas et les Pandavas projetaient leur destruction mutuelle. L'heure de la nôtre est arrivée ». Il dit ceci, car il se rappelait la prophétie de Gandhari, et désirait voir ses paroles s'accomplir. Il ordonna un pèlerinage général des Yadavas à la mer, dans le but de prendre un bain dans les eaux sacrées de l'océan.

La nuit, les femmes Yadavas rêvèrent d'une sorcière noire aux dents blanches qui riait sauvagement et courait dans les rues de Dvaraka, arrachant les cordons sacrés du poignet des dames. Les hommes firent des cauchemars dans lesquels des vautours se repaissaient de leur chair dans leur sommeil, des rakshasas volaient leurs parures, leurs parasols, leurs drapeaux et leurs armures, et le disque de Krishna s'envolait dans le ciel. Sous les yeux de son aurige Daruka, son char s'éloignait, tiré par ses chevaux, sur les eaux de l'océan.

Les Yadavas qui campaient à Prabhasa se livrèrent à la débauche. La nourriture préparée pour les Brahmanes les plus éminents était mélangée à de l'urine et servait à nourrir les singes. Puis commença une période de grande beuverie. Le champ résonnait des divertissements d'acteurs et de danseurs qui s'exhibaient au son des trompettes. Balarama but en la présence de Krishna, et d'autres firent de même.

Enflammé par le vin, Satyaki, moqueur, insulta Kritavarman devant tout le monde : « Quelle sorte de Kshatriya peut-il être, celui qui massacre des guerriers sans défense dans leur sommeil ? Décampe ! Nous n'avons rien à faire avec toi ! »

Kritavarman étendit dédaigneusement la main gauche vers Satyaki, et rétorqua : « Et toi, tu as tué Bhurishvaras quand il était plongé dans sa méditation ».

Krishna jeta un regard courroucé sur Kritavarman.

Satyaki dit : « Je vais te tuer comme tu as tué, avec l'aide d'Ashvatthaman, les fils de Draupadi endormis ».

Il se rua sur lui et lui trancha la tête d'un coup d'épée ; puis, pris d'un accès de folie meurtrière, l'arme à la main, il se mit à courir en tous sens, frappant à droite et à gauche, jusqu'à ce que Krishna finalement refrène sa fureur.

Mais les Bhojas et les Andhakas ensemble attaquèrent Satyaki : ils le frappèrent impitoyablement avec leurs cruches de vin. Pradyumna, le fils de Krishna et de Rukmini, se précipita pour défendre Satyaki. Mais la foule les rossa tous deux à mort. Furieux, Krishna ramassa une poignée d'herbe eraka ; quand il la lança sur eux, chaque brin se transforma en un dangereux gourdin de fer. Dans l'atroce carnage qui suivit, pères et fils s'entretuèrent.

Krishna se tenait à l'écart, regardant la scène, un brin d'herbe mortel à la main.

Daruka dit à Krishna : « Partons à la recherche de Balarama. Il n'est pas ici ». Ils le trouvèrent en méditation, assis sur le sol, adossé à un arbre, dans un endroit retiré. « Va vite trouver Arjuna, ordonna Krishna à Daruka, et dis-lui que les Yadavas ont commencé à s'entretuer ». Il dit à Vabhru :

« Dépêche-toi d'aller organiser la protection des femmes. Veille à ce qu'elles ne se fassent pas attaquer par des voleurs tentés par leurs bijoux ».

Encore soûl, Vabhru partit ; mais à peine avait-il fait quelques pas qu'un gourdin de fer, mû par son propre mouvement, se jeta sur lui et le tua.

« Attends-moi ici, dit Krishna à Balarama, pendant que je vais organiser la protection des dames ».

Il dit à son père Vasudeva : « Occupe-toi des femmes jusqu'à ce qu'Arjuna arrive. Je dois retourner voir Balarama, qui m'attend près de la forêt ». Il toucha de sa tête les pieds de son père et se leva pour partir.

Des gémissements bruyants s'élevèrent du côté des femmes et des enfants.

Krishna les réconforta : « Attendez Arjuna. Il arrive. Il vous aidera». A son retour, il trouva Balarama en extase, un serpent gigantesque lui sortant lentement de la bouche. Il avait les yeux rouges, mille têtes, il était énorme, et se dirigeait en ondulant vers l'océan. L'océan s'enfla pour le recevoir et l'honorer, et c'est de cette manière que Balarama quitta le monde des mortels.

Krishna vagabonda dans la forêt pendant un certain temps, perdu dans ses pensées. Se rappelant la malédiction de Gandhari, il se plongea dans le yoga. Se souvenant que le sage Durvasas lui avait accordé l'invulnérabilité de toutes les parties de son corps, sauf ses pieds, il s'assit pour méditer. Un chasseur du nom de Jara vint à passer par là et, prenant Krishna pour un cerf, il décocha une flèche qui lui perça le talon. Quand Jara s'approcha, il découvrit un homme à plusieurs bras, vêtu d'une robe ocre, extasié en yoga. Il tomba aux pieds de Krishna, implorant son pardon. L'ayant consolé, Krishna s'éleva au paradis, où l'accueillit Indra, parmi les chants de louange entonnés par les gandharvas, les dieux et les déesses.

Entre-temps, Daruka avait transmis à Arjuna la nouvelle du massacre suicidaire des Yadavas. Tourmenté, Arjuna prit congé de ses frères, et se hâta vers Dvaraka. La cité ressemblait à une épouse endeuillée. Dès qu'elles virent Arjuna, les seize mille épouses de Krishna commencèrent à se lamenter bruyamment. Le père de Krishna, Vasudeva, embrassa Arjuna et, repensant à ses fils morts, ses frères, ses petits-fils et ses amis, il sanglota, et lui dit : « Regarde, je suis encore en vie ! Ils sont tous morts, mais moi, je suis vivant ! »

Arjuna dit : « Sans Krishna, le monde est pour moi dépourvu de toute joie. Je dois emmener les femmes à Indraprastha ». Il dit à Daruka : « Conduis-moi auprès des chefs Yadavas ».

Quand il eut regroupé les citoyens endeuillés et les officiers inconsolables, il leur dit : « Je vais vous conduire en lieu sûr, avant que cette ville ne soit la proie de l'océan. Dépêchez-vous de rassembler tous vos biens. Nous quitterons les lieux au lever du soleil dans sept jours, à compter d'aujourd'hui. Faites vite ! »

Le matin suivant, Vasudeva rendit l'âme paisiblement, alors qu'il était en yoga. Les lamentations des dames du palais recommencèrent ; elles se frappèrent la poitrine et jetèrent bas parures et guirlandes. Devaki, Bhadra, Rohini et Madira se firent brûler avec leur seigneur sur le bûcher funéraire.

Arjuna accomplit tristement les derniers rites.

Au septième jour, une grande caravane de chevaux, de chars, de bœufs, de mules, de chameaux et de gens quitta la cité. On comptait parmi la foule des vieillards, hommes et femmes, des guerriers et des enfants, des fantassins, des conducteurs d'éléphants, des Brahmanes, des Kshatriyas, des Vaishyas et des Shudras, et les seize mille femmes de Krishna.

A peine étaient-ils sortis de la ville qu'une énorme vague déferla de l'océan infesté de crocodiles et de requins, et la submergea. Elle suivit leurs traces, inondant chaque région parcourue par la caravane. Ils pressèrent le pas, s'exclamant : « Étrange est le Destin ! Merveilleux est le Destin ! »

Arjuna laissa les dames se reposer dans de charmantes forêts, aux abords d'apaisantes rivières. Un soir, ils établirent leur campement dans le territoire des cinq rivières, une région riche en céréales et en bétail. Là, des voleurs complotèrent pour piller la riche caravane. « Il n'y a qu'un seul archer pour les défendre. Les Yadavas sont abattus, ils ne pourront rien. Il n'y a que des femmes et des enfants pour nous combattre ». Armés de gourdins, ils attaquèrent en hordes, semant la panique, rugissant et hurlant.

Arjuna se précipita. Sûr de lui, il dit : « Vous allez regretter cette journée. Mes flèches vont s'occuper de vous ». Ne faisant pas cas de ses paroles, ils lui fondirent dessus. A grand-peine Arjuna banda son arc Gandiva. Il fit mentalement appel à ses armes divines, mais aucune n'apparut. Il vit les voleurs attaquer à tort et à travers ; il assista au triste spectacle des Yadavas incapables de repousser les pillards ; il vit de jolies dames entraînées de force, et d'autres acceptant de suivre leurs ravisseurs. Il se sentait honteux. Il décocha toutes ses flèches ; son carquois Gandiva, jadis inépuisable, fut bientôt vide. Il attaqua furieusement, frappant avec son arc et sa conque. Il poussa un profond soupir, comprenant que ses pouvoirs lui faisaient défaut ; il en rendit responsable le Destin.

Il entra dans Indraprashta accompagné d'une poignée d'hommes et de femmes que les bandits avaient épargnée. Là, Rukmini et d'autres reines, en dépit de ses protestations, montèrent sur le bûcher funéraire ; d'autres, dont Satyabhama, se retirèrent dans la forêt afin d'y faire pénitence ; les hommes s'éparpillèrent en petits groupes.

Tristement, Arjuna se rendit à l'ashram de Vyasa. Il le trouva en méditation, dans un lieu tranquille.

« C'est Arjuna », dit-il, et il attendit.

« Sois le bienvenu. Assieds-toi ». Remarquant la respiration oppressée d'Arjuna, il lui demanda : « Que se passe-t-il ? Quelqu'un t'a-t-il aspergé d'eau souillée ? As-tu tué un Brahmane ? As-tu couché avec une femme indisposée ? As-tu perdu une bataille ? »

« Krishna est mort. Les Yadavas ont été détruits à coups de gourdin ; ce fut une horrible tuerie ! Pas un seul héros n'y a échappé. Cinq cent mille guerriers exterminés par des gourdins provenant de brins d'herbe d'eraka. Vivre sans Krishna ne m'est d'aucune joie. Dis-moi ce que je dois faire. Je suis un vagabond au cœur vide. Mes proches sont morts. Et je suis faible ».

« C'est la malédiction du Brahmane qui est la cause de tout ceci. C'était écrit, et il fallait que cela arrive. Krishna aurait pu l'empêcher, mais il l'a laissé se produire. Tu vois bien qu'il n'y a aucune raison de te désoler. La main du Temps est présente derrière toute chose. Kala est la semence de l'univers. Kala donne et Kala reprend. Kala inspire, et Kala frustre. Un jour tu es le maître et gouvernes les autres, le jour d'après, c'est toi qui sers et es gouverné. Un jour tu es sans armes, impuissant ; le jour d'après, ce peut être différent. Mais ton heure approche – tu dois maintenant te tourner vers le but suprême ».

Arjuna rentra à Hastinapur, et il informa Yudhishthira de tout ce qui était arrivé.

Livre XVII

L'ASCENSION

Quand il eut écouté les détails de la ruine des Vrishnis, Yudhishthira décida de renoncer au monde.

Il dit à Arjuna : « Tu es sage, tu sais que le Temps nous consume tous. Nous sommes tous les victimes infaillibles du Temps ».

Arjuna répéta : « Le Temps, le Temps, Kala, Kala ». Il approuva Yudhishthira.

Yudhishthira remit le royaume à Yuyutsu, le fils de Dhritarashtra et d'une servante de basse caste.

Il installa aussi Parikshit sur le trône et, plein de chagrin, il dit à Subhadra : « Parikshit, le fils de ton fils, sera roi de la race Kuru. Il gouvernera à Hastinapur, sa capitale. Occupe-toi de lui. Veille à ce qu'il ne fasse rien qui soit contraire au dharma ».

Pour plaire à Krishna et l'honorer, Yudhishthira offrit aux Brahmanes méritants des bijoux, des vêtements, des villages, des chevaux, des chars, et des servantes par centaines et par milliers.

Il convoqua les citoyens et leur annonça sa décision de renoncer au monde. Yudhishthira, fils de Dharma, Roi des Kurus, ôta sa parure royale pour se revêtir de vêtements faits de l'écorce des arbres. Bhima, Arjuna, les jumeaux et la brillante Draupadi firent de même.

Ils avaient exactement la même apparence que le jour où tous les six, après leur défaite aux dés, ils partirent en exil. Cette fois, cependant, ils étaient heureux.

Ulupi, la fille du chef Naga, épouse d'Arjuna, retourna dans le Gange. L'autre épouse d'Arjuna, Chitraganda, retourna à Manipura. Les vieilles dames de la race Kuru entourèrent leur petit-fils Parikshit.

Constants dans leur yoga, résolus dans la renonciation, les mahatmas Pandavas voyagèrent à travers plusieurs pays et traversèrent plusieurs fleuves et mers. Yudhishthira allait en tête. Derrière lui, Bhima, puis Arjuna ; ensuite les jumeaux par ordre de naissance ; et derrière, Draupadi, la ravissante dame à la peau brune et aux yeux de lotus.

Un chien les suivait.

Ils parvinrent à la mer aux eaux rouges. Arjuna y jeta son arc Gandiva et ses deux carquois inépuisables.

Les Pandavas s'orientèrent ensuite vers le sud. Quand ils atteignirent la côte nord de la mer de sel, ils se dirigèrent directement vers l'ouest, jusqu'à ce qu'ils arrivent à la cité de Dvaraka submergée par l'océan.

De là, ils tournèrent vers le nord, et suivirent cette direction sans plus en changer.

Ils arrivèrent au mont Himavat et, l'ayant franchi, ils se retrouvèrent face à un immence plateau sablonneux. Au loin, ils aperçurent le plus haut de tous les pics, le sommet de l'énorme montagne appelée Meru.

Inspirés par l'intensité de leur yoga, ils gravirent le Meru. Mais le yoga de Draupadi ne fut pas assez fort, et elle s'effondra sur la pente.

Le puissant Bhima demanda au véridique Yudhishthira : « Pourquoi est-elle tombée, elle qui n'a jamais fait de tort à personne ? »

« Nous l'aimions tous d'un même amour, mais elle préférait Arjuna. Elle paye aujourd'hui le prix de sa partialité ».

Pleinement concentré, Yudhishthira poursuivit son ascension.

Puis Sahadéva s'écroula.

Bhima demanda à Yudhishthira : « Il a toujours été humble et n'a jamais manqué de nous servir. Pourquoi est-il tombé ? »

« Il pensait que nul ne l'égalait en sagesse. Aujourd'hui il paye cette erreur ».

Abandonnant Sahadéva, Yudhishthira, suivi de ses frères et du chien, continua de grimper.

Ensuite ce fut au vaillant Nakula de tomber, lui qui aimait tant ses semblables, et qui avait assisté à la chute de Draupadi et de Sahadéva.

Voyant tomber son bel et héroïque jeune frère, Bhima dit à Yudhishthira : « Le beau Nakula était parfait dans le dharma, et il nous a toujours obéi ».

« Il était intelligent, et il avait du dharma. Mais il pensait que nul au monde n'était aussi beau que lui. C'est pourquoi il est tombé aujourd'hui. L'homme doit accepter son destin ».

Arjuna avait été profondément touché de voir tomber Nakula et les autres. Ce fut ensuite à son tour, lui le cavalier aux chevaux blancs, le massacreur d'ennemis, de succomber.

Quand Arjuna, qui avait l'énergie d'Indra, tomba et rendit son dernier souffle, Bhima dit à Yudhishthira : « Ce mahatma n'a jamais prononcé un mensonge. Pour autant que je me souvienne, même pour plaisanter il ne mentait pas. Quel mal a-t-il fait pour être ainsi frappé ? »

« Arjuna avait promis de tuer tous ses ennemis en un seul jour.

C'était un fier héros, mais il n'a pas tenu parole. Ainsi tombe-t-il aujourd'hui. Il n'éprouvait que mépris pour les autres archers. Ce n'est pas une manière de prospérer ».

Yudhishthira continua à monter.

Et puis Bhima s'écroula.

En tombant il cria : « Vois ! Je suis tombé, moi que tu aimais tant. Pourquoi ? »

« Tu étais un grand vantard et un glouton. Il ne t'est jamais venu à l'esprit de penser à ceux qui étaient dans le besoin alors que tu mangeais. C'est pourquoi tu es tombé ».

Yudhishthira poursuivit son escalade. Il ne regarda pas en arrière.

Seul le chien le suivait encore.

Un terrible vacarme ébranla soudain le ciel et la terre, et Indra apparut sur son char ; il invita Yudhishthira à y monter.

Yudhishthira dit au dieu aux mille yeux : « Mes frères ont succombé sur le chemin. Je n'irai nulle part sans eux. Je ne veux pas le paradis sans eux. Notre aimable épouse doit elle aussi nous accompagner. Accède à ma demande ».

« Tu retrouveras tes frères au paradis. Ils y sont arrivés avant toi. Ils y sont tous, y compris Draupadi. Ne t'inquiète pas, Yudhishthira. Ce sont leurs corps qu'ils ont laissés sur terre. Quant à toi, c'est corporellement que tu dois pénétrer au paradis. Ainsi est-ce ordonné ».

« Seigneur du passé et du présent, tu vois ce chien qui m'a fidèlement suivi. Je me suis pris à l'aimer. Laisse-le venir avec moi ».

Indra dit : « Aujourd'hui, c'est l'immortalité, une prospérité infinie, la réussite absolue et la joie divine que tu as gagnées. Oublie le chien. Il n'y aura aucun mal si tu le fais ».

« O toi aux mille yeux, à l'action juste, il est difficile pour un homme de bien de commettre un acte qui viole la bonté. Je ne veux pas de récompense, aussi merveilleuse soit-elle, qui exige que j'abandonne celui qui m'est dévoué ».

« Les chiens ne sont pas prévus au paradis. Réfléchis-y, honnête Yudhishthira. Je te suggère d'oublier le chien. Cela n'aura rien de mal ».

« Abandonner quiconque vous est dévoué est immoral. C'est aussi immoral que de tuer un Brahmane. Grand Indra, je n'abandonnerai pas ce chien, même si cela signifie pour moi la perte du paradis. Ma promesse est ferme – je n'abandonnerai pas une personne sous l'emprise de la peur, ni celle qui m'est dévouée, ni celle qui souffre, ni celle qui est trop faible pour se protéger, ni celle qui mendie sa subsistance. Je mourrai plutôt que d'abandonner une telle personne ».

« Qu'est-ce qu'un chien ? dit Indra. La présence d'un chien

souille les dons et les libations offerts dans le feu sacré. Oublie ce chien. Oublie-le, et obtiens l'état qui est celui des dieux. Après tout, tu as bien abandonné tes frères et Draupadi. Ton bon karma t'a rapporté les joies du paradis. Qu'est-ce qui t'embarrasse tant ? Tu as renoncé à tout. Qu'est-ce qui t'empêche de renoncer à ce chien ? »

« Les trois mondes savent qu'on ne peut lier amitié avec les morts, ni s'en faire des ennemis. Mes frères et Draupadi sont morts. Il n'était pas en mon pouvoir de les ramener à la vie. Aussi les ai-je laissés en arrière. Mais je ne les ai pas abandonnés tant qu'ils vivaient. Abandonner une créature fidèle revient à blesser la personne qui cherchait protection, ou à tuer une femme, ou à voler un Brahmane, ou à souhaiter du mal à un ami ».

A peine Yudhishthira avait-il fini de parler que le chien prit la forme du dieu Dharma. Réjoui, celui-ci fit l'éloge de Yudhishthira en ces mots agréables :

« Tu es noble et intelligent, et ton comportement est aussi moral que celui de Pandu autrefois. Ta compassion s'étend à toutes les créatures, Yudhishthira, et tes actes en ont été la preuve. Une fois déjà je t'avais testé dans la forêt de Dvaita, en me servant de tes frères. Tu avais alors choisi la vie de Nakula, pour le bonheur de ta belle-mère Madri. Personne au paradis ne peut t'égaler ; le monde du bonheur infini t'appartient désormais. Tu as toujours eu des buts élevés, altruistes et purs. Tu as hautement mérité la récompense qui à juste titre te revient ».

Ayant installé Yudhishthira dans un char, Dharma, Indra, les dieux et les divins rishis montèrent vers le paradis. Le ciel resplendissait de leurs éclats réunis.

L'éloquent Narada, le rishi céleste, dit : « La gloire des réalisations de Yudhishthira surpasse celle des rishis royaux. Sa bonté et son renom lui ont valu le privilège unique de monter corporellement aux cieux ».

Yudhishthira rendit hommage aux dieux et aux rishis royaux, puis il leur dit : « J'irai là où sont mes frères. Ce peut être un lieu de bonheur, comme ce peut être un lieu de douleur. Je n'ai aucun désir d'aller en un autre lieu, aussi extraordinaire soit-il ».

Indra écouta Yudhishthira, et lui dit : « Vis ici, Yudhishthira. Ton bon karma t'a permis d'atteindre ce lieu exceptionnel. Nul ne saurait égaler une telle réussite. Comment se fait-il que t'affectent encore des sentiments humains ? Tes frères ont atteint les mondes célestes, et toi, tu es encore lié par les sentiments humains. Regarde, voici le paradis – tu peux rejoindre les rishis divins et les mortels qui par leur perfection ont obtenu une place au royaume des dieux ».

L'intelligent Yudhishthira répondit au roi des dieux : « Je ne serai pas séparé d'eux. J'irai là où sont mes frères. J'irai là où est l'excellente, la brune, la belle, l'intelligente et morale Draupadi ».

Livre XVIII

LE PARADIS

Le premier spectacle qui s'offrit à Yudhishthira à son entrée au paradis fut celui de Duryodhana, trônant sur un siège magnifique, et irradiant une splendeur héroïque pareille à celle du soleil.

Un accès de colère envahit Yudhishthira. Il détourna la tête et proclama : « Je n'ai nul désir de partager le paradis avec ce Duryodhana avide et borné. Il nous a persécutés et envoyés en exil dans la forêt ; il nous a forcés à tuer tant de nos amis et parents dans la grande guerre ; il a ordonné que notre aimable épouse Draupadi soit traînée devant les anciens dans la salle d'assemblée. Écoutez-moi, dieux ! Je ne veux même pas voir son visage ! Je veux aller là où sont mes frères ».

Narada dit en souriant : « Il n'y a pas d'inimitiés au paradis, majesté. Retire tout ce que tu as dit sur Duryodhana. Écoute-moi. Raja Duryodhana est respecté comme un dieu par ses fidèles qui sont maintenant au paradis. Il a offert son corps en sacrifice dans le feu de la bataille, et il a atteint la récompense réservée aux plus grands héros. C'est vrai que sur terre il vous a persécutés, toi et tes frères. Mais son adhésion au code Kshatriya l'a conduit au paradis. La plus terrible des situations ne l'a jamais effrayé. Mon enfant, oublie l'humiliation de la partie de dés. Oublie l'insulte à Draupadi. Oublie les horreurs et les mesquineries de la grande guerre. Tu es à présent au paradis : retrouve Duryodhana avec dignité et courtoisie. Il n'y a pas de haine ici, ni d'amertume ».

« Si le paradis est un endroit pour l'immoral Duryodhana, qui a tué ses amis et détruit le monde, qui a dévasté la terre et ses chevaux, ses éléphants et ses hommes, qui nous a poussés à la colère et à la vengeance, alors montre-moi le lieu où se trouvent mes frères mahatmas, eux qui ont toujours servi la vérité, l'honneur et l'honnêteté. Où est Dhrishtadyumna, et Satyaki ? Où sont les fils de Dhrishtadyumna, et ces autres chefs Kshatriyas qui suivaient le code des guerriers à la lettre ? Narada, montre-moi Virata,

Drupada, Shikhandin, les fils de Draupadi, et Abhimanyu l'intrépide. Je ne les vois pas ici. Où est Karna, et où est Arjuna ? Où est Draupadi ? Emmène-moi d'ici. Ceci n'est pas le paradis. Le paradis est là où sont mes frères ».

« Mon enfant, dirent les dieux, si tu souhaites aller là-bas, alors faisons vite ».

Ils se tournèrent vers le guide divin : « Conduis Yudhishthira à ses parents et à ses amis ».

Le guide divin ouvrit la voie. Yudhishthira le suivit. Le chemin était tortueux, difficile et sale. D'épaisses ténèbres l'enveloppaient.

En guise d'herbe, des cheveux.
Une odeur nauséabonde, une fange de moelle, du sang éclaboussé.
Des mouches, des abeilles, des frelons.
Des cadavres en décomposition.
Des squelettes grouillants de vers,
Encerclés par le feu.
Des corbeaux et des vautours au bec d'acier.
Des esprits suçant le sang.
Des monceaux de cadavres sans jambes ni bras.
Partout des entrailles éparpillées.
Mais Yudhishthira, cet homme de dharma, persévéra.
Une rivière aux eaux bouillantes.
Une forêt de feuilles tranchantes.
Un désert de sable brûlant.
Des rochers et des cailloux de métal.
Des chaudrons de fer pleins d'huile bouillante.

Yudhishthira se tourna vers le guide divin : « Ce chemin est-il encore long ? Où sont mes frères ? Ceci fait-il encore partie du paradis ? »

Le guide divin s'arrêta : « En voici le bout. Les dieux m'ont ordonné de m'arrêter ici. Si vous êtes fatiguée, majesté, nous pouvons nous en retourner ».

La puanteur était insupportable.

Yudhishthira, plein de confusion et d'égarement, décida de faire demi-tour. Des gémissements pitoyables s'élevèrent alors autour de lui – des lamentations innombrables.

« Fils de Dharma, rishi royal, fils de Pandu ! Sois miséricordieux envers nous ! Reste ici ! Une douce brise a soufflé alors que tu approchais. C'était comme un frais parfum. Tu nous as apporté un soulagement infini. Ta seule vue nous a rendus heureux. Fils de Kunti, reste encore un moment, permets-nous de goûter au bonheur quelques instants encore. Ta présence nous enlève toute douleur ».

La compassion s'éveilla dans le cœur de Yudhishthira, et à voix haute, il dit : « Oh, quel malheur ! »

Il resta immobile. Il n'arrivait pas à situer l'endroit d'où étaient montés ces vagues et tristes gémissements.

Perplexe, le fils de Dharma interrogea : « Qui êtes-vous ? Pourquoi êtes-vous ici ? »

Les voix retentirent autour de lui, en une plainte qui l'entourait de toutes parts :

« Je suis Karna ! »

« Je suis Bhima ! »

« Je suis Arjuna ! »

« Je suis Nakula ! »

« Je suis Sahadéva ! »

« Je suis Dhritarashtra ! »

« Je suis Draupadi ! »

« Nous sommes les fils de Draupadi ! »

Yudhishthira perçut ces voix angoissées, et il pensa : Quel terrible karma ! Il se dit en lui-même : « Quels actes immoraux ont bien pu commettre Karna et les fils de Draupadi pour être envoyés dans ces régions puantes ? Je n'aurais pas cru qu'ils aient fait tant de mal. Quelles nobles actions ont pu valoir à Duryodhana et à ses fidèles de se retrouver dans un lieu aussi glorieux ? Il brille comme Indra en personne, et comme lui il est adoré. Et comment ceux-là n'ont-ils pu obtenir que l'enfer ? C'étaient tous des héros, tous véridiques, ils pratiquaient tous le dharma et étudiaient les Védas, tous sacrifiaient, tous faisaient des offrandes aux Brahmanes, ils respectaient tous les règles de l'honneur Kshatriya. Suis-je éveillé, ou bien est-ce que je dors ? Ai-je perdu mes sens ? Ai-je des hallucinations ? Que s'est-il passé ? »

Torturé par le doute, l'angoisse et la douleur, il se posait ces questions. Et puis, ne pouvant plus se contrôler, il se lança dans une diatribe contre les dieux, condamnant Dharma lui-même.

L'odeur nauséabonde le fit chanceler. Il dit au guide : « Va-t'en ! Retourne à ceux qui t'ont envoyé. Dis-leur que je reste ici pour le bien que ma présence apporte à mes frères ».

Le guide divin rapporta à Indra les paroles et les gestes de Yudhishthira.

Indra, suivi des dieux, apparut instantanément devant Yudhishthira. Dharma était là aussi. Les corps rayonnants de tant de dieux assemblés dissipèrent les ténèbres. Les chaudrons et les rochers métalliques disparurent. Les supplices cessèrent. Les horribles cadavres s'évanouirent. Une brise fraîche, pure, douce et parfumée se mit à souffler.

Tous les dieux étaient présents : les Maruts avec Indra, les Vasus et les jumeaux Ashwins, les Sadhyas, les Rudras, les Adityas, les sidhas et les grands rishis. Indra, radieux, consola Yudhishthira.

« Viens avec nous, Yudhishthira, l'illusion est finie. Tu as triomphé. Ne sois pas fâché. Écoute-moi, mon enfant : tous les rois passent par une vision de l'enfer. La vie est un mélange ambivalent de bien et de mal. L'homme qui goûte d'abord aux fruits de son bon karma doit ensuite goûter l'enfer. L'homme dont les mauvaises actions surpassent les bonnes goûte d'abord au paradis. Ainsi, pour ton bien, je t'ai d'abord fait expérimenter l'enfer. Tu vas maintenant goûter aux fruits de tes actes bons et nobles, et vivre dans les régions que t'a values la force de ta pénitence et de ta charité. Les dieux, les gandharvas et les apsaras, tous vêtus de blanc, te serviront et te rendront heureux. Ici coule le Gange céleste. Baigne-t'y, et tu perdras ta nature humaine. Tu n'éprouveras plus de chagrin ni d'inimitié ; tu seras libéré de toute peine ».

Le dieu Dharma dit à son fils Yudhishthira : « Ton esprit de vérité, ta miséricorde et ta maîtrise de toi m'ont plu. C'était la troisième fois que je te testais. Je sais désormais que tu es moralement incorruptible. Souviens-toi lorsque, dans la forêt Dvaita, tu vins au lac récupérer les deux bâtons sacrificiels. C'était le premier test, et tu l'as bien passé. Plus tard, j'ai pris la forme d'un chien, et je t'ai testé une deuxième fois, quand tes frères et Draupadi se sont effondrés au cours de l'ascension du Méru. A la troisième épreuve, tu as cette fois-là, par amour pour tes frères, préféré l'enfer au paradis. Tu es à présent purifié, tu es maintenant béni. Fils de Kunti, tes frères ne méritent pas l'enfer. C'était une illusion conçue par Indra ».

Honoré par les dieux, les Maruts et les rishis, Yudhishthira se rendit à l'endroit où les héros de la race Kuru goûtaient la béatitude céleste. Il vit Krishna sous l'aspect de Brahma, adoré par Arjuna qui rayonnait de lumière. Les dieux à leur tour les adoraient. A la vue de Yudhishthira, ils l'acclamèrent.

Il vit aussi Karna, éclatant de la gloire de douze soleils. Il vit Bhima, resplendissant, siégeant parmi les Maruts, à côté du dieu du Vent.

Avec les Ashwins, il vit Nakula et Sahadéva, radieux.

Il vit Draupadi ornée d'une guirlande de lotus, rayonnante de la splendeur du soleil. Il eut une envie pressante de lui parler.

Indra, le seigneur des dieux, lui dit : « C'est Lakshmi elle-même. C'est pour votre bonheur qu'elle est devenue Draupadi ; elle qui fut la fille de Drupada, parfumée, délice du cœur. Elle n'a pas été conçue dans le sein d'une mère, mais créée par Shiva, qui voulait votre plaisir et votre bien-être. Ces cinq glorieux gandharvas qui brillent avec l'éclat du feu sont ses cinq fils. Et vois ici le fils de Subhadra, se délectant de la compagnie de Soma : le puissant Abhimanyu, aussi délicat et charmant, à présent, que le clair de lune. Voici le grand Pandu, en compagnie de Kunti et de Madri. Là-bas, c'est Bhishma, fils de Shantanu, entouré par les Vasus.

Assis à côté de Brihaspati, c'est Drona, ton guru. Ils ont tous abandonné leurs corps mortels, et se réjouissent maintenant de l'état céleste qu'ils ont acquis par la magnanimité de leurs paroles, pensées et actions.

Le thème de cette épopée est l'histoire de l'Inde. Elle retrace l'histoire de la race Bharata, c'est pourquoi elle est appelée le Bharata. Parce qu'elle le fait avec une authenticité vertueuse, elle est appelée Mahabharata.

Celui qui interprète intelligemment le sens de cette grande épopée
Se voit lavé de toute impureté,
Son plaisir est dans Dharma, Artha et Kama,
Et il atteint la suprême Moksha.
Ce qui se trouve dans cette épopée
peut se rencontrer ailleurs ;
Ce qui n'est pas dans cette épopée
n'est nulle part ailleurs.
C'est l'épopée de la victoire.
Celui qui cherche le salut
devrait l'écouter
Les Brahmanes et les rois
devraient la lire,
Ainsi que les femmes enceintes.
Le chercheur du paradis obtiendra le paradis ;
Le chercheur de victoire trouvera la victoire ;
La femme enceinte aura un fils,
ou une fille chérie par la prospérité.
Le puissant Vyasa, né sur une île,
qui ne reviendra pas,
A condensé le Mahabharata
par amour du dharma.
Narada l'a récité aux dieux,
Asita-Devala aux mânes des ancêtres,
Shuka, aux rakshasas et aux yakshas,
Et Vaishampayana aux êtres humains.
C'est une histoire sacrée.
Aussi profonde et sainte que les Védas.
L'homme qui récite ou écoute cette épopée,
S'il le fait avec dévotion, s'en voit purifié.

Mères et pères,
Épouses et fils
Viennent par millions dans ce monde, et le quittent.
Mille prétextes de joie,

Mille prétextes de peine –
L'ignorant est leur victime,
Le sage ne s'en émeut pas.

Je lève les bras et j'appelle –
mais personne n'écoute !
Du dharma naissent la réussite et la satisfaction :
pourquoi le dharma n'est-il pas pratiqué ?
Ne t'écarte jamais du dharma – ni pour un plaisir, ni par crainte,
ni par convoitise.
Le dharma est éternel. Renonce à la vie,
mais pas au dharma.
Plaisir et douleur sont éphémères.
L'âme seule est éternelle.

Voici l'histoire de cette épopée. Quiconque l'écoute, ou la lit, dans son intégralité, se voit lavé de toutes impuretés. Ses défauts disparaissent, tout comme l'obscurité sous l'influence du soleil ; il jouit de l'expérience céleste du royaume de Vishnu, comme Vishnu en jouit lui-même.

GLOSSAIRE

Abhimanyu (Volontaire) : *Le fils d'Arjuna et de Subhadra. Il tue, le deuxième jour de la guerre, le fils de Duryodhana, Lakshamana ; le treizième jour, encerclé par les Kauravas, il est tué. Époux d'Uttara, fille du roi Virata ; leur fils Parikshit devient roi d'Hastinapur, quand les Pandavas partent pour leur dernier pélerinage.*

Acharya : *Titre de Drona, le maître d'armes des Pandavas.*

Adharma : *Opposé de dharma. Ce terme, qui n'a pas d'équivalent exact en français, recouvre toute forme de violation de la loi morale (dharma). L'accroissement des forces négatives dans la vie individuelle et cosmique est la conséquence d'adharma.*

Adhirata (Char suprême) : *Le père adoptif de Karna.*

Adhyatman (Atman suprême) : *La conscience de l'univers, l'âme suprême.*

Adityas : *Les fils d'Aditi, déesse de l'espace infini ; ils sont douze.*

Agni (Le Feu) : *le dieu du feu dans les Védas. L'une des trois principales déités védiques (les deux autres étant Vayu, ou Indra, et Surya).*

Ajatashatru (Celui dont l'ennemi n'est pas né) : *Un autre nom de Yudhishthira.*

Amaravati (La demeure de l'immortalité) : *La capitale céleste d'Indra, localisée, selon la légende, à proximité du Meru, la montagne du ciel. Également connue sous le nom de Devapura, « La Cité des dieux ».*

Amba (Mère) : *La fille aînée du roi de Kashi (Varanasi). Bhishma l'enlève, en même temps que ses sœurs Ambika et Ambalika, pour les marier à Vichitravirya. Elle était fiancée au roi de Shalva, qui refusera de l'épouser après qu'elle eut persuadé Bhishma de la renvoyer, parce qu'il doute de sa pureté. S'étant concilié Shiva, elle obtient de renaître en tant que Shikandhin (le guerrier qui, avec l'aide d'Arjuna, tuera Bhishma) au palais du roi Drupada.*

Ambalika : *La plus jeune épouse de Vichitravirya, et mère de Pandu par Vyasa, compilateur du Mahabharata (voir Amba).*

Anga : *Probablement dans les environs de Bhagalpur au Bengale ; sa capitale était Champa.*

Apsara (Qui se meut dans les eaux) : *Nymphe du paradis d'Indra ; Urvashi, Menaka et Rambha sont parmi les plus célèbres. « Ce sont les épouses ou les maîtresses des Gandharvas, généreuses à dispenser leurs faveurs ».*

Aranyaka : *Un autre nom du Vana Parva («Le Livre de la Forêt»), le troisième livre du Mahabharata, qui traite de la vie des Pandavas en exil.*

Arjuna : *Le troisième des frères Pandavas. Son divin père est Indra.*

Artha : *La réussite matérielle.*

Arya (Loyal, noble, sur qui on peut compter) : *Nom de la race qui a envahi l'Inde du Nord et s'y est installée vers l'an 2000 av. J.C. Les Dravidiens originels (probablement adorateurs de l'eau et dévôts de Shiva) étaient respectueusement appelés An-Arya par les Aryens qui adoraient le feu. L'hindouisme est un mélange complexe d'éléments Aryens et Dravidiens.*

Asuras (Anti-dieux) : *Ennemis des dieux, incluant les Daityas et les Danavas ; ce sont des descendants de Kashyapa. Leur force contraire aide à maintenir la tension créatrice de l'univers.*

Ashvamedha (Le sacrifice du cheval) : *Rituel complexe impliquant le sacrifice d'un cheval pour marquer la souveraineté totale et incontestée sur un royaume.*

Atman : *l'âme ou le soi individuel ; par opposition à Brahman, le Soi suprême.*

Avatara (Descente) : *L'incarnation d'un dieu. Vishnu, l'aspect préservateur de la trinité hindoue (Brahma – Vishnu – Shiva) a eu jusqu'à présent neuf avataras : (1) Matsya (le Poisson) ; (2) Kurma (la Tortue) ; (3) Varaha (le Sanglier) ; (4) Narasimha (l'Homme-lion) ; (5) Vamana (le Nain) ; (6) Parashu Rama (Rama à la hache) ; (7) Rama ; (8) Krishna (Celui qui a la Peau Foncée) ; (9) Buddha. Le dixième, Kalki (le Cheval Blanc), doit se manifester à la fin du Kali Yuga. L'ordre d'apparition des avataras suggère un développement évolutif.*

Balarama (Le Puissant Rama): *Frère aîné de Krishna ; également appelé Madhupriya (Celui qui aime le Vin).*

Barbaras : *Les non-hindus ; en grec «barbaros» (les étrangers, particulièrement les Perses).*

Bhagavata Purana (L'histoire divine ancienne) : *Un livre religieux en douze parties et un nombre total de 18 000 shlokas ; la dixième partie raconte en détail l'histoire de Krishna.*

Bhagirati : *Le Gange. Touché par les austérités de Bhagiratha, Shiva fit descendre le Gange sur terre afin de purifier les cendres des ancêtres de Bhagiratha.*

Bharata : *Le fils de Dushyanta (de la dynastie Puru) et de Shakuntala. Le neuvième dans la succession fut Kuru et le quatorzième après Kuru fut Shantanu (voir l'arbre généalogique du Mahabharata).*

Bhima (Le Redoutable) : *Le deuxième des frères Pandavas ; il est selon la légende le fils du dieu du Vent, Vayu, dont l'autre fils est le singe Hanuman.*

Bhishma (Le Terrible) : *Le fils de Shantanu par la déesse Ganga ; guru des Pandavas et des Kauravas. Également appelé Nadi-ja (Celui qui est né de la Rivière) et Tala-Ketu (Dont l'Emblème est la Palme).*

Brahman : *L'âme universelle, immortelle, increée, qui n'a pas d'attribut (nirguna), la Réalité Ultime. Identique à l'Atman pour la personne réalisée, différente pour l'ignorant.*

Brahma : *La première personne individualisée de Brahman ; Dieu le Créateur Actif, né de l'Œuf Cosmique Originel. Sa création dure un jour de Brahma ou 2 160 000 000 années ; puis elle est dissoute, et re-créée. Il a la peau rougeâtre, et cinq têtes (on ne le représente cependant qu'avec quatre, l'autre ayant été réduite en cendres par Shiva qu'il avait insulté). Dans ses quatre mains il tient un sceptre, une cuillère, un collier (ou un arc), et les Védas. Son épouse est la déesse de l'Enseignement, Sarasvati ; son véhicule, le Cygne. Il est aussi appelé Chaturmukha (Celui qui a Quatre Visages), Hamsa-Vahana (Celui qui chevauche un Cygne), et Prajapati (Le Seigneur des Créatures).*

Bramacharya : *Maîtrise de soi, généralement au sens d'abstinence sexuelle. Un Brahmachari est celui qui a renoncé aux plaisirs des sens.*

Brahmane : *La caste des prêtres. Seuls les Brahmanes peuvent être des prêtres hindus. Manu divise la période de vie d'un Brahmane en quatre parties :*
(1) Brahmacharya : l'époque célibataire des études auprès d'un guru ;
(2) Grihasta : la vie de chef de famille et l'exercice des rituels domestiques ;
(3) Vanaprashta : la retraite en forêt pour la pénitence et les austérités ;
(4) Sannyasa : la dernière période de mendiant-religieux sur le chemin de moksha.

Brihannala (Celui qui a de longs bras) : *Nom d'Arjuna pendant sa treizième année d'exil, déguisé en eunuque à la cour du roi Virata.*

Brihaspati (Le Seigneur de la Splendeur) : *Le prêtre familial des dieux.*

Charvaka : *Un ami rakshasa de Duryodhana ; il remet publiquement en question le droit au trône de Yudhishthira après la bataille de Kurukshetra ; il est tué par l'assemblée des Brahmanes au moyen d'un seul mantra.*

Chekitana : *Fils de Dhrishtaketu ; allié des Pandavas.*

Chitrangada : *Fils aîné de Shantanu ; tué dans une bataille contre un roi gandharva du même nom.*

Chitrangada : *Fille du roi Chitravahana ; épouse d'Arjuna et mère de Vabhruvahana.*

Chitrasena : *(1) Un des cent fils de Dhritarashtra ; (2) un chef des Yakshas.*

Daityas : *Descendants de Diti par le sage Kashyapa, ces anti-dieux (asuras) se battent constamment contre les dieux. « Ils sont généralement associés aux Danavas, de qui on les distingue difficilement ».*

Daksha : *Un rishi antique parfois décrit comme le fils de Brahma.*

Dakshina : *Honoraires payés à un Brahmane dirigeant un sacrifice ou yajna ; ou également à un professeur.*

Dandaka : *La forêt qui s'étend entre les fleuves Godavari et Narmada.*

Darshana : *N'importe lequel des six systèmes de la philosophie hindoue : Nyaya, Vaisheshika, Samkhya, Yoga, Purva-Mimamsa, Uttara-Mimamsa.*

Deux-fois-nés (Dvi-ja) : *Terme employé pour désigner les Brahmanes dont le cordon sacré indique une deuxième naissance, spirituelle.*

Devaki : *Épouse de Vasudeva, et mère de Krishna.*

Devi (La Déesse) : *Fille d'Himavat (les Himalayas), et épouse de Shiva. Elle est la shakti de Shiva ou énergie féminine, et a un caractère double, l'un aimable et beau, l'autre cruel et terrible. Dans sa forme aimable, c'est Uma (la lumière), Partavi (Celle qui appartient à la Montagne) et Gauri (la Jaune) ; dans son aspect cruel, c'est Durga (l'Inaccessible), Kali (le Temps) et Shyama (la Brune).*

Dharma (Dhri = stable, constant) : *Code de bonne conduite, modèle de vie noble, règles et observance religieuses. Le français n'a pas d'équivalent pour ce mot – « religion » est une approximation médiocre.*

Dharma-Raja (Roi à la bonne conduite) : *Appellation de Yudhishthira. Le divin père de Yudhishthira est Dharma.*

Dhaumya : *Le prêtre familial des Pandavas.*

Dhrishtadyumna : *Frère de Draupadi. En tant que chef des armées Pandavas, il tue Drona, qui avait décapité son père Drupada ; Ashvatthaman, le fils de Drona, le tuera à coups de pied, sous sa tente, après la fin de la guerre.*

Dhrishtaketu : *(1) Un fils de Dhrishtadyumna. (2) Un fils de Shishupala, allié des Pandavas. (3) Le roi des Kekayas, allié des Pandavas.*

Dhritarashtra : *Frère de Pandu ; le souverain aveugle d'Hastinapur. C'est le fils aîné de Vyasa par la reine Ambika, épouse de Vichitravirya. Il a cent fils de Gandhari. Gandhari et lui meurent dans un incendie de forêt alors qu'ils ont entamé une vie ascétique quelques années après la fin de la guerre de Kurukshetra.*

Draupadi : *La fille à la peau brune du roi Drupada de Panchala, et épouse des cinq frères Pandavas. Elle a cinq fils : Prativindhya, de Yudhishthira ; Shrutasoma, de Bhima ; Shrutakirti, d'Arjuna ; Shatanika, de Nakula ; Shrutakarman, de Sahadéva. Elle s'appelle aussi Krishna (Celle qui a la Peau Brune), Yajnaseni (Celle qui est née d'un sacrifice), parce que son père l'a reçue sur un autel qui avait servi à l'exécution d'un grand rituel sacrificiel, Panchami (Celle qui a cinq maris), et Nityauvani (Toujours Jeune).*

Drona (Le Seau) : *Le Brahmane acharya ou maître (d'armes) des Kauravas et des Pandavas ; ainsi nommé parce que son père Bharadvaja l'a engendré dans un seau. Il épouse Kripa, la demi-sœur de Bhishma, et a un fils d'elle, Ashvatthaman.*

Drupada : *Roi de Panchala, et père de Draupadi. Il est le compagnon d'études de Drona, mais l'offensera gravement quand, plus tard, son ami étant dans le besoin, il le reniera. Drona, ensuite, écrase ses armées, il annexe la moitié sud de son royaume, mais lui épargne la vie. Pour se venger, Drupada fait exécuter un sacrifice par deux brahmanes ; il en naîtra Dhrishtadyumna, son fils, et Draupadi, sa fille. Il aura un autre fils, plus jeune, Shikhandin.*

Duhshala : *La seule fille de Dhritarashtra ; épouse de Jayadratha.*

Duhshasana (Difficile à diriger) : *Le deuxième des cent fils de Dhritarashtra. Bhima l'éventrera et boira son sang le seizième jour de la bataille parce qu'il avait traîné Draupadi par les cheveux, alors qu'elle était indisposée.*

Durvasas (Mal-vêtu) : *Un sage facilement irritable, fils d'Atri et d'Anasuya.*

Duryodhana (Difficile à vaincre) : *Le fils aîné de Dhritarashtra, par Gandhari.*

Dushyanta : *Un roi de la dynastie lunaire. Il épouse Shakuntala.*

Dvaipayana (Né sur l'île) : *Un autre nom de Vyasa, ainsi nommé parce que c'est sur une île que Satyavati lui donne la vie ; son père est le sage Parashara. Il est également appelé Kanina (Bâtard).*

Ekachakra : *Une cité dans le territoire des Kichakas, où les Pandavas passent leurs premières années d'exil.*

Ganapati (Le Seigneur du peuple) : *Un nom de Ganesha, le dieu à tête d'éléphant.*

Gandhari : *Princesse de Gandhara, les Gandaritis d'Hérodote, un royaume sur la rive occidentale de l'Indus ; épouse du roi aveugle Dhritarashtra. Parce que son mari est aveugle, elle passera sa vie les yeux bandés.*

Gandharva : *Habitants du ciel, ou du paradis d'Indra ; ils boivent le soma et connaissent les femmes. L'Atharva-Véda dit qu'il y a 6333 Gandharvas, d'autres livres donnent des chiffres différents. Très probablement le nom d'une tribu montagnarde du nord de l'Inde.*

Gandiva : *L'arc d'Arjuna. Soma l'aurait donné à Varuna, qui l'aurait transmis à Agni, lequel l'aurait offert à Arjuna.*

Ganesha (Le Seigneur du peuple) : *La déité à tête d'éléphant avec une seule défense de la mythologie hindoue, fils de Shiva et de Parvati. « Il est le dieu de la sagesse et élimine les obstacles ». Plusieurs légendes expliquent pourquoi il a une tête d'éléphant. « Parvati prenait son bain et avait demandé à son fils de garder la porte. Shiva voulant la voir, Ganesha s'y opposa ; Shiva lui trancha la tête. Pour apaiser Parvati, il lui fit la promesse de remplacer la tête de Ganesha par la première qu'il rencontrerait – ce fut celle d'un éléphant ». Ganesha est le scribe qui transcrit le Mahabharata sous la dictée de Vyasa. Il a la peau ocre et tient dans ses quatre mains un coquillage, un disque, un gourdin et un nénuphar (mais ces attributs peuvent varier).*

Ganga : *Le fleuve le plus saint de l'hindouisme, souvent personnifié par une déesse, la fille aînée d'Himavat, les Himalayas, et de Menaka. Les Puranas racontent une merveilleuse légende à son sujet. Elle descendit sur terre, coulant des orteils de Vishnu, comme le résultat des prières du sage Bhagiratha (c'est pourquoi elle s'appelle aussi Bhagirathi) afin de purifier les cendres des 60 000 fils du roi Sagara. Alors qu'elle tombait avec colère, Shiva la reçut dans son chignon pour éviter que la terre ne tremble sous le choc ; elle s'écoula de ses cheveux en sept cours, les sapta sindhava. Dans le Mahabharata, en tant qu'épouse du roi Shantanu, elle a un fils, Bhishma. Elle est également appelée Devabhuti (Née au ciel), Mandakini (Qui coule harmonieusement), et Trishrotah (Au cours triple – c'est-à-dire au ciel, sur la terre et en enfer).*

Gangadatta (Don de Ganga) : *Un autre nom de Bhishma (voir Vasu).*

Garuda : *Une déité oiseau mythique, progéniture de Kashyapa et de Vinata.*

Gayatri : *Le verset le plus sacré des Védas. « Il est considéré saint au point qu'il arrive souvent que les copistes se refusent à le transcrire ». Wilson le traduit ainsi : « Nous méditons sur cette excellente lumière du soleil divin ; puisse-t-elle illuminer nos esprits ».*

Ghatotkacha : *Fils de Bhima et d'Hidimba, la sœur du rakshasa Hidimba.*

Hanuman : *Le dieu singe du Ramayana. Il est le fils de Vayu, le dieu du vent, d'où sa capacité de voler dans les airs. Dans le Mahabharata, il est le frère de Bhima (mythiquement fils de Vayu).*

Hara : *Un nom de Shiva.*

Hari : *Un nom de Vishnu.*

Hastinapura (La Cité Éléphant) : *La capitale des Kauravas ; on en a identifié les ruines à environ quatre-vingt-quinze kilomètres au nord-est de Delhi.*

Hidimba : *Femme rakshasa de qui Bhima eut un fils, Ghatotkacha.*

Himavat : *Les Himalayas personnifiés ; Himavat est le mari de Menaka et le père d'Uma et de Ganga.*

Hiranya-Gharba (Le germe d'or) : *L'œuf cosmique originel qui, se brisant en deux, fut la cause de la création – « avec chacun des deux morceaux de cette coquille, Brahma forma le ciel et la terre ; et au milieu, il plaça l'atmosphère ».*

Homa : *Nourriture ou autre offrande dans une puja.*

Indra : *Le dieu du paradis. Selon une légende du Mahabharata, il séduisit Ahalya, l'épouse du sage Gautama ; Gautama le maudit, et mille plaies vaginales lui apparurent sur le corps (d'où son nom de Sayoni, «marqué de vagins») ; elles furent ensuite transformées en yeux (d'où son nom de Sahasraksha, «Aux mille yeux»). Il est le père divin d'Arjuna.*

Indraprastha : *La capitale des Pandavas ; ce nom est encore celui d'un quartier de Delhi.*

Itihasa : *Histoire épique ou légende ; un terme appliqué particulièrement au Ramayana et au Mahabharata.*

Jagannatha (Le Seigneur de l'Univers) : *Une incarnation de Vishnu (ou Krishna) adorée dans l'Inde orientale, particulièrement dans le temple de Puri, Orissa. Il est représenté sans pieds ni mains, sous une forme plutôt abstraite, avec de grands yeux et une bouche peinte en rouge et noir. Selon la légende, Vishvakarman, l'architecte des dieux, accepta de faire une image de Jagannatha à la condition de ne pas être dérangé ; ayant été interrompu le quinzième jour de son travail, de colère il n'acheva pas son œuvre.*

Janardana (Celui qu'adore l'humanité) : *Un nom de Krishna.*

Jarasamdha (Assemblé par Jara) : *Un roi de Magadha, ainsi appelé parce qu'il naquit en deux parties des deux épouses de Brihadratha, et fut abandonné. Une anti-déesse nommée Jara réunit les deux moitiés. C'est un ennemi implacable de Krishna ; Bhima le tuera après qu'il ait refusé de relâcher des alliés royaux des Pandavas capturés au cours d'une bataille.*

Jayadratha : *Roi de Sindhu, et époux de Duhshala, l'unique sœur de Duryodhana. Il enlève Draupadi, est rattrapé et subit une terrible humiliation – on lui rase le crâne ; c'est Arjuna qui le tuera dans la grande guerre.*

Kailasa : *Un pic himalayen, la demeure de Shiva et, selon certaines légendes, celle de Kuvera, le dieu de la richesse.*

Kala (Noir) : *Un nom de Yama, le dieu de la mort. L'Atharva-Véda dit : « Il a projeté les univers et les a enlacés. Il est leur père et leur fils. Aucun pouvoir ne lui est supérieur ». Parfois appliqué à Shiva, l'époux de Kali.*

Kali (Noire) : *Dans les Védas, Kali est la langue effroyable et noire parmi « les sept langues de feu dansantes qui dévorent les oblations de beurre ». Dans les mythes ultérieurs, Kali est l'épouse de Shiva, terrible, qui dévore tout, la déesse qui bénit le dévot qui réalise la Vérité qui transcende le mystère du temps.*

Kaliyuga (L'Age de Kali) : *Aux dés, Kali représente l'as, elle est le symbole de la malchance. Le Kali Yuga est la quatrième période de l'univers, la période actuelle. Il a commencé en l'an 3102 av. J.C. et durera 432 000 ans ; après quoi, le cycle universel recommencera.*

Kalpa (La Pensée) : *Un jour et une nuit de Brahma qui ensemble représentent 320 millions d'années.*

Kama (L'amour, la passion) : *Également connu sous le nom de Kamadeva, le dieu de l'amour. Il porte un arc et des flèches. L'arc est en canne à sucre, des abeilles en constituent la corde, et la pointe des flèches est une fleur ; sa monture est un perroquet, sa bannière représente un poisson sur fond rouge.*

Karma : *La théorie hindoue des renaissances, dont la philosophie est basée sur la loi de la cause et de l'effet.*

Karna : *Fils de Kunti, par le dieu soleil Surya, avant qu'elle n'épouse Pandu. Il est recueilli par l'aurige Adhirata et son épouse Radha après avoir été abandonné par Kunti. Karna rejoint les Kauravas bien qu'il sache être le demi-frère des Pandavas. Il est né avec des boucles d'oreille et une armure en or ; Indra lui a remis un javelot divin. Arjuna le tuera par des moyens déloyaux, avec une flèche en forme de croissant. Il est aussi appelé Angaraja, roi d'Anga, et Kanina, « le Batard ».*

Kashyapa («La Tortue») : *Un sage védique ; dans le Mahabharata, il est supposé avoir épousé Aditi et douze autres filles de Daksha. L'Atharva-Véda dit : « L'auto-engendré Kashyapa jaillit du Temps », et, en tant que «tortue», il est mythiquement supposé avoir été le progéniteur de la création. Comme père de la création, il est appelé Prajapati (Le Seigneur des Créatures).*

Kichaka : *Beau-frère du roi de Virata ; il sera déchiqueté par Bhima pour avoir fait des avances immorales à Draupadi.*

Kimpurusha («Quel homme») : *Aborigènes des régions basses des Himalayas, mentionnés comme guerriers dans le Mahabharata. A ne pas confondre avec les Kinnaras, musiciens célestes à tête de cheval légendaires qui vivent au royaume de Kuvera, le dieu de la richesse.*

Kiratas : *Une tribu de chasseurs, habitants de la forêt.*

Krishna (Foncé) : *Dans le Mahabharata, la légende de la naissance de Krishna est la suivante : Vishnu s'arracha un cheveu blanc et un noir ; le blanc pénétra le sein de Rohini, et devint Balarama, et le noir pénétra Devaki, et devint Krishna ; d'où le nom de Keshava pour Krishna (ou Celui qui a les cheveux Noirs). Son père Vasudéva étant le frère de Kunti, l'épouse de Pandu, Krishna est cousin germain de Yudhishthira, Bhima et Arjuna.*

Kritavarman : *L'un des trois guerriers Kurus qui massacreront par surprise les Pandavas endormis, dans leur campement. Il sera lui-même tué à Dvaraka au cours d'une querelle d'ivrognes.*

Kshatriya : *La deuxième caste dirigeante dans l'hindouisme, la caste guerrière.*

Kunti : *Vierge, devint la mère de Karna par le dieu soleil Surya ; mère aussi de Yudhishthira, Bhima et Arjuna par le roi Pandu.*

Kuntibhoja : *Le roi de Kuntiraja ; père adoptif de Kunti.*

Kuru : *Prince de la race lunaire, ancêtre de Dhritarashtra et de Pandu ; d'où le nom de la race Kaurava.*

Kusha : *Une variété d'herbe (poa cynosuroides) employée dans les rituels sacrés hindous.*

Kuvera (Kubera) : *Le dieu de la richesse, et chef des Yakshas. Sa demeure est le mont Kailasa.*

Lakshmana : *un fils de Duryodhana qui sera tué par le fils d'Arjuna, Abhimanyu. (Dans le Ramayana, il est le fils de Dasharatha par Sumitra, et frère jumeau de Shatrughna).*

Lakshmi : *La déesse de la fortune, épouse de Vishnu, mère de Kama.*

Linga, Lingam : *Le phallus, une version austèrement stylisée d'un symbole de dévotion à Shiva. Il est toujours représenté en érection, suggérant la difficile discipline du contrôle sexuel total. L'Inde a douze centres principaux d'adoration du linga : Somanatha, Shrisaila, Mahatala, Omkara, Amareshvara, Vaidyanatha, Rameshvara, Bhimashankara, Vishveshvara, Triambaka, Gautamesha, Kedarmatha.*

Madri : *Épouse (avec Kunti) de Pandu ; mère de Nakula et de Sahadeva.*

Maharishi (Grand sage) : *Titre donné à un saint homme parfaitement libéré.*

Manipura (La Cité des Gemmes) : *Une cité sur la côte de Kalinga (la moderne Orissa) gouvernée par le fils d'Arjuna, Vabhruvahana.*

Manu (La créature pensante) : *Un nom générique donné aux quatorze progéniteurs de l'humanité. Le premier, Svayambhuva (Auto-engendré), est tenu pour le créateur du Code de Manu, le système traditionnellement accepté de l'éthique sociale hindoue. Il est supposé que Svayambhuva est né il y a 30 millions d'années, mais certains signes montrent que le code a dû être écrit vers 500 av. J.C. et après.*

Matali : *Le conducteur du char d'Indra.*

Maya : *Un anti-dieu, architecte d'une grande habileté.*

Maya : *L'illusion cosmique, l'aberration par laquelle l'Unité Divine apparaît en tant que création multiple, et par laquelle le monde phénoménal apparaît comme réel. Également employé pour signifier les pouvoirs surnaturels, divins.*

Naga : *Un serpent, le cobra capella. Également une créature mythique, à visage humain, queue de serpent et cou de cobra. Ils sont supposés être mille ; Ulupi, qui est une splendide femme naga, épousera Arjuna. C'est aussi une tribu non aryenne.*

Nakula : *Fils jumeau de Madri, la deuxième épouse de Pandu. Il épouse Karenumati, princesse de Chedi, dont il a un fils du nom de Niramitra.*

Narada : *L'un des sept grands rishis ; selon une légende, il naquit du front de Brahma, et selon une autre, il est le fils de Kashyapa. Il est le brahmane farceur au paradis de Vishnu, qui pose des questions taquines et insolubles aux dieux.*

Naraka : *L'enfer hindou ; Manu énumère vingt et un enfers différents. Ce sont tous des lieux de torture par lesquels passent temporairement les irréligieux et les méchants.*

Narayana (Le mouvement de l'eau) : *Vishnu, ainsi nommé parce qu'il est d'abord resté sur les eaux cosmiques.*

Nishada : *Une tribu des monts Vindhya.*

Om (composé de A U M) : *Syllabe mystique de l'hindouisme, employée dans tous les rituels de prières, et différemment interprétée. Il est dit qu'elle représente la trinité hindoue (a = Brahma, u = Vishnu, M = Shiva) ; également les quatre états de conscience majeurs (a = l'éveil, u = le rêve, m = le sommeil, et le silence incommunicable entre chacun des trois états est la conscience transcendantale).*

Pampa : *Nom d'une rivière et d'un lac dans les montagnes Tungabhadra en Inde centrale.*

Panchajanya : *Nom de la conque de Krishna, « faite avec la coquille du démon marin Panchajana ».*

Panchala : *Probablement le territoire dans les environs du Punjab actuel dans le nord de l'Inde, le nom du royaume du père de Draupadi.*

Pandu (Le Pâle) : *Frère de Dhritarashtra, et roi d'Haštinapura ; le père des Pandavas.*

Panini : *Un grand grammairien du Sanskrit, auteur du Paniniyan (env. 400 ans av. J.C.) qui comprend 3996 sutras, ou aphorismes, divisés en huit sections. Dowson expose clairement la différence entre les notions européennes et hindoues de la grammaire : « En Europe, la grammaire n'est considérée que comme un moyen en vue d'une fin, le procédé par lequel est acquise une connaissance du langage et de la littérature. Pour les Pandits (érudits védiques), la grammaire est une science ; elle est étudiée pour elle-même, et examinée avec la discrimination la plus minutieuse » – comparable d'une certaine façon aux études récentes de sémantique en Occident.*

Parashara : *Petit-fils de Vasishta ; de sa liaison avec Satyavati naît Vyasa, le compilateur du Mahabharata.*

Parikshit : *Fils d'Abhimanyu et petit-fils d'Arjuna ; le père de Janamejaya. Il est tué par Ashvatthaman dans le sein de sa mère Uttara ; Krishna lui rendra la vie.*

Patala : *Les sept régions infernales, demeures des Nagas, des Daityas, des Yakshas et autres races d'entités.*

Pitris : *Mânes, esprits des ancêtres auxquels on offre des pindas (boules de riz) et de l'eau.*

Pradyumna : *Un fils de Krishna par Rukmini. Son épouse s'appelle Prabhavati.*

Prajapati (Le Seigneur des Créatures) : *(1) Indra, selon les Védas ; (2) Brahma, selon Manu ; (3) également appliqué aux dix fils «nés de l'esprit» de Brahma : Marichi, Atri, Angiras, Pulastya, Pulaha, Kratu, Vasishtha, Prachetas (ou Daksha), Bhrigu et Narada.*

Purochana : *Espion de Duryodhana qui reçut pour mission de faire brûler les Pandavas dans leur maison, mais qui fut lui-même brûlé dans la sienne par Bhima.*

Purushottama (Le Meilleur d'entre les hommes) : *Un titre de Vishnu, « L'Ame Suprême ». Puri, en Orissa, est Purushottama-pitha, la ville sacrée de Krishna.*

Rajasuya (Le sacrifice royal) : *« Un grand sacrifice exécuté lors de l'intronisation d'un roi, religieux dans sa nature, mais politique dans son effet, parce qu'il exigeait que celui qui était institué fût un seigneur suprême, un roi des rois, et que ses princes tributaires fussent présents lors du rituel ». Voir Ashvamedha.*

Rakshasa : *Très vraisemblablement un non-Aryen, considéré comme un démon capable de changer d'apparence à volonté par les dirigeants Aryens de l'Inde ancienne. Parfois associés à la race dravidienne – Ravana (l'une des figures principales du Ramayana) était un roi rakshasa.*

Rama : *Le héros royal de l'épopée de Valmiki, le Ramayana.*

Rati (La Passion, le Désir) : *Fille de Daksha, et épouse de Kama, le dieu de l'amour.*

Ravana : *Rakshasa à dix têtes et vingt bras, gouverneur de Lanka (Sri Lanka), dont l'enlèvement de Sita et l'humiliation par Rama constituent le sujet du Ramayana. Rakshasa ne devrait pas être traduit par « démon » ; « anti-dieu », bien qu'inexact, est plus proche.*

Rukmini : *Fille du roi de Vidarbha, et épouse de Krishna. Son frère Rukmin l'empêche d'épouser Krishna, qu'elle aime, parce qu'il a tué l'un de ses amis royaux, Kamsa ; il la fiance ensuite à Shishupula, roi des Chedis. Krishna l'enlèvera le jour de son mariage, alors qu'elle se rend au temple pour la bénédiction nuptiale. A la mort de Krishna, en compagnie de sept autres épouses, elle accompli sati (suicide sur le bûcher funéraire).*

Sanjaya : *Aurige et conseiller de Dhritarashtra.*

Sannyasi : *Un Brahmane durant la dernière (renonciation) des quatre périodes de sa vie. Populairement employé pour tous les ascètes.*

Sarasvati (Qui coule, Mielleuse) : *un fleuve, également la personnification de la rivière en tant que déesse, l'épouse de Brahma, déesse de la parole et de la connaissance.*

Satyaki : *Un parent de Krishna ; il est l'aurige de Krishna et sera tué par Kritavarman dans une querelle d'ivrognes à Dvaraka.*

Satyavati : *La mère de Vyasa par sa liaison avec le sage Parashara ; épouse de Shantanu, et mère de Vichitravirya et de Chitrangada.*

Shakuni : *Frère de Gandhari, et oncle des Kauravas.*

Shalya : *Roi de Madra et frère de Madri, la seconde épouse de Pandu. Il opte pour les Kauravas au commencement de la guerre. Après la mort de Karna il est institué général de l'armée ; le dernier jour, Yudhishthira le tuera.*

Shamba : *Un fils cynique et débauché de Krishna par Jambavati. Son manque de respect lui vaudra la malédiction des trois sages, Vishvamitra, Durvasas et Narada, de donner naissance à un gourdin de fer qui sera l'instrument de la destruction de la race de Krishna. En outre, Durvasas maudit Shamba de la lèpre.*

Shantanu (Le Calme) : *Fils de Pratipa et père de Bhishma ; le grand-père de Dhritarashtra, donc.*

Shastra : *Livre saint, principe ou précepte écrit ; tout livre d'enseignement hindou.*

Shatarupa (Qui a cent formes) : *La première femme, selon la mythologie hindoue. La fille de Brahma.*

Shikhandin (voir Amba) : *Une des trois princesses enlevées par Bhishma. Elle obtient de Shiva avant de mourir la faveur de renaître en tant que Shikhandin, fils de Drupada, et prend sa revanche sur Bhishma en le tuant au cours de la guerre. Bien que ce soit Arjuna qui tue Bhishma sous la protection de Shikhandin (Bhishma avait fait le vœu de ne pas lever la main contre une femme), la légende dit que la flèche fatale fut tirée par Shikhandin lui-même.*

Shishupala : *Fils de la sœur de Vasudeva, le père de Krishna ; cousin germain donc de Krishna. Mais, parce que ce dernier enlève et épouse Rukmini, promise à Shishupala, celui-ci devient l'ennemi de Krishna. Krishna le tuera lors du Rajasuya du couronnement de Yudhishthira.*

Shiva : *L'aspect destructeur de la trinité divine hindoue, Brahma-Vishnu-Shiva. Il est également le Seigneur du Transcendant et son rôle destructif est libérateur ; n'est détruit que ce qui peut l'être, l'impérissable perdure. Il est également nommé Aghora (l'Horrible) ; Chandrashekhara (Orné de la lune) ; Mahesha (Le Grand Seigneur) ; Triambaka (Qui a trois yeux) ; Mahakala (Seigneur du Temps Cosmique) ; Kapalamalin (A la Guirlande de Crânes) ; Shankara (le Pacificateur).*

Shraddha : *Cérémonie mortuaire hindoue.*

Shudra : *La quatrième caste (servile).*

Smriti (Dont on se souvient) : *Enseignement transmis par tradition, différent de la révélation (Shruti = entendu). Le Mahabharata relève de la Smriti ; selon Manu, « Shruti est le Véda, Smriti est le code de loi ».*

Soma : *Jus d'une plante laiteuse (asclepias acida) qui, fermenté, était bu au cours de rituels religieux. Soma signifie également la lune.*

Sri (Shri) : *Épouse de Vishnu ; déesse de la fortune et de la prospérité. Le terme est également employé comme préfixe pour signifier « respectable », « honorable ».*

Subhadra : *Fille de Vasudeva, sœur de Krishna, épouse d'Arjuna, et mère d'Abhimanyu. Balarama, le frère aîné de Krishna, voulait la marier à Duryodhana, mais Krishna demanda à Arjuna de l'enlever.*

Surya : *Le dieu soleil. Le temple du treizième siècle de Konarka (province d'Orissa) lui est consacré.*

Sutra (Fil, corde) : *Une règle de sagesse, ou aphorisme.*

Svarga : *Le paradis d'Indra.*

Svastika : *La svastika hindoue, une croix à bouts recourbés ; signe mystique supposé apporter la chance.*

Tantra (Règle, rituel) : *Exercices « religieux » et magiques de l'hindouisme récent qui personnifient et glorifient l'énergie féminine, Shakti. Les cinq fondements du Tantra sont l'observance des cinq « M » : (1) Madya (le vin) ; (2) Mamsa (la chair) ; (3) Matsya (le poisson) ; (4) Mudra (les gestes mystiques) ; (5) Maithuna (les relations sexuelles). Shakti est à la fois « bienveillante » (Uma, Gauri) et « malveillante » (Durga, Kali). Les adorateurs de Shakti sont de deux sortes, de la main droite et de la main gauche. « L'adoration des Shaktas de la main droite est relativement décente, mais celle de la main gauche est consacrée aux formes violentes de Shakti, et est tout à fait licencieuse ».*

Trigarta (Triplement gardé) : *Un territoire du nord de l'Inde, identifié à une partie du Punjab moderne.*

Trimurti (Aux trois formes) : *La triade hindoue, Brahma-Vishnu-Shiva.*

Ugrasena : *Roi de Mathura, père du démon Kamsa, qui le détrôna. Après avoir tué Kamsa, Krishna réinstalle Ugrasena.*

Ulupi : *Fille de Kauravya, le roi des Nagas. Arjuna a avec elle un lien matrimonial ; elle élève aussi son beau-fils Vabhruvahana (fils d'Arjuna par Chitrangada).*

Upanishads (« Qui s'assoit respectueusement à côté », doctrine ésotérique) : *Traités philosophiques d'hindouisme écrits entre 1000 et 500 av. J.C. ; on en compte environ 150 ; les Upanishads traitent des questions fondamentales de l'origine de l'univers, de l'identité de l'homme, et de la relation de l'Atman à Brahman.*

Urvashi : *Nymphe céleste qui fut condamnée à vivre sur terre en tant qu'épouse-maîtresse de Pururavas. Arjuna repousse ses avances amoureuses ; pour le punir, elle le maudit et il doit passer une année de sa vie d'exil en tant qu'hermaphrodite.*

Uttamaujas : *Un grand guerrier, allié des Pandavas dans la guerre de Kurukshetra.*

Uttara : *Fils du roi Virata, tué par Shalya. Sa sœur s'appelle aussi Uttara (avec un accent sur le dernier a) ; elle épousera le fils d'Arjuna, Abhimanyu, après qu'Arjuna ait refusé de l'épouser lui-même.*

Vabhruvahana : *Fils d'Arjuna par Chitrangada, prince de Manipura.*

Vahana (Véhicule) : *Tout véhicule animal d'un dieu hindou. Le véhicule de Brahma est Hamsa (croisement d'un cygne et d'une oie) ; celui de Vishnu, Garuda (mi-homme, mi-aigle) ; celui de Shiva, Nandi (un taureau) ; celui d'Indra, Airavata (un éléphant). Yama chevauche un buffle ; Karttikeya, un paon ; Kama, l'animal marin makara, ou bien un perroquet ; Varuna, un poisson ; Ganesha, une souris ; Vayu, une antilope ; Durga, un tigre, et ainsi de suite, jusqu'à ce que toute la création soit tissée en une toile harmonieuse d'une écologie animal-humain-dieu).*

Vaishampayana : *Un grand sage et disciple de Vyasa ; après avoir appris de lui le Mahabharata, il le récitera au roi Janamejaya à un yajna. Il est également l'auteur présumé du Yajur-Véda « Noir », ésotérique.*

Vaishya : *La troisième caste de l'hindouisme, constituée de commerçants, de négociants et d'agriculteurs. « Vaishya », au sens de « vendeur », peut aussi signifier une danseuse ou autre artiste professionnelle de la cour.*

Varanasi : *La cité de Kashi, Bénarès en français, l'un des plus grands centres de pélerinage de l'hindouisme.*

Varanavata : *Une cité dans laquelle les Pandavas passent une partie de leur exil.*

Varuna (Qui englobe tout) : *La plus ancienne déité védique, créateur du ciel et de la terre ; il est personnifié dans la mythologie hindoue récente comme le seigneur des eaux.*

Vasishta (Sur-éminent) : *L'un des sept grands sages et des dix Prajapatis. Il joue un grand rôle dans le Ramayana, où son inimitié célèbre avec le sage Vishvamitra est longuement exposée.*

Vasu : *Un rishi dont les austérités l'ont élevé au statut de l'Étoile Polaire. Également, des êtres célestes qui renaissent comme les enfants de Ganga et de Shantanu ; Bhishma est un Vasu.*

Vasudeva : *Le père de Krishna, époux de Devaki (la plus jeune de ses sept femmes), et frère de Kunti. Le même mot avec un accent sur le premier a désigne Krishna et signifie « fils de Vasudeva ».*

Vatsyayana : *Un sage, auteur du Kama Sutra (livre sur l'érotisme) et du Nyaya-Bhasha (la science de la grammaire).*

Vayu : *Le dieu du Vent.*

Véda (Connaissance) : *Recueil ancien (2000 av. J.C. ?) d'hymnes et de chants sacrés en quatre parties (Rig, Yajur, Sama, Atharva), vénérés par les hindous comme écritures révélées.*

Vichitravirya (Remarquablement courageux) : *Le fils benjamin de Shantanu et de Satyavati.*

Vidura : *Fils de Vyasa par une servante de basse caste. On attribue à Vidura une sagesse impartiale ; il occupe une place prépondérante dans le Mahabha-*

rata, entre autres parce qu'il sera le seul à s'élever contre le déshabillage de Draupadi.

Vishnú (Celui qui se répand) : *L'aspect préservateur de la triade divine hindoue (Brahma-Vishnu-Shiva). Également nommé Anantasayana (Qui dort sur le serpent sans fin), Narayana (Mouvement des eaux), et Pitambara (Vêtu de jaune).*

Vishvamitra (Non attaché au monde) : *Un sage qui, bien que né Kshatriya, devint l'un des sept grands rishis par la force de ses pénitences et de ses méditations. Il est l'ennemi légendaire du sage Vasishtha ; sa liaison avec l'apsara Menaka donnera naissance à Shakuntala.*

Vrikodara (A l'estomac de loup) : *Un qualificatif de Bhima, à cause de son appétit gargantuesque.*

Vyasa (Compilateur) : *Compositeur légendaire du Mahabharata.*

Yadava : *La race ou la tribu de Krishna ; nomades avant de s'installer à Dvaraka (Gujarat) dans l'ouest de l'Inde.*

Yajna : *Tout sacrifice ou rituel hindou dans lequel le feu est la divinité centrale (voir Dakshina).*

Yaksha : *Une catégorie d'êtres divins, disciples du dieu de la richesse Kuvera.*

Yama (Qui entrave) : *Dieu de la mort ; selon la légende, il est le fils du soleil.*

Yamuna : *Une rivière, affluent du Gange, personnifiée en tant que fille du soleil.*

Yavana (Mot sanskrit pour « Ionien ») : *Grecs, étrangers.*

Yoga (Union) : *L'un des six systèmes de la philosophie hindoue. Pratique mentale ou physique permettant à l'homme de réaliser l'union du matériel et du spirituel, de l'humain et du divin ; cet état lui-même.*

Yudhishthira : *L'aîné des cinq frères Pandavas. Il est, selon le mythe, le fils du dieu de la justice Dharma.*

Yuga : *Un cycle de l'univers. On compte quatre yugas : Krita, Treta, Dvapara, et le Kali actuel.*

Yuyutsu : *Fils de Dhritarashtra par une épouse Vaishya dont le nom est inconnu ; au début de la guerre il passe dans le camp Pandava et gouvernera Indraprastha après le départ de Yudhishthira.*

TABLES DES MATIERES

ACHEVÉ D'IMPRIMER
LE 26 JANVIER 1990
PAR L'IMPRIMERIE
DE LA MANUTENTION
A MAYENNE
N° 21-90